L'IDENTIFICATION DANS LA THÉORIE FREUDIENNE

PUBLICATIONS DES FACULTÉS UNIVERSITAIRES SAINT-LOUIS

11

Jean FLORENCE

L'IDENTIFICATION DANS LA THÉORIE FREUDIENNE

Deuxième édition augmentée

Bruxelles
Facultés universitaires Saint-Louis
Boulevard du Jardin botanique 43
1984

1re édition 1978
2e édition 1984

ISBN 2-8028-0011-6

Après coup

Pour la deuxième édition de ce travail sur l'identification dans la clinique et la théorie freudiennes nous n'avons pas modifié le corps du texte initial, publié en 1978. Nous avons cependant tenu à l'augmenter d'une contribution récente qui témoignera du chemin parcouru.

La théorie de l'identification en psychanalyse émane essentiellement des avatars de l'expérience du transfert. Le transfert comme actualisation et actualité de l'inconscient permet seul de repérer, de par l'angoisse qui en surgit, le moment où une identification — soutien du symptôme — peut être défaite et reconduite à ses sources pulsionnelles en rendant manifeste la part de l'Autre dans la « création » du sujet.

En guise de nouvelle introduction aux questions freudiennes nous prenons le parti de nous tenir au moment de naissance non pas tant de la psychanalyse mais *d'une* psychanalyse. Une réflexion sur ce qui a séparé, dans le chef de Freud lui-même, le médical du psychanalytique comme tel sert de support à une autre réflexion, toujours actuelle, sur la spécificité de l'acte psychanalytique.

J. F.
Bruxelles, 1984.

Symptômes, transferts, identifications *

1. Recommencements

Le point d'origine de la psychanalyse n'est en réalité situable ni dans la phénoménologie d'une scène primordiale que l'on pourrait dater ni dans la logique intemporelle d'une coupure épistémologique ; l'analyse nous apprend que ce point d'origine ne peut se saisir qu'au moment où s'ouvre une nouvelle analyse. Toute analyse répète nécessairement l'inimitable origine — la naissance de la psychanalyse et de Freud psychanalyste — ; toute analyse repose, de manière imprévisible, la question de la spécificité du travail analytique par rapport à la médecine. Ce retour nécessaire *de* l'origine met donc en jeu l'identification du psychanalyste en tant que tel. Cette *identification* demeure une question, à soutenir effectivement ; aussi, je ne parle pas d'identité de l'analyste. C'est une question, intimement nouée à d'autres : à des questions d'éthique, d'abord puisque cette identification règle la manière de rencontrer la demande et le symptôme, à des questions d'école, ensuite, s'il est vrai que l'identification assure, au singulier et au pluriel, la transmission de l'objet, sa métamorphose en cause et sa pérennisation en idéal.

Si l'on tient que l'origine de la psychanalyse se répète et même se décide nouvellement dans toute analyse, il en découle que, à chaque fois, se rejoue sa différence d'avec la médecine, sa différenciation faudrait-il dire plutôt, puisque, là encore, rien n'est fait une fois pour toutes. L'idée s'est installée, en effet, chez les analystes, que la psychanalyse s'est détachée de la médecine comme elle s'est débarrassée de l'hypnose et de la suggestion. Pourtant le médical ne cesse de « faire retour », que ce soit dans le langage des analystes, jamais délié des déterminations psychiatriques ou que ce soit dans leurs visées, qu'ils ne peuvent sérieusement définir sans interroger l'idée de guérison, sans se prononcer sur la levée des symptômes, sans

* Ce texte reprend, avec quelques remaniements, un texte publié dans la Revue Psychiatries, n° de janvier 1984. Actes des journées franco-belges de Verdun. (Médecine et Psychanalyse). Nous remercions la Revue de nous autoriser à publier ici cette communication.

discuter les effets thérapeutiques de ce qu'ils appellent, encore, la « cure ». Le médical, enfin, revient, insistant, dans les sujets eux-mêmes, analystes comme analysants, tout au long du travail analytique dont le propre est d'opérer une division du sujet quant au désir de « médecine », à recevoir ou à donner.

J'ai poursuivi, en vue de la production d'une thèse, un long travail de lecture, dans le détail, de la conceptualisation de ce processus d'identification dans l'ensemble de l'œuvre freudienne ; avec une sorte de mot d'ordre : suivre le texte original, pas à pas, et tenir à distance respectueuse (ou respectable ?) les théories constituées, dans une sorte de « docta ignorantia ». L'objectif lointain était de ressaisir ce que Lacan avait élaboré sur cette question, en particulier dans un Séminaire auquel je n'ai eu accès qu'après la rédaction de mon travail. Je n'ai réalisé qu'après-coup les enjeux réels d'une théorie de l'identification, en pratiquant l'analyse. Il fallait articuler l'imposant réseau conceptuel patiemment reconstruit à la clinique analytique elle-même, il fallait autrement dit articuler *identification et transfert.*

Me revoilà donc, une fois de plus, aux recommencements. Je voudrais m'attacher ici à repérer quelques moments remarquables où les difficultés voire les échecs du traitement imposent un rebroussement aux premiers choix où se décident une pratique et une théorie.

Je me propose d'aborder ces questions par le biais de la pratique initiale de Freud. Contraint, par les ruses de la névrose, à se laisser enseigner par le symptôme et par le rêve les voies de l'interprétation, Freud s'est laissé comme malgré lui déporter de son identification de médecin. Il a dit combien le surprenait, au cours du travail thérapeutique, son identification à ses patients, combien il éprouvait dans toutes sortes d'inhibitions ou de somatisations l'effet en retour de cette « école de souffrance » qu'est le transfert. Il offrait ces symptômes à la perspicacité de Fliess : dans les lettres qu'il lui a adressées nous pouvons apercevoir comment la mutation de sa position subjective modifie son abord des symptômes névrotiques, et comment, au fond, un processus d'identification œuvre dans toute formation de symptôme. Nous ne pouvons donc pas faire l'économie de la clinique du transfert si nous voulons saisir ce qu'a de spécifique la théorie psychanalytique du symptôme, originellement soudée à la théorie de l'identification.

2. Des symptômes aux transferts

Le traitement inachevé de Dora me semble illustrer parfaitement l'enseignement que l'on peut recueillir d'un retour aux commencements. Cette analyse s'étend d'octobre à décembre 1899. Freud en fait un premier compte rendu pour W. Fliess au cours de l'année suivante. Il le lui présente comme un fragment d'analyse d'hystérie ; le travail d'interprétation y est mobilisé par deux rêves ; c'est donc la suite clinique au livre sur les rêves.

« C'est, confie-t-il, le travail le plus subtil que j'aie jamais écrit et qui effrayera les gens plus encore que de coutume... » (1). Peut-être avons-nous à prêter une attention spéciale à cette remarque amusante, en nous comptant parmi ceux que ce texte pourrait effrayer, comme ces confrères sceptiques sinon hostiles à la psychanalyse auxquels Freud faisait allusion.

Freud attend cinq années avant de publier cette observation dans une revue de psychiatrie et de neurologie (en 1905). Il écrit dans son avant-propos : « Cet ouvrage fut primitivement appelé *Rêve et hystérie,* parce qu'il me semblait particulièrement propre à montrer de quelle manière l'interprétation des rêves s'entrelace à l'histoire du traitement, et comment, grâce à elle, peuvent se combler les amnésies et s'élucider les symptômes ». « Je soutiens, ajoute-t-il, qu'une condition indispensable pour comprendre les processus psychiques dans l'hystérie et dans les autres psychonévroses est d'approfondir le problème du rêve. Personne n'aura de chance d'avancer, même de quelques pas, dans ce domaine s'il veut s'épargner ce travail préparatoire ». ... « Le traitement n'a pas été poursuivi jusqu'au but projeté, il a été interrompu par la volonté de la malade, un certain résultat ayant été obtenu... » (2)

Les psychanalystes considèrent généralement que ce résultat fut plutôt mince comparativement au problème réel de l'hystérie, savoir la question de la féminité, au-delà de ce que Freud lui-même a pu reconnaître

---

(1) S. FREUD, *La naissance de la psychanalyse, Correspondance avec W. Fliess,* Paris, P.U.F., 1956, p. 290.

(2) S. FREUD, *Fragments d'une analyse d'hystérie (Dora),* in *Cinq psychanalyses,* Paris, P.U.F., 1967, p. 4 (ici comme pour les autres passages du texte cité, nous proposons certaines modifications à la traduction faite par M. Bonaparte) ; Gesammelte Werke, V. *Bruchstück einer Hysterie-Analyse.*

après-coup, dans les termes de l'attachement homosexuel, « gynécophile », de Dora pour Mme K. Il ne l'aurait reconnu, semble-t-il, que plus tard encore, bien après cette publication : en 1923.

L'importance de l'homosexualité refoulée dans la formation des névroses a pris, dans les recherches ultérieures de Freud, une place grandissante, en liaison étroite avec une vieille idée de Fliess sur la bisexualité. On sait combien de secousses sismiques cette question a provoquées dans les milieux psychanalytiques, du temps de Freud et après, surtout lorsqu'elle touchait à la définition de la féminité. Cette question fait donc symptôme pour les analystes ; c'est qu'elle met en jeu leur identification, c'est-à-dire leur sexuation même, que le transfert, dans la cure, vient interroger, sans cesse, inéluctablement. C'est précisément la relation de la sexualité avec le symptôme et avec le transfert qui fait l'objet des dernières pages du récit du traitement.

Freud observe que la sexualité n'intervient pas d'une façon isolée, comme un « deus ex machina », dans l'ensemble des phénomènes caractéristiques de l'hystérie, mais qu'elle est la force motrice (Triebkraft) de chaque symptôme particulier et de chaque manifestation particulière d'un symptôme. Le symptôme est, pour ainsi dire, l'*activité sexuelle* du névrosé. C'est une loi générale : la sexualité est la clé du problème de la névrose. Rien encore n'est venu contredire cette proposition ni en limiter la portée. « Toutes les critiques que j'ai entendu faire jusqu'à présent étaient l'expression d'un déplaisir ou d'une incrédulité personnels, auxquels il suffit d'opposer les paroles de Charcot : « Ça n'empêche pas d'exister »... (3)

L'analyse consiste à transformer le matériel psychique pathogène en matériel normal, c'est-à-dire à transformer des représentations sexuelles inconscientes en modes d'expression « normaux » et dont le contenu devient conscient. On arrive à des résultats satisfaisants si les symptômes sont formés et maintenus par le seul conflit interne opposant des tendances qui se rattachent à la sexualité. Mais la cure se déroule tout autrement si des symptômes se sont mis au service des motifs externes relatifs à la vie du sujet (songeons aux symptômes que montrait Dora depuis les deux années qui précédaient le traitement). On est surpris et déconcerté en voyant que son état ne se modifie pas beaucoup, même par une analyse très avancée. En réalité, la situation n'est pas si grave ; les symptômes ne

(3) *Loc. cit.*, p. 86.

disparaissent pas pendant l'analyse, mais quelque temps après, lorsque les rapports avec le médecin sont rompus. Le retard apporté à la guérison ou à l'amélioration n'est en réalité dû qu'à « la personne du médecin ».

C'est ici que Freud fait une observation dont il faut mesurer toute la portée pour le problème qui nous occupe. Il écrit : « La production de nouveaux symptômes cesse généralement pendant la cure psychanalytique. Mais la *productivité de la névrose* n'est nullement éteinte, elle s'exerce en créant des formations de pensée particulières (Gedankenbildungen) pour la plupart inconscientes, auxquelles on peut donner le nom de *transferts* (Übertragungen). »

« Que sont ces transferts ? Ce sont de nouvelles éditions, des copies de tendances de fantasmes qui doivent être éveillés et rendus conscients dans le déroulement de l'analyse et dont le trait caractéristique est de remplacer une personne antérieurement connue par la personne du médecin... ». Certains transferts sont en quelque sorte des rééditions stéréotypées, des réimpressions de leur modèle ; d'autres sont comme des œuvres artistiques, leur contenu est atténué, sublimé et même capable de devenir conscient en s'étayant sur une particularité réelle et habilement utilisée, de la personne du médecin ou des circonstances qui l'entourent. Ce sont alors des éditions revues et corrigées, et non plus des réimpressions.

« Si l'on considère la théorie de la technique analytique on se rend compte que le transfert est quelque chose qui en découle nécessairement. Pratiquement du moins, on s'aperçoit qu'on ne peut l'éviter par aucun moyen et qu'il nous faut combattre cette nouvelle création de la maladie comme toutes les créations précédentes. Mais cette partie du travail est de loin la plus difficile. L'interprétation des rêves, l'extraction des pensées et souvenirs inconscients à partir des associations du malade ainsi que d'autres procédés de traduction sont faciles à apprendre ; c'est le malade lui-même qui en donne toujours le texte. Le transfert, par contre, nous devons le déchiffrer par nous-mêmes d'après des points de repère minuscules (auf geringfügige Anhaltspunkte) et sans nous rendre coupables d'arbitraire. Il n'en reste pas moins que le transfert est utilisé à la construction de tous les obstacles qui rendent inaccessible le matériel de la cure et que le sentiment de conviction à l'égard de la justesse des contextes reconstruits par le malade ne devient évident qu'après la résolution du transfert. » (4)

---

(4) C2 Loc. cit., p. 86.

Ce passage nous donne une très vive lumière sur la spécificité de l'expérience analytique. Un peu plus loin, Freud viendra à la différencier de la pratique médicale. S'il compare le travail de l'interprète à celui d'un traducteur et si, davantage, il utilise des métaphores issues des techniques d'imprimerie et d'édition pour définir les transferts, il nous avertit aussitôt des limites de ces figurations en marquant très rigoureusement l'originalité du travail analytique. La névrose n'est pas un texte, un énoncé que des techniques de traduction permettraient de rendre intelligible. Le déchiffrement passe par la mise en cause du déchiffreur, par ces mille points d'arrêt ou d'appel que le sujet qui énonce le texte des associations adresse à l'analyste. Points d'appel à l'autre qui sont autant de « transferts ». Impossible à éviter, le transfert doit être nécessairement défait, déconstruit.

Les transferts sont les nouvelles formations de symptômes de la névrose pendant la cure, ils sont la forme même de sa « créativité », ils sont, comme les symptômes, l'activité sexuelle inconsciente du névrosé. Le névrosé ne peut accéder au texte « normal » des représentants pulsionnels qu'en passant par les voies de la répétition, c'est-à-dire, littéralement, par les réitérations de ses demandes sexuelles. L'analyse devient le lieu même du *déplacement de la question* du névrosé. La résistance qui tend à différer l'élucidation de cette question vise, en tant qu'elle agit dans le transfert, à maintenir le déplacement de la question qu'est la névrose elle-même. Transformer un texte inconscient nécessite ce passage, ou cette passion, incontournable ; les points remarquables de cet itinéraire sont à repérer par l'analyste, qui doit les deviner à temps (erraten) et qui, pour ce travail, est seul : l'analysant ne l'y aide pas. Mais ce n'est que si le transfert est analysé que le travail de l'analysant lui-même prend, rétrospectivement, sa valeur opérante et que peut être reconnue la justesse des remaniements « textuels ». Ainsi la fin de l'analyse opère dès son commencement.

3. Les transferts et les identifications

Poursuivons le commentaire de l'Avant-Propos.

D'aucuns objecteront que le transfert, cette réalité nouvellement créée par le traitement, ne peut qu'ajouter un inconvénient de plus au procédé analytique, déjà très incommode comme cela : son maniement ne fait qu'accroître encore le travail thérapeutique puisqu'il provoque des formations pathologiques d'un nouveau type. On pourrait même aller jusqu'à penser que l'analyse, en créant le transfert, porte préjudice au malade, déjà bien encombré de sa névrose. A ces objections de médecins Freud répond : le travail de l'analyste n'est pas accru par le transfert, car de toute façon, il doit vaincre une certaine tendance du sujet, que celle-ci se manifeste par rapport à lui ou par rapport à une autre personne. En outre, la cure n'impose pas au malade, du fait du transfert, des efforts qu'il n'aurait pas eu à fournir pour guérir autrement. Il y a des névroses qui guérissent dans les maisons de santé où il n'est pas question de psychanalyse, et si l'on a pu dire que des hystériques guérissent non par la méthode mais par le médecin, si une sorte de dépendance aveugle et d'attachement perpétuel lie d'ordinaire le malade au médecin qui l'a délivré par la suggestion hypnotique, l'explication scientifique en réside dans ces « transferts » que le malade effectue régulièrement sur la personne du médecin. La cure psychanalytique ne crée pas le transfert, elle ne fait que le dévoiler. C'est ici qu'il faut différencier la psychanalyse des autres formes de thérapeutique. Au cours d'un *traitement médical,* le malade ne fait spontanément appel qu'à des transferts affectueux et amicaux en faveur de sa guérison ; si ce ne peut être le cas, il s'en va aussi vite que possible, se soustrait à l'influence du médecin qui ne lui est pas sympathique. Dans le *traitement psychanalytique,* en revanche, en liaison avec une structure de motivation transformée, toutes les incitations, même les tendances hostiles, sont réveillées et utilisées pour l'analyse en les rendant conscientes, et par là se détruit (wird vernichtet) toujours à nouveau le transfert. Et Freud conclut cette réponse aux objections par ces mots : « Destiné à être le plus grand obstacle à la psychanalyse, le transfert devient son plus puissant allié, si l'on réussit à le deviner chaque fois (erraten) et à le traduire (übersetzen) au malade. » (5)

L'analyse de Dora doit son intérêt quasi didactique à cette réalité singulière du transfert.

C'est précisément l'échec de Freud à manier le transfert qui explique le départ précipité de la jeune fille ; échec éclairant pourtant, puisqu'il motive la publication du récit détaillé du traitement. « Je ne réussis pas à maîtriser le transfert au bon moment (rechtzeitig), dit-il ; l'empressement de Dora à mettre à ma disposition une partie du matériel pathogène me

(5) *Loc. cit.,* p. 88.

fit oublier de prêter attention aux premiers signes du transfert qu'elle préparait au moyen d'une autre partie de ce même matériel, partie qui me restait inconnue. Au début, il apparaissait clairement que *dans son fantasme je remplaçais le père,* ce qui s'explique aussi par la différence d'âge entre elle et moi. Aussi me comparait-elle toujours consciemment à lui, cherchait anxieusement à s'assurer de ma sincérité envers elle, parce que son père, disait-elle, préférait toujours la cachotterie et les détours tordus... » (6).

Lors du premier rêve (l'incendie dans la maison, le père qui la réveille, la mère qui veut sauver sa boîte à bijoux), l'interprétation de Freud s'organisait pour ainsi dire autour de *son identification au père.* Ce que Freud aurait dû plutôt relever, c'est l'*adresse* même du rêve qui fonctionnait comme un avertissement : le désir d'abandonner le traitement comme, autrefois, la maison des K. Il formule l'interprétation qu'il aurait dû communiquer à Dora comme ceci : « Vous venez de faire un transfert de M. K. sur moi. Avez-vous remarqué quoi que ce soit vous faisant penser de ma part à de mauvaises intentions analogues à celles de M. K. (de façon directe ou plutôt une sublimation) ou bien avez-vous été frappée par quelque chose en moi, ou encore, avez-vous entendu dire quelque chose de moi qui force votre inclination comme jadis pour M. K... ? Cela aurait déplacé son attention sur quelque détail de nos relations, de ma personne ou de ma situation, qui eût masqué une chose analogue, mais bien plus importante, concernant M. K., et par la solution (die Lösung) de ce transfert, l'analyse aurait trouvé accès à du matériel nouveau, sans doute constitué de souvenirs réels. Mais je négligeai ce premier avertissement, je me dis que j'avais encore largement le temps, puisqu'il ne se présentait pas d'autres signes de transfert et que le matériel de l'analyse n'était pas encore épuisé. Ainsi je fus surpris par le transfert et c'est à cause de cet X, en quoi je lui rappelais M. K., qu'elle se vengea de moi, comme elle voulait se venger de lui ; et elle m'abandonna comme elle se croyait trompée et abandonnée de lui. Ainsi elle mit en action (Sie agierte) un morceau essentiel de ses souvenirs et de ses fantasmes au lieu de les reproduire (reproduzieren) dans la cure. Ce que pouvait être cet X, je ne peux naturellement le savoir : je pense que cela se rapportait à l'argent, ou bien c'était de la jalousie à l'égard d'une patiente restée en

(6) *Loc. cit.,* p. 88.

relation avec ma famille depuis sa guérison. Là où l'on arrive de bonne heure (frühzeitig) à insérer les transferts dans l'analyse, celle-ci se déroule plus lentement et elle devient moins claire, mais elle est mieux assurée contre de soudaines et invincibles résistances ». (7)

J'ai retranscrit mot à mot ce texte parce qu'il mérite toute notre attention. Le travail analytique y est méticuleusement montré, dans ses exigences spécifiques. Nous n'avons pas manqué d'entendre l'insistance répétée sur *le temps* du repérage du (ou des) transferts : « rechtzeitig, frühzeitig ». Il s'agit d'intervenir *à temps* dans le transfert qui peut revêtir mille figures. Celle d'un rêve par exemple. Ainsi du premier rêve de Dora.

Curieusement, c'est un rêve où elle se réveille, avec son père auprès d'elle, dans une maison en feu. Freud s'est identifié à ce père. Le discours conscient de Dora l'encourageait en ce sens. Or, c'est justement cette identification à un personnage réel, identification doublement entretenue (par Freud et par Dora) qui fait manquer la part d'énigme encryptée dans le rêve. Il lui faudra produire un second rêve pour tenter d'en faire entendre quelque chose, mais là encore, Freud sera pris dans le jeu de masque des identifications.

On saisit là que la résistance au travail analytique vient de l'identification de l'analyste aux objets du transfert.

En se figurant à la place de quelqu'un, l'analyste perd de vue la fonction de ce que Freud appelle cet X, ce trait énigmatique, inconnu, ce détail qui, méconnu, fait de l'analyse un agir du souvenir et du fantasme. En manquant cet X, — si l'on reprend ce qui a été dit plus haut — on fait du transfert symptôme, activité sexuelle inconsciente, répétition sans remémoration, demande éternisée et non transformée. Inanalysé, le transfert, tout ponctuel qu'il soit (tout « unaire » qu'il soit), transforme la cure en un rêve continué, en un fantasme réalisé où peut se poursuivre le défilé de personnes déplacées, le cycle des figures mythiques, sans rien qui fasse arrêt, réveil.

Ce texte renferme, à mon sens, toute la problématique de l'identification en psychanalyse. J'ai évoqué tantôt la névrose comme le déplacement d'une question ; le transfert qui dans l'analyse prend la relève du processus de formation de symptôme (la productivité de la névrose), est rigoureusement parlant, un déplacement de discours se présentant à la fois comme le risque de sa fermeture et la chance de sa transmutation.

---

(7) *Loc. cit.*, p. 89.

Dans le transfert, le déplacement de la demande s'effectue de par l'adresse à l'autre, dans une sorte de discours aveugle, où l'autre n'est pas tant *une personne* (Freud parle souvent de la « personne du médecin »), qu'une *figure* interchangeable, substituable selon la logique d'un « trait », d'un X, qui la constitue, cette figure, comme signifiant de la question immémoriale. L'analyste est poussé à devenir figurant, comme le moi lui-même, qui, selon l'expression connue, se figure pas mal de choses sur son propre compte et celui des (petits) autres. Le discours névrotique assigne à l'autre et au moi des places déterminées. Les identifications du rêve, redoublées dans les formations symptomatiques et le transfert, sont autant de mises en place d'une question dramatisée, plantée sur la scène du fantasme.

Les figures fantasmatiques qui trouvent à se métaphoriser dans les rêves et le transfert tendent précisément à s'y *fixer.* Si le discours de Dora met Freud à la place du père, Freud se rend compte, après coup, qu'il n'avait pas, lui, à s'y mettre, qu'il aurait dû faire en sorte que Dora ne pût comme on dit, être « fixée » quant à la place de l'analyste. Les concepts de *fixation* et de *régression* s'articulent à la réalité du transfert. Analyser le transfert, c'est assurer la mobilité des figures, c'est *défaire les identifications.* Elles sont, tout à la fois des tentatives d'épingler l'autre en s'épinglant : il n'y a pas identification transitive sans identification réfléchie ; pas d'énoncé sans énonciation.

4. Le psychanalyste à sa place

Si l'on considère le second rêve offert à Freud par Dora, rêve au cours de l'interprétation duquel elle s'en ira, le transfert s'y représente par plusieurs allusions claires. Rêve extrêmement touffu, tissé de multiples identifications signifiées chacune par des traits singuliers : substitutions de lieux (ville étrangère, gare, maison, forêt, cimetière), substitutions de temps (cinq minutes, deux heures et demie, deux heures), substitutions de personnes (la mère, le père mort, le jeune homme, la femme de chambre, le concierge), substitutions de verbes (errer, entrer, demander, pénétrer, questionner, voir et ne pouvoir atteindre...).

« Lorsqu'elle me raconta ce rêve, écrit Freud, j'ignorais encore et ne l'appris que deux jours plus tard, que nous n'avions plus que deux heures de travail devant nous : le même laps de temps qu'elle passa devant la

Madone Sixtine et qu'elle prit pour mesure (en se corrigeant : deux heures au lieu de deux heures et demie) du chemin qui lui restait à parcourir autour du lac. Le désir d'arriver et l'attente, apparus dans un rêve (un jeune homme, en Allemagne) s'expliquaient par ce qu'elle éprouvait à attendre que M. K. vint à l'épouser. Or, cela s'était manifesté dans le transfert depuis quelques jours déjà. La cure, disait-elle, durait trop longtemps, elle n'aurait pas la patience d'attendre si longtemps, alors que, dans les premières semaines, elle était assez raisonnable pour ne pas protester quand je lui disais que le temps nécessaire à son rétablissement serait d'environ une année. Le refus d'être accompagnée dans le rêve — avec le désir d'aller seule, évoquant la visite au Musée de Dresde — je devais me l'entendre adresser au jour marqué par elle. Ce refus avait le sens suivant : « Puisque tous les hommes sont si abominables, je préfère ne pas me marier, voilà ma vengeance ». En 1923, Freud ajoute ici une note, essentielle et qui témoigne de la perlaboration de l'analyse du transfert chez l'analyste, et de la lenteur du temps pour comprendre...

« Plus je m'éloigne du temps où je terminai cette analyse, plus il me semble que mon erreur technique consista dans l'omission suivante : j'ai omis de *deviner à temps* (rechtzeitig zu erraten) et de communiquer à la malade que son amour (Liebesregung) homosexuel (gynécophile) pour Madame K. était le plus fort des courants inconscients de sa vie psychique. J'aurais dû le deviner : personne d'autre que Madame K. ne pouvait être la source principale de ses connaissances sexuelles ; Mme K. que Dora accusa ensuite d'avoir trop d'intérêt pour ces sujets. Il était en effet frappant qu'elle connût tout ce qui était scabreux, mais ne sût jamais où elle l'avait appris. J'aurais dû prendre cette énigme (Rätsel) pour point de départ et chercher le motif de ce singulier refoulement. Le deuxième rêve l'aurait alors dévoilé. La vengeance sans retenue qu'exprimait ce rêve était plus que tout propre à masquer la tendance contraire, la générosité avec laquelle elle pardonnait la trahison de la tendre amie avec laquelle elle cachait à tout le monde que c'était cette amie elle-même qui lui avait fait connaître les choses employées plus tard à la noircir. Avant que je reconnusse l'importance (Bedeutung) des tendances homosexuelles chez les névrosés, j'échouais souvent dans les traitements ou bien je tombais dans un désarroi complet. » (8)

---

(8) *Loc. cit.*, p. 90.

Le transfert, comme le rêve, est régi par les lois de la pensée primaire : la condensation, l'identification, le déplacement... Il est, comme toute formation symptomatique, surdéterminé — synchroniquement et diachroniquement. L'interprétation du transfert coïncide avec l'interprétation du rêve.

Le transfert, comme le rêve, est une manière de se ressouvenir. Mais l'analyse crée un lieu où le rêve et le symptôme peuvent s'articuler dans un dire qui, s'il est entendu, révèle la place d'objet qu'il prescrit inconsciemment à l'autre. Place à laquelle l'analyste est appelé à s'identifier, mais qu'il ne s'agit d'occuper que le temps d'en « deviner » la fonction d'appel ; place à laisser vide pour que s'effectue le réveil. Un tel réveil ne va jamais sans l'angoisse ni la haine envers cet « objet » qui n'est pas à la place attendue pour la jouissance.

Ce que Freud a manqué d'entendre, c'était la surdétermination du transfert, en tant que condensation, constellation de figures contradictoires, vecteur d'identifications, émergence de *noms* et, par conséquent, d'adresses. Pour lui, l'enjeu de ce traitement était l'*amour,* l'amour pour l'homme (père, K., Freud, jeune homme) ; ce qu'il a méconnu, c'était le *désir*, masqué dans les figures non défaites, dans les identifications inanalysées préservant le refoulement. A la demande de Dora de remplacer le père, Freud a répondu en s'identifiant à l'objet œdipien retrouvé ; sa théorie de l'amour l'a rendu sourd à l'idée que le lieu de l'analyse, sa « maison », pouvait tout aussi bien être pour la jeune fille la maison des K... L'analyse n'est pas une re-trouvaille. Or, dans l'amour, dit-on couramment, on s'est trouvé. Formule qui laisse à l'amour toute son ambiguïté. Si l'on prend Freud à la lettre de son texte sur « *L'analyse finie et non-finie* », on saisit la portée de cette phrase : « L'analyse est terminée, dit-il, quand l'analyste et le patient *ne se retrouvent plus* (à l'heure fixée pour la séance) ... » (9)

L'analyste ne peut échapper absolument ni aux leurres narcissiques, effets de l'introjection ni à l'angoisse d'être pris pour un autre et, de fonctionner pour le sujet comme un signifiant énigmatique de sa demande pulsionnelle. S'il est « à l'heure » de ces transferts il est à même de les interpréter comme des « formations de pensée » qui de réminiscences deviennent remémoration. S'identifier au père, ou à M. K., c'était pour

(9) S. FREUD, *Die endliche und die unendliche Analyse,* G.W. XVI, 63.

Freud aller du côté de la tromperie, du côté de l'amour pris comme solution de la névrose et comme impossible dissolution du transfert.

L'élucidation freudienne du processus d'identification, à travers les enseignements du transfert, mène à reconnaître que le sujet en tant qu'il est inconscient n'est pas quelqu'un de cernable. Il n'est pas rigoureux de dire qu'il s'identifie à quelqu'un, à une « personne » mais à des signifiants qui le représentent. Le jeu du transfert névrotique, qui est la névrose même, consiste à substituer l'imaginaire de l'amour (avec ses figures parentales) aux signifiants du désir). Et le désarroi de Freud montre que l'analyste n'est pas à l'abri de la bévue qui lui indique, mais toujours trop tard, par où il reste, à son insu, un fervent de la névrose et de la personne.

5. De l'analyse des symptômes à la théorie de l'identification

Ces dernières considérations nous reconduisent à la spécificité de la psychanalyse. Derrière ces questions de « personne » se profile en effet ce que nous appelons désormais, après Lacan, la « subversion du sujet » (10). Il y a pourtant de quoi nous étonner quand nous entendons Freud parler de la personne du médecin, du malade, etc. Il utilise ce langage au moment même où il renverse complètement la psychologie, et justement la psychologie de la relation médecin-malade. On se cogne ici aux limites de la langue de Freud, qui n'est dépassable que si on change de langue. Nous devons à Lacan l'introduction de cette sorte de « méta-

(10) J. Lacan, *Subversion du sujet et dialectique du désir, Ecrits,* Paris, Seuil, 1966, Le champ freudien, (pp. 793-827). Dans ce texte qui donne forme écrite au Séminaire sur les « Formations de l'inconscient », Lacan, en prenant appui sur le graphe de la question du sujet, montre l'articulation du double processus de l'identification : l'*identification symbolique,* constitutive de l'idéal du moi, ancrage du sujet dans le signifiant (le champ de l'Autre) et *l'identification imaginaire,* dont le moi comme forme (ou Gestalt) est un précipité en même temps qu'il y manifeste son statut d'objet, symétrique du petit autre. On peut prendre la mesure de la fécondité de la distinction nécessaire entre le « sujet » et le « moi » — dont on trouve chez Freud l'anticipation (par exemple dans la différenciation du « sujet » du moi et du moi comme objet — voir notre lecture) — au cours du travail analytique. Il reviendrait à une étude nouvelle de montrer combien l'effort de Lacan a été de maintenir rigoureusement ce qui constitue l'enjeu non seulement théorique de la psychanalyse (elle n'est pas une psychologie du moi) mais éthique : *le sujet est le mouvement d'une question.* Le transfert s'offre comme la possibilité de saisir cette question dans son déplacement même. Les identifications sont comme les petits cailloux laissés sur son chemin.

langue » (et non d'un métalangage), précisément dans la production des concepts différenciés du moi et du sujet, de l'autre et de l'Autre, solidaires de la théorie du signifiant.

La théorie de l'identification spéculaire, formative du moi, se fonde rétrospectivement, chez Lacan, sur sa théorie de l'identification du sujet au signifiant. Pour asseoir cette théorie, Lacan exploite ingénieusement un texte où Freud rassemble les éléments de sa doctrine de l'identification. Un texte qui, justement, reprend les enseignements de l'analyse de Dora. Un des symptômes les plus insistants et les plus surdéterminés de la jeune fille consistait, on s'en souviendra, en une toux nerveuse également appelée catarrhe. Ce symptôme condense de manière étonnamment signifiante l'imbroglio de son « roman » familial » et les points vifs de son « mythe individuel ». Par un côté, Dora contracte le même symptôme que sa mère. Cette identification issue du complexe d'Œdipe signifie le désir hostile de remplacer la mère et le symptôme en mime l'accomplissement et exprime l'amour d'objet pour le père : il réalise le remplacement de la mère sous l'influence du sentiment de culpabilité (« tu as voulu être ta mère, tu l'es à présent au moins dans la souffrance »). D'un autre côté, le symptôme est le même que la personne aimée, ainsi Dora imitant la toux du père. Dans ce cas, l'identification est substituée au choix d'objet, le choix d'objet a régressé à l'identification. Si l'on sait que l'identification est la forme la plus originaire du lien affectif, les conditions de la formation de symptôme, c'est-à-dire le refoulement, soumettent le moi au règne des processus psychiques inconscients pour lesquels aimer c'est primitivement assimiler, dévorer. L'hystérie a ceci de particulier, c'est que l'identification y est extrêmement limitée, elle emprunte à la personne-objet (Objektperson) un *unique trait* (einzigen Zug). La question de Dora s'articule donc entre deux « traits » de ses objets œdipiens, traits qui sont les signifiants sur lesquels oscille son désir. Or ces traits sont des symptômes (toux, catarrhe) c'est-à-dire ce qui marque une faille chez ces autres, par quoi Dora leur dénie en même temps leur fonction de « modèle » (11).

Si l'on s'en tient à ces seules notations, on s'aperçoit déjà de la complexité de la formation d'un symptôme et de ses rapports avec l'identifi-

(11) Cette double identification de Dora à des traits de ses objets œdipiens apporte une illustration clinique à la formule de Lacan : « le signifiant représente le sujet pour un autre signifiant ».

cation. Pour la pensée inconsciente, le désir est son interprétation, il s'accomplit dans le mime de ses représentants — les traits « uniques », singuliers, prélevés sur les objets selon des lois de découpage qui sont loin de respecter l'intégrité des « personnes ». Ce découpage (ou démembrement) s'effectue selon les lois du signifiant (le processus primaire). Les lois du désir ne sont pas celles de l'image ; l'énigme de Dora ne se résout pas dans le refoulement de son amour pour l'homme parce qu'il serait amour coupable du père inégalable, pas non plus dans son amour homosexuel inconscient pour la femme ; ce que la névrose tente de préserver, c'est l'espace d'un « ni l'un ni l'autre », scène où douloureusement se prolonge l'impossible rêve d'être et l'un et l'autre.

6. Le sens du symptôme et la fin de l'analyse

Pour boucler notre parcours sur ces lieux des commencements et des recommencements de la psychanalyse, revenons à la question qui se posait initialement : qu'en est-il, dans l'abord du symptôme, du médecin et du psychanalyste ?

Rappelons un des principes heuristiques et éthiques de l'analyse : le symptôme névrotique n'est pas un signe mais détient un sens : il est en acte le savoir inconscient du sujet. Freud précise : « Il faut plusieurs mois, voire plusieurs années de travail assidu pour montrer que les symptômes d'un cas de trouble névrotique possèdent leur *sens (Sinn),* qu'ils servent *une intention (Absicht)* et qu'ils prennent leur source dans *le destin (Schicksal)* de la personne souffrante. Il ne faut, en revanche, qu'un effort de quelques heures pour obtenir le même résultat avec la formation d'un rêve se présentant tout d'abord comme confus et incompréhensible. » (12) Il faut plus de temps pour sortir d'une névrose que d'un rêve, mais ils sont l'effet des mêmes mécanismes psychiques — la relation thérapeutique fonctionne selon les mêmes lois qu'un rêve. Voilà un autre principe qui nous écarte davantage de la conception médicale du traitement. Mais Freud va plus loin encore : l'intention formatrice du symptôme est toujours l'accomplissement de fantasmes sexuels. Les symptômes servent à la jouissance sexuelle des malades, ils sont le substitut d'une telle satisfaction qu'ils fuyent dans la vie. Le « sens » du symptôme

(12) S. Freud, *Vorlesungen zur Einführung in die Psychoanalyse,* GW XVI, 63.

échappe à la conscience : il faut précisément que ce sens soit inconscient pour que le symptôme se réalise. Les symptômes disparaissent quand le névrosé *sait* leur sens. Mais de quel savoir ? D'un savoir qui doit avoir pour base un changement intérieur, changement qui est l'effet du travail analytique dont le but est de combler les lacunes de la mémoire et de supprimer les amnésies (hystérie), ou de rétablir les liens entre les souvenirs (obsession).

« Le sens (Sinn) d'un symptôme doit s'entendre de deux manières : *son origine (Woher)* et *son but (Wohin oder Wozu)* ; autrement dit, il faut considérer, d'une part, les impressions et les expériences d'où il provient et, d'autre part, les intentions qu'il sert. *L'origine* d'un symptôme se résout à des impressions issues de l'extérieur, qui ont nécessairement été conscientes à un moment donné mais qui sont ensuite devenues inconscientes par oubli. *Le but* (Wozu) du symptôme, sa tendance (Tendenz), est, dans tous les cas un processus endopsychique, qui a pu d'abord être conscient, mais qui peut tout aussi bien n'avoir jamais été conscient et être demeuré inconscient. Peu importe donc que l'amnésie porte sur les origines comme pour l'hystérie ; c'est le but, la tendance du symptôme qui ont pu être inconscients dès le début qui fondent la dépendance du symptôme à l'égard de l'inconscient, ... » (13)

Au lieu de se souvenir, le névrosé reproduit des attitudes et des sentiments de sa vie par le biais du transfert. Ces matériaux psychiques commencent toujours par se mettre au service de la résistance et par ne laisser apparaître que leur façade hostile au traitement.

L'analyse de la résistance de transfert constitue la base de la conception psychanalytique des névroses et justifie l'abandon de l'hypnose qui maintient dissimulée, refoulée, la résistance. Les symptômes se sont formés à la suite d'un processus psychique qui n'a pu aboutir à sa fin : nous ne pouvons reconstituer ce processus qu'au moment de la dissociation du symptôme (Lösung), lors de l'interprétation du transfert. Le refoulement soustrait le processus à son aboutissement, le maintient en dehors de la réalité ; le symptôme remplace la modification du monde extérieur par une modification du corps : comme le rêve il procure une satisfaction à la manière infantile, il fait retour au principe de plaisir, à une sorte « d'autoérotisme élargi ».

(13) *Loc. cit.*, 294 (fin de la 18e leçon d'introduction à la psychanalyse).

L'analyse est donc le lieu où se construit un *« nouveau savoir »* à la place de la formation de symptôme. On ne peut apprendre quelque chose de ses symptômes que si on laisse se mettre en jeu les transferts qui en sont des fomentations, des réinterprétations.

La *« fin » de l'analyse* n'est pas un terme, mais un processus de construction d'un savoir régulier (il y a dit Freud savoir et savoir, comme il y a fagot et fagot !) ; ce savoir nouveau se substitue à une jouissance ignorée qui est le « savoir » du symptôme.

La fin de l'analyse n'est pas, comme l'a fait maintes fois observer Lacan, l'identification à l'analyste ; ni l'identification à l'inconscient : celui-ci reste l'Autre, cet Autre porteur des signifiants de ce qu'on appelle le sujet. Mais alors, en quoi consiste ce repérage qu'est l'analyse ? Lacan propose, dans le Séminaire « *L'insu qui sait...* » : « Est-ce que ce serait ou ça ne serait pas s'identifier, s'identifier en prenant ses garanties, une espèce de distance, s'identifier à son symptôme ? J'ai avancé que le symptôme, ça peut être le partenaire sexuel... le symptôme pris dans ce sens c'est ce qu'on connaît, et même ce qu'on connaît le mieux, sans que ça aille très loin... Alors qu'est-ce que ça veut dire connaître ? Connaître veut dire savoir faire avec ce symptôme, savoir le débrouiller, le manipuler ; savoir, ça a quelque chose qui correspond à ce que l'homme fait avec son image : c'est imaginer la façon dont on se débrouille avec son symptôme. Il s'agit ici, bien sûr, du narcissisme secondaire, le narcissisme radical, le narcissisme qu'on appelle primaire étant dans l'occasion exclu. Savoir y faire avec son symptôme, c'est là la fin de l'analyse... » (14)

La fin de l'analyse, pourrait-on dire, c'est de changer l'écriture du symptôme ; est-ce la portée de ce que Lacan introduit dans le changement d'orthographe, en passant du symptôme au « sinthome » ? Comparée à la médecine, l'analyse ne vise pas, si l'on se réfère à ce dont Freud et Lacan témoignent, une suppression du symptôme analogue à l'extraction d'un corps étranger ; l'analyse n'est pas un exorcisme. Il y s'agit, bien plutôt, d'une mutation de savoir telle que le savoir inclus dans le symptôme, dans les rêves, dans le transfert, soit déchiffré et que le désir qui s'y profile s'accomplisse : dans la « réalité », dit Freud, dans un « savoir y faire », dit Lacan — bref, dans un *acte*, qui produit de l'Autre.

---

(14) J. LACAN, « L'insu qui sait de l'une bévue s'aile à mourre », Séminaire inédit, séance du 16 novembre 1976.

Ainsi la pratique analytique du symptôme met-elle en cause l'analyste. Qu'il ait une place en tant que « supposé savoir », en tant que recélant tous ces « X » que sont les « points d'arrêt » du transfert, cela ne peut que soulever chez lui de la résistance et même de la répugnance. « Les médecins, note Freud (« Psychanalyse et psychiatrie », 16ᵉ leçon), répugnent à entrer en relations trop étroites avec leurs patients atteints de névrose et, ne prêtant pas une attention suffisante à ce que ceux-ci leur disent, ils se mettent dans l'impossibilité de tirer de leurs communications des enseignements précieux et de faire des observations intéressantes... »

Prêter attention à ce que disent les patients, rétorque-t-on, c'est ce que fait tout bon médecin. L'analyse se distingue d'une écoute bienveillante, par la manière de « s'y prendre » avec ce dire, de se prendre à l'intérieur de sa structure d'énonciation déjà transférentielle. Le dire n'y est pas seulement information subjective sur la maladie : il est déjà formation substitutive, invention d'un mode renouvelé de la demande. De s'y laisser prendre, cela produit des effets d'angoisse, d'horreur disent certains... Mais ce ne serait dire que l'envers nécessaire d'une activité de découverte qui ne s'opère jamais sans une joie singulière : celle qui naît du lien de la recherche et de la « guérison ». Il n'est pas possible de conduire une analyse sans apprendre quelque chose de nouveau...

Exergue

« Dans une discipline qui ne doit sa valeur scientifique qu'aux concepts théoriques que Freud a forgés dans le progrès de son expérience mais qui, d'être encore mal critiqués et de conserver pour autant l'ambiguïté de la langue vulgaire, profitent de ces résonances non sans encourir les malentendus, il nous semblerait prématuré de rompre la tradition de leur terminologie.
Mais il nous semble que ces termes ne peuvent que s'éclaircir à ce qu'on établisse leur équivalence au langage actuel de l'anthropologie, voire aux derniers problèmes de la philosophie, où souvent la psychanalyse n'a qu'à reprendre son bien.
Urgente en tout cas nous paraît la tâche de dégager dans des notions qui s'amortissent dans un usage de routine, le sens qu'elles retrouvent tant d'un retour sur leur histoire que d'une réflexion sur leurs fondements subjectifs ».

J. LACAN
(*Écrits*, p. 239-40)

Cette épigraphe de Lacan imprime à notre propos sa tournure et sa marche; elle en esquisse le programme. Nous cherchons en effet à suivre, au plus près du texte de Freud, la construction d'un concept fondamental de la psychanalyse : le concept d'*identification.*

Lourd des significations que le langage courant lui confère, ce terme d'identification a connu, depuis son avatar psychanalytique, une étonnante fortune au sein des divers dialectes des sciences humaines, de la psychiatrie à la psycho-sociologie. Auprès des analystes eux-mêmes, le terme a fini par oblitérer le problème qui n'avait jamais cessé de mobiliser la pensée de Freud. « Amorti dans un usage de routine », le terme d'identification semble aujourd'hui une acquisition définitive en bonne place dans le bagage conceptuel de la psychanalyse. Peu de traces, là, pour l'incertitude de ce qui demeure, pour nous, une question — et sans doute, *la* question dont Freud a seulement commencé l'énonciation — à savoir la question du « *sujet* », du sujet dans son rapport avec l'inconscient, non du sujet de la connaissance.

A revenir au tracement patient de l'écriture qui l'a inscrit dans la trame de la théorie fondée sur l'expérience originelle des effets de l'inconscient, nous pourrions défaire, « analyser », l'entrelacs des significations sédimentées de ce terme désormais indissociable de ces termes voisins que sont le moi, l'idéal, l'intersubjectivité, la sympathie, etc. Une telle analyse permettrait du même coup de marquer les effets de subversion que Freud a produits dans la psychologie du moi et le savoir en général.

L'identification serait donc l'index d'une question, à vrai dire séculaire, dont Freud aurait compliqué la formulation en la rapportant à son origine mythique.

Cette question immémoriale s'enroule dans l'énigme dont le Sphynx inquiète les gens de Thèbes. A cette question, il n'est de réponse que *singulière*, réponse en acte : l'acte de naissance d'un sujet. Oedipe. Question certes qui s'est engloutie dans la généralité de discours infinis sur le Même et l'Autre, l'Identité et la Différence, le Désir et la Loi, le Moi et l'Autrui. En s'appropriant ce terme d'identification, sans pour autant qu'il en fît jamais l'objet d'une thématisation métapsychologique d'ensemble, Freud a cependant secoué le réseau de cette très ancienne problématique; il l'a prise là où il la rencontrait journellement : dans l'analyse, dans l'expérience du transfert.

A cette question aussi démesurée, prise depuis toujours dans le travail spéculatif des philosophes, Freud a donné un tour inouï.

Nous voulons repérer les moments décisifs de ce « tour » freudien dans la généalogie de sa complication.

I

L'identification et la formation de symptômes

C'est dans l'analyse du rêve et des névroses que Freud a, inchoativement, repéré le travail de l'identification. A l'origine, il utilise cette notion de manière non critique, innocemment pourrait-on dire; plus tard, alors même qu'il se sera formulé ses premières questions théoriques à propos de l'identification, il utilisera cette notion tantôt dans son sens de concept, tantôt dans son sens courant. On verra qu'à cette ambiguïté répondra, tout au long de l'œuvre, l'indécision théorique elle-même que Freud ne pourra jamais évacuer et qui place le problème de l'identification à la limite des avancées de la doctrine, sans que s'achèvent l'exploration ni la délimitation conceptuelle.

Nous irons dans notre lecture aux textes critiques, théoriquement développés, où cette notion se trouve réfléchie, soumise au travail de la conceptualisation, limitée dans sa signification par d'autres concepts et se transformant de cette connexion, dans le mouvement de son explicitation.

D'après une considération autobiographique qu'il confiait à Ferenczi dans une lettre, Freud dessinait ainsi la courbe de sa production scientifique :

> « Mes bons travaux suivent vraiment le rythme des cycles de sept ans : en 1891, j'ai commencé avec l'Aphasie; en 1898, ce fut l'Interprétation des rêves; en 1904-1905, le Mot d'esprit et la Théorie de la sexualité; en 1911-1912, Totem et tabou; je suis donc dans une période creuse et je ne peux compter sur quelque chose d'important avant 1918-1919 (à condition que le cycle ne se rompe plus tôt) » (1).

Adoptons cette manière de ponctuer le texte, pour nous ininterrompu, de sa pensée. On reconnaît dans sa fascination pour les cycles chronolo-

(1) S. FREUD, *Correspondance*, Trad. franç. par A. Berman et J.-P. Grossein; (Connaissance de l'inconscient), Paris, P.U.F., 1967, p. 323-4.

giques la lointaine influence de son amitié perdue avec Wilhelm Fliess, amitié à laquelle on doit l'émergence de la psychanalyse, comme O. Mannoni l'a remarquablement observé (2).

C'est dans la correspondance avec Fliess qu'on peut lire la « première » occurrence du terme d'identification dans la littéralité des écrits dont nous disposons aujourd'hui. Lacan a déterminé comme « Freud I », l'ensemble des écrits localisés par Freud dans les trois premiers cycles de ses « bons travaux », c'est-à-dire, approximativement, de 1891 à 1913. 1913 est l'époque du remaniement doctrinal d'où prendrait son départ le « Freud II », avec la théorie du narcissisme, la métapsychologie et les écrits techniques. Le « Freud III », dans le temps de méditation qui suivit la première guerre mondiale, commencerait bien, selon ces fameux cycles, en 1918... Cette tripartition de l'œuvre réclame, nous semble-t-il, une systématisation plus poussée qui rende plus manifestes ces moments discernables de la construction théorique.

1. L'identification : premières allusions

La correspondance de Freud avec son ami Fliess marque le temps de la surrection de la théorie des névroses et, en ce qui concerne notre notion, le temps de sa première excavation conceptuelle.

Le plus souvent, le terme d'identification apparaît, en son acception courante, *dans le contexte empirique d'une interprétation de symptôme névrotique ou de fragment onirique* (3). Il s'agit, à chaque fois, d'un emploi simplement descriptif destiné à étiqueter un phénomène psychologique qu'il observe chez ses patients ou dans son propre chef. Nombre de rêves dont il produit des analyses partielles dans sa *Traumdeutung* ou dans sa correspondance, dévoilent la variété de personnages auxquels Freud s'était identifié : parents, amis, maîtres à penser, professeurs, héros

(2) O. MANNONI, *L'analyse originelle,* dans *Clés pour l'imaginaire,* (Le champ freudien), Paris, Le Seuil, 1969, p. 115-130.

(3) Voir les lettres 53, 58, 61 et manuscrit L, 64 et manuscrit N, 75, 97, 102, 125 dans *« Aus den Anfängen der Psychoanalyse », Briefe an Wilhelm Fliess, Abhandlungen und Notizen aus den Jahren 1887-1902,* Imago Publishing Co, London 1950. Traduction française, *La naissance de la psychanalyse,* Lettres à W. Fliess, notes et plans 1887-1902, trad. de A. Berman, Paris P.U.F., 1956.

antiques, personnages de romans, écrivains, peintres, dramaturges... (4).

Il est toutefois possible de déceler une certaine direction significative que Freud imprime, de façon non thématique, à ses descriptions cliniques. Relevons quelques bribes de textes dont l'agencement conceptuel et le contexte psychologique nous semblent signaler cette sorte d'*appropriation naissante* de la notion d'identification au sein de la théorie analytique. S'il est possible de montrer qu'il n'est usé de ce terme qu'en certaines occurrences et en liaison avec certains problèmes relativement circonscrits, les effets de ce premier travail sélectif et différentiel, à même le langage, deviendront patents. Si, davantage, l'ensemble de ces occurrences fait système, il sera légitime d'y pressentir l'anticipation d'une problématique dont il nous restera à mesurer l'ampleur, dans les débats théoriques ultérieurs.

Ces textes particulièrement parlants comptent parmi les contributions de Freud à la psychopathologie et à la psychothérapie des « maladies nerveuses » — plus précisément, l'hystérie, la phobie, la névrose obsessionnelle, la mélancolie et la paranoïa. L'avantage des lettres à Fliess est de fournir le dessin du cheminement intellectuel dont ces contributions marquent le progrès, les hésitations, les déconvenues, les enthousiasmes.

Nous nous limiterons ici à présenter des fragments de lettres selon le seul ordre de la chronologie, en soulignant certains symptômes et en relevant les connexions thématiques qui s'y nouent.

LETTRE 53, Vienne, 17-12-1896

« *La peur de se jeter par la fenêtre* » est une *erreur* du conscient et respectivement du préconscient et se rattache à un contenu inconscient où la fenêtre joue son rôle. En voici l'analyse : Angoisse + ... fenêtre.., s'explique ainsi : idée inconsciente : aller à la fenêtre pour faire signe à un homme de monter, *comme le ferait une prostituée* : déclenchement de sexualité par suite de cette idée. Préconscient, rejet et angoisse à cause de ce déclenchement (...) ...C'est ainsi que s'est vu confirmer un soupçon que je nourrissais depuis longtemps, un soupçon relatif au mécanisme de l'agoraphobie chez les femmes. Tu le devineras

---

(4) Dans son ouvrage *L'Auto-analyse* (Paris, P.U.F., 1959), D. Anzieu a mis en évidence la dramatique personnelle de Freud, découvreur de la psychanalyse dans son analyse écrite à Fliess. Il y parle d'*identifications constructives* aux créateurs tels Zola, Gœthe, Moïse, Michel-Ange, Léonard de Vinci, Shakespeare, Schiller, Signorelli, Brutus) ou d'*identifications ambivalentes* à des supérieurs ou des pairs tels : Brücke, Meynert, Fleischl, Breuer, Königstein, Oscar Rie, Nothnagel, Fliess... ces deux vastes séries identificatoires révèlent l'ambiguïté de la relation de Freud à son œuvre naissante et l'oscillation de celle-ci entre l'art et la science. Voir notre étude sur les relations de Freud avec les écrivains : *Psychanalyse-littérature* dans *Rev. de Psych. et des Sc. de l'Éduc.* Louvain, 1974, n° 9.

très bien en pensant aux prostituées. C'est le *refoulement de la compulsion* à aller chercher dans la rue le premier venu, un sentiment de *jalousie* à l'égard des prostituées et une *identification* à elles. »

Dès sa première apparition, la notion d'identification est située dans une explication topique du conflit psychique et reliée au mécanisme du refoulement de la sexualité.

LETTRE 58, Vienne, 8-2-1897

« (...) Le diagnostic du *somnambulisme* s'est avéré exact. Le dernier résultat en est l'explication des crampes tétaniques hystériques. C'est une *imitation* de la mort, de la rigidité cadavérique, donc une *identification avec une personne morte...* ».

Les termes d'imitation et d'identification sont utilisés ici comme des termes équivalents.

MANUSCRIT joint à la LETTRE 61, Vienne, 2-5-1897

« Structure de l'hystérie : le but semble être de revenir aux scènes primitives...
Rôle des domestiques : Un intense *sentiment de culpabilité* (à propos de vols, d'avortements, etc.) naît parfois chez une femme *par identification à ces personnes de basse moralité.* Bien souvent ces dernières surgissent, dans son souvenir, comme des femmes méprisables dont *les figures se trouvent sexuellement liées* à celle du père ou du frère (...). Le fait que la vile conduite du chef de famille à l'égard des servantes soit expiée par le sentiment, chez la fille, du *ravalement de soi* semble constituer une tragique expiation.
Champignons : (« Schwamm » : signifie à la fois champignon et éponge) ... une jeune fille craignait de cueillir une fleur ou même un champignon parce qu'elle enfreignait ainsi les lois divines qui interdisent de détruire les germes vivants. Cette crainte tirait son origine des préceptes religieux de sa mère qui s'élevait contre les précautions pendant le coït... *Une identification à sa mère formait le contenu principal de la névrose de cette jeune personne.*

Pluralité de personnes psychiques : Le fait de l'identification autorise peut-être *un emploi littéral de cette expression* ».

La multiplicité des personnages auxquels l'hystérique s'identifie deviennent autant de figures instables, une série d'images dans lesquelles sa personne se reconnaît et se perd. Cette multiplicité d'identifications manifeste sans doute la structure psychique elle-même.

L'agoraphobie
« L'agoraphobie semble liée à un *roman* de prostitution se rattachant aussi à ce roman familial. Une femme qui refuse de sortir seule témoigne ainsi de l'infidélité de sa mère ».

Un roman familial, une reconstitution imaginaire et romancée des premières relations infantiles sous-tend toute formation de symptôme par identification.

MANUSCRIT N, LETTRE 64, Vienne, 31-5-1897
Pulsions
« Les pulsions hostiles à l'endroit des parents (désir de leur mort) sont également partie

intégrante des névroses. Elles viennent consciemment au jour sous la forme d'idées obsessionnelles.

Dans la paranoïa, les délires de persécution les plus graves (méfiance pathologique à l'égard des chefs, des monarques), émanent de ces pulsions. Elles se trouvent *refoulées dans les périodes où les sentiments de pitié* pour les parents l'emportent au moment de leurs maladies, de leur mort. Dans le *deuil*, les sentiments de remords se manifestent, alors on se reproche leur mort (c'est ce que l'on décrit sous le nom de *mélancolies*) ou bien l'*on se punit soi-même sur le mode hystérique, en étant malade comme eux* (idée de rachat). *L'identification n'est alors, comme on voit, qu'un mode de penser et ne nous délie pas de l'obligation de rechercher les motifs.* Il semble que, chez les fils, les désirs de mort soient dirigés contre le père, et chez les filles, contre la mère...

Poésie et « fine frenzy »
Le mécanisme de la création poétique est le même que celui des fantasmes hystériques. Goethe *prête* à Werther quelque chose de vécu : son propre amour pour Lotte Kästner et, en même temps, quelque chose dont il a entendu parler : le sort du jeune Jérusalem qui se suicida. Goethe joue probablement avec l'idée de suicide et y trouve un point de contact qui lui permet de *s'identifier à Jérusalem.* Il prête à celui-ci des motifs tirés de sa propre histoire d'amour. C'est au moyen de ce fantasme qu'il se prémunit contre les conséquences de sa propre histoire.
Ainsi *Shakespeare* avait raison d'associer poésie et folie (fine frenzy).

Causes de la formation des symptômes :
Le fait de se souvenir ne constitue jamais un motif, mais seulement une méthode, un mode. *Chronologiquement, la première force motivante, dans la formation des symptômes, est la libido.* Ainsi les symptômes, comme les rêves, sont des réalisations de désirs.
(...) *La formation des symptômes par le moyen d'identifications* se trouve liée aux fantasmes, c'est-à-dire au refoulement de ceux-ci dans l'inconscient et est *analogue aux modifications que subit le moi dans la paranoïa...* ».

Ces notations éparpillées portent en germe des développements importants, mais étirés dans le temps. Notons d'emblée la connexion aperçue entre identification, deuil, mélancolie, pitié et structure du moi; notons encore le repérage de la fonction de l'identification dans le travail de l'écrivain.

Dans la lettre 70, Vienne, le 3-10-1897, Freud confie à Fliess les progrès de son « auto-analyse »; cette lettre suit la lettre du 21-9-1897 où il écrit : « je ne crois plus à ma neurotica... », c'est-à-dire sa théorie de l'étiologie des névroses qui se basait sur les révélations de ses malades et leurs souvenirs d'enfance. Il faut certes lier cette relativisation de la réalité des « scènes de séduction » et la découverte de la réalité du fantasme, grâce à son auto-analyse.

En même temps, Freud se met à relire Shakespeare, et notamment Hamlet; une pièce dramatique d'un certain Grillparzer, « L'Aïeule » qu'il juge manquée, l'amène à réfléchir aux effets saisissants des véritables drames.

La lettre 71, du 15-10-1897 marque certes un moment fécond de la psychanalyse et une étape décisive dans le dégagement de la structure fantasmatique de la tragédie d'Oedipe et de son rapport à l'identification :

« ...Il ne m'est venu à l'esprit qu'une seule idée ayant une valeur générale. J'ai trouvé en moi comme partout ailleurs des sentiments d'amour envers ma mère et de jalousie envers mon père, sentiments qui sont, je pense, communs à tous les jeunes enfants, même quand leur apparition n'est pas aussi précoce que chez les enfants rendus hystériques (d'une façon analogue à celle de la ' romantisation ' de l'origine chez les paranoïaques — héros, fondateurs de religion). S'il en est bien ainsi, on comprend, en dépit de toutes les objections rationnelles qui s'opposent à l'hypothèse d'une inexorable fatalité, *l'effet saisissant d'Oedipe Roi.* On comprend aussi pourquoi tous les drames plus récents de la destinée devaient misérablement échouer. Nos sentiments se révoltent contre tout destin individuel arbitraire tel qu'il se trouve exposé dans l'*Aïeule*, etc... Mais la légende grecque a saisi une *compulsion (Zwang)* que tous *reconnaissent* parce que tous l'ont ressentie. *Chaque auditeur fut un jour en germe, en imagination, un Oedipe et s'épouvante devant la réalisation de son rêve transposé dans la réalité, il frémit suivant toute la mesure du refoulement qui sépare son état infantile de son état actuel.*
Mais une idée m'a traversé l'esprit : ne trouverait-on pas dans l'histoire d'*Hamlet* des faits analogues? Sans penser aux intentions conscientes de Shakespeare, je suppose qu'un événement réel a poussé le poète à écrire ce drame, son propre inconscient lui ayant permis de comprendre l'inconscient de son héros.
Comment expliquer cette phrase de l'hystérique Hamlet : « C'est ainsi que la conscience fait de nous tous des lâches? » Comment comprendre son hésitation à venger son père par le meurtre de son oncle, lui qui n'a aucun scrupule à envoyer ses courtisans à la mort et qui n'hésite pas une seconde à tuer Laerte? Tout s'éclaire mieux lorsqu'on songe au tourment que provoque en lui le vague souvenir d'avoir souhaité, par passion pour sa mère, de perpétrer envers son père le même forfait. « Si nous étions traités selon nos mérites, qui pourrait échapper à la fustigation? » Sa conscience est son sentiment inconscient de culpabilité. Sa déréalisation *(Entfremdung)* sexuelle, au cours de son entretien avec Ophélie, sa réprobation de l'instinct qui pousse à procréer, enfin son transfert de l'acte, de son père à celui d'Ophélie, ne sont-ils pas typiquement hystériques? Ne réussit-il pas, de façon aussi singulière que mes hystériques, *à attirer sur lui-même le châtiment puisqu'il subit le même sort que son père, empoisonné par le même rival?* »

Mettons en évidence quelques repères importants qui sont ici fort rapidement plantés. Il s'agit bien, dans ce texte, de *l'anticipation de la théorie du complexe d'Oedipe*, bien qu'on ne rencontre encore que l'aperception dramatique de son enjeu dans la fascination « passionnelle », pathétique, que produit *le spectacle*, le théâtre. Ceci n'est nullement indifférent pour l'intelligence de l'identification, dont il n'est pourtant pas nommément parlé dans cette lettre. C'est en thématisant l'effet dramatique d'un spectacle — que ce soit la dramaturgie des hystériques ou les tragédies classiques — que Freud éclaircira le procès de l'identification.

L'effet saisissant (die packende Macht) qui produit *la reconnaissance* (5) d'une *compulsion universelle* s'accomplit, précisément, grâce à l'identification du spectateur au *drame*, à ce qui passe et se passe *entre* les protagonistes de l'action — et pas seulement à un héros comme tel. Or les termes mêmes de Freud sont les termes d'Aristote en sa Poétique : fonction mimétique de la fable, mouvement de la reconnaissance dans le renversement de la péripétie, effet saisissant ou catharsis. Mais Freud souligne le caractère *inconscient* de l'identification corrélative de l'action du refoulement; il l'inscrit, en incise, dans le registre où elle a lieu : » en imagination » (in der *Phantasie*). Il faudra cependant qu'un temps de latence appréciable s'écoule avant que ne revienne à l'explicitation tout ce qui se noue dans ce texte, — et celui de la *Traumdeutung* qui le reprend et le développe davantage —, où sont rapprochés Oedipe et Hamlet (6).

LETTRE 97 du 27-9-1898

« Il s'agit d'un garçon de 25 ans, souffrant de raideur dans les jambes, de crampes, de tremblements, etc. et qui peut à peine marcher. *L'angoisse* qui le fait se cramponner aux jupons de sa mère, comme le bébé qui se dissimule en lui, nous prémunit contre toute erreur diagnostique. La mort d'un frère, celle d'un père psychosé, fournissent le motif de son état survenu vers sa quatorzième année. Devant les gens qui le regardent marcher, il se sent tout *honteux et trouve cela naturel.* Comme *modèle* : un oncle tabétique. L'étiologie courante du tabès (excès sexuels) l'a amené, dès sa quatorzième année, à *s'identifier à cet oncle...* »

L'analyse dévoile toujours, sous le symptôme, un roman familial, une épopée sexuelle inconsciente qui se joue à travers des identifications.

LETTRE 125 du 9-12-1899

« C'est '*le choix des névroses*' qui me préoccupe. Dans quelles circonstances une personne devient-elle hystérique, au lieu de devenir paranoïaque? Dans une première et grossière tentative, à l'époque où je cherchais impétueusement à forcer la citadelle, je pensais que le choix dépendait de l'âge auquel les traumatismes s'étaient produits, du moment de l'incident (cf. lettre 46, du 20-5-1896). J'ai, depuis longtemps, abandonné cette idée; ensuite, je n'ai plus eu d'opinion jusqu'à ces derniers jours où *le rapport avec la théorie de la sexualité* s'est révélé.

---

(5) La reconnaissance (*Anerkennung*, en allemand, rappelle encore le terme hégélien) renvoie à ce qu'Aristote appelle l'« ἀναγνώρισις » dans le passage de sa *Poétique* où il énumère les différentes formes de la reconnaissance (par les signes, par simple artifice du poète, par souvenir, par suite d'un raisonnement et par dérivation des faits eux-mêmes) cf. 1454 b et suiv.

(6) Le passage correspondant de la *Traumdeutung* se trouve au chapitre V, GW II-III p. 265-273.

Parmi les couches sexuelles, la plus profonde est celle de *l'auto-érotisme* qui n'a aucun but psychosexuel et n'exige qu'une sensation capable de le satisfaire localement. Plus tard, l'allo-érotisme (homo- et hétéro-) s'y substitue, mais il continue certainement à subsister sous la forme d'un courant indépendant. *L'hystérie (comme sa variété, la névrose obsessionnelle) est allo-érotique et se manifeste principalement par une identification à la personne aimée. La paranoïa redéfait les identifications, rétablit les personnes que l'on a aimées dans l'enfance (...) et scinde le moi en plusieurs personnes étrangères.* Voilà pourquoi j'ai été amené à considérer la paranoïa comme la poussée d'un courant auto-érotique, comme un retour à la situation de jadis. *La formation perverse* correspondante serait ce qu'on appelle la folie originelle. Les rapports particuliers de l'auto-érotisme avec *le « moi » primitif* éclaircirait bien le caractère de cette névrose... »

Ces textes appellent quelques remarques.

Dès le premier moment de l'élaboration de la psychanalyse, la notion d'identification apparaît, cernée par un complexe d'autres notions avec lesquelles elle se met à former système. Ce système recouvre une problématique dont les pistes, loin de se rejoindre, iront en se ramifiant à mesure qu'avancera l'expérience analytique. Tâchons, après avoir franchi ce premier seuil à l'aide de la correspondance avec Fliess, de tracer les linéaments de cette problématique apparaissante.

A relire l'ensemble des fragments distraits de cette correspondance contemporaine des *Études sur l'hystérie*, de l'*Esquisse d'une psychologie scientifique*, de la rédaction de l'*Interprétation des rêves*, de la *Psychopathologie de la vie quotidienne*, du cas *Dora* et du *Mot d'esprit*, il se manifeste un certain regroupement de thèmes où l'on peut surprendre *les idées majeures de la psychanalyse* : étiologie sexuelle des névroses, fonction du fantasme dans la formation du rêve et du symptôme, relation du fantasme aux scènes infantiles et au roman familial, topique et dynamique du psychisme, angoisse et refoulement... Autant de mailles d'un filet où l'identification, plus ou moins lâchement, se trouve prise.

C'est souvent *l'activité sexuelle d'une autre personne* qui éveille, *par jalousie et identification*, la même compulsion sexuelle de l'hystérique mais qui succombe au refoulement; le symptôme (agoraphobie, sentiment de honte, culpabilité, ravalement de soi, crampes, tremblements...) vient à la place de la satisfaction de cette compulsion et apparaît comme une auto-punition.

L'identification, dans ces cas, donne la clé du symptôme : il suffit que puisse se dire le raisonnement inconscient qui la sous-tend. Elle est la « méthode », le chemin que prend cette suite de pensées, — ce fantasme ou mieux : ce roman inconscient (refoulé) — pour accéder à l'expression (la conversion somatique). La pensée ou le vœu, au fond, a toujours la même forme : « Ah ! si je pouvais me conduire *comme le fait* celui-là ou celle-là : le père, la mère, le frère, la prostituée, la domestique ». Le « concept » d'identification s'apparente ici à celui d'*imitation*, auquel il succède fréquemment, comme en apposition. Le terme de « modèle » (*Vorbild*) témoigne de cette quasi-synonymie. Mais il faut préciser que dans l'identification, l'imitation est souhaitée, rêvée; et si elle est réellement jouée, c'est sur le mode de la méconnaissance, c'est-à-dire dans un symptôme.

La dernière lettre citée (125), où Freud formule une hypothèse générale sur le choix des névroses, ajoute une idée différente de ce qui précède sur l'objet de l'identification. Cet objet, *dans l'hystérie*, est *le rival*, celui dont on est jaloux. Freud écrit cette fois : l'hystérie est allo-érotique et se manifeste principalement par une *identification à la personne aimée*. Cela indique une particularité piquante de la névrose : l'ambiguïté de la position fantasmatique du sujet. Si l'hystérique s'identifie à l'objet d'amour et au rival (ou au modèle envié), l'identification, comme « méthode », peut servir des « motifs » multiples sinon contradictoires (hétérosexuels et homosexuels).

Quant à la *paranoïa*, on y dit qu'elle démonte les identifications, qu'elle restaure les personnages aimés dans l'enfance, qu'elle scinde le moi en personnes étrangères. Proposition proche de cette autre : « pluralité de personnes psychiques : le fait de l'identification autorise peut-être l'emploi littéral de cette expression ». C'est le problème du *Moi* qui est aperçu ici, mais sans que Freud s'y arrête : sa pluralité constitutive, sa composition au moyen de personnes aimées autrefois, d' « objets perdus » de l'enfance. L'identification semble bien donnée comme le nom assigné à la formation de ce moi essentiellement pluriel et fragile parce que fissible, stratifié (7).

---

(7) Dans l'analyse de Schreber (1911), Freud écrira :
« La paranoïa décompose *(zerlegt)*, l'hystérie condense *(verdichtet)* ou plutôt, la paranoïa résout une fois de plus en leurs éléments les produits des condensations et des identifications qui se sont effectuées dans le fantasme inconscient *(die Paranoïa bringt die in der unbewußten Phantasie vorgenommenen Verdichtungen und Identifizierungen wieder zur Auflösung)* ». (GW VIII -. 285).
Cette note sur la paranoïa annonce, mais encore de loin, ce qui sera tardivement traité par la théorie freudienne du « Moi » en 1920 *(Massenpsychologie und Ichanalyse)* en 1923 *(Das Ich und das Es)* et enfin en 1938 *(Die Ichspaltung im Abwehrvorgang)*, théorie du Moi que l'on assimile généralement à la deuxième topique.

Retenons de ces observations deux problèmes dont la suite de notre lecture devra fonder la liaison : grâce à l'étonnante plasticité de l'*hystérique*, l'identification est d'emblée dégagée comme dramatisation d'un scénario fantasmatique ordinairement sexuel, comme production scénique, corporelle, d'une action unissant des personnages dans un drame, un « crime », communs. Avec l'hystérie apparaît une dimension « spectaculaire » de la sexualité et de ce qu'elle produit dans le fantasme qui est joué, représenté, dans l'identification symptomatique. Tel est le problème de l'identification *hystérique* et de ce qu'elle permet de comprendre du spectacle en général, qui n'est pas sans évoquer la possibilité même de l'*art dramatique* et les théories philosophiques et psychologiques qui en ont confisqué la définition au cours des temps.

Le second problème, mis en évidence grâce à la pathologie de la *paranoïa*, est ce qu'on a coutume d'appeler *le problème de la « constitution du moi »*, de sa genèse et de sa structure intersubjective. Le thème de la culpabilité, celui du deuil et de la mélancolie relèvent de la même problématique.

Tel est le champ, aux contours imprécis et estompés, qu'esquisse ce premier travail de repérage. Il reste à ramasser les éléments descriptifs et diagnostiques selon la loi qui leur est propre, c'est-à-dire, dans les termes de Freud lui-même, de ne point se contenter des « modes de penser » ou des « voies », mais de rechercher les « motifs », les forces qui promeuvent l'identification.

2. L'identification hystérique

A. Le rêve de la « spirituelle bouchère »

Parallèlement à son dialogue proto-analytique et scientifique avec Fliess, le cheminement de Freud le conduit au *rêve*. L'ouvrage capital qu'est l'*Interprétation des rêves* est la suite logique et inéluctable des premières études sur les névroses. « Le schéma du rêve, écrit-il à Fliess, peut avoir une utilisation très générale et la clé de l'hystérie se trouve vraiment incluse dans le rêve. Je comprends aussi maintenant pourquoi, malgré tous mes efforts, je n'ai pu donner de solution à la question du rêve. Si j'attends encore un peu, j'arriverai à *décrire le processus psychi-*

que du rêve de façon qu'y soit inclus le processus de la formation du symptôme hystérique... » (8).

La description exhaustive de ce processus du rêve s'effectuera dans la *Traumdeutung* et la démonstration clinique du lien structual qui soude l'un à l'autre processus onirique et processus hystérique sera péremptoirement déployée dans l'analyse du cas « Dora » (9).

Il importe de relever le fait que l'exposition de la relation du rêve et de l'hystérie aura pour occasion une discussion approfondie de la fonction de *l'identification* et de son articulation au mouvement général de la *Wunscherfüllung* (accomplissement de désir).

Le fragment de lettre qui suit, fournit le préalable de cette discussion :

« Ma dernière généralisation tient bon et semble vouloir progresser à l'infini. Ce n'est pas seulement le rêve qui est une réalisation de désir, mais aussi l'accès hystérique. C'est exact pour le symptôme hystérique et sans doute aussi pour tous les faits névrotiques (...). *Réalité-réalisation d'un désir*, telle est la paire contrastée d'où émane notre psychisme. Je crois savoir maintenant par quoi se distingue le rêve du symptôme qui s'insinue à l'état de veille. Puisque le rêve est maintenu loin de la réalité, il lui suffit d'être la réalisation du désir d'une pensée *refoulée*. Mais le symptôme, lui, mêlé à la vie, doit être autre chose : la réalisation du désir de la pensée *refoulante*. Un symptôme apparaît là où la pensée refoulée et la pensée refoulante peuvent coïncider dans une réalisation de désir de l'idée refoulante alors que l'auto-punition constitue le substitut final de l'auto-satisfaction, c'est-à-dire de la masturbation » (10).

(8) Lettre à Fliess n° 101, du 3 janvier 1899.

(9) L'avant-propos du Fragment d'analyse d'hystérie (Dora) *(Bruchstück einer Hysterie-Analyse*, GW V p. 163-286) réaffirme l'importance de la relation du rêve et des névroses :
« Une condition indispensable pour comprendre les processus psychiques dans l'hystérie et dans les autres psychonévroses est d'approfondir le problème du rêve. » (trad. franç. p. 4).

(10) Le texte se poursuit par une confirmation clinique :
« Nous tenons ici la clé de bien des énigmes. Sais-tu, par exemple, pourquoi une certaine X.Y. souffre de vomissements hystériques? C'est parce qu'en imagination *(in der Phantasie)* elle est enceinte. Insatiable, elle ne peut, en effet, se passer de porter en elle l'enfant d'un dernier amant imaginaire. Mais elle vomit aussi parce que, de cette façon, elle s'affame, maigrit, perd sa beauté et ne pourra plus plaire. C'est ainsi qu'une paire contradictoire de réalisations de désir est le sens du symptôme ».
Lettre à Fliess n° 105, du 19 février 1899. Freud donnera à ce caractère « compromissif » du symptôme le nom de *surdétermination*. Un exemple également très parlant figure dans un texte consacré aux fantasmes hystériques *(Hysterische Phantasien und ihre Beziehung zur Sexualität*, GW VII 191 ff). Ou encore :
« L'attaque (hystérique) devient obscure du fait que le sujet entreprend de jouer des rôles dévolus aux deux personnages qui figurent dans le fantasme. C'est-à-dire que l'attaque devient obscure du fait de l'*identification multiple (mehrfache Identifizierung)*. Par exemple, j'ai mentionné (art. cit.) le cas d'une patiente qui déchirait sa robe d'une main (comme l'homme) tandis qu'elle la serrait de l'autre main contre elle (comme la femme) » *(Allgemeines über den hysterischen Anfall*, GW VII p. 236).
La surdétermination, ici encore, se rapporte à la *bisexualité*.

Telle est la préoccupation théorique animant les réflexions qui vont suivre : qu'est-ce qui différencie le rêve du symptôme, sachant qu'ils fonctionnent tous deux comme réalisateurs de désir?

Le quatrième chapitre de la *Traumdeutung* traite la question la plus obvie et la plus urgente que pose le rêve à l'interprète : *comment et pourquoi y a-t-il de l'Entstellung, de la déformation?* (11)

A quoi — à qui — servent ces effets de brouillage, ces bizarreries, ces absurdités du rêve? Il faut certes poser que c'est l'œuvre du travail du rêve, qu'un chapitre ultérieur analysera en détail. On se demande ici ce qui est affecté par la transposition : qu'est-ce qui « souffre » cette violence, dans le rêve? C'est un certain texte, une suite de pensées, une série d'énoncés : des *Wünschen*, des vœux ou désirs. Si la thèse avancée au cours du chapitre précédent doit se maintenir en soutenant victorieusement les attaques des objectants possibles, il s'impose de produire, grâce à une sorte de contre-travail, à savoir celui de l'analyse, ce texte original présumé, texte dont le rêve aurait perpétré la défiguration — « sens propre » dont il présenterait un sens « figuré ».

L'objection vient justement d'une rêveuse : un rêve joliment tourné vient contester massivement la validité de la thèse générale du Docteur Freud enclin à la généralisation. Non, le rêve n'est pas l'accomplissement d'un vœu...

Voici ce rêve de la *belle bouchère* (12) :

« Vous dites toujours, déclare une spirituelle patiente (13) (*eine Witzige Patientin*) que « le rêve est un vœu réalisé », mais je vais vous raconter un rêve dont le contenu en est tout à fait

---

(11) Le terme d'*Entstellung* est intéressant de par sa formation : la particule « *ent-* » rend l'idée, exprimée par les préfixes latins « *de-*; *trans-*; *ex-* », d'une séparation violente, d'un changement radical. Quant à « *-stellen* », il rappelle un des sens de « faire » les plus primitifs à savoir : poser, mettre debout, placer, disposer, dresser; dans le sens réfléchi, *sich stellen* peut signifier feindre, simuler, se faire passer pour.
Il n'est pas fortuit que le terme d'*Identifizierung* apparaisse justement en connexion avec celui-ci. L'identification appartient bien au champ de l'*Entstellung*. On a proposé, pour traduire le terme freudien, défiguration. La double idée à restituer est celle d'un *changement violent de lieu*, d'une part, et d'un *déguisement*, d'autre part.

(12) L'expression de « belle bouchère » est le fait de la verve de J. Lacan qui n'hésite pas à se commettre aux verdeurs rabelaisiennes dans son remarquable commentaire de ce rêve. Cf. « *La direction de la cure et les principes de son pouvoir* », notamment le chapitre intitulé : « Il faut prendre le désir à la lettre », *Écrits* p. 620-642.

(13) Le caractère spirituel des matériaux analytiques avait fait l'objet d'une remarque de Fliess à quoi Freud répondait :
« Le fait que le rêveur apparaisse trop spirituel *(zu witzig)* est certainement exact mais je n'y

le contraire et où un vœu ne me fut pas comblé. Comment accordez-vous cela avec votre théorie? Le rêve dit ceci :
Je veux donner un dîner,
mais je n'ai pour toutes provisions qu'un peu de saumon fumé.
Je pense à aller faire des achats,
mais je me rappelle que l'on est dimanche après-midi et que toutes les boutiques sont fermées.
Je veux alors téléphoner à quelques fournisseurs,
mais le téléphone est dérangé.
Je dois *donc* renoncer à mon souhait de donner un dîner » (14).

Nous transcrivons à notre manière ce récit de rêve pour en manifester la structure de raisonnement logique : trois propositions scandées par un « *aber* » par quoi s'introduit répétitivement le « non » opposé par la « réalité » au désir réitéré de la rêveuse.

Le « donc » (*so*) qui clôt péremptoirement ce raisonnement impeccable ne manque pas d'insolence, car il n'échappe à personne que cette conclusion s'adresse à Freud — ce qui manifeste le caractère transférentiel du rêve — et devra inciter l'interprète à déterminer la personne à qui tout ce discours s'adresse.

A cela Freud rétorque en invoquant, imperturbable, la règle technique : seule l'analyse des associations peut décider du sens du rêve et faire s'écrouler les constructions les plus séduisantes de la logique. Le fractionnement du récit en ses éléments accomplit aussitôt la ruine de l'édifice par quoi l'hystérique résistait au travail de la cure. Quels sont donc les motifs (*Anregung*) promoteurs de ce rêve? Il en faut déceler la trace parmi les événements vécus (*Erlebnissen*) des derniers jours.

Voici le fil des associations qui surgissent :

1) Ce qui survient d'abord, c'est le personnage du mari, boucher en gros, gros brave homme et expert en son métier, comme on le verra. Il a récemment parlé de son embonpoint et exprimé la volonté de commencer une cure d'amaigrissement; il se lèverait de bonne heure, ferait de l'exer-

---

suis pour rien et ne mérite aucun reproche. *Tous les rêveurs sont, de la même manière, d'insupportables plaisantins et ils le sont par nécessité (aus Not), parce qu'ils se trouvent dans l'embarras (im Gedränge) et que la voie directe leur est fermée.*. Le caractère de drôlerie de tous les processus inconscients se trouve intimement lié à la théorie du mot d'esprit et du comique ». (Lettre n° 119, du 21 septembre 1899).
On retrouve cette même remarque dans la *Traumdeutung* (GW II-III p. 303); dans les *Études sur l'hystérie* (note finale du cas d'Élisabeth von R., GW I p. 251) et, bien sûr, dans les développements détaillés du livre sur le « *Witz* » (1905).

(14) Voir GW II-III p. 152. Pour l'analyse de ce rêve : ibidem p. 152à-156.

cice, s'en tiendrait à une diète sévère et n'accepterait plus guère d'invitation à dîner.

Elle rapporte, amusée, une anecdote révélatrice du tempérament de son mari : à un peintre dont il avait fait connaissance à la table des habitués de son restaurant favori, l'invitant à poser (15) pour croquer sa figure exceptionnellement expressive, il aurait répondu, avec sa rudesse ordinaire, qu'il le remerciait vivement, mais était persuadé que le peintre préférait à toute sa figure un morceau du derrière d'une belle demoiselle. Elle ajoute qu'elle est fort amoureuse de son mari et qu'elle le taquine sans cesse. Elle l'a prié, également, de ne pas lui offrir de caviar... Qu'est-ce à dire? Que signifie ce refus taquin?

2) L'explication qu'elle donne tourne court : elle souhaite, elle se jure (*sie wünscht es sich nämlich*) bien depuis longtemps de pouvoir croquer chaque matin un sandwich au caviar, *mais* elle ne s'accorde pas cette dépense. Si elle demandait ce caviar à son mari, elle l'obtiendrait séance tenante, évidemment. *Mais*, au contraire, elle le supplie de n'en rien faire, afin de pouvoir prolonger son agacement.

C'est tiré par les cheveux, pense Freud. Une telle insuffisance dans les renseignements sur les événements récents, lui rappelle la manière dont les hypnotisés de Bernheim tentaient, confusément, au réveil, de trouver le pourquoi de l'impromptu et de l'irrationnel de leur conduite post-hypnotique, au lieu de reconnaître qu'ils ne savaient pas l'expliquer.

La réponse de la belle bouchère évoquant le caviar ressemble à de tels échafaudages. Freud remarque qu'elle est *contrainte* (*genötigt* : « nécessitée ») de *se créer dans la vie un souhait inaccompli.*

Son rêve lui montre aussi le refus d'un souhait (*Wunschverweigerung*) réalisé.

Alors dans quel but (wozu) a-t-elle besoin (braucht sie) d'un désir non satisfait?

3) *Les restes diurnes*

Il faut poursuivre le cours des associations, jusqu'à présent insuffisantes à donner le sens de ce rêve. Freud la presse d'aller de l'avant : après une pause qui marque la *résistance* qu'il lui faut surmonter, elle raconte

---

(15) Freud se réjouit de l'humour du bonhomme et poursuit, par une association personnelle, gœthéenne : Il note l'expression *Dem Maler Sitzen* et ces vers de Gœthe :
« *Und wenn er keinen Hintern hat*
Wie kann der Edle sitzen? »

qu'elle a, la veille, rendu visite à une *amie*, dont elle est pour le moment fort *jalouse* parce que *son mari* ne se lasse pas d'en proclamer les *louanges*. Par bonheur cette amie souffre d'une sécheresse et d'une maigreur qui font son désespoir, tandis que l'époux boucher est friand des formes pleines et rebondies. De quoi avait parlé cette maigre amie? De son vœu de s'arrondir, naturellement. Elle avait encore demandé : « Quand nous inviterez-vous à nouveau? L'on mange toujours si bien chez vouŝ »

On notera qu'il lui a fallu surmonter quelque résistance pour avouer le rapport de leur ménage avec cette tierce personne.

Mais l'apparition de ce troisième personnage va révéler un nouveau sens du rêve; et Freud de communiquer son interprétation : « C'est exactement *comme si* (*als ob*) vous vous étiez formulé devant cette pressante demande qui s'apparente à une sommation (*Aufforderung*) cette pensée : « Oui da! Je vais t'inviter pour que tu manges bien, que tu engraisses et que tu puisses plaire davantage à mon homme! Je préfère ne plus donner de dîner ». Le rêve vous dit ainsi que vous ne *pouvez* pas recevoir, il accomplit donc votre souhait de ne point contribuer à arrondir la ligne de votre amie. La résolution prise par votre mari de ne plus accepter d'invitation à dîner dans l'intérêt de son régime amaigrissant vous avait, en effet, averti que les désirs mondains font grossir ».

Cependant il ne manque plus qu'une *concordance* (*zusammentreffen*) qui confirmerait la solution Il y a encore dans le contenu onirique le *saumon fumé*, dont on n'a pas encore vu la dérivation. « Comment arrivez-vous au saumon mentionné dans le rêve? »

« Le saumon fumé est le plat préféré de cette amie », répond-elle. Il se fait que Freud connait également cette dame et peut confirmer qu'elle ne se permet pas plus de saumon que sa patiente ne se permet de caviar.

Ce détail non élucidé, le peu de saumon fumé du rêve, apparemment indifférent, alors même que la doctrine de Freud sur la « *Wunscherfüllung* » se trouve confirmée par la première interprétation, relance le travail analytique et permet une lumineuse percée au cœur de la psychopathologie de l'hystérie.

Ainsi ce même rêve est susceptible d'une autre et d'une plus subtile interprétation qui devient inévitable (*notwendig*) si l'on prête attention à ce détail subsidiaire qu'est le saumon fumé. Les deux interprétations ne se contredisent pas mais elles recouvrent un même fond et fournissent un bel exemple de double sens (*Doppelsinnigkeit*) que l'on rencontre régulièrement tant dans le rêve que dans les autres formations psychopathologiques. Nous avons entendu que la patiente, en même temps qu'elle s'occupait à *son rêve* du désir refusé (*Wunschverweigerung*), s'efforçait de se procurer *dans la réalité* un désir refusé (*einen versagten Wunsch*) : (le sandwich au caviar). Son amie avait également exprimé un vœu, celui précisément de devenir plus grosse et il n'y avait rien d'étonnant à ce que la malade eût rêvé qu'un souhait de son amie ne s'accomplît point. *Son propre désir* est bien que son amie n'arrive pas à accomplir son désir (c'est-à-dire celui d'engraisser).

Mais au lieu de cela, elle rêve que *son souhait à elle* ne s'est pas accompli.

Le rêve acquiert une signification nouvelle car dans son rêve elle met en scène non pas son amie, mais elle-même : *elle se met à la place de l'amie, elle s'identifie à elle.*

Freud conclut qu'effectivement c'est ce qu'elle a fait et qu'elle s'est forgé dans la réalité, en signe de cette *identification*, ce vœu refusé.

Telle est donc cette seconde et subtile signification du rêve. Si, nuitamment, elle rêve d'un désir qui n'aboutit pas, malgré ses tentatives, dans sa vie auprès de son mari elle fomente un désir qu'elle profère en en refusant l'accomplissement. On peut ajouter que, en racontant ce rêve, elle croyait tenir Freud en échec et lui donner du fil à retordre puisque la théorie trouvait là une objection de *poids* : elle répète avec Freud le scénario qu'elle reproduit journellement avec son mari, comme pour se l'assujettir et réclamer l'amour qu'elle tremble de perdre.

Mais elle ne proclame pas ces pensées telles quelles : il lui faut emprunter une *voie détournée* : le signifiant insignifiant qui trahit son angoisse dans le rêve est le signifiant symbolique de l'amie : le saumon fumé, et, dans sa conduite vigile, un signifiant substituable à ce symbole de l'amie : le caviar.

En termes de « motivation », c'est-à-dire de *Wunschtheorie*, le rêve met en scène un drame de jalousie, jalousie dont on ne sait pas déterminer la justification, qu'elle soit ou non fondée dans la réalité, elle est là pour autre chose qui est *la réalité psychique* de la bouchère : une *demande insatiable d'amour.* C'est par le moyen de l'identification à sa rivale (imaginaire?) qu'elle proclame ce vœu inassouvi, inassouvissable; le déguisement onirique est ingénieux et révélateur : il trahit ce qu'il prétend voiler. *Le désir d'amour* (l'analyse fragmentaire ne nous dit pas de quel amour elle s'inassouvit) se présente à l'interprétation comme désir que le désir d'*une autre* ne soit pas satisfait. Car le désir de cette autre est précisément de prendre sa place auprès de son mari, davantage, d'engraisser, de devenir grosse à force de fréquenter leur table. Le désir de l'amie est en réalité impossible à combler du fait de sa désolante maigreur.

Elle *s'identifie* à une rivale qui n'en est pas une. Ceci soulève d'ailleurs la question du désir du mari lui-même, dans ce jeu où il est inscrit.

Quel jeu joue ce boucher, amateur de chair?

Le symptôme de la réalité s'éclaire : la taquinerie comme appel qui ne veut pas de réponse, est un jeu auquel se complait l'amie; quand on sait que ce que désire l'amie (séduire le boucher), est irréalisable sans l'accord de la bouchère (il faudrait qu'elle l'invite à sa table), on voit le cercle et l'impasse où s'enferme l'hystérique (16). Est-elle vraiment jalouse de l'amie? N'est-ce pas plutôt le mystère qu'elle représente qui l'attire, la fascine, le mystère de sa féminité, ce « je ne sais quoi » indéfinissable qui la rend aimable au mari?

Il resterait à relier à ce réseau les autres signifiants du rêve : le dimanche après-midi, la fermeture des magasins, la panne du téléphone : tous ces « refus » qui lui viennent de l'extérieur...

Mais la thématique alimentaire et le jeu de l'enflure (de l'amie), et du dégonflement (du mari), sont déjà significatifs de l'*oralité* de l'hystérique et de la béance incomblable qu'elle produit dans son corps, dans sa « sexualité ». Les relations sexuelles sont signifiées par le registre du boire et du manger. La grosseur évoque la grossesse et la promesse de l'accomplissement de la féminité...

Mais retournons à la lecture de la *Traumdeutung*. La survenue du mot *Identifizierung* ouvre la voie à une digression dans le champ de la psychopathologie de l'hystérie dont l'enjeu ne manque pas d'intéresser notre propos.

Freud se demande, après avoir démêlé la trame inconsciente du désir de sa patiente, *quel est le sens de l'identification hystérique.*

---

(16) Mais comment une autre peut-elle être aimée (n'est-ce pas assez, pour que la patiente y pense, que son mari la considère?) par un homme qui ne saurait s'en satisfaire (lui, l'homme à la tranche de postérieur)? » Voilà la question mise au point, qui est très généralement celle de l'identification hystérique.
« C'est cette question que devient le sujet lui-même. En quoi la femme s'identifie à l'homme, et la tranche de saumon fumé vient à la place du désir de l'Autre... »
« Être le phallus, fût-il un phallus un peu maigre. Voilà-t-il pas l'identification dernière au signifiant du désir? » (Lacan, *op. cit.* p. 626-627).

Il laisse pour un temps la spirituelle bouchère pour considérer de près l'hystérie en général et les processus formateurs des symptômes qui en sont typiques.

« *L'identification*, dit-il, constitue un moment fort important du mécanisme du symptôme hystérique; grâce à cette voie (*Wege*), les malades arrivent à exprimer dans leurs symptômes les expériences d'une grande série de personnes et pas seulement les leurs, de même qu'ils souffrent pour toute une foule de gens et (re)présentent par leurs propres moyens tous les rôles d'une scène dramatique *(Schauspiel)*. On m'objectera qu'il s'agit là de l'imitation hystérique bien connue, l'aptitude des hystériques à imiter tous les symptômes qui les impressionnent chez les autres : une sympathie (*Mitleiden*) qui va jusqu'à la reproduction, pourrait-on dire. Mais on n'aura fait par là qu'indiquer la voie (*Wege*) que suit le procès psychique de l'imitation hystérique; la voie est autre chose que l'acte mental qui emprunte cette voie (17). Celui-ci est un peu plus compliqué que l'imitation hystérique telle qu'on se plaît à se la représenter; *elle exprime un processus logique inconscient (einem unbewussten Schlussprozess)* comme l'illustre l'exemple suivant. Ce médecin qui a placé en compagnie d'autres malades, dans une chambre de clinique, une malade qui présente une certaine espèce de spasme, il ne sera pas surpris d'apprendre, un matin, que cette forme particulière d'accès hystérique a trouvé des imitations. Il se dit simplement : les autres l'ont vue et imitée : c'est de la contagion mentale *(psychische Infektion)*. Oui, mais la contagion mentale se produit à peu près comme ceci : les malades savent, c'est de règle, plus de choses sur le compte les unes des autres que le médecin sur aucune d'elles, et elles se préoccupent encore les unes des autres une fois passée la visite du médecin. Si l'une d'elles est sujette à une crise aujourd'hui, bien vite les autres sauront qu'elle a reçu une lettre de chez elle; un rappel d'un chagrin d'amour ou d'autres choses de ce genre en sont l'origine. Leur compassion *(Mitgefühl)* est éveillée et elles font inconsciemment le raisonnement suivant : si de tels motifs *(Ursache)* produisent de tels accès, je peux aussi être saisie d'une même crise puisque j'ai les mêmes motifs *(Anlässe)*.

Si c'était là une conclusion capable de surgir à la conscience, elle pourrait aboutir sans doute à l'*angoisse* de voir survenir la même crise; mais elle s'accomplit sur un autre terrain psychique *(psychischen Terrain)*, et s'achève en réalisation du symptôme redouté. *L'identification n'est donc pas de la simple imitation mais une appropriation* (Aneignung) *sur la base d'une même prétention étiologique; elle exprime un « comme si » et elle dérive d'un élément commun persistant dans l'inconscient.*

L'identification est le plus souvent utilisée dans l'hystérie comme expression d'un destin sexuel commun *(sexuellen Gemeinsamkeit)*. L'hystérique s'identifie de préférence, dans ses symptômes — mais pas exclusivement — aux personnes avec lesquelles elle a eu des relations sexuelles ou avec celles qui ont des relations sexuelles avec les mêmes personnes qu'elle. La langue rend d'ailleurs compte d'une telle conception. Deux amoureux sont « un ». Dans la fantaisie (*Phantasie*) hystérique comme dans le rêve, il suffit pour que l'identification ait lieu que l'on pense à des relations sexuelles sans qu'elles doivent pour autant être réelles ».

---

(17) Cette opposition des *voies (Wege)* et des *motifs (Motive)* est constante dans la manière de penser de Freud. Voir la lettre n° 64 du 31.5.1897 citée plus haut, et ces textes, parmi d'autres, de l'analyse de Dora :
« Die Kenntnis der *Wege* macht die Kenntnis der *Kräfte* nicht überflüssig, welche diese Wege wandeln » (GW V, 190).
Dans le « *Witz* », le raisonnement de Freud rappelle cette distinction des techniques et des tendances (première partie du *Witz*).

Freud revient, pour conclure cette digression, à sa rêveuse :

« La malade se conforme donc aux règles des processus de pensée hystérique quand elle donne pour expression à sa jalousie à l'endroit de l'amie (jalousie qu'elle avoue elle-même, incidemment, injustifiée) en se mettant à sa place dans le rêve et quand elle s'identifie à elle en érigeant un symptôme (le vœu refusé). On pourrait énoncer le processus de cette manière : elle se met à la place de son amie dans le rêve, parce que celle-ci se met à sa place auprès de son mari, parce qu'elle voudrait prendre, dans l'estime de son mari, la place de son amie ».

Ce texte que nous avons repris en son long est important dans le mouvement de l'explication psychanalytique — *métapsychologique* — des processus à l'œuvre dans le rêve et l'hystérie. *L'identification*, en cette occurrence théorique, est située ici, de manière expresse, au carrefour du rêve et de la névrose et nous en révèle le ressort.

Tentons de ramasser les éléments de ce premier pas dans la construction systématique du concept d'identification. L'identification est un chemin, — une méthode. Elle sert certains motifs : elle est manifestation d'un acte mental. L'impulsion en question est d'ordre libidinal, sexuel, et elle se *présente* comme scène, fantasme, drame sexuel se jouant entre une *série* de personnes. L'identification est le moyen de jouer ce fantasme, de le réaliser : soit sur le terrain psychique du rêve, dans l'espace imaginaire, soit sur le terrain des relations interhumaines, dans la réalité Mais alors sous les dehors affligeants d'un symptôme. Dans les deux cas la motivation, la « force » libidinale trouve une issue, mais au prix d'une distorsion, d'un détour par des images, des signifiants d'un ou de plusieurs *autres personnages*.

C'est *topiquement* que l'identification, comme mode de pensée propre à l'inconscient, se distingue de l'imitation dans la mesure où l'hystérique méconnaît le raisonnement dont son symptôme est la conclusion (18). La

(18) Le rêve de la spirituelle bouchère, tel que nous l'avions transcrit, avait bien *l'allure d'un syllogisme.* Freud parlera un peu plus loin des « règles de la pensée hystérique ». Cette métaphore logique marque l'intérêt de Freud pour les processus intellectuels et témoigne de ses lectures de textes philosophiques et psychologiques des empiristes. Dans la lettre n° 24 à Fliess, du 24.1.1895, il parle du « syllogisme » tronqué par le mécanisme de la projection paranoïaque; dans la lettre n° 41, il commente le livre de Taine sur l'intelligence; dans celle du 20.5.1896 (n° 46), il dit que les processus qui entrent en conflit dans les névroses sont rationnels mais que le compromis qui en émane est irrationnel, analogue à une erreur de logique *(« Jeder der beiden Vorgänge ist bei den Neurosen an sich korrekt, der ungehemmte ist monoideistisch, einseitig, das Kompromissergebnis ist inkorrekt, analog einem Denkfehler »).* Ces considérations sont très proches de celles qu'il développe dans l'*Esquisse d'une psychologie scientifique* (1895).

montée à la conscience du processus produirait une appréhension angoissée devant la possibilité d'une crise.

Du point de vue *dynamique*, les forces motivantes sont celles d'un fantasme sexuel. Quand on sait que la « sexualité » elle-même est polymorphe, les manières dont ce fantasme s'exprime peut réactiver n'importe quel registre corporel. Mais la demande pulsionnelle dominante semble être celle de s'approprier quelque chose (19).

Le point de vue *économique*, c'est-à-dire la prise en considération de la répartition des investissements de l'énergie libidinale, n'est pas ici envisagé directement. C'est par la mise en relation de l'identification onirique avec le processus primaire de la condensation qu'apparaîtra dans la *Traumdeutung*, chapitre V, cet aspect « économique » de l'identification, comme « épargne » d'une dépense d'énergie psychique.

Il apparaît cependant, à propos des substituts grâce auxquels l'hystérique représente son fantasme — les personnages de son drame imaginaire de jalousie — qu'elle ne peut dire sa « question » (être homme ou femme?) que par une mise en scène dont elle s'absente. Ces personnages substitutifs révèlent ses positions intersubjectives et formulent à sa place sa quête impossible, sa demande d'amour à jamais différée, désirée, refusée. Mais cette substitution, qui est en quelque sorte une procuration, capte et mobilise l'énergie psychique de l'hystérique, dépensée dans ce détour qui est l'errance de la névrose.

Ainsi l'identification hystérique, dans le symptôme comme dans le

---

(19) - Die Identifizierung ist also nicht simple Imitation, sondern *Aneignung* auf Grund des gleiches ätiologischen Anspruches; sie drückt ein « gleich-wie » aus und bezieht sich auf ein im Unbewussten verbleibendes Gemeinsames »
« *An-eignung* » (que la Standard Edition traduit par « assimilation », SE IV 150) se traduit, selon Sachs-Villatte : 1° assimilation, acquisition; 2° appropriation, usurpation. Le terme *eignung* renvoie, étymologiquement à *eigen* (néerl. eigen; angl. own) propre; *eigen* dérive de formes plus anciennes : eigan, egan provenant du gothique *aigan*; de l'indicatif présent de ce verbe : *aih* on retrouve aujourd'hui *ich habe* en allemand et *oe* en anglais, forme archaïque de owe. Aigan signifie *avoir, posséder.* Le verbe allemand *besitzen* est formé du radical « t'se » ancien verbe dont le participe passé îsànà — possédé — est devenu aiganaz puis eigen). C'est l'anglais qui a maintenu la plus grande proximité entre propriété et possession : le verbe *to own*, identique à l'adjectif *own*, signifie d'abord : to have or hold as property or appartenance, puis, to aknowledge as one's own et, enfin, to recognize, to admit, to confess. (cf. Friedrich Klüge op. cit. et le Webster's Dictionnary », Encyclopœdia Britannica).
En franwais, cela renvoie au paradigme du « propre » et de son double sens comme adjectif de propreté et de propriété. J. Derrida a déployé certaines variations sémantiques libres sur ce thème du « propre » en montrant ses implications sur la conception du « sujet », dans *L'Écriture et la différence*, Paris, Le Seuil, (Tel Quel), 1967 p. 253«292.

rêve, théâtralise-t-elle un drame de jalousie qui masque lui-même autre chose. Le fantasme qu'elle masque et dont elle est bien l'« *Entstellung* », n'est-ce pas le fantasme « pervers » bisexuel qui commanderait l'hésitation même de ses positions sexuelles?

Le rêve et le symptôme sont bien, tous deux, des compromis alliant les forces refoulantes et les forces refoulées. Mais le rêve donne la clé du symptôme dans la mesure même où il « réalise » figurativement, dans l'imaginaire de la « belle bouchère », son vœu de prendre une place qu'une autre, mystérieusement, occupe sans l'occuper..

B. Rêve et hystérie : le cas Dora

Une note embarrassée de Freud clôture la discussion qui précède :

« Je regrette moi-même ces intercalations de fragments sur la psychopathologie de l'hystérie : leur caractère fragmentaire et leur manque de cohésion font qu'ils ne sont que médiocrement explicatifs. S'ils peuvent toutefois montrer combien sont étroites les relations entre les thèmes du rêve et des psychonévroses, ils auront atteint le but que je leur ai assigné ».

Au moment même où il rédigeait la *Traumdeutung,* Freud avait entrepris l'analyse d'une jeune hystérique, qu'il surnommera « Dora » dans le compte-rendu qu'il publiera quelques années plus tard. Il en parle dans plusieurs lettres adressées à Fliess (20). Il lui présente le cas en ces termes :

« C'est un fragment d'analyse d'hystérie où les interprétations se groupent autour de deux rêves. Il s'agit donc en réalité d'une suite au livre des Rêves. Il s'y trouve, en outre, certaines liquidations des symptômes hystériques et quelques vues sur le fondement organosexuel de l'ensemble. C'est en tout cas le travail le plus subtil que j'aie jamais écrit et qui effrayera les gens encore plus que de coutume » (21).

Le problème, initialement posé, des *relations entre la formation du*

---

(20) Voir les lettres n° 139, 140, 141 datant respectivement du 14 octobre 1900, du 25 janvier 1901 et du 30 janvier 1901.

(21) Lettre n° 140; ou encore, dans la lettre n° 141 : *Le rêve et l'hystérie* ne te décevra pas, j'espère. Ce qui s'y trouve de plus important reste encore et toujours l'élément psychologique, l'utilisation des rêves et quelques particularités de l'activité mentale inconsciente. Je n'ai donné qu'un aperçu du côté organique et cela relativement aux zones érogènes et à la *bisexualité.* Mais voilà le problème de la bisexualité posé, reconnu et prêt à être traité plus explicitement une autre fois. Il s'agit d'une hystérie avec *tussis nervosa* et aphonie, que l'on peut attribuer à une tendance prononcée à la *succion. Dans les conflits des processus mentaux, le rôle capital est dévolu à l'opposition entre l'inclination vers l'homme et l'inclination vers la femme* ». (nous soulignons cette dernière phrase).

rêve et la formation du symptôme, revêt dans ce cas une formulation clinique qui met en évidence la manière dont l'interprétation des rêves intervient dans le travail analytique et permet de comprendre les transformations opérées dans la production des symptômes. L'identification, processus commun au rêve et au symptôme, reste bien à la limite du normal et du pathologique : cette essentielle ambiguïté réclamera notre attention.

La série des symptômes de Dora dessine une constellation de traits identificatoires, organisés selon deux pôles d'attraction, dont la tension contradictoire constitue le lieu d'un jeu de masques impitoyable et douloureux. La surdétermination des symptômes que favorise la plasticité d'un corps éminemment « convertible » s'analyse bien comme l'effet d'une quête sexuelle — *la quête de son identité de femme* — qui ne se résout point à prendre corps. S'identifiant tantôt à l'homme, tantôt à la femme, Dora fait montre, pathétiquement, de la structure conflictuelle de ses vœux inconscients. Mais ce sont les deux rêves qu'elle « adresse » (22) coup sur coup à Freud lors du traitement qui ont permis d'apercevoir que le « pathos » de ses symptômes résultait précisément de cette conjugaison des genres...

La toux nerveuse (23) ou « catarrhe », l'aphonie sporadique, le dégoût de l'homme et l'évitement phobique des couples enlacés, la menace écrite de suicide, la dépression, les gastralgies et l'appendicite, les difficultés respiratoires, enfin, sont ces multiples signes figeant, dans leur symbolisme muet, dans leur réitération et leur insistance, des pensées compliquées, des raisonnements secrets. Les identifications multiples apparaîtront comme autant de conclusions à ces voix bâillonnées qui ne peuvent plus se dire que dans ces mimes tragi-comiques.

---

(22) En racontant ses rêves à Freud, Dora les utilise pour lui signifier, à travers eux, autre chose, en relation avec le transfert. Elle « produit » ses rêves à l'intention de l'autre (l'analyste) comme elle produit sa maladie à l'intention des autres. Freud écrit lui-même : « les états morbides sont ordinairement adressés à une certaine personne... » (GW V 204; tr. fr. 31).

(23) « Cette toux dont l'origine avait certainement été un insignifiant catarrhe réel, était en outre une *imitation de son père* atteint d'une affection pulmonaire et pouvait exprimer la compassion *(Mitleid)* et l'inquiétude *(Sorge)* qu'elle ressentait à son égard. En dehors de cela, la toux proclamait en quelque sorte au monde entier ce qui, peut-être, n'était pas encore conscient : « Je suis la fille de papa. J'ai un catarrhe comme lui. *Il m'a rendue malade comme il a rendu malade maman.* C'est de lui que je tiens les mauvaises passions qui sont punies dans ma maladie. » (GW V 245. Tr. fr. 61).

Freud met à profit cette profusion de symptômes pour démontrer sa conception théorique générale de la fonction psychique du symptôme hystérique. Il dira plusieurs fois, au cours de son commentaire, que le symptôme signifie la présentation *(Darstellung)* d'un fantasme sexuel (24). Il se donne comme la réalisation d'un spectacle, comme le montage d'un scénario « sexuel ». « Sexualité » doit s'entendre, évidemment, en son sens structural, c'est-à-dire comme mobilisation de composantes infantiles suivant des voies frayées dans le corps selon un tracé érogène privilégié (25). Utilisant des termes qui annoncent le problème de la « représentation psychique » dont il fera un thème central de sa métapsychologie quelques années plus tard, Freud écrit que les excitations prennent d'emblée un « revêtement psychique » *(psychische Umkleidung)* qui les fixe; ce revêtement est lui-même stratifié *(Schichtung)*. Or, dans la fantaisie de l'hystérique, ces couches de revêtement sont des *personnages* qui la hantent et grâce auxquels elle se donne, par procuration — comme au théâtre — une jouissance inconsciente.

Ainsi le symptôme hystérique, comme scène figée, se produit-il *par référence à d'autres personnes* figurant les protagonistes du scénario sexuel de son fantasme.

La tournure de ce scénario fantasmatique ne peut être qu'une *répétition* de scènes historiques voire préhistoriques où c'est l'hystérique elle-même qui, enfant, agit ou plutôt *« se voit agir »* — l'agir s'avérant un jouir.

---

(24) GW V p. 206; tr. fr. p. 33. GW V p. 207; tr. fr. p. 34.

(25) « Tentons maintenant de rapprocher toutes les déterminations que nous avons trouvées aux accès de toux et à l'enrouement. Au plus profond de la stratification, il faut admettre une réelle irritation organique provoquant la toux, semblable à ce grain de sable autour duquel les ostracées forment la perle. Cette irritation est susceptible de fixation, car elle concerne une région du corps ayant gardé à un degré très élevé, chez la jeune fille, le rôle de zone érogène. Cette irritation peut donc fournir une expression à la libido réveillée. Elle est fixée au moyen de ce qui est sans doute le premier revêtement psychique : l'imitation du père malade par compassion pour lui et ensuite les auto-accusations à cause du « catarrhe » (en son double sens pulmonaire et génital). Le même groupe de symptômes se révèle plus tard comme susceptible de représenter les relations avec M. K., de permettre le regret de son absence et d'exprimer le désir d'être pour lui une meilleure femme que la sienne propre. Après qu'une partie de la libido de Dora s'est de nouveau tournée vers son père, le symptôme acquiert sa signification dernière et sert à exprimer, par l'identification avec Mme K., les rapports sexuels avec le père. Je pourrais certifier que cette série n'est pas complète. » (GW V 245-6; tr. fr. p. 61).

« Elle se rappelait très bien avoir été, dans son enfance, une *suçoteuse (Lutscherin)*. Le père aussi se souvenait de l'avoir sevrée de cette habitude qui s'était perpétuée chez elle jusqu'à l'âge de 4 ou 5 ans. Dora elle-même avait gardé dans sa mémoire une image nette de sa première enfance : *elle se voyait* assisse par terre dans un coin, suçant son pouce gauche, tandis qu'elle tiraillait en même temps, de la main droite, l'oreille de son frère tranquillement assis à côté d'elle. »

Lacan attribue une fonction essentielle à cette *imago*, ce souvenir d'enfance :

« Il semble qu'on ait là, dit-il, la matrice imaginaire où sont venues se couler toutes les situations que Dora a développées dans sa vie — véritable illustration, pour la théorie, encore à venir chez Freud, des automatismes de répétition. »

Au nom de cette conception qu'il promeut de la fonction de cette image dans la structure du sujet, Lacan critique l'interprétation de l'aphonie donnée par Freud :

« Nous pouvons y prendre, écrit-il, la mesure de ce que signifie maintenant pour elle la femme et l'homme. La femme, c'est l'objet impossible à détacher d'un désir primitif oral et où il faut pourtant qu'elle apprenne à reconnaître sa propre nature génitale. (On s'étonne ici que Freud ne voie pas que la détermination de l'aphonie lors des absences de Mr. K. exprime le violent appel de la pulsion érotique orale dans le 'seule à seule' avec Mme K., sans qu'il soit besoin d'invoquer la perception de la 'fellatio' subie par le père...). Pour accéder à cette reconnaissance de sa féminité, il lui faudrait réaliser cette assomption de son propre corps, faute de quoi elle reste ouverte au morcellement fonctionnel (pour nous référer à l'apport théorique du stade du miroir), qui constitue les symptômes de conversion. Or pour réaliser les conditions de cet accès, elle n'a eu que le seul truchement que l'*imago* originelle nous montre, lui offrir une ouverture vers l'objet, à savoir le partenaire masculin auquel son écart d'âge lui permet de s'identifier en cette aliénation primordiale où le sujet se reconnaît comme *je*... Aussi Dora s'est-elle identifiée à Mr K. comme elle est en train de s'identifier à Freud lui-même.. Et tous ces rapports avec les deux hommes manifestent cette agressivité où nous voyons la dimension propre de l'aliénation narcissique. » (26)

L'analyse des rêves et des symptômes dévoile les motifs pour lesquels ce sont tels personnages qui conviennent à couvrir en quelque sorte les personnages d'autrefois — et elle-même. Ces personnages-écrans sont investis d'un pouvoir particulier de fascination, ils incarnent un mystère : ce sont, pour Dora, ces modèles *(Vorbild)* que furent son frère et, plus tard, sa tante (la sœur de son père), ce sont, plus énigmatiques, Madame K. et cette Madone Sixtine dont elle rêve. Leur « convenance » à présenter ses propres vœux comme réalisés se nourrit de motifs, dont la généalogie remonte à la situation œdipienne.

---

(26) GW V p. 211-2; tr. fr. p. 36-7; Lacan, *Écrits* p. 221-2.

« La jeune fille ignore, écrit Freud, la racine de la préoccupation obsédante relative aux rapports de son père avec Mme K., parce que ladite racine se trouve dans l'inconscient... Le comportement de Dora témoignait d'un intérêt plus vif que celui auquel on eût pu s'attendre de la part d'une fille, elle se sentait et agissait plutôt comme une femme jalouse, comme sa mère eût été en droit de le faire. En plaçant son père devant cette alternative : « elle ou moi », en lui faisant des scènes, en le menaçant de se suicider, Dora se substituait évidemment à sa mère. S'il est vrai que la toux ait eu comme point de départ le fantasme d'une relation sexuelle, Dora se mettait ici à la place de Mme K. Elle s'identifiait donc aux deux femmes aimées, l'une jadis et l'autre maintenant, par son père. »

« On peut aisément conclure de tout cela que son attachement à son père était bien plus ardent qu'elle ne le savait ou bien qu'elle ne voulait en convenir, bref, qu'elle était amoureuse de son père. J'ai appris à considérer de pareilles relations amoureuses inconscientes entre père et fille, mère et fils, comme la reviviscence de germes de sensibilité *(Empfindungskeime)* infantiles. J'ai exposé ailleurs (GW II-III 178) avec quelle précocité se manifestait l'attraction sexuelle entre parents et enfants et j'ai montré que le mythe d'Oedipe devait sans doute être l'élaboration poétique *(dichterische Bearbeitung)* de ce qui est typique de ces relations ».

« Dora avait soigné son père durant ses nombreuses maladies, elle était devenue sa confidente. Ce n'était pas sa mère, mais elle-même qui avait été refoulée de plus d'une de ses positions par la survenue de Mme K. » (27)

(On retrouvera bientôt, dans un texte de la *Traumdeutung*, que le rêve excelle justement à figurer la relation de convenance grâce au processus primaire de l'identification). Mais la situation oedipienne à laquelle Dora fait répétitivement retour dans la duplicité de ses identifications ne lui a certes pas permis de prendre une « position » définitive. Une couche importante de ce qui, pour reprendre les termes de Freud, constitue la stratification de son désir est en effet l'identification à son père.

C'est d'ailleurs sa relation problématique au personnage paternel qu'elle exprime dans sa conduite par les reproches qu'elle lui adresse et qui la rendent insupportable à ce point qu'il l'amène en traitement chez Freud. On sait que c'est par le discours du père que Freud prend d'abord connaissance de l'incroyable imbroglio où tout le monde se trouve et que vient compliquer la maladie de Dora qui apparaît d'emblée comme une protestation manquée. Vient ensuite le long réquisitoire de Dora elle-même, dénonçant le vil marchandage dont elle est, dit-elle, la victime mais dont bientôt elle se révélera la complice. Elle accuse; Freud démontre qu'au fond elle s'excuse, que ses reproches à l'endroit des amours coupables de son père sont en réalité des auto-reproches dont elle se défend par projection.

(27) GW V p. 216; tr. fr. p. 40. GW V p. 217; tr. fr. p. 41.

Avec une lucidité étonnante, elle a assisté à la comédie des adultes, ignorante de la position qu'elle y prenait; cruellement perspicace dans l'intelligence des ressorts de la conduite des autres, elle est aveugle à ses propres motivations. Voilà un premier effet de l'identification : la méconnaissance de soi et la confirmation de cette méconnaissance dans la divination. Que la maladie soit utilisable comme prétexte à la réalisation de vœux secrets, elle le *voit* chez son père, Madame K., sa cousine; mais en persistant dans ses symptômes elle préserve ses « bénéfices ». (28)

L'identification opère bien comme une mascarade : en manifestant elle dissimule, en rendant visible, elle aveugle. Elle est la servante du Moi qui « ne veut rien savoir », qui dénie, désavoue ses propres jeux; mais elle est la servante, aussi, des pensées inconscientes qu'elle figure dans la transposition symptomatique qui est, on l'a vu, l'ex-position à la maladie Jouissance et punition.

Là où elle proclame être trahie, elle se trahit. Son apparente passivité se retourne en activité qui l'affecte elle-même : l'interprétation fait rebrousser le passif au « réfléchi » (la voix moyenne). C'est, dans la cure, le moment d'un premier renversement qui conduira au développement second de sa vérité (29). Si, en toussant, *comme* le père, elle s'irrite la gorge *comme* le fait, du moins l'imagine-t-elle, Madame K., elle trahit dans un seul symptôme sa double appartenance sexuelle et un très ancien fantasme oral. Elle est jalouse de Madame K. qui, de prime abord, apparaît comme une nouvelle rivale oedipienne — car, derrière elle, se dissimule la mère dont on ne nous dit « rien » et qui manifestement n'est rien (30). Mais en dernière analyse, c'est son propre père, ravisseur

---

(28) GW V p. 197; tr. fr. p. 26.
GW V p. 198; tr. fr. p. 27.
GW V p. 196; tr. fr. p. 24-5.

(29) Dans son commentaire du cas Dora, Lacan montre la scansion du traitement selon le rythme même du transfert. Il démontre ainsi la structure dialectique de la cure et les conditions techniques de l'avènement de la vérité. Voir « *Intervention sur le transfert* » *in Écrits*, pp. 215-226. Nous lui empruntons cette manière de parler en termes de « renversement » et de « développement de la vérité ».

(30) La fameuse scène au bord du lac, où M. K. fit sa « déclaration » à Dora, allait être la cause déclenchante de sa névrose. M. K. ne comprit rien à la réaction de Dora qui, dès qu'il eut prononcé ses premiers mots, à savoir : « *Ma femme n'est rien pour moi...* », le gifla et s'éloigna. Le pouvoir quasi-magique de ces quelques mots était dû à la signification toute particulière qu'ils comportaient pour elle. Une gouvernante des K. avait autrefois entendu, de la part du même M. K., cette phrase avec toutes ses doléances de mari malheureux; mais cette gouvernante amoureuse de lui fut bientôt éconduite. Elle s'en alla lorsqu'elle se rendit

impuni de Madame K, — sa partenaire adorable des solitudes d'antan, son initiatrice et sa confidente au corps éclatant —, qui sera le rival honni. *L'homosexualité dévoilée* : voilà le deuxième renversement dialectique qui aurait dû mener au dernier développement de la vérité mais que la faute technique de Freud fera manquer. Car :

« La jeune femme et Dora, alors à peine nubile, avaient vécu pendant de longues années dans la plus grande intimité. Lorsque Dora habitait chez les K., elle partageait la chambre de Mme K.; le mari était délogé. Dora avait été la confidente et la conseillère de la jeune femme dans toutes les difficultés de sa vie conjugale; il n'existait rien de quoi elles n'eussent parlé. Médée était satisfaite que Créüse eut attiré à elle les deux enfants, Mme K. ne faisait certainement rien non plus pour troubler les rapports du père de ses enfants avec la jeune fille. » (31)

« Lorsque Dora parlait de Mme K., elle faisait l'éloge de la « blancheur ravissante de son corps » sur un ton qui rappelait plutôt celui d'une amoureuse que celui d'une rivale vaincue (...) Oui, je dois bien le dire, jamais je ne l'entendis exprimer une parole dure ou un mot de dépit sur le compte de la femme qui aurait dû cependant être considérée par elle comme l'auteur de son malheur. » (32)

Car il faut savoir que Mme K. l'avait sacrifiée sans scrupule pour préserver ses relations avec son père. À propos de cette *relation homosexuelle de Dora et de Mme K.*, Freud écrit des propositions qui valent pour l'hystérie en général :

« Derrière l'idée prévalente qui avait pour objet les rapports de son père avec Mme K. se dissimulait en réalité aussi un sentiment de jalousie dont l'objet était Mme K. — sentiment qui ne pouvait être fondé que sur une inclination homosexuelle. »

---

compte qu'elle n'avait plus rien à attendre de M. K. Dora avait écouté les confidences de la gouvernante séduite et abandonnée... Voici quelle fut sa pensée lors de la déclaration au bord du lac : « Il ose me traiter comme une gouvernante, comme une domestique? Cette blessure d'amour-propre *(Hochmutskränkung)* associée à la jalousie et à des motifs conscients sensés, c'en était trop enfin. Comme preuve de l'influence qu'exerce encore sur vous cette histoire de la gouvernante, lui dit Freud, je vous citerai les identifications répétées à elle dans le rêve et dans votre comportement antérieur. Vous racontez à vos parents ce qui est arrivé, tout comme la jeune fille l'a écrit aux siens. Vous me donnez avis de votre départ comme le ferait une gouvernante, après vous y être résolue quinze jours à l'avance. La lettre du rêve, qui vous permet de rentrer chez vous, est la contrepartie de la lettre des parents de la jeune fille qui le lui interdisent... » (GW V p. 269-270; tr. fr. p. 79-80).
Lacan soutient que la gifle qui fut toute la réponse de Dora aux lamentations de M. K. a une autre motivation qui met en cause la femme de M. K. ; voici quelle aurait été sa pensée : *« Si elle n'est rien pour vous, qu'êtes-vous donc pour moi? »* Il montre ainsi la surdétermination de cette réaction surprenante dont elle fut peut-être la première à être surprise et qu'elle regretta après coup. L'appendicite est, neuf mois après la fameuse scène, la manière dont elle corrige dans son fantasme sa fâcheuse conduite : on peut y voir un fantasme de grossesse disant le regret que M. K. n'ait pu aller plus loin dans ses propositions...

(31) GW V p. 221-22; tr. fr. p. 44.
(32) GW V p. 222; tr. fr. p. 44-45.

Et plus loin :

« ... là où chez des femmes et des jeunes filles hystériques, la libido dirigée vers l'homme a subi une énergique répression, on trouve régulièrement que la libido dirigée vers la femme a subi une sorte de renforcement par vicariance *(durch Vikariieren)* et même partiellement conscient ». (33)

Ou encore :

« Le sentiment de *jalousie féminine* était accouplé, dans l'inconscient, à une jalousie analogue à *celle qu'aurait éprouvée un homme.* Ces sentiments virils ou, mieux, gynécophiles, doivent être considérés comme typiques dans la vie amoureuse des jeunes filles hystériques. » (34)

Freud reconnaîtra, en rédigeant le rapport de ce traitement :

« Plus je m'éloigne du temps où je terminai cette analyse, plus il me semble que mon erreur technique consista dans l'omission suivante : j'omis de deviner à temps et de communiquer à la malade que son amour homosexuel pour Mme K. était le courant psychique inconscient le plus puissant. » (35)

Cette tendance était aussi la plus refoulée : cela expliquerait l'amnésie de Dora sur l'origine de ses connaissances sexuelles et sa fascination contemplative de la Madone, dans le second rêve.

Le premier rêve apprend que le père, par un joli paradoxe, sert de masque à Monsieur K., le prétendant assidu de Dora, mais qu'il ne s'agit là que d'un masque de lui-même, lui le père oedipien d'autrefois. (36)

Le second rêve apprend que la Madone qu'elle adore est sans doute l'image la plus révélatrice dont elle fait l'emblème de sa propre hésitation : être mère — femme accomplie — mais vierge — intouchée, sans souillure —, *avoir* le Phallus mais se soustraire à cette condition de femme qui vous fait *être* l'objet du désir de l'homme. Ce rêve qui fut aussi son adieu à Freud aurait, sans la défaillance de celui-ci, certainement conduit l'analyse à cet attachement indéfectible de Dora pour Mme K., à cet amour homosexuel triomphant de toutes les trahisons de l'amante.

---

(33) GW V p. 220; tr. fr. p. 43.

(34) GW V p. 223-4; tr. fr. p. 45-46.

(35) GW V p. 284; tr. fr. p. 90.

(36) Voir les substitutions qu'opère l'interprétation de ce premier rêve : M. K. à la place du père, Mme K. à la place de la mère. Le rêve présente bien les souhaits de Dora et les défenses qu'elle construit à leur encontre. « Le désir infantile, maintenant inconscient, de voir son père à la place de l'étranger est une puissance formatrice du rêve » (GW V p. 249; tr. fr. p. 64). (L'interprétation ramassée de l'ensemble du rêve se trouve dans GW V p. 251-255; tr. fr. p. 65-69.)

Freud qui avait cru à une victoire de l'amour « normal », s'était sans doute identifié lui-même, dans le mouvement du contre-transfert, à Monsieur K., à l'égard de qui il ne dissimule pas sa sympathie.

Revenons à la théorie du symptôme hystérique et à la fonction de l'identification dans la formation du rêve et de la névrose.

Si l'on reprend la formule conclusive du rêve de la « belle bouchère » analysé précédemment, on pourrait, en la paraphrasant, dire ceci à propos de Dora : elle s'identifie, dans ses symptômes (et la toux nerveuse de manière privilégiée) et dans ses rêves, aux personnes avec qui elle s'est trouvée, en réalité ou dans son fantasme, en commerce sexuel et aux personnes qui ont eu des relations sexuelles avec les mêmes personnes qu'elle. Sa jalousie polyvalente, réversible en quelque sorte, s'exprime par le biais de ces personnages d'emprunt, ces écrans, ces « revêtements psychiques stratifiés ». Quand Freud écrit : « L'hystérie est allo-érotique (homo ou hétérosexuelle) et se manifeste principalement par une identification à la personne aimée, » (dans la Lettre à Fliess n° 125), il donne l'énoncé théorique condensé de la problématique de l'hystérie dont Dora fournit l'étonnante illustration.

Il reste à déterminer si l'identification comme processus formateur des symptômes dans leur stratification et l'identification comme processus de figuration réalisant les souhaits du rêveur sont du même type. Quel est le lien — quelle est, peut-être, la différence — entre l'identification hystérique et l'identification onirique? Le problème ne consiste pas seulement à chercher ce qui distingue un symptôme d'un rêve; le problème est de décider du caractère général ou non de ce que Freud découvre grâce à l'analyse de la formation des symptômes hystériques qui apparaissent tous comme l'effet d'une identification dans le fantasme : le processus d'identification hystérique est-il extensible à toute vie psychique, hystérique ou pas, comme semble généralisable le processus du rêve?

Il nous manque, pour traiter correctement cette question, quelques informations sur la nature du processus d'identification dans le rêve. Un passage de la *Traumdeutung* vient fort heureusement à notre secours pour développer jusqu'au bout une interrogation surgie dès notre commentaire du premier cas d'hystérie.

3. L'identification dans le travail du rêve

Le sixième chapitre de la *Traumdeutung* décrit thématiquement les processus de la formation onirique, processus que défait et démonte le travail interprétatif. Après avoir présenté les effets de la condensation et du déplacement, Freud s'interroge sur la manière dont s'opère la *figuration* elle-même. Les procédés de figuration du rêve suivent les voies de la condensation et du déplacement : il s'agit de montrer comment, par ces processus, le rêve parvient à transformer des pensées en scènes figurées, en *figures* visibles. Quel est, plus précisément, le sort que le rêve réserve à ce qui fait l'essence d'une pensée, savoir ses articulations logiques? Quel est le destin des opérations intellectuelles (*Geistesoperationen*) dans le rêve?

Le rêve ne présente pas avec la même aisance plastique les diverses relations logiques propres à la pensée vigile. Freud montre sur des exemples la simplification et la réduction que subissent ces relations. Ainsi les relations de causalité s'expriment-elles par la succession — séquence de rêves ou transformation progressive des images —; les termes d'une alternative ou disjonctive sont juxtaposés en une suite de termes rendus équivalents; la contradiction et l'opposition sont simplement réduites à l'un des termes antagonistes...

Mais les seules relations logiques que respecte la figuration onirique sont *les relations de ressemblance (Ähnlichkeit), d'accord (Übereinstimmung), de contact (Berührung), de « tout comme si » (gleichwie)*. Pour les présenter, le rêve dispose de moyens inépuisables. Le rêve excelle donc à produire du semblable, à trouver des ressemblances insoupçonnées, à opérer des rapprochements et des raccourcis. Et Freud d'évoquer Aristote lui-même pour qui le meilleur interprète de rêves est celui qui saisit le mieux les ressemblances (37) :

> « Ces écrans *(Deckungen)* ou ces cas de ' tout comme ' *(Gleichwie)* présents dans le matériel du rêve sont certes les points de soutènement primordiaux de la construction du rêve; un des moments, et non le moindre, du rêve consiste à créer de tels écrans quand d'autres, rencontrant les résistances de la censure, ne peuvent plus passer dans le rêve. La tendance à la condensation (*Verdichtungbestreben*) propre au travail du rêve vient aider la présentation de la relation de ressemblance *(Ähnlichkeitsrelation)*. » (38)

(37) GW II-III, note 7 p. 324.
(38) GW II-III, p. 325.

Cette production de « de même que », de substituts, Freud l'appelle *identification.* Pour échapper à la censure, le rêve doit à tout instant trouver des assimilations nouvelles, des symboles inédits parce que les anciens sont « brûlés ». La technique souveraine du travail du rêve est l'*unification (Zusammenziehung).* Les termes d'une relation de similitude, d'accord et de communauté sont contractés, unifiés, confondus.

L'identification est donc une modalité de la condensation, elle est pourrait-on dire le nom scénique de ce processus.

« L'identification, poursuit Freud, consiste en ceci : une seule des personnes qui sont reliées entre elles par un point commun *(Gemeinsames)* est représentée dans le contenu du rêve, tandis que la deuxième ou les autres personnes semblent réprimées *(unterdrückt)* dans le rêve. Cette personne-écran figure dans le rêve dans toutes les relations et situations qui la concernent en propre ou qui concernent celles qu'elle recouvre. Dans le cas d'une formation composite *(Mischbildung)* relative à des personnes, on trouve dans l'image du rêve des traits particuliers à chaque personne mais qui ne sont pas communs à toutes, de telle sorte que c'est l'union de ces divers traits qui constitue une unité nouvelle, une personne composite *(Mischperson)...* » (39)

« L'élément commun *(das Gemeinsame)* qui justifie l'union des deux personnes ou plus justement qui l'occasionne *(veranlasst),* peut être représenté dans le rêve ou manquer. Ordinairement l'identification ou la formation de personne composite servent précisément à épargner cette représentation... » (40)

C'est de cette façon que l'on obtient souvent des condensations extraordinaires pour le contenu du rêve : je peux m'épargner la représentation directe de situations très complexes touchant une personne en en trouvant une autre qui nourrit les *mêmes prétentions* à l'endroit d'une partie de ces relations. Il est aisé de comprendre combien ce mode de présentation par identification peut servir à échapper à la censure de la résistance, qui impose des conditions si difficiles au travail du rêve.

« Ce qui choque la censure peut résider précisément dans ces représentations qui, dans le matériel, sont liées à l'une des personnes; je trouve alors une autre personne qui entretient les mêmes relations avec le matériel en question, mais avec une partie seulement de celui-ci. Le point commun justiciable de la censure m'autorise à former une personne composite caractérisée par des traits indifférents de part et d'autre. Cette *personne composite ou personne d'identification (Identifizierungsperson)* ainsi libérée de la censure peut désormais accéder au contenu du rêve et j'ai de la sorte satisfait aux exigences de la censure grâce à la condensation.

Quand on trouve dans un rêve la figuration d'un fait qui est commun à deux personnes, cela indique ordinairement qu'*il faut chercher autre chose qui est commun aux deux et qui*

(39) GW II-III, p. 325.
(40) GW II-III, p. 326.

demeure caché parce que la censure a rendu la figuration impossible. Il s'est produit, en quelque sorte, un déplacement dans le domaine du commun pour favoriser la figurabilité. Du fait que la personne composite apparaît dans le rêve avec des éléments communs indifférents, je dois conclure que les pensées du rêve renfermaient des éléments communs aussi, mais nullement indifférents.

L'identification ou la formation d'un personnage composite peuvent donc servir dans le rêve à des *buts divers :* premièrement à la figuration d'un point commun à deux personnes; deuxièmement, à la figuration d'une communauté *déplacée;* troisièmement, enfin, à donner expression à une communauté qui n'est que souhaitée. Le souhait que quelque chose soit commun à deux personnes coïncidant souvent avec l'échange *(Vertauschen)* de l'une contre l'autre, cette dernière relation est aussi exprimée dans le rêve par l'identification. Dans le rêve de l'injection faite à Irma, je souhaite échanger cette malade contre une autre, je désire donc que l'autre soit malade comme celle-ci l'est en ce moment; le rêve accomplit ce désir en me montrant une personne qui se nomme Irma, mais qui est examinée dans une position qui convenait seulement à l'autre. Un échange analogue est le centre même du rêve de l'oncle : je m'identifie au ministre en traitant et en jugeant mes collègues comme il l'a fait. *C'est la personne même du rêveur qui apparaît dans chacun des rêves :* c'est une expérience à laquelle je n'ai trouvé aucune exception. *Les rêves sont absolument égoïstes.* Quand je vois surgir dans le rêve non pas mon moi mais une personne étrangère, je dois supposer que mon moi est caché derrière cette personne grâce à l'identification. Je puis sous-entendre mon moi. Dans d'autres cas, mon moi apparaît dans le rêve, c'est alors la situation où il se trouve qui m'apprend qu'une autre personne se cache derrière le moi par identification. Il faut alors découvrir par l'interprétation ce qui est commun à cette personne et à moi et le transférer sur moi. Il y a aussi des rêves où mon moi apparaît en compagnie d'autres personnes qui, lorsqu'on résout l'identification, se révèlent être mon moi. Il faut alors, grâce à cette identification, unir des représentations diverses que la censure avait interdites. Ainsi je peux représenter mon moi plusieurs fois dans un même rêve, d'abord de manière directe, puis par identification avec des personnes étrangères. Avec plusieurs identifications de cette sorte un matériel de pensées extraordinairement riche peut se condenser. Le fait que le moi du rêveur apparaisse plusieurs fois ou sous plusieurs formes dans le rêve n'est au fond pas plus étonnant que le fait que le moi puisse, dans la pensée consciente, apparaître plusieurs fois ou à des places et dans des relations différentes. Par exemple dans cette expression : 'Quand je pense à cet enfant plein de santé que j'étais!'. » (41)

Dans ce texte, l'identification est décrite comme une modalité de la condensation : c'est une condensation qui opère sur la représentation des personnes. Davantage : c'est une manière de figurer le moi en le couvrant d'un écran ou en étalant la théorie de ses divers masques. L'identification met en scène, elle produit plastiquement les relations de communauté du moi et de ses personnages de référence. Comme dans l'identification hystérique, ce procédé permet de masquer une relation inconsciente : soit le désir d'*être comme,* soit le désir d'*avoir la même chose que.*

Identification onirique et identification hystérique reposent toutes deux sur le fantasme inconscient de l'identité. La première réalise scéni-

(41) GW II-III, p. 328.

quement une *figure hallucinée* de ce fantasme; la seconde le réalise dramatiquement dans un symptôme, c'est-à-dire dans *le corps,* significativement solidaire d'une réalité interhumaine. Dans l'hystérie, l'identification est jouée en acte : elle transgresse le lieu imaginaire du rêve, quitte l'« Autre scène » et vient troubler la conduite. On pourrait parler ici d'une véritable « réalisation » du désir qui va au-delà de l'accomplissement hallucinatoire, par un mouvement de débordement topique. L'extrémité motrice de l'appareil psychique y est mise en œuvre. La fonction de l'identification, dans les deux cas, est d'épargner un effort psychique, de tromper la censure.

Ce qui perce dans ces lignes qui ne sont finalement qu'une explicitation de ce qui avait déjà été décrit antérieurement, c'est que *le concept d'identification soit expressément lié à celui de « moi »*. Or le moi (rêvant/rêvé) ne se présente qu'à travers une multiplicité d'identifications.

Parler du moi en termes d'identifications, c'est s'éloigner quelque peu d'une description pourtant plus habituelle à Freud en ce commencement de son œuvre, description en termes d'investissements perceptifs et moteurs telle qu'on la lit dans l'Esquisse :

L'on appréhende ici, une fois de plus, l'hésitation de Freud devant le problème du moi. Il est différent de le caractériser par ses fonctions perceptivo-motrices et défensives et de le caractériser par sa stratification d'identifications. Le langage de la première topique (relations entre des systèmes régis par des principes de fonctionnement différenciés) ne peut rendre compte, de par son point de vue solipsiste où il n'est question que d'un appareil psychique, de l'*interpsychologie* signifiée dans le terme d'identification. Or, cette interpsychologie ne fera le thème de la réflexion freudienne que plus tard. Mais que cette dualité du discours analytique, relativement au statut du « moi », apparaisse dès les premiers écrits suffit à légitimer une lecture approfondie des textes inauguraux (41bis).

Une autre approche du moi peut se faire par le biais des productions oniriques (et symptomatiques), qui manifestent sa fonction de défense, d'évitement et de méconnaissance du désir.

En poussant plus avant l'élaboration du concept d'identification dans le contexte du travail du rêve, c'est-à-dire d'une « *Entstellung* » générali-

---

(41 bis) Voir l'étude de François Duyckaerts, *Conscience et prise de conscience,* Bruxelles, Dessart et Mardaga, 1974, (Psychologie et sciences humaines).

sée, Freud élabore du même coup une théorie du moi et de son fonctionnement. Il n'est pas indifférent que les linéaments de cette théorie avancés en ce lieu le soient à partir d'une étude du rêve et de l'hystérie.

Nous en revenons ainsi au problème du normal et du pathologique. Le rêve (psychose de l'homme endormi) et l'hystérie (névrose) ouvrent l'accès analytique aux fonctions du moi parce qu'ils mettent en évidence le processus d'identification, mode privilégié pour le moi de « s'imaginer », de « se figurer » et, partant, de « se réfléchir ». On peut alors se demander si ce n'est pas un trait essentiel du moi que de n'être saisissable — identifiable — que sur ces écrans. Galerie de figurants, panoplie de visages d'emprunt. Le « sujet » en effet ne prend connaissance de ses désirs qu'en les lisant sur les traits ou les gestes des autres. On comprend en quoi cette relation fantasmatique à l'autre aliène l'hystérique; on vient de voir comment ce même jeu de masques trompe le rêveur. Est-ce à dire que le moi est lui-même toujours de l'ordre de la figure, une sorte de métaphore et que le « sens propre » serait à jamais perdu ou manquant? L'ambiguïté majeure est que le moi dont il s'agit dans le rêve et l'hystérie n'est jamais qualifié topiquement par Freud et que les catégories qui fonctionnent à cette phase de la doctrine sont insuffisantes à penser correctement l'ensemble du problème.

Nous savons combien les concepts « d'imaginaire » et de « symbolique » proposés par Lacan ont permis de mieux formuler la notion de « sujet » — à distinguer de la notion de « moi ». Mais nous anticipons. Nous ne sommes encore, dans cette lecture de Freud, que devant une série de pistes. Des éléments théoriques fournis par les observations antérieures (Lettres à Fliess, analyse des rêves et de l'hystérie) viennent prendre place, se grouper en thèmes ou seulement en séries convergentes d'indices, dans notre champ. Ces fragments d'une première théorie de l'identification (ou d'une théorie du moi) doivent encore trouver une systématisation. La poursuite de la lecture des textes écrits dans ce premier temps (de 1895 à 1912) va nous fournir de nouvelles précisions.

4. L'identification comique

Un problème entrevu plus haut et apparemment marginal fait avancer notre élucidation. Une distinction conceptuelle faite lors de l'examen de l'analyse du rêve de la « belle bouchère » va retenir cette fois notre attention : c'est l'opposition de l'*identification* et de l'*imitation,* à quoi Freud semblait tenir comme à une acquisition décisive de sa théorie; il la reprend à propos de l'étude des mécanismes comiques dans *Le mot d'esprit et ses rapports avec l'inconscient.* (42)

Cette manière d'aborder le problème de l'identification est originale, car l'échange spirituel, la relation comique, l'humour ne sont pas des phénomènes marginaux ni pathologiques. Mais cet essai mérite notre attention à un autre titre encore : rédigé dans le même temps que les *Trois Essais sur la théorie de la sexualité,* il fait intervenir dans la compréhension des productions de l'inconscient *la dimension généalogique,* aperçue maintes fois dans l'analyse des rêves et des névroses mais cette fois expressément déployée. Ce qu'il y a d'infantile en l'homme réapparaît ici de manière têtue, insistante. Le souci de décrire des développements, des genèses et non plus seulement des systèmes topiques amène nécessairement une relativisation des concepts. Le choix d'un traitement génétique, imposé du reste par l'expérience clinique et théorique elle-même, provoque un remaniement de la problématique du « moi ».

La curiosité *« esthétique »* de Freud qui le frotte aux productions spirituelles de l'humanité le porte du même mouvement dans le voisinage des productions artistiques, en particulier des œuvres des poètes, dramaturges et romanciers. On verra ce que le concept d'identification, acquis dans le travail d'interprétation des formations oniriques et symptomatiques, permet de rendre intelligible dans les productions esthétiques et, en retour, ce que l'analyse de ces dernières vient transformer dans l'intelligence du concept.

A. Du rêve au mot d'esprit

L'originalité de l'interprétation que Freud propose du mot d'esprit consiste dans son rapprochement avec l'élaboration du rêve. Il revendique cette innovation tout au long de son essai (43). Le foisonnement des exemples analysés pour la technique qui les produit et pour les tendances qui les motivent offre une preuve supplémentaire de la pertinence des concepts construits auparavant. La condensation, le déplacement, la

---

(42) « *Der Witz und seine Beziehung zum Unbewussten* », 1904 GW VI.

(43) « Pour l'exploration du trait d'esprit, nous étions munis (...) d'un instrument qui manquait à nos devanciers, la connaissance du travail du rêve » (GW VI, p. 207(.

représentation indirecte fonctionnent ici autant que dans le rêve et les processus de pensée des états psychopathologiques. Quand il effectue l'inventaire des « techniques » du mot d'esprit, Freud reprend la description des multiples formes de condensations; mais on ne trouve nulle part, au long de cette patiente exploration, le recours au concept d'identification. Dans cet ouvrage, Freud lui préfère le terme d'« *unification* » (44). Il utilise toutefois le concept d'identification, et c'est pour ressaisir non pas le mécanisme primaire de la « *Verdichtung* » mais *la structure d'une situation intersubjective.* Une sorte de duplicité de l'identification pointe donc à la faveur de cette description. L'identification dont il est question n'agit pas ici comme un transformateur de représentations permettant leur transgression topique de l'inconscient au préconscient selon la « logique » du semblable (on pourrait dire « l'illogique » du semblable puisqu'elle résout toute différence, condition de toute relation); l'identification se donne ici comme le nom de ce qui fonde chez les protagonistes du mot d'esprit la « *correspondance psychique* » (*psychische Üebereinstimmung*) nécessaire à sa réussite. En cette occurrence l'identification produit également une transformation de pensées mais elle assure, ce faisant, *un échange réel* dont le signe quasi-matériel est l'éclat de rire.

Telle est donc cette duplicité du terme : *opération intrapsychique* ressortissant à l'inconscient comme une modalité de condensation, l'identification apparaît encore comme l'*opération interpsychique* qui rapproche des « moi » en jouant d'une communauté inconsciente.

Notre problème est donc de comprendre la logique propre de ce double emploi. Il y a plusieurs raisons de penser que ce n'est pas un abus de langage ni un malentendu fondé sur une quelconque homonymie, mais que ces deux acceptions ne sont pas absolument extérieures l'une à l'autre. La question, autrement formulée, est la suivante : quel rapport y a-t-il entre identifier une représentation à une autre sur la base d'un point commun (cfr supra) et identifier son moi à un autre moi (sur la base, également, d'une communauté, cachée ou non)? En termes de gram-

(44) « L'unification, à savoir l'établissement entre les éléments de l'expression, d'un rapport plus intime que n'eût pu le faire présager leur nature » (GW VI, p. 39). L'unification, décrite dans le chapitre I, est une modalité de la technique de l'emploi multiple, cf. p. 35. Elle se fonde généralement sur l'assonance verbale qui fournit le « rapport inaccoutumé » *(ungewohnter Zusammenhang),* le point commun insoupçonné entre deux séries de pensées. Cf. les analyses de Tzvetan TODOROV, *Théories du symbole* (Poétique) Paris, Seuil, 1977, p. 285-321.

maire, cela revient à se demander quelle est la relation entre la forme transitive et la forme réfléchie du verbe (s')identifier.

Pour débrouiller ces questions plusieurs fois évoquées depuis le début de notre enquête, appuyons-nous sur quelques textes du *Witz*.

Une première série de textes arrête notre attention. Situés dans le deuxième chapitre (« Les tendances du mot d'esprit »), ils évoquent à propos du conflit que proclame tout mot d'esprit tendancieux la nature essentiellement *sociale* du *Witz*. Ils ne font que l'évoquer, parce qu'ils appartiennent à la partie analytique de l'ouvrage dont tout le programme consiste à exposer le matériel. Mais cette remarquable évocation prépare la thèse centrale qui recevra son plein développement dans les parties dites « synthétique » et « théorique ».

« ... La résistance de la femme est ainsi la première condition de l'éclosion du propos grivois (...) Le cas idéal d'une résistance est fourni par la présence d'un autre homme, d'*un tiers,* car dans ce cas l'éventualité du consentement immédiat de la femme apparaît bien exclue. Ce tiers acquiert bientôt un rôle de premier plan dans le développement de la grivoiserie (...) Ce n'est plus à la femme, mais au spectateur, à l'auditeur, que la grivoiserie a fini par s'adresser, et par cette évolution elle se rapproche déjà du caractère du mot d'esprit. » (45)

Et à propos du mot hostile :

« Depuis que nous avons dû renoncer à manifester notre hostilité par les voies de fait — empêchés que nous l'étions par la présence d'*un tiers sans passion* (leidenschaftslos) qui a intérêt au maintien de sa sécurité personnelle — nous avons développé une nouvelle technique de l'invective, analogue à celle de l'agression sexuelle, technique qui vise à mettre ce tiers dans notre jeu contre notre adversaire. » (46)

Enfin, ce passage décisif :

« Ce que les mots d'esprit chuchotent à voix basse, on peut l'énoncer à haute voix, à savoir : que les désirs *(Wünschen)* et les aspirations *(Begierden)* des hommes ont le droit de s'affirmer en face de la morale exigeante et sans égards, et de nos jours on l'a dit en termes énergiques et saisissants : cette morale ne serait que le décret égoïste des quelques sujets riches et puissants qui peuvent, eux, toujours sans délai, satisfaire tous leurs désirs. Tant que l'art médical n'aura pas progressé davantage dans la sauvegarde de notre vie, et tant que les institutions sociales ne l'auront pas rendue plus agréable, il sera impossible d'étouffer en nous la voix qui s'insurge contre les prescriptions de la morale. (...) La résolution de ce *conflit* n'est possible que *par un détour (Umweg)* fondé sur un *nouveau point de vue.* L'on doit solidariser sa vie avec celle des autres, *s'identifier aux autres autant que possible pour rendre supportable la brièveté de notre vie;* et il ne faut pas satisfaire d'une façon illégitime à ses propres besoins *(Bedürfnisse)* mais au contraire les laisser insatisfaits *(unerfüllt),* parce que seul le maintien de tant d'exigences irréalisées peut engendrer la force

(45) GW VI, p. 108.
(46) GW VI, p. 112.

capable de transformer l'ordre social. Mais on ne peut pas *déplacer* de la sorte, *transférer à d'autres,* tous ses besoins personnels et il n'est pas de résolution générale et définitive du conflit. » (47)

Cette page relève plus de la méditation d'un philosophe que de la pure analyse des processus et des tendances. On y découvre le ton qui sera celui de textes dont le propos anthropologique s'exprimera délibérément : ainsi *La morale sexuelle civilisée, l'Avenir d'une illusion* ou *Malaise dans la Civilisation* (48). Les contraintes et tabous imposés par la société — ou, en termes marxistes, par la classe dominante pour perpétuer ses privilèges et sa domination idéologique et économique — ne sont pas seulement des facteurs pathogéniques des névroses, mais des incitations à des productions « esthétiques » comme les mots d'esprit. Ce qui nous intéresse ici, c'est l'insertion du concept d'identification dans un réseau différent des contextes où on l'a vu fonctionner jusqu'à présent. On pourrait dire, en anticipant sur la théorie qui naîtra de la considération des relations de l'individu et de la civilisation, que l'identification se trouve dès à présent inscrite dans *la problématique de la sublimation* (résolution sociale de conflits pulsionnels internes). Le raccord conceptuel de l'identification à la sublimation est ici le concept de déplacement ou de transfert *(übertragen)* — utilisé dans sa forme verbale. Il n'est pas nouveau de voir l'identification jouer le rôle « économique » de résolutrice de conflit. Ce qui est neuf, c'est sa fonction — à peine énoncée, à vrai dire, à ce moment — de maintien des désirs et aspirations individuelles mais par changement de lieu psychique. *L'identification opère le transfert de ces exigences personnelles sur d'autres personnes pour les muer en exigences collectives,* moteur de la métamorphose sociale.

Ainsi l'échange d'un bon mot se comprend-il désormais comme l'échange masqué des désirs, comme la mise en commun de tensions subjectives symbolisées, comme un partage des misères de la dure existence. L'identification s'offre comme le « medium » de cet échange.

Peut-être pouvons-nous avancer une hypothèse, touchant la différence entre identification onirique et hystérique, d'une part et identification — disons — du trait d'esprit, d'autre part. *L'identification hystérique* « réa-

(47) GW VI, p. 121.

(48) Cfr. « *Die 'Kulturelle' Sexualmoral und die moderne Nervosität* » (GW VII) 1908; « *Die Zukunft einer Illusion* » (GW XIV) 1927; « *Das Unbehagen in der Kultur* » (GW XIV) 1929.

lise » dans le symbolisme inconscient du symptôme un compromis entre une tendance sexuelle (désir d'être comme) et l'interdit moral ou social; *l'identification onirique,* dont le mobile est également l'existence d'un trait commun inconscient mais censuré, accomplit plastiquement un désir analogue de communauté. Quant à *l'identification du trait d'esprit* qui assure le « transfert » des « besoins individuels », elle est le détour, la déviation, la dilation de ces besoins dans une manière de « fonds commun » social. Détour qui soulage, mais partiellement, les tensions dues au conflit originel. Dans ce dernier cas, les désirs ne sont ni satisfaits ni accomplis ni réalisés mais signifiés, partagés, échangés pour donner une énergie accrue à la « Révolution ». *Elle n'est pas Erfüllung mais Umweg.* Pour mieux caractériser ces deux modalités de l'identification, il suffit de reprendre les critères mis en œuvre pour comparer le rêve et le mot d'esprit, c'est-à-dire une production purement « égoïste » et une production essentiellement sociale. (Il appert que l'hystérie, dans ce cas, est à ranger dans la catégorie « production égoïste »).

Citons le résumé synthétique de Freud, à l'issue de son chapitre cinquième (« Les rapports de l'esprit avec le rêve et l'inconscient ») :

« La différence la plus importante (entre ces deux activités psychiques si hétérogènes) réside dans *leurs rapports sociaux respectifs.* Le rêve est un produit psychique tout à fait asocial; il n'a rien à communiquer à autrui; né dans le for intérieur d'une personne à titre de compromis entre des forces psychiques antagonistes, il demeure incompréhensible à cette personne elle-même et manque par conséquent totalement d'intérêt pour autrui. Loin d'attacher du prix à son intelligibilité, il doit même se garder d'être compris, sous peine de se détruire; il ne peut consister qu'en un travestissement *(Vermummung).* Il peut donc, à son gré, user du mécanisme qui régit les processus de pensée inconscients et il va jusqu'à produire une distorsion inredressable. L'esprit, en revanche, est la plus sociale des activités psychiques visant à un bénéfice de plaisir. Il nécessite le plus souvent l'intervention de trois personnes et ne parvient à son accomplissement que par la participation d'un autre au processus psychique qu'il a déclenché. Il doit donc satisfaire à la condition d'être compréhensible, il ne doit utiliser la déformation, qui peut se réaliser dans l'inconscient grâce à la condensation et au déplacement, que dans la mesure où la compréhension du tiers peut en corriger les effets. Au reste, rêve et esprit sont issus l'un et l'autre de sphères entièrement différentes de notre vie psychique adulte et occupent dans le système psychologique des lieux fort éloignés. Malgré ses travestissements, le rêve demeure un désir *(Wunsch);* l'esprit est un jeu développé *(ein entwickeltes Spiel).* Le rêve, en dépit de toute son inutilité pratique conserve le lien avec les intérêts majeurs de l'existence; il cherche à accomplir les vœux par le détour régressif de l'hallucination; il doit son admission (au sein de la vie psychique) au seul besoin qui subsiste à l'état de sommeil : celui de dormir. L'esprit, par contre, cherche à réaliser un petit bénéfice de plaisir par l'activité simple et désintéressée de notre appareil psychique, plus tard il essaie de saisir au vol un bénéfice accessoire au cours de l'activité elle-même de cet appareil, et il acquiert ainsi *secondairement* des fonctions assez importantes orientées vers le monde extérieur. Le rêve sert surtout à épargner du déplaisir, l'esprit à acquérir le plaisir; or, c'est autour de ces deux centres que gravitent toutes nos activités psychiques. » (49)

Nous avions dit que l'identification dans le rêve et dans l'hystérie réalisent l'une plastiquement (hallucinatoirement) et l'autre dramatiquement (dans le comportement) un fantasme de communauté, fantasme strictement « privé » émanant de l'inconscient et méconnu du sujet qui le rêve ou le joue. L'identification y fonctionne comme transformatrice de pensées égoïstes, en privilégiant au maximum les moindres traits de ressemblance aux dépens de toutes les autres relations logiques ou réelles. L'identification dont il est question dans l'échange spirituel a lieu entre *des personnes réelles et différentes.* Il faut d'ailleurs qu'elles soient différentes, à des *places* déterminées (le sujet qui produit le mot, la personne-objet et le tiers auditeur qui sanctionne le mot). Cette distribution des places est capitale. L'identification n'aboutit pas ici à renforcer en quelque sorte le fantasme individuel, elle ne répète pas des figures qui sont autant de fois des emblèmes du « moi » enclos dans cette galerie imaginaire où il n'y a jamais d'autre réel. L'identification dans le trait d'esprit assure une solidarité, conditionne la réussite de la communication d'un message inconscient et produit une communauté — éphémère, puisqu'elle dure ce que dure le jaillissement du trait d'esprit —, mais effective. Grâce à cette identification — ce transfert des désirs — a lieu une sorte de *pacte inconscient* dont le signe conscient est le rire.

Peut-être disposons-nous ici d'une amorce de différenciation qui nous rapprocherait de la distinction lacanienne du *symbolique* et de *l'imaginaire.* Les transformations dans le rêve et l'hystérie ont lieu dans le seul sujet où il se passe des transactions topiques, des compromis qui sont inintelligibles pour le sujet et pour autrui. Les transformations dans le mot esprit ont lieu grâce à un échange de signes, grâce au langage, et produisent un plaisir inter-psychique. Dans le premier cas, il y a des échanges imaginaires, des substitutions de termes équivalents qui maintiennent le désir dans sa fixation fantasmatique; dans le second cas, l'échange est symbolique et produit une solidarité réelle, mais limitée, partielle. C'est une telle « correspondance psychique » *(Einfühlung)* que réalise sans doute *toute œuvre d'art* authentique. L'examen de textes consacrés aux autres productions esthétiques que l'esprit nous permettra,

(49) Nous soulignons. GW VI, p. 204-5.

ultérieurement, de mettre en forme de façon systématique ce qu'on pourrait appeler la théorie freudienne du rapport esthétique ou encore sa « psychologie » de l'art.

Auparavant, il nous reste à poursuivre la lecture du « *Witz* » pour rencontrer une distinction conceptuelle annoncée depuis quelque temps : l'analyse du *comique* auquel Freud réserve l'imposant chapitre septième de son ouvrage rend plus intelligible la différence entre *l'imitation* et *l'identification* (50).

B. Les variétés du comique ou le jeu des comparaisons

D'entrée de jeu, Freud différencie le trait d'esprit et le comique :

> « Le comique, dit-il, peut se contenter de *deux personnages : celui qui découvre* et *celui chez qui on le découvre.* Le tiers, à qui le comique est communiqué, intensifie le processus comique sans y ajouter aucun élément nouveau. Dans le cas de l'esprit, ce tiers est indispensable pour clore le cycle *(Vorgang)* qui produit le plaisir; par contre, la deuxième personne peut être omise, sauf dans le cas de l'esprit tendancieux ou agressif. *L'esprit se fait; le comique se trouve...* » (51)

C'est aussitôt la forme comique du « naïf » que choisit Freud pour démontrer la pertinence de cette distinction structurelle. Le « naïf » servira d'ailleurs de modèle à l'interprétation de toutes les autres formes de comique.

> « Tous les caractères du naïf sont déterminés par la conception *(Auffassung)* de la seule personne réceptrice qui correspond au troisième personnage du mot d'esprit. » (52)

> « Le naïf doit spontanément se manifester dans les discours et les actions d'*autres* personnes, qui tiennent la place du *deuxième personnage* du comique ou de l'esprit. » (53)

Le plaisir du comique naïf jaillit lorsque l'autre paraît ne tenir aucun compte d'une inhibition, parce que cette inhibition n'existe pas chez lui et qu'il semble ainsi la surmonter sans aucun effort. Devant cette économie inattendue, nous nous comportons comme le *troisième* personnage du mot d'esprit et réalisons sans frais ni dépenses personnels l'épargne d'une inhibition.

Tandis que l'effet du mot d'esprit est soumis à la condition que

---

(50) Le titre du septième chapitre du « *Witz* » : Der Witz und die Arten des Komischen. GW VI, p. 206-269.

(51) « Der Witz wird gemacht; die Komik wird gefunden » (GW VI, p. 206).

(52) GW VI, p. 211.

(53) GW VI, p. 207.

producteur et auditeur possèdent les *mêmes inhibitions ou résistances internes*, l'effet du comique naïf réside dans ce fait que son « producteur » involontaire ne partage aucune des inhibitions dont son spectateur est pourvu.

Dans les deux cas, le plaisir résulte de la levée des inhibitions internes. Mais les *processus psychiques* qui l'amènent diffèrent singulièrement. Freud parle de processus psychiques, il devrait plutôt, dans ce cas, parler de *processus interpsychiques*. En effet : dans le « naïf », la personne réceptrice correspond toujours au *moi* qui se livre, grâce au spectacle gratuit que l'autre lui prodigue, à une sorte d'arithmétique des représentations. Par contre, dans le mot d'esprit, par la vertu des mots le moi de l'auditeur *se met inconsciemment à la place* de la personne productrice, s'identifie à elle. Si le « naïf » agit sur le tiers comme un mot d'esprit (levée d'inhibition) il faut encore que le tiers soit assuré que le producteur ne possède pas l'inhibition. Ce n'est qu'après s'être rendu compte de l'inexistence de celle-ci que le tiers rit au lieu de s'indigner. Le processus est donc le suivant : *« nous tenons compte de l'état psychique de la personne productrice, nous nous plaçons en elle et cherchons à comprendre son état psychique par comparaison avec le nôtre »*. (54) Il s'agit, par conséquent de s'immiscer *(sichhineinversetzen)* et de se comparer *(sich vergleichen)* à l'autre; il en résulte une épargne de dépense qui se décharge par le rire.

Freud ajoute :

> « ... Nous en venons à supposer que ce mécanisme, tout à fait étranger à l'esprit, constitue une part, peut-être la plus importante, du processus psychique dans le comique... Le comique en général résulterait de la dépense épargnée par la comparaison des faits et gestes d'autrui avec les nôtres. » (55)

Et la suite du chapitre septième se déploie comme la vérification de cette hypothèse appliquée à la variété des formes du comique.

Le concept d'*imitation* est amené par l'analyse du *comique des mouvements*. La pantomime volontaire des clowns, la maladresse des adultes, les mimiques hésitantes et gauches des apprentissages infantiles déclenchent le rire chez quelqu'un parce que ce dernier les juge excessifs, exagérés, inutiles, inadéquats ou inappropriés. En comparant ces mouvements avec ceux que j'eusse faits à leur place, je ris de la disproportion

(54) GW VI, p. 211.
(55) GW VI, p. 214.

de leurs efforts. Mais pour comparer deux grandeurs, ici l'amplitude des mouvements, il faut une commune mesure. Cette mesure réside, pour Freud, dans la dépense d'innervation liée à la représentation du mouvement. On acquiert cette mesure du mouvement par imitation *(Nachahmung)*. C'est très précocement que se développe *l'impulsion à l'imitation (Drang zur Nachahmung) :* elle est constitutionnellement liée à la perception du mouvement. Toute perception de mouvement s'accompagne d'une mimique représentative *(Vorstellungsmimik)*. Freud ajoute que l'impulsion à la mimique n'est pas d'abord intentionnelle, elle n'est pas originellement destinée à la communication avec autrui. (56)

Il y a un plaisir de l'imitation en soi. Freud s'avoue incapable de définir plus outre ce plaisir. Il reconnaît qu'il est plus aisé de comprendre l'effet comique de la caricature, de la parodie, du travestissement ou du démasquage et de la dégradation *(Herabsetzung)*. C'est en effet l'imitation la plus fidèle qui nous fait le plus rire. Imiter le vivant consiste à transgresser ce qui fait le caractère essentiel du vivant : sa singularité.

> « Chaque être vivant est divers *(jedes Lebende ein andere ist)* et réclame une sorte de dépense pour sa compréhension. Nous nous trouvons *désillusionnés (enttäuscht)* lorsque, en vertu de la conformité complète ou de l'imitation fidèle, nous n'avons plus besoin d'engager une nouvelle dépense. » (57)

Cette désillusion s'opère dans le sens de l'allègement : l'on s'attendait à une dépense d'attente (notre expérience du vivant nous a habitués à la diversité des êtres), la dépense exigée par la compréhension de ce qui est simplement demeuré pareil *(gleich)* vient annuler cette tension.

Il y a un plaisir de la comparaison elle-même qui est une modalité du plaisir primitif que nous éprouvons à retrouver le semblable (58). *(Die ursprungliche Lust am Wiederfinden des Gleichen)* et qui émane en outre

(56) Freud parle de *Drang zur Nachahmung*. Il s'agit bien d'une *pression imitative* primitive, d'un mouvement premier de l'appareil psychique qui le pousse, le nécessite à re-produire le perçu, à répéter. Chez l'enfant cette répétition du semblable construit ses automatismes adaptatifs essentiels; mais l'imitation est une source pure de plaisir, indépendante de toute adaptation utilitaire et de toute volonté de communication. On reconnaît là un aspect du processus primaire caractérisé par l'identité des perceptions. L'imitation serait donc, à l'origine, une activité compulsive, nécessaire, productrice d'un plaisir primaire. Elle serait, secondairement, l'instrument d'apprentissage du corps concomitant à l'apprentissage de la compréhension d'autrui.

(57) GW VI, p. 222.

(58) GW VI, p. 239. Le plaisir originaire *(ursprungliche Lust)* à retrouver le semblable apparaît ici comme une évidence, une vérité que Freud ne se donne pas la peine de discuter, c'est-à-dire de restituer dans le réseau conceptuel qu'il est en train de nouer. Il écrit :

de l'allègement du travail intellectuel puisque quand on compare, c'est généralement le moins connu au plus connu, le plus difficile au plus facile, l'inhabituel au plus familier. La métaphore comique est le plus souvent un démasquage, une démystification. Ces formes de comique par rapprochement, substitution ou fusion se rapprochent certes de certains mots d'esprit. Mais n'est spirituelle que la comparaison *insensée* qui, au fil des allusions suit sa voie à travers l'inconscient de l'auditeur et ne s'éteint pas dans son seul énoncé.

Mais toutes ces considérations n'épuisent pas le problème du comique. On n'aura pleinement ressaisi l'essence de celui-ci qu'au moment où l'on aura restauré sa *généalogie*. La méditation de Freud rebondit en quelque sorte en une nouvelle péripétie théorique qui installe sa problématique sur sa *base* véritable : l'*enfance*.

Il reste donc à comprendre le comique par sa psychogenèse. Il se rallie, en cette démarche, à l'ouvrage de Bergson auquel il a réservé une fort large part de ses commentaires :

« Il est universellement admis que l'on a plaisir à retrouver ce que l'on connaît, à *reconnaître (wiedererkennen)* ».
Il s'autorise de Groos *(Die Spiele des Menschen*, 1899 p. 103) :
« La reconnaissance s'accompagne toujours d'un sentiment de plaisir... Si donc le fait même de reconnaître procure du plaisir, on peut bien s'attendre à ce que l'homme use de cette aptitude pour elle-même, c'est-à-dire s'en serve à la façon d'un jeu. De fait, Aristote a vu, dans la joie de la reconnaissance, le fondement de la jouissance esthétique... ».
Freud explique ce plaisir de la reconnaissance en soi par la réduction de la dépense psychique. C'est une autre manière de formuler le mécanisme du plaisir tel qu'il le décrit, par exemple, dans le chap. VII de la *Traumdeutung* (GW II-III, p. 324 ff).
Remarquons que « reconnaître » a dans la langue courante la même application que « identifier ». Dans l'expression « se reconnaître » on retrouve implicitement la double dimension de la problématique de l'identification : s'identifier soi-même (trouver sa propre identité à partir de certains traits) et s'identifier à l'autre (se trouver dans ce qu'autrui signifie). On pense aussitôt à la dialectique de la reconnaissance *(Anerkennung)* présentée par Hegel dans la Phénoménologie de l'esprit : la lutte pour la reconnaissance.
Le plaisir lié à la retrouvaille du même s'appuie sur le principe d'identité des perceptions propre au processus primaire (L'identité des pensées caractérisant le processus secondaire).
Nous pouvons alors opérer la jonction entre ce que nous disait Freud de l'*identification onirique* : le rêve privilégie les seules relations de ressemblance et les figure par l'identification. Celle-ci procure la voie la plus courte à la « réalisation » du désir, en tant qu'hallucination.
Voir Laplanche et Pontalis : *Vocabulaire de la psychanalyse*, Paris, p.u.f., 1967, p. 194-5, article : Identité de perception-Identité de pensée.
La problématique du plaisir de la reconnaissance, apparentée à celle de l'imitation primitive, n'est pas étrangère non plus à celle de la *compulsion de répétition (Wiederholungszwang)* conceptualisée en 1920 *(Jenseits des Lustprinzip)*.

« Peut-être devrions-nous pousser la simplification plus loin encore, remonter à nos souvenirs les plus anciens, chercher, dans les jeux qui amusèrent l'enfant, la première ébauche des combinaisons qui font rire l'homme... Trop souvent surtout nous méconnaissons ce qu'il y a encore d'enfantin, pour ainsi dire, dans la plupart de nos émotions joyeuses. » (59)

Freud avait déjà remonté, dans l'étude de l'esprit, jusqu'à l'assimilation au *jeu de l'enfant,* jeu avec les mots et les pensées que proscrit la critique raisonnante.

La psychogenèse du comique nous conduit à approfondir la compréhension des concepts qui commandent toute l'analyse conduite jusqu'ici.

Auparavant, rappelons brièvement ce que Freud dit de la *psychogenèse du trait d'esprit* dont nous avons jusqu'ici différé l'exposition pour la traiter en parallèle avec celle du comique.

La fin du quatrième chapitre du *Witz (« Der Lustmechanismus und die Psychogenese des Witzes »)* propose une manière de reconstruction historique du développement de l'esprit. Le premier moment est celui du *jeu de l'enfant:* le jeu apparaît lorsque l'enfant apprend à employer des mots et à coordonner ses pensées.

« Le jeu obéit sans doute, dit Freud en citant Groos, à une des pulsions qui nécessitent *(nötingen)* l'enfant à exercer ses facultés; il en jaillit des effets de plaisir qui résultent de la répétition du semblable *(Wiederholung des Ähnlichen),* de la redécouverte du connu, de l'assonance, etc. et qui correspondent à une épargne insoupçonnée de la dépense psychique. Il n'est pas étonnant que ce plaisir pousse l'enfant à cultiver le jeu, à s'y adonner de tout cœur, sans souci du sens des mots ni de la cohérence des phrases. Jeu avec des mots et des pensées, motivé par un certain plaisir lié à l'épargne, voilà la première étape préparatoire à l'esprit. » (60)

« Chercheur infatigable de plaisir », l'homme grandissant ne pourra renoncer aux plaisirs auxquels il aura une fois goûté... La *plaisanterie* de l'adolescent marque la deuxième étape du processus qui aboutit à l'esprit. Elle sert à réaliser le gain de plaisir lié au jeu tout en imposant le silence à la voix de la raison critique; mais il faut que l'assemblage des mots ou l'incohérence des pensées conservent quelque sens. La tendance de l'esprit, dès l'origine, est de lever les inhibitions intrinsèques et de rouvrir les sources de plaisir que l'édification des inhibitions avaient offusquées. La plaisanterie devient mot d'esprit dès que son propos détient quelque fond et quelque prix. L'esprit entre alors au service des grandes tendances et pulsions de la vie psychique et prête son concours à leur lutte contre le

(59) GW VI, p. 254.
(60) GW VI, p. 144.

refoulement. En séduisant la pensée et en se jouant de la critique, l'esprit offre une « prime de séduction », un petit appoint de plaisir qui permet de libérer un supplément considérable de plaisir qui autrement fût demeuré inaccessible. Ce plaisir qui sert à en libérer un plus grand, appelé « plaisir préliminaire », relève d'un principe qui régit par exemple les caresses sexuelles.

La psychogenèse du comique se réclame également de l'enfance, mais à un autre titre. Car l'enfant par lui-même n'est pas comique. Il ne devient comique que *comparé à l'adulte :* par exemple, s'il se pose en grande personne sérieuse, à la façon de quelqu'un qui se déguiserait. D'autre part, l'enfant n'a pas d'emblée le sentiment du comique. Freud prétend en effet faire dériver le sentiment du comique d'une différence de dépense résultant du fait de comprendre l'autre personne (61). Le comique du mouvement le montre bien puisque la comparaison qui fournit la différence comique pourrait se formuler, dans le langage du conscient, comme ceci : Il fait ainsi, et moi je ferais — j'ai fait — autrement. Or le jeune enfant manque de cet étalon qui figure dans le second membre de cette proposition. *Il ne comprend que par la voie de l'imitation* et il agit ainsi qu'il voit agir. Il reste cependant que l'enfant, dans maintes circonstances qui nous paraissent comiques, rit par pur plaisir... et Freud avoue que certains mobiles du plaisir de l'enfant sont perdus pour nous qui ne disposons plus, en revanche, que du plaisir comique.

On peut risquer une généralisation : le caractère du comique se rapporte *au réveil de l'infantile (die Erweckung des Infantilen);* le comique est la récupération du rire infantile perdu. Ainsi rions-nous de la différence de dépense faite par l'autre ou par nous-mêmes, chaque fois que nous retrouvons, en l'autre (ou en nous) l'enfant. La formule complète du comique s'énoncerait ainsi : il fait ainsi; moi je fais autrement; il le fait comme je le faisais enfant.

Résumons l'ensemble des possibilités de surgissement d'une différence comique. Celle-ci peut résulter :

a) d'une comparaison de l'autre avec le moi;
b) d'une comparaison ayant pour seul théâtre l'autre personne;
c) d'une comparaison ayant pour seul théâtre le moi.

Freud affirme dans une note (62) que ce sont les cas où le comique résulte

(61) GW VI, p. 255.
(62) GW VI, p. 267 note 1.

de la comparaison entre la dépense d'autrui et la nôtre pròpre qui sont probablement les plus *primitifs*.

Ramassons à présent ces données éparses et cherchons à regrouper les divers concepts dans un système compréhensif et différencié. *Du point de vue de leur structure intersubjective:* le comique se trouve *isolément;* l'esprit se fait *à plusieurs*. La dyade comique se résout en une monade: car s'il y a deux sujets en présence, tout le processus a lieu dans le chef du spectateur où dialoguent les éléments de la perception et ceux de la mémoire préconsciente. La « sympathie » comique est tout entière solipsiste et la compréhension d'autrui est une connaissance de soi dans l'autre: percevoir autrui c'est se mouvoir, soit sur le mode fictif de la représentation soit sur le mode actif de l'imitation. L'imitation donne à l'enfant la mesure du mouvement qui plus tard lui permettra d'accéder au plaisir comique. Quant à l'esprit, il crée une sympathie productrice d'un plaisir *partagé*. Ce partage est la condition de sa réussite, sa sanction.

Du point de vue topique, la scène de l'esprit est l'inconscient; la scène du comique, est le préconscient. Ainsi l'identification symbolique de l'esprit est-elle inconsciente; la comparaison comique, préconsciente. L'échange spirituel est une sublimation de tendances inconscientes, l'identification opérant le transfert des investissements au dehors; mais l'opération dans son ensemble est méconnue par les protagonistes et le plaisir spirituel requiert cette méconnaissance. La différence comique résulte d'une comparaison qui dévoile la différence du moi et de l'autre, mais ici l'opération est préconsciente, il faut qu'elle échappe à l'attention — apanage du conscient. L'esprit trouve sa motivation dans des pulsions réprimées et contenues par la censure. Le comique se fonde sur l'impulsion à comprendre les conduites d'autrui perçu comme un autre moi.

Du point de vue génétique, l'enfance revient dans le comique et dans l'esprit mais dans le premier cas le moi infantile (la représentation préconsciente de ce moi) sert de point de comparaison voire de terme d'opposition et de repoussoir au moi adulte, tandis que dans le second cas l'enfant impérissable fait retour, s'affirme frauduleusement et se gausse de l'adulte. Dans le comique le moi raisonnable rit de l'enfant; mais l'enfant défie joyeusement l'adulte. Le comique confirme le moi dans sa maturité et sa supériorité; l'esprit rappelle au moi sa vérité infantile (l'enfant pervers polymorphe).

Du point de vue économique, le plaisir comique, tout comme le plaisir spirituel, résulte d'une épargne: épargne de la dépense nécessitée par l'inhibition, dans le cas de l'esprit, épargne de la dépense nécessitée par la représentation ou l'investissement, dans le cas du comique — (dans l'humour, forme la plus subtile du comique, c'est la dépense nécessitée par l'affect qui est épargnée). Ils s'accordent donc sur ce point : offrir un bénéfice de plaisir.

Le trait d'esprit, le comique et l'humour, conclut Freud,

> « représentent des *méthodes* permettant de regagner, par le jeu de notre activité psychique, un plaisir qu'en réalité le développement seul de cette même activité nous avait fait perdre. » (63)

L'identification est la « méthode » propre au trait d'esprit (64)*; la comparaison (imitative) est la « méthode » du comique.*

C. L'illusion comique

Les métaphores scéniques ont accompagné le développement de la notion d'identification dès le début de notre investigation; les expressions de « scène psychique », de scénario fantasmatique, de théâtralisme (hystérique), de théâtre onirique, de drame névrotique, de masques, de travestis, de figurants ont abondé. Le langage de la scène semble donc incontournable dès qu'il s'agit d'expliquer le travail de l'identification. Cependant, la nécessité de cette métaphorique théâtrale ne s'est imposée que latéralement; nous l'avons constatée, nous avons repéré son insistance mais n'avons pas encore découvert la légitimation de son emploi systématique. Et si les textes commentés jusqu'ici nous ont familiarisés avec les subtilités des substitutions du « moi », avec le jeu des masques qui le subtilisent derrière les écrans mensongers de sa vérité éclatée, nous pouvons supposer une connivence de l'action théâtrale et de la formation du moi, mais il reste à l'analyser pour elle-même.

Un bref article de Freud vient renforcer notre pressentiment. Il s'agit d'un texte méconnu des commentateurs — à quelques exceptions près (65) — qui poursuit la voie ouverte par certains propos du « *Witz* » en précisant les principes de ce qu'on pourrait appeler une « esthétique

---

(63) GW VI,p. 269.

(64) Une autre manière de caractériser l'esprit apparaît dans cette formule qui en souligne encore son essence intersubjective : « *Mit der Witzarbeit ist der Drang zur Mitteilung unabtrennbar verbunden* » (GW VI, p. 160).

(65) Un des premiers à avoir signalé ce texte de Freud est O. Mannoni lors d'une conférence publiée en 1959 dans « La Psychanalyse », n° 5 Paris, P.U.F., p. 195-216 sous le titre : « *Le théâtre du point de vue de l'imaginaire* » et repris, avec une légère modification,

psychanalytique ». Les « *personnages de psychopathes au théâtre* » — tel est le titre de cet essai — fournissent en effet l'occasion d'approfondir la connaissance du mécanisme du plaisir théâtral, auquel la présence sur scène de malades mentaux semblerait a priori faire obstacle, et d'élargir la compréhension du plaisir esthétique en général.

C'est une (mauvaise) pièce du dramaturge viennois H. Bahr : *Les Autres (Die Andere)* (66) qui suscite la critique de Freud et lui permet de s'interroger sur les conditions psychologiques du plaisir dramatique. Cette pièce met en scène une personnalité morbide prise dans les mailles d'une liaison amoureuse problématique. Si Freud, spectateur, n'a pas « marché » en assistant à ce spectacle, faut-il en incriminer la matière même du drame, à savoir la maladie mentale, ou bien l'incompétence du dramaturge à traiter efficacement un sujet aussi délicat? Freud reprend le problème à son niveau le plus simple. L'efficacité dramatique concerne au premier chef l'âme du spectateur : c'est la thèse indiscutée d'Aristote, dans sa Poétique. Et Freud procède ici en parfait disciple du philosophe, en recourant toutefois au langage de la psychanalyse.

Il se rallie d'emblée à la théorie aristotélicienne de la *catharsis*. En celle-ci réside, de manière essentielle, l'accomplissement de la tragédie (67). A l'instar du mot d'esprit, la tragédie instaure une circulation de

---

dans le recueil : « *Clés pour l'imaginaire* », « L'illusion comique ou le théâtre du point de vue de l'imaginaire », pp. 161-183, Le Seuil, Paris 1969. Voir aussi, ibidem, « *Théâtre et folie* » pp. 301-14. André Green y recourt également, mais sans le citer expréssément, dans « *Un œil en trop, le complexe d'Œdipe dans la tragédie* », Édit. de Minuit, Paris 1969 — Le prologue se propose de délimiter les règles et les effets de la lecture psychanalytique des tragiques.

Pierre G. Weil, enfin, l'utilise pour introduire la problématique plus limitée de la thérapie psychodramatique; voir « *Psychodrame et psychanalyse* », *Bulletin de Psychologie,* Sorbonne, Paris, 285 XXIII 13-16, 1969-1970, p. 726-735.

De cet article on ne dispose actuellement que d'une version anglaise qu'aurait exécutée Max Graf, ami de Freud qui lui en aurait confié le brouillon. Article traduit et annoté par Philippe Lacoué-Labarthe et Jean-Luc Nancy : *Personnages psychopathiques sur la scène.* Diagraphe, Éditions Galilée, n° 3, pp. 62-69.

(66) Freud résume le scénario de la pièce dans une courte note. Voir SE VII p. 310.

(67) L'histoire de l'Esthétique a vu mille fois reprendre et commenter cette conception d'Aristote, en lui voyant subir, à chaque fois, des distorsions dues à des idéologies morales, religieuses, médicales et psychologiques. K-H. VOLKMANN-SCHLUCK, *La doctrine de la catharsis dans la Poétique d'Aristote*, trad. Stephan de Lannoy, Cahiers Théâtre Louvain 1968-69, n° 9, pp. 24-37; BARRUCAND D., *La catharsis dans le théâtre, la psychanalyse et la psychothérapie de groupe,* Éd. de l'Épi, (Homme et groupe), Paris 1970; PAPANOUSTOS, *La Catharsis des passions d'après Aristote*, Athènes, coll. de l'Institut français d'Athènes, 1953. J. FLORENCE, *Identification et psychodrame, Publications du Centre de recherches en psychanalyse*, Bruxelles, nov. 1977.

signes éminents et pathétiques, porteurs d'une vérité masquée qui vient secouer le fond secret de notre être. L'art dramatique, et l'art tragique par excellence, mettent en œuvre une véritable science de l'âme humaine (68).

La discussion se conduit ainsi à la lumière de la téléologie du drame, à savoir *l'effet saisissant* qu'il est appelé à produire chez le spectateur. Mais qui est-il ce spectateur? Freud répond : un pauvre bougre, emprisonné dans une morose banalité, assoiffé d'ambitions, curieux d'expériences grandioses mais finalement résigné et confinant les prétentions du désir dans l'enclos de l'imaginaire. Et voici que le dramaturge, par le jeu des acteurs, vient lui offrir l'occasion de sortir de sa morosité solitaire en le conviant à une *expérience* où il peut tout à la fois se perdre et se préserver. Cette expérience est l'illusion d'une expérience et l'*identification au héros*, la clé de son plaisir.

Le théâtre devient ce lieu où la vie se joue autrement, cet « ailleurs » où le désir a droit à la parole, cette autre réalité qui double triomphalement toutes les réalités de « la vie réelle » en raillant ses contraintes. L'illusion efficace engendre la catharsis. Reste à comprendre la solidarité de l'illusion, de l'identification, de la catharsis et du plaisir.

Il faut à cet effet opérer un détour. Car c'est le drame en tant que tel qui possède cette vertu cathartique. Il doit ce pouvoir aux « passions » *(pathèmata)* dont il est le metteur en scène et en quelque sorte le thérapeute, si le drame se donne bien comme un « traitement des passions ». Le drame se distingue des autres variétés poétiques (69), comme l'art lyrique et l'art épique, en ce qu'il explore les profondeurs de l'âme dans la

---

(68) On sait la proximité de la psychanalyse, comme procès et travail de la vérité, avec la pensée tragique. Dans la *Traumdeutung*, au moment où Freud évoque en des pages extrêmement denses ces rêves « typiques » qui l'on conduit à reconnaître en la tragédie d'Œdipe l'histoire saisissante de tout rêveur et de tout homme, il écrit : « *Die Handlung des Stückes besteht nun in nichts anderen als in der schrittweise gesteigerten und kunstvoll verzögerten Enthüllung — DER ARBEIT EINER PSYCHOANALYSE VERGLEICHBAR —, daß Ödipus selbst der Mörder des Laïos, aber auch der Sohn des Ermordeten und der Jokaste ist...* » (GW II-III, p. 268).

(69) E. Staiger dans *Grundbegriffe der Poetik*, Zurich 1946, propose une analyse phénoménologique des *styles* poétiques qu'il serait intéressant de rapprocher de la caractérisation psychanalytique des trois « genres » traditionnellement reconnus : le lyrique, l'épique et le dramatique. Freud lie l'art lyrique au sentiment et voit dans la danse une forme privilégiée du lyrique; l'art épique fait éprouver la joie du triomphe héroïque; l'art dramatique atteint les strates les plus profondes de la vie émotionnelle parce qu'il se déroule dans l'élément du malheur et de la souffrance.

proximité de la *souffrance* et de la *mort* (70).

Tel est bien le cœur du débat : le paradoxe d'une souffrance productrice de plaisir. A quelles conditions cette illusion est-elle possible? Car tous les grands drames classiques sont des drames de la souffrance transfigurée, que cette souffrance émane de conflits de l'individu avec les dieux, avec la cité et ses représentants, avec la parenté ou qu'elle jaillisse des contradictions pulsionnelles elles-mêmes. Le drame gagne en intensité si de tels conflits sont inconscients et dans ce cas, l'homme névrosé et l'homme normal réagissent tout autrement (71). Il faut donc exercer sa pensée sur un bon exemple. Et Freud pense aussitôt à *Hamlet,* le chef d'œuvre du « plus grand des poètes » (72).

Hamlet est bien le premier drame « moderne » car il met en scène la souffrance psychologique ou, en d'autres termes, la maladie mentale (73). Remarquons qu'il ne s'agit pas de n'importe quel « exemple » et que Freud a depuis longtemps reconnu en Hamlet le paradigme de l'Oedipe moderne. C'est d'un même mouvement qu'il appréhende la signification radicale de la tragédie de Sophocle et de la tragédie de Shakespeare dans sa fameuse aperception des « rêves typiques » au chapitre cinquième de la *Traumdeutung* (74).

Si Hamlet (75) *intéresse* le spectateur, alors même qu'il l'entraîne dans

---

(70) Tel est bien le sens originaire conservé dans le vocable allemand : *Trauer-Spiel.* La particularité de la tragédie est cette paradoxale intrication du jeu et du deuil. Cf. FREUD, *La création littéraire et le rêve éveillé* (*Der Dichter und das Phantasieren,* GW VII, p. 211-223) 1908. Voir notre commentaire de ce texte dans notre article : *Le fantasme et la lettre Dialogues en sciences humaines,* in Public. des Fac. Univ. St. Louis, Bruxelles, 1974.

(71) L'homme normal répète la défense et consolide le refoulement de la pulsion dévoilée; le névrosé voit l'effort que nécessiterait la formation défensive épargné par la réalisation de la pulsion dans le spectacle auquel il s'identifie et en quoi il se perd. L'art du dramaturge est de pouvoir susciter des identifications et non des résistances.

(72) Ainsi Freud appelle-t-il Shakespeare. Cf. *Einige Charaktertypen aus der psychoanalytischen Arbeit,* GW X, p. 367.

(73) Il est remarquable que l'entrée du théâtre dans la « modernité » s'opère par l'introduction dramatique de la folie sur la scène. Est moderne, précisément, un rapport nouveau s'instaurant entre le normal et le pathologique, entre la raison et la déraison. Cf. Michel FOUCAULT, *Folie et Déraison, histoire de la folie à l'âge classique,* Paris, Plon 1961. Avec Shakespeare se manifesterait, selon Foucault, la conscience *tragique* de la folie : cf. le chapitre *Stultifera Navis* p. 1-44.

(74) GW II-III, pn 271-3.

(75) Après Freud, E. Jones a tenté de poursuivre, mais dans une voie tout à fait personnelle et peut-être plus « psychologique » que psychanalytique l'étude du cas Hamlet et, par devers lui, du cas Shakespeare. Cfr. E. JONES, *Hamlet et Œdipe,* trad. A.-M. Le Gall, préface de J. Starobinski, (Connaissance de l'Inconscient), Gallimard, Paris, 1967.

l'inquiétante étrangeté de sa folie, il doit détenir la clé de l'esthétique tragique. Le secret de son effet fascinant réside dans ces trois principes directeurs :

1) Hamlet n'est pas d'entrée de jeu psychopathe; il le devient de par la nécessité même du procès dramatique.
2) La pulsion refoulée en Hamlet est une pulsion que nous refoulons tous et qu'il nous faut refouler pour assurer notre développement personnel.
3) Mais cette pulsion demeure sous-jacente, innommée et innommable; elle échappe à la conscience de Hamlet et, du même coup, à notre conscience de spectateur tout entière « saisie » par le pathos de son destin. Ce n'est qu'après-coup que cette pulsion peut recevoir un nom... et Freud va jusqu'à dire qu'il a fallu l'attendre pour la reconnaître et lui donner son nom.

Inversément et comme pour confirmer ces trois règles dramatiques par l'absurde, Freud explique l'échec de la pièce de H. Bahr en montrant combien elle les transgresse systématiquement. Celui-ci nous impose de prime saut une héroïne névrosée; la liaison amoureuse qui la détruit est une énorme invraisemblance; enfin, il n'y a rien à y découvrir, tout y est exposé et par conséquent aplati.

Ce détour — chemin le plus direct de la lecture des tragiques — nous permet d'enchaîner les concepts énoncés plus haut à l'intérieur d'une proposition générale où il faut voir une hypothèse « esthétique » fondamentale de la psychanalyse. Le problème est celui de *la sympathie*, thème récurrent du comique et de l'esprit. Le plaisir cathartique émane d'une identification. Par identification inconsciente au drame conflictuel (pulsionnel) du personnage qui porte les signes ou les symboles de nos propres pulsions, nous sommes débarrassés de l'angoisse liée à la pression pulsionnelle et à la fragilité de notre pouvoir de refoulement, nous faisons l'épargne d'une résistance, de cette résistance qui nous fait ordinairement opposer une fin de non recevoir à toute rencontre de la névrose (c'est-à-dire du matériel refoulé); l'identification nous fait aimer le destin de l'autre et produit l'illusion d'une expérience certes fictive et imaginaire mais dont le plaisir est réel et la valeur reconnue. Car le « moi » du spectateur, s'il est séduit par cette « prime de séduction », ce plaisir « préliminaire » que procure la technique du poète (comme du « trouveur » et pourquoi pas, du trouvère spirituel) libère les sources plus profondes de plaisir, mais qui demeurent masquées comme sources de plaisir.

Nous pouvons dès lors nous risquer à une *systématisation* plus complète des fonctions de l'identification.

Dans le rêve, elle fomente les substitutions égoïstes et les arrête en figures hallucinatoires; dans l'*hystérie*, elle réalise le désir d'être l'autre (ou d'avoir ce qu'il a pour être comme lui) en jouant dans le symptôme la substitution elle-même; dans le trait d'*esprit*, elle symbolise une communauté de désirs dans une sublimation; dans le *spectacle dramatique*, enfin, elle produit l'illusion d'une reconnaissance-méconnaissance libératoire, par la terreur et la pitié, c'est-à-dire cette étrange solidarité devant ce qui fait de nous des mortels. Nous obtenons une série de fonctions de l'identification : identification-hallucination, identification-symptôme, identification-sublimation, identification-illusion. On observe en cette suite deux modalités, deux parentés : prévalence d'un lieu, d'un « élément » imaginaire pour le rêve et l'hystérie, émergence d'un lieu symbolique où advient une vérité (voilée) dans l'esprit et le drame, spécialement la tragédie.

Permettons-nous une remarque dont la portée nous semble importante. Freud parle d'identification à un héros. L'analyse modifie cette expression et nous oblige à la comprendre d'une manière précise : le héros ne captive le spectateur qu'en tant qu'il vit *un drame*, c'est-à-dire un conflit dont tout son jeu amène des signes, des symboles; la souffrance, par exemple, ne peut être que le tissu de signes contradictoires. Le spectateur méconnaît précisément le « trait » qui fait sa communauté et fonde la substitution sympathique, la *Mitleid* dramatique. Ceci souligne une différence déjà signalée entre identification et imitation : on imite un modèle, un héros; on s'identifie à ce qu'il signifie d'inconscient. La situation théâtrale et le système de convention qui en instaure le jeu, qui en ourdit *l'illusion* (76) ne répond pas à une situation d'imitation, la-

---

(76) Le terme d'*illusion* circule dans tout ce texte sans être thématiquement scruté ni appréhendé au sein de la conceptualité qui y est déployée. Il s'agit pourtant là d'un de ces « quasi-concepts » psychanalytiques, porteurs d'une lourde glèbe théorique non travaillée. Car on s'aperçoit ici de l'importance d'une notion où se recroisent de façon très serrée, les thèmes du *jeu* (illusion : in-ludus), de la *fantaisie (Phantasie)* libérée par la Scène et de la « *réalité* » qu'elle dénie mais où elle cherche encore un appui (comme l'enfant, dans ses jeux, retravaille des bribes du réel pour y créer l'espace proprement ludique de sa bredouillante maîtrise), de la *sublimation* « esthétique » enfin.
Mais l'*illusion*, comme formation psychique ambiguë qui allie subtilement le rêve et la

quelle renvoie à la représentation (mentale ou gestuelle) des mouvements et des mimiques. Il y a certes un rapport comique au théâtre et qui ne se limite pas au genre dit comique. Mais on comprend que l'identification dramatique met en cause des pulsions et fonctionne à partir de ses signes, de ses « rejetons » qui réussissent à tromper la censure. Cette observation suffit à écarter péremptoirement toute conception imitative de l'identification qui la rabat en quelque sorte en une psychologie du moi ou, pour user des termes topiques, en une psychologie du préconscient. On imite un moi constitué; on s'identifie à ce qui se passe *entre* des sujets en proie à des pulsions.

---

réalité, appartient par un certain biais à une problématique débattue plus haut déjà. En effet, dans le chef du spectateur, l'illusion théatrale équivaut à la fiction d'un « tout comme si » : tout se passe comme si la tragédie était la sienne. La relation spectaculaire est, d'un même mouvement, identificatoire et illusoire, elle réalise un « tout comme si ». Or, le rêve, avons-nous vu, s'entend fort bien à figurer les relations de similitude, de ressemblance, de « *gleichwie* », mais en faisant fi des différences inhérentes à la structure même de la ressemblance, du « comme », et le semblable s'y mue en même, en équivalent, en in-différent. Tandis qu'au théâtre, où il s'agit bien aussi de figuration, le travail dramatique consiste à produire l'identification, donc une transgression des différences, mais en en limitant l'extension. L'opération qui limite la prétention à la fusion et à la confusion est une sorte de *négation*. Celle-ci se manifeste dans cette réaction toujours possible : « c'est du théâtre » ou « ce n'est que du théâtre ». L'hystérique s'identifie à l'acteur lui-même, réel, et pas à l'action dont il serait le signe, la vivante écriture, l'hiéroglyphe de chair (pour reprendre l'expression d'Artaud) : c'est que le névrosé est incapable d'entrer dans la convention du jeu où jouer c'est être *et* n'être pas. Curieux plaisir que celui de l'illusion : le moi y est chaque fois près de se perdre et le geste par lequel il se retrouve, grandi et comme rassasié de terreur et de pitié, est le triomphe de son pouvoir autarcique. On voit que ce problème est riche de possibilités : c'est toute la théorie du Moi telle que Freud l'a formulée dès *l'Esquisse* qui manifeste une fois de plus son impuissance à rendre compte d'une série d'expériences où le Moi se perd ou risque de se perdre comme lieu cerné, fortifié, défendu — forteresse psychologique — et comme maître de ses mouvements. Il faut certes quelque chose comme un « moi » psychologique pour qu'ait lieu une « illusion » (ou, comme on l'a décrit, pour que jaillisse un plaisir spirituel); mais tant la sublimation spirituelle que l'illusion théâtrale, qui ne ressortissent pas à la pathologie, sont des pertes du Moi, et pourtant des expériences positives, sociales. Hors l'enclos du rêve ou la fantaisie névrotique, on aperçoit encore la fonction dissolvante-synthétisante de l'identification : là où, par elle, se créent des communautés dans le réel. Ainsi Freud manie depuis qu'il recourt au terme même d'identification une problématique où s'anticipe tout ce que développera la deuxième topique. L'on sent la proximité — la nécessité — à ce moment de son cheminement théorique d'une appréhension de ce paradoxe du moi dans laquelle le concept d'identification ne se trouve pas décalé, étranger. L'*Introduction du Narcissisme* nous semble donc appelée par la logique interne du développement du concept d'identification avec toute la psychologie (classique) du moi qu'il renverse. On comprend également, après ces quelques remarques, que le concept de sublimation et celui d'illusion ne soient pas « à l'aise » dans la première topique, puisqu'ils désignent chacun des phénomènes *trans-subjectifs*, trans-moïques en quelque sorte.

Pour revenir à l'illusion théâtrale elle-même, qu'il reste à situer à côté d'autres modes d'illusion, citons un passage ultérieur de Freud qui démontre la clarification qu'apportera la théorie du narcissisme, essentielle à l'intelligence de toutes les formes d'illusion. Il s'agit d'un texte de 1915 : *Notre attitude à l'égard de la mort*, deuxième chapitre d'un essai inspiré par la guerre : *Considérations actuelles sur la guerre et la mort* (Freud évoque justement la fiction littéraire et théâtrale où meurent des héros) :

« Nous nous identifions à un héros dans sa mort et cependant nous lui survivons, tout prêts à mourir aussi inoffensivement une autre fois, avec un autre héros » (GW X, p. 344).

Qu'il soit question de maladie, de folie ou de mort, l'identification théâtrale produit l'illusion d'une maîtrise, elle réconforte le moi des peines de l'existence, elle confirme le sentiment de sa toute-puissance, de sa grandeur et de son héroïsme, en un mot elle l'affirme dans son *narcissisme*. Mais il n'y a pas là de régression : l'identification ici apparaît comme une *élaboration*, une translaboration des désirs, élaboration « sublimante » dont l'esprit constitue le remarquable exemple.

Notons enfin que le concept d'illusion n'est pas mentionné dans le *Vocabulaire de la psychanalyse* de Laplanche et Pontalis. Il est vrai que Freud n'a défini le sens qu'il donnait à cette notion qu'une seule fois, à savoir dans l'ouvrage réservé à la critique de la religion : *Die Zukunft einer Illusion* (GW XIV).

Il différencie l'illusion de l'*erreur* d'une part, et de l'*idée délirante*, d'autre part. Nous citons :

« Ce qui caractérise l'illusion, c'est d'être dérivée des désirs humains; elle se rapproche par là de l'idée délirante en psychiatrie... L'idée délirante est essentiellement *en contradiction avec la réalité*; l'illusion n'est pas nécessairement *fausse*, c'est-à-dire *irréalisable* ou en contradiction avec la réalité... Nous appelons illusion une *croyance* quand dans la motivation de celle-ci la réalisation d'un désir est prévalente, et nous ne tenons pas compte, ce faisant, des rapports de cette croyance à la réalité, tout comme l'illusion elle-même renonce à être confirmée par le réel » (GW XIV).

O. Mannoni analyse très finement la structure paradoxale de la croyance, à partir de sa formulation dans le langage courant sous l'expression « Je sais bien..., mais quand même », (Clés pour l'Imaginaire, Le champ freudien), Le Seuil, Paris 1969, p. 9-33.

La théorisation du concept d'illusion en psychanalyse aurait à parcourir tous ces textes où il est question de la toute-puissance des idées, de la superstition, des formations délirantes et des hallucinations, et de la croyance en général. Il faut attendre les derniers développements de l'analyse du moi pour disposer de tous les concepts solidaires *(Spaltung, Verleugnung, Projektion...)*.

Sur les rapports de l'illusion et du jeu, voir D.W. WINNICOTT, *Jeu et réalité*, Payot, Paris, 1972.

II

L'identification et le narcissisme

A mesure qu'avance notre lecture, la problématique de l'identification se complique et se disperse. Les premiers développements du concept, liés au mode particulier de relation que l'hystérique entretient avec ses objets d'amour et de rivalité sexuelle, vont s'élargir pour englober *la vie amoureuse de l'homme en général*, hystérique, pervers ou normal; l'analyse du processus d'identification dans le travail du rêve, dont on a vu le rapport avec le travail de formation des symptômes, va s'étendre en l'élaboration d'une métapsychologie, en une théorie systématique de tous ces processus psychiques; le progrès, enfin, dans la pratique de la cure et l'enrichissement du matériel analytique procuré par l'analyse de phobies, de névroses obsessionnelles et de psychoses vont mêler le travail de l'identification aux problèmes de l'ambivalence, du totémisme, de la castration et de la mort.

Cette complication rend de plus en plus difficile un simple déploiement chronologique des textes relatifs à l'identification. Les répétitions, les retours en arrière, les hésitations, les anticipations propres à toute réflexion clinico-théorique brouillent considérablement les pistes et rendent dérisoire tout espoir de restaurer une linéarité temporelle bien ordonnée.

Avec ce chapitre, nous abordons en effet un moment remarquable de la démarche freudienne. Il s'agit de ce virage du « Freud I » au « Freud II » (1) d'une transformation de la structure conceptuelle de la théorie

(1) Ce virage du Freud I au Freud II a été amené pour des raisons convergentes d'ordres divers : la dissension d'Adler (1911) et de Stekel (1912), puis de Jung (1913) ont obligé Freud à préciser, à réaffirmer clairement l'importance de la théorie de la sexualité, de l'étiologie sexuelle des névroses, du complexe d'Œdipe, de la réalité de l'inconscient; les apports des nouveaux élèves venus de la psychiatrie d'asile (Bleuler, Abraham, Jung, Ferenczi, etc.) nécessitent une révision de la théorie de la libido et une réflexion sur la genèse

psychanalytique imposée par la venue d'expériences, d'hypothèses et de curiosités nouvelles.

Nous procèderons ainsi à un regroupement de textes parfois éloignés dans la chronologie de leur publication, mais intimement proches dans leur thématique.

1. Identification, pulsion orale et choix de l'objet

La méditation de Freud sur la vie amoureuse de l'homme a pris un essor particulier dans les « *Trois essais sur la théorie de la sexualité* » de 1905. Les remaniements nombreux de ce texte dont témoignent les rééditions successives de 1905 à 1925 manifestent l'importance que Freud attachait à ce thème nucléaire de la psychanalyse.

L'interrogation sur le devenir-sexuel vient proposer un contexte nouveau à la délimitation du concept d'identification : contexte d'une *reconstruction génétique du développement des pulsions.* En cherchant à ressaisir cette genèse de la sexualité Freud est contraint de se donner des concepts appropriés : il lui faut commencer par définir le concept de *pulsion* lui-même, définition qui produit un système de notions corrélatives : source, poussée, but, objet. L'épreuve que rencontre cette construction consiste à penser ce qui est de l'ordre de l'entre-deux (le biologique et le psychique) à trouver le langage qui dise dans la meilleure approximation ce caractère « pathique » de la sexualité comme axe de l'historisation du sujet. Le vocabulaire des « stades » ou des « phases » peut occulter ce qui se joue dans l'élaboration de la théorie, à savoir les aléas des mouvements pulsionnels dispersés dans leurs quêtes partielles et parcellaires, la construction d'un corps érogène par bribes et morceaux, l'unification précaire des pulsions dans l'organisation sexuelle adulte. C'est à l'intérieur de cette tentative de restituer en concepts ces temps et ces lieux de la sexualité que va s'opérer l'insertion du concept d'identification dans un autre espace théorique que celui du rêve et de l'hystérie.

---

et la structure différenciée du « moi » permettant une compréhension des affections « narcissiques », c'est-à-dire des psychoses; le texte sur le Narcissisme, de 1914, est la charnière théorique de ce remaniement doctrinal lointainement préparé par l'appropriation du terme de narcissisme, dès l'essai sur Léonard de Vinci (1910). Cf. Ernest JONES, *La vie et l'Œuvre de S. Freud*, Tome II, trad. fr. pp. 113-161.

A. *Une généalogie de l'identification*

Un texte ajouté au deuxième essai (Sur la sexualité infantile) en 1915 précise les contours de cet espace et confirme l'écart en train de se creuser entre le Freud I et le Freud II.

« Une première organisation sexuelle prégénitale est celle que nous appellerons *orale* ou, si vous voulez, *cannibale.* L'activité sexuelle, dans cette phase, n'est pas séparée de l'ingestion des aliments, la différenciation des deux courants n'apparaissant pas encore. L'objet de la première activité est aussi celui de la seconde, le but sexuel consiste en l'*incorporation (Einverleibung)* de l'objet prototype de ce que sera plus tard l'*identification* appelée à jouer un rôle psychique important. La succion peut être considérée comme un résidu de cette phase d'organisation, qui n'a qu'une existence virtuelle et que la pathologie seule nous a fait connaître. En effet, dans la succion, l'activité sexuelle, séparée de l'activité alimentaire, n'a fait que remplacer l'objet étranger par une partie du corps propre. » (2)

Ces quelques lignes méritent toute notre attention. Elles viennent sérieusement compliquer la problématique déployée jusqu'ici et elles annoncent le caractère polymorphe, multi-dimensionnel de l'identification. Ce terme qui a été utilisé dans la théorie comme un concept explicatif, un mécanisme parmi d'autres, se trouve à présent considéré en lui-même, dans sa genèse : on lui découvre une généalogie. Or, ce sont bien des questions de genèse qui vont progressivement accaparer l'attention de Freud, et tout particulièrement la *genèse du moi.* Le texte que nous venons de citer évoque cette hantise des commencements qui se marque par une enquête sur l'enfance : l'enfance de la sexualité, l'enfance de la personnalité, l'enfance des processus. Arrêtons-nous à quelques termes-clés.

Freud entend par organisation prégénitale de la vie sexuelle, une phase d'organisation où les « zones génitales n'ont pas encore imposé leur primat » (3). Il ajoute : « Jusqu'ici nous en connaissons deux qui suggèrent un retour aux formes primitives de la vie animale ». Cette remarque n'est pas sans évoquer des préoccupations biologiques. C'est précisément dans ces *Essais* que Freud cherche à s'expliquer avec la biologie et c'est grâce à ce débat inéluctablement amené par la prise en considération de *la pulsion* qu'il réussit à produire l'objet propre de la psychanalyse : la sexualité comme moteur de la genèse psychique, comme *écart* par rapport au biologique.

(2) GW V, p. 98-99.
(3) GW V, p. 98.

Le problème de la nature de l'identification est mêlé à ce débat; et sans doute ce débat trouve-t-il avec ce problème de l'identification le lieu privilégié et le terrain stratégique de son analyse. Mais pour nous garder d'une intelligence simpliste de la notion de genèse, Freud s'empresse de dire par quel chemin il en est venu à la postuler.

« En étudiant à l'aide de la psychanalyse les inhibitions et les troubles de ce développement, nous reconnaissons qu'il existe des rudiments *(Ansätze)* et des préformations *(Vorstufen)* d'une organisation des pulsions partielles qui ont ainsi réalisé une espèce de *régime sexuel (sexuellen Regime)* » (4).

Qu'en est-il de l'organisation prégénitale dite *orale*? Il s'agit de la première des organisations où une pulsion peut être reconnue comme telle, c'est-à-dire « organisée » en source, poussée, objet, but — termes qui ont été définis dans le premier Essai. C'est le commencement d'une sorte de « régime sexuel » : quelque chose se met à fonctionner, à prendre organe — à s'organiser — à prendre corps, à « prendre » (au sens où l'on dit qu'un ciment prend). Moment mythique où ce qui sera un « corps » s'ébauche dans la dispersion des zones érogènes et les battements du désir. L'activité alimentaire et l'activité sexuelle, distinctes en droit, ne le sont pas en fait. Une seule voie leur est ouverte, la bouche — qui est encore ce canal par où « ça » respire, « ça » crie. Phase « *cannibale* » car ce qui est consommé, ce dont se nourrit la sexualité apparaissante et ce par quoi se sexualise la nutrition vitale, c'est originellement de la chair : le sein prodiguant le lait. Deux activités; l'objet de l'une est aussi l'objet de l'autre. Le but alimentaire est certes l'absorption qui supprime pour un temps la tension de la faim; le but sexuel (Freud ne parle pas du but alimentaire qui va de soi) est l'*incorporation (Einverleibung)* de l'objet. Y a-t-il quelque différence entre ces deux buts?

Le seul élément de réponse réside dans les quelques mots qui se trouvent glissés en apposition : « ... *incorporation de l'objet, prototype de ce que sera plus tard l'identification appelée à jouer un rôle psychique important* ». Ce qui est spécifiquement sexuel dans l'incorporation, c'est ce qui s'y prépare de psychique. L'incorporation fonctionne donc à deux « régimes » : un régime alimentaire et un régime sexuel mais qui ne se peut cerner comme tel que par l'appel à ce qui aura lieu *plus tard (späterhin)*. On voit bien ici le statut ambigu de ce régime pulsionnel

(4) ibidem

oral : sexuel et pas-encore-sexuel; statut, justement, de *(Vorbild)* : pré-figuration, prototype, modèle. Et Freud lui-même note l'existence toute « virtuelle » *(Fiktive)* de cette phase d'organisation qui ne se justifie que parce qu'elle donne sens aux phénomènes psychopathologiques.

Si l'on considère cette même phase à partir du résidu qu'elle laisse, à savoir la *succion*, on peut mieux mesurer la distance ouverte entre l'alimentaire et le sexuel. Le doigt sucé, fonctionnant comme substitut du sein, ne vient-il pas consacrer la perte définitive de l'objet commun aux deux activités et ouvrir, en désolidarisant ces activités, la série des objets nommément sexuels, à commencer par un morceau du corps propre, etc. Il y a certes étayage *(Anlehnung)* (5) du sexuel sur le non-sexuel, fondé sur une communauté initiale de l'objet, mais il faut que cette communauté se rompe pour que surgisse le sexuel comme tel (sur le mode de l'auto-érotisme), c'est-à-dire le processus de développement psychique dont la *production d'un substitut* signale l'émergence. En d'autres termes, *le « psychique » ou le « sexuel » c'est le jeu de la substitution comme élaboration de la perte de l'objet.*

Ne pourrait-on alors risquer l'interprétation suivante : l'activité psychique consécutive à la phase orale ne reçoit-elle pas de ce premier régime de fonctionnement la marque de son destin « cannibale » ? Aimer, c'est dévorer. Aimer, c'est assimiler l'objet. Telles seraient les formules « orales » de l'amour et de l'activité sexuelle dans son régime primitif. C'est le sens de la relation d'un processus dit « prototypique » à un processus plus tardif. Si toute activité d'aimer reste marquée d'oralité, *l'identification apparaît comme une élaboration psychique de la sexualité orale : elle « oralise » ou « cannibalise » l'objet d'amour.* Et voir, sentir, toucher, caresser, parler, dans la mesure où ils sont sexualisés obéissent à ce *but sexuel incorporatif.* Le cannibalisme psychique serait ainsi le but sexuel originaire et permanent à la fois, imprimant au mouvement des phases

---

(5) « *Anlehnung* » : Jean Laplanche a proposé le terme français « étayage », ou « appui » pour traduire ce concept que d'autres traducteurs ont parfois rendu, notamment dans la combinaison « *Anlehnungstypus* », par l'expression : type (de choix d'objet) anaclitique. L'ouvrage de J. LAPLANCHE, *Vie et mort en psychanalyse*, Nouvelle bibliothèque scientifique, Flammarion Paris, 1970, développe une interprétation approfondie de cette problématique de l'étayage et de la recherche de l'objet. Le chapitre I nous intéresse tout particulièrement pour ce thème de l'oralité (voir les pages 17 à 43). Voir également : *Nouvelle Revue de psychanalyse*, n° 6, *Destins du cannibalisme*, Gallimard, Paris, Automne 1972.

d'organisation ultérieures sa marque archaïque. Il y aurait dans toute identification ultérieure, relevant de régimes sexuels plus élaborés, cette prétention dévoratrice.

Mais ce passage du deuxième essai demeure lui-même une anticipation : il indique une direction de recherche comme par fulguration; rien, dans le contexte théorique des *Trois Essais,* ne permet d'exploiter efficacement cette idée d'une identification archaïque.

B. Le travail de la puberté

A l'autre bout du développement libidinal, la puberté a pour fonction d'organiser la structure polymorphe des organisations partielles des pulsions sexuelles. La puberté est le temps où se produisent les transformations décisives, les réorganisations *(Umgestaltungen)* instauratrices de la sexualité adulte. Freud résume en ces mots le trajet parcouru par la sexualité :

> « A l'époque où la satisfaction sexuelle était liée à l'absorption des aliments, la pulsion trouvait son objet au dehors, dans la succion du sein de la mère. Cet objet a été ultérieurement perdu, peut-être précisément au moment où l'enfant est devenu capable de *voir* dans son ensemble la personne à laquelle appartient l'organe qui lui apporte la satisfaction. La pulsion sexuelle devient, dès lors, *autoérotique*, et ce n'est qu'après avoir dépassé la période de latence que ce rapport originel se rétablit. Ce n'est pas sans raison que l'enfant au sein de la mère est devenu le prototype *(vorbildlich)* de toute relation amoureuse. *Trouver l'objet sexuel n'est, en somme, que le retrouver (Die Objektfindung ist eigentlich eine Wiederfindung »)* (6).

La trouvaille de l'objet est, à proprement parler, une re-trouvaille. Cette formule laconique donne la clé de la compréhension du devenir sexuel. Ce devenir reçoit sa mesure et sa ponctuation dans la scansion du choix de l'objet. Il faut que ce choix se répète : la puberté est le temps de cette répétition différée de l'« origine ». Le choix de l'objet est diphasique : *zweizeitig* (7). Dans un premier temps, l'objet est, pour ainsi dire,

---

(6) GW V, p. 123.

(7) GW V, p. 135. Freud a poursuivi cette explication de la diphasie de la vie amoureuse de l'homme dans ses *Contributions à la psychologie de la vie amoureuse*; le deuxième article est intitulé *« Sur le plus général des rabaissements de la vie amoureuse »* (1912) : GW VIII pp. 78 à 91. Il évoque les deux courants (le tendre et le sensuel) qui doivent normalement se rejoindre lors de la puberté.
« De ces deux courants, le plus ancien est le courant tendre. Il provient des toutes premières années de l'enfance; il s'est formé en se fondant sur les intérêts de la pulsion d'auto-conservation et il se dirige sur les personnes de la famille et celles qui donnent les soins à l'enfant. Il

« tout trouvé » (8) : l'enfant prend le sein, l'incorpore; il s'en dé-prend dans la rupture qu'opère une certaine totalisation fondée sur l'organisation du champ visuel : une image de l'autre se substitue au fonctionnement éparpillé de l'auto-érotisme; le travail de la puberté consiste à re-prendre l'objet, à retrouver l'objet perdu (objet partiel d'avant la totalisation). La retrouvaille nécessaire met le sujet en travail : regagner l'objet perdu en produisant une série de substituts. Ce choix de l'objet, écrit Freud quelques pages plus loin,

« s'accomplit d'abord dans la représentation *(in der Vorstellung)* et la vie sexuelle de l'adolescent, ne dispose encore que d'un espace de jeu *(Spielraum)*, celui de la fantaisie *(« in Phantasien »)*, c'est-à-dire de représentations déterminées qui n'aboutissent pas à un accomplissement » (9).

La fonction sexuelle de la fantaisie (du fantasme?) est de fournir des objets imaginaires — objets-substituts — à la pulsion sexuelle en pleine réorganisation, La fonction de l'identification s'articule à ce travail du choix de l'objet. Freud cependant ne thématise pas explicitement cette articulation dans ce contexte-ci. Pour le montrer, il nous faut effectuer un détour par plusieurs autres textes.

C. Les deux voies du choix sexuel

C'est l'objet sexuel que l'on « retrouve » dans le choix amoureux de la période de maturité sexuelle qui révèle la structure même des premières

---

a entraîné dès le début des apports des pulsions sexuelles, des composantes de l'intérêt érotique, qui déjà dans l'enfance sont plus ou moins évidentes et que la psychanalyse découvre ultérieurement chez les névrosés, dans tous les cas. Il correspond au choix d'objet infantile primaire. Il fait voir que les pulsions sexuelles trouvent leurs premiers objets en étayage sur les évaluations des pulsions du moi, exactement comme les premières satisfactions sexuelles sont éprouvées en étayage sur les fonctions corporelles nécessaires à la conservation de la vie. » (S. FREUD, *La vie sexuelle*, P.U.F., Paris, 1969, p. 57; GW VIII p. 79.)

(8) Cette thématique de l'objet trouvé et retrouvé ne doit pas être comprise de façon simpliste : il est bien évident qu'on ne retrouve jamais le sein. Cependant cette idée fonde certaines conceptions du désir défini comme mouvement de retour nostalgique à cet objet perdu. Voir J. L., *op. cit.*, p. 37 :
« L'objet à retrouver n'est pas l'objet perdu mais son substitut par déplacement, l'objet perdu c'est l'objet d'auto-conservation, c'est l'objet de la faim, et l'objet que l'on cherche à retrouver dans la sexualité est un objet déplacé par rapport à ce premier objet. D'où, évidemment, l'impossibilité de finalement jamais retrouver l'objet puisque l'objet qui a été perdu *n'est pas le même* que celui qu'il s'agit de retrouver c'est là le ressort du « leurre » essentiel qui se situe au départ de la recherche sexuelle ».

(9) GW V, p. 127.

amours infantiles perdues. Ce choix de la maturité peut en effet se faire selon deux voies, deux directions *(Wege)*. Une note ajoutée en 1915 au texte que nous venons de commenter précise cette alternative :

« La psychanalyse nous enseigne qu'il y a deux voies pour trouver l'objet, la première, décrite dans ce texte, consiste en *un étayage sur les modèles de la première enfance* et la seconde, *la (voie) narcissique qui cherche le propre moi et le retrouve dans les autres*, Cette dernière a une importance particulièrement grande dans les processus pathologiques, mais n'entre pas en rapport avec ce dont il est question ici » (10).

Cette note appelle évidemment le développement essentiel d'un écrit-charnière de 1914 : *« Pour introduire le narcissisme »*. On y lit ce qui suit à propos des voies du choix de l'objet sexuel :

« On aime : 1) selon le type narcissique : *(narzistischen Typus)*
- a. ce que l'on est soi-même,
- b. ce que l'on a été soi-même,
- c. ce que l'on voudrait être soi-même,
- d. la personne qui a été une partie du propre soi.

2) selon le type de l'étayage : *(Anlehnungstypus)*
- a. la femme qui nourrit,
- b. l'homme qui protège, et les séries de personnes substitutives qui en prennent la suite.

Le cas c. du premier type ne pourra être justifié que par des développements ultérieurs ».

Et Freud ajoute aussitôt une autre remarque :

« Il restera, dans un autre contexte, à apprécier l'importance du choix de l'objet narcissique pour l'homosexualité masculine » (11).

En réalité, il avait déjà pris ce problème en considération auparavant, dans un essai consacré à l'analyse d'un fantasme de Léonard de Vinci. Le troisième chapitre de ce *Souvenir d'enfance de Léonard de Vinci* (12) est capital pour notre propos. Il présente des thèses qui sont la préparation immédiate du texte sur le narcissisme en intégrant dans la discussion des avatars des choix sexuels de Léonard la relation de l'*identification et du narcissisme*. Il est surprenant que la notion d'identification n'apparaisse pas une seule fois dans le texte théorique sur le narcissisme, quand on sait que Freud avait déjà reconnu que l'identification est une destinée éclatante de la libido narcissique.

Nous lisons dans un passage relatif à la *genèse de l'homosexualité*

(10) GW V p. 123 note 1.
(11) GW X p. 157.
(12) GW VIII pp. 127-211.

masculine, passage qu'il faut rapprocher d'une longue note sur l'homosexualité dans le premier des *Trois essais* (13), l'explication suivante :

« Chez tous nos homosexuels hommes, nous avons retrouvé, dans la toute première enfance, période oubliée ensuite par l'individu, un très intense attachement érotique à une femme, à la mère généralement, attachement provoqué ou favorisé par la tendresse excessive de la mère elle-même, ensuite renforcé par un effacement du père de la vie de l'enfant.(...) Il semblerait presque que la présence d'un père énergique assurât au fils le juste choix de l'objet pour le sexe opposé. »

« Après ce stade préliminaire *(Vorstadium)* se produit une transformation *(Umwandlung)* dont le mécanisme nous est connu, bien que nous ignorions encore les forces qui le produisent *(treibende Kräfte)*. L'amour pour la mère ne peut participer au développement conscient ultérieur et tombe sous le coup du refoulement. Le jeune garçon refoule l'amour pour la mère, en se mettant lui-même à sa place, il s'identifie à la mère et il prend alors sa propre personne comme le modèle à la ressemblance duquel il fait le choix de ses nouveaux objets d'amour (14). Il est ainsi devenu homosexuel, mieux, il est retourné à l'autoérotisme, les garçons, que le jeune homme aime désormais, n'étant que des personnes substituées et des éditions nouvelles de sa propre personne infantile. Et il les aime à la façon dont sa mère l'aima enfant. Nous disons alors qu'il choisit les objets de ses amours suivant le mode du narcissisme, d'après la légende grecque du jeune Narcisse à qui rien ne plaisait autant que sa propre image reflétée dans l'eau, et qui fut métamorphosé en belle fleur du même nom » (15).

Le refoulement de l'amour par l'identification permet de conserver intact cet amour dans l'inconscient. L'homosexuel demeure inconsciem-

---

(13) « Dans tous les cas observés, nous avons pu constater que ceux qui seront plus tard des invertis passent pendant les premières années de l'enfance par une phase de courte durée où la pulsion sexuelle se fixe d'une façon intense sur la femme (la plupart du temps la mère) et qu'après avoir dépassé ce stade, *ils s'identifient à la femme et deviennent leur propre objet sexuel*, c'est-à-dire que, partant du narcissisme, ils recherchent des adolescents qui leur ressemblent et qu'ils veulent aimer comme leur mère les a aimés eux-mêmes. » S. FREUD, *Trois Essais*, tr. fr. p. 168; GW V p. 44-46.

(14) Freud signale des traces de ce processus en deux temps dans le choix de l'objet sexuel chez Léonard. Citant le biographe Vasari, il écrit :
« Modelant, dans sa jeunesse, quelques têtes de femmes qui riaient, d'abord en terre, puis reproduites en plâtre, et aussi quelques têtes d'enfants, qui semblaient sorties de main de maître. »
« Ainsi nous apprenons que l'activité artistique de Léonard débuta par la représentation de deux sortes de sujets, qui nous rappellent les deux objets auxquels s'attacha d'abord sa libido infantile, et que nous avons appris à connaître de par l'analyse du fantasme au vautour. De même que les belles têtes d'enfants sont les reproductions de Léonard enfant *(Vervielfältigungen seiner eigenen kindlichen Person)*, de même les femmes souriantes ne sont rien autre que des répliques de Catarina, sa mère *(Wiederholungen der Katarina)* et nous commençons à en entrevoir la possibilité : ce fut sa mère qui posséda ce mystérieux sourire, qu'il avait perdu et qui le captiva si fort quand il le retrouva sur les lèvres de la dame florentine (Mona Lisa — la Joconde) ». GW VIII p. 182-3.

(15) GW VIII p. 170. Trad. franç. M. Bonaparte, NRF Paris 1927, p. 112.

ment fidèle à la femme de ses premiers choix. L'oubli de cet amour précoce est la rançon du refoulement.

Le fantasme du vautour, autour duquel Freud construit toute son interprétation des curieuses contradictions de Léonard, est un signe codé de cet ancien attachement, une manifestation du retour de cet inoubliable refoulé. Il semble bien que cette identification à la mère ait rendu inefficace, sur le plan du développement sexuel, l'identification de Léonard à son père, absent pendant ses cinq premières années et relativement présent dans la suite, mais sans doute « trop tard ».

« Qui convoita, enfant, la mère — écrit Freud — ne peut se défendre d'aspirer à prendre la place du père, s'empêcher de s'identifier à lui dans sa fantaisie et, plus tard, de considérer comme le premier devoir de la vie le triomphe sur le père. Quand Léonard, avant sa cinquième année, fut recueilli dans la maison grand-paternelle, sa jeune belle-mère Albiera supplanta sans aucun doute sa mère dans son cœur, et il se trouva alors, vis-à-vis de son père, dans cet état de rivalité qu'on peut qualifier de normal. C'est aux approches seules de la puberté qu'un être prend parti pour ou contre l'homosexualité. Lorsque Léonard eut atteint ce tournant décisif, l'identification au père perdit toute importance pour sa vie sexuelle, mais se perpétua en d'autres domaines que ceux de l'érotique » (16).

Le biographe dont Freud s'inspire, Vasari, montre en quels domaines portait cette identification au père : goût du luxe, du faste, des habits somptueux, de serviteurs nombreux, des chevaux... Freud voit dans ce mimétisme une véritable *compulsion* à copier et à surpasser le père (17). Il ajoute :

« Tout artiste se sent le père de ses œuvres. Pour les œuvres picturales de Léonard, l'identification avec le père eut une conséquence fatale. Il les engendra, puis ne s'en soucia plus, tout comme son père ne s'était pas soucié de lui-même »...

« Mais si l'imitation *(Nachahmung)* de son père nuisit à Léonard dans son œuvre d'artiste, la révolte *(Auflehnung)* contre le père fut sans doute la condition infantile de son œuvre, non moins importante, d'investigateur » (18).

Si Léonard fut le premier depuis les Grecs qui osât toucher aux secrets de la nature, dédaignant l'autorité des Anciens, il faut chercher l'origine de sa furieuse soif de voir et de savoir dans son attitude infantile. Les anciens et les autorités correspondent au père et la nature redevient la bonne et tendre mère qui l'a nourri. Il avait dû se passer du soutien du

(16) GW VIII p. 192.

(17) « La sollicitude ultérieure de son père ne put plus modifier chez Léonard cette compulsion *(Zwang)* car celle-ci dérivait des impressions de la toute première enfance, et ce qui est refoulé et demeure inconscient ne peut plus être corrigé par des impressions ultérieures. » GW VIII p. 193; tr. fr. p. 172.

(18) GW VIII p. 193.

père pendant ses premières investigations; il avait appris à renoncer au père. La hardiesse et l'indépendance de sa recherche scientifique ultérieure présupposent une investigation sexuelle infantile que le père ne put entraver; cette investigation se poursuivit ensuite dans l'éloignement de toute sexualité. Soustrait à l'intimidation paternelle, délivré du complexe parental, il n'eut jamais à trouver un substitut du père dans la croyance en Dieu. Les témoignages de ses contemporains assurent que Léonard était incroyant.

La particularité de Léonard est d'avoir grandi dans ce rapport clivé aux deux parents : il n'y eut de situation œdipienne que tardivement et cette triangulation « après-coup », déplacée, différée, effectuée avec une autre mère (la mère adoptive ayant remplacé la mère naturelle, délaissée par le père pour son extraction par trop modeste) n'eut pas l'efficace d'une situation œdipienne « normale ». Cet hiatus est responsable des inhibitions sexuelles de Léonard et de ses comportements inconséquents dans son activité d'artiste.

Livré précocement à l'influence séductrice d'une mère abandonnée dont il était devenu l'objet sexuel unique et « complet » (19), la seule consolation, mûri trop tôt à la sensualité par ses baisers passionnés (le contenu oral du fantasme au vautour en fait foi), Léonard dut entrer prématurément dans une période d'activité sexuelle infantile. Un refoulement passif de cette érogénéité explosive conduisit, lors de la puberté, à une aversion pour toute activité sexuelle réelle et à une inclination platonique pour les jeunes garçons qu'il protégeait, rapporte-t-on, comme une mère. Les pulsions sexuelles génitales succombent au refoulement; mais la recrudescence des pulsions sexuelles partielles, infantiles, échappent à ce sort et grâce à la précoce liberté de la curiosité sexuelle, les pulsions de voir et de savoir se sublimeront en soif de connaissance

---

(19) Nous reprenons l'expression même de Freud dans ce passage des *Trois essais* : « *L'objet sexuel dans la période d'allaitement.* Toutefois, de ce rapport sexuel qui est le premier et le plus important de tous, il subsiste, même après la séparation effectuée de l'activité sexuelle d'avec l'absorption des aliments, un résidu important qui contribue à préparer le choix de l'objet, et ainsi à retrouver le bonheur perdu... Les rapports de l'enfant avec les personnes qui le soignent sont pour lui une source continue d'excitations et de satisfactions sexuelles partant des zones érogènes. Et cela d'autant plus que (la mère) témoigne à l'enfant des sentiments dérivant de sa propre vie sexuelle, l'embrasse, le berce, le considère, sans aucun doute, *comme le substitut d'un objet sexuel complet (zum Ersatz für ein vollgültiges Sexualobjekt).* » GW V p. 124; tr. fr. p. 132-3.

scientifique. La *sublimation* apparaît donc comme une autre destinée pulsionnelle que le refoulement. Une très faible partie de la libido restant orientée vers des fins sexuelles représentera sa vie sexuelle atrophiée d'adulte quasi asexué, sous la forme de l'homosexualité consécutive à l'identification-refoulement.

Ce rapide tableau du « cas Léonard » nous incite à quelques réflexions sur le rôle de l'identification.

L'identification à la mère comblante et séductrice nous est décrite comme le moyen que s'est donné le refoulement œdipien. En s'identifiant à sa mère, Léonard se débarrasse de sa libido incestueuse... pour la mieux sauvegarder dans l'inconscient. L'amour auquel la dure réalité (le mariage de son père avec Dona Albiera) l'a contraint de renoncer est « oublié » et se mue, par le jeu de l'identification, en position libidinale inconsciente qui le rend fidèle à l'image de la mère perdue, au-delà de tous ses attachements homosexuels. *L'identification est le processus qui convertit la libido d'objet orale en libido dont l'objet est le moi travesti, métamorphosé selon le modèle de l'objet abandonné.* Ce procès n'est lisible qu'à travers les choix d'objets homosexuels de Léonard : c'est le second temps, celui de la puberté, qui est révélateur. C'est comme si perdre cette mère adorée représentait une telle catastrophe libidinale, que le sujet, forcé de lâcher prise, ne se résolvait à cet abandon qu'en apparence et conservait *la relation perdue* en la rejouant sur l'autre scène, dérobée à la censure consciente.

L'identification se met ici au service du refoulement, elle apparaît comme une manière de sortir du conflit œdipien quand l'identification au rival sexuel n'a pas de quoi se créer, par défaut du père. Cette connexion du refoulement et de l'identification sexuelle, n'est-ce pas ce que nous avons observé à maintes reprises dans le processus hystérique? L'objet d'amour convoité par l'hystérique s'avère impossible, inaccessible, barré, interdit : cet objet refoulé se maintient cependant, mais ailleurs que dans la rêverie consciente. Et l'hystérique peut vivre toute une activité sexuelle inconsciente, éprouver les satisfactions désirées, jouer sur la scène de la fantaisie les scénarios érotiques tant souhaités; mais cette activité sexuelle pour être conservée devient *symptôme* : satisfaction et châtiment. Les objets sexuels persistent, mais dans la consistance précaire de la fiction; l'érotisme exacerbé se donne libre cours, mais dans l'ombre inquiétante de la méconnaissance.

L'hystérique s'identifie à l'objet d'amour, au rival sexuel : le modèle trahit la qualité libidinale et le type de choix d'objet qui se répètent en ces symptômes. Freud s'est demandé si le fond de la problématique hystérique ne résidait pas dans une hésitation quant à la position sexuelle, en découvrant l'homosexualité latente, tendance la plus profondément refoulée dans l'inconscient des hystériques. On pourrait dire, partant, qu'il y a une parenté de destin dans l'inversion et l'hystérie, à tout le moins quant aux *voies* et aux *moyens* utilisés pour sauver une relation d'objet infantile. Telle est la fonction du processus d'identification : maintenir — mais au prix d'un changement topique — une relation dont la réalité vient priver le sujet.

Il reste à s'interroger sur la nature de *l'identification de Léonard à son père*. Son trait principal réside dans le fait qu'elle prend son essor *ailleurs que dans le domaine de l'érotique*. Le père n'a pas été inclus d'emblée dans les ébats amoureux du jeune Léonard, à titre de tiers, d'interdicteur, d'intimidateur. Prendre la place du père ne signifiera pas pour lui le supplanter auprès de la femme, s'identifier à lui dans son rôle sexuel; on serait tenté de penser qu'il s'agit plutôt d'imitation du père que d'identification, si du moins nous nous en tenons à la terminologie technique délimitée plus haut. Le goût du luxe, etc. est une *imitation (Nachahmung)*; la rivalité avec le père, isolée de toute implication avec les premiers émois sexuels envers la mère, demeure pour Léonard révolte pure, esprit d'indépendance, défi à l'égard de toute autorité, a-religiosité.

Ces notations sont loin d'être satisfaisantes : l'identification au père œdipien demeure inexpliquée. Freud ne nous a parlé clairement que d'une identification à un objet sexuel perdu, de l'identification comme travail de transformation opéré sur la pulsion sexuelle. A quelles conditions la relation de rivalité devient-elle identification sexuelle et pas seulement révolte? Quelles sont les différences entre l'identification à la mère et l'identification au père? Dans quels cas leur association ou leur dissociation dans l'organisation de la sexualité infantile s'avère-t-elle pathogène? Nous voilà devant ce que Freud appellera plus tard la délicate description du « complexe d'Œdipe complet » (20), mais il semble que l'appareil conceptuel dont il dispose à ce moment ne suffise pas à ressaisir correctement l'ensemble du processus.

Ces considérations sur le travail de la puberté et la double voie du

---

(20) La formule du complexe d'Œdipe complet ne sera explicitée que dans » *Le Moi et le Ça* «, en 1923.

choix de l'objet sexuel dans leur relation avec le processus d'identification nous permettent d'avancer les conclusions suivantes : premièrement, l'homosexualité masculine illustre par la nature des choix sexuels pubertaires le type de choix d'objet narcissique; *l'identification à la mère reproduit l'amour infantile perdu*, puisque le sujet jouant la mère aime, à travers les rééditions de son propre moi d'antan que figurent les jeunes garçons, son propre moi (le cas b. du type 1. décrit plus haut); deuxièmement, *une telle identification a une fonction refoulante* : l'enfant incestueux le reste, moyennant une auto-transformation sur le modèle maternel : l'inceste continue de se perpétrer sur la scène protégée et méconnue de l'inconscient où les différents rôles se redistribuent : c'est encore moi que elle, devenu moi, aime; troisièmement, *l'identification apparaît comme un mécanisme convertisseur de libido et conservateur de choix d'objets archaïques* : dans l'hystérie, la dramaturgie se complique de par l'ambiguïté même de ce choix de l'objet (l'homme et-ou la femme), dans l'homosexualité masculine, l'objet conservé, l'objet aimé, c'est l'inoubliable moi... C'est comme si l'inverti tranchait, par une régression narcissique plus franche, ce que l'hystérique ne se résout pas à trancher; quatrièmement enfin, la différence entre la relation de Léonard à son père et sa relation à sa mère suggère d'approfondir la distinction qu'il pourrait y avoir entre une *identification-sublimation* (cfr. l'investigation scientifique, la rivalité, le défi, la création artistique chez Léonard) et une *identification-refoulement* (cfr. la prise de position homosexuelle à la puberté, le symptôme hystérique, les figures oniriques, etc.). Cette dernière opposition évoque celle qui s'était énoncée après notre discussion des rapports du rêve avec l'hystérie et le mot d'esprit. Dans le premier cas (identification-sublimation) le processus produirait une transformation des pulsions sexuelles et serait la voie d'une désexualisation; dans le second (identification-refoulement), le processus serait une répétition d'une relation primitive indépassable, réservée et conservée dans la fantaisie inconsciente, le sujet se révélant incapable de surmonter autrement que par ce type de reproduction fictive la perte d'un objet (que cet objet soit le moi, pour le type narcissique, ou les parents, pour le type anaclitique).

2. L'identification « totémique »

Le texte des *Trois essais* relatif à l'incorporation nous avait suggéré que l'investigation freudienne sur les origines — origines des perversions, des névroses, de la sexualité et de l'amour en général — s'affirmait du même mouvement comme une investigation sur les origines des processus. Cela entraînait une relativisation des concepts théoriques qui tentaient de ressaisir ces processus. Les écrits de cette période de profonds remaniements, centrés sur la mise en place du concept de *narcissisme* dans sa connexion avec les concepts de phases d'organisation libidinale, de choix de l'objet, d'identification, s'efforcent de serrer au plus près le problème de la genèse psychique, c'est-à-dire de *la genèse du psychique appréhendé comme « sexuel »*. La généalogie *cannibale* de l'identification, simplement évoquée dans le texte en question, occupe en réalité une position stratégique dans cette conquête archéologique.

La pensée de Freud va sans cesse du temps des origines au temps des effets après-coup que sont les phénomènes pathologiques; l'analyse n'échappe pas à ce mouvement de va-et-vient de la névrose au temps archaïque que l'interprétation contraint de reconstruire. Cette traversée de l'interprétation, qui prend à chaque fois l'allure d'une descente aux Enfers, n'apparaît nulle part avec plus de force que dans les écrits cliniques et théoriques de ces années extrêmement fécondes de 1912 à 1917. La productivité de cette période, nous croyons pouvoir l'attribuer à l'élaboration de plus en plus réfléchie d'une chaîne d'équivalences intuitivement conclues de la pratique : *la série enfant-névrosé-primitif.*

Si cette série théorique constitue bien l'axe générateur de ce que nous avons convenu d'appeler le Freud II, il faut voir dans *Totem et Tabou* le paradigme des productions hypothétiques dominées par elle. C'est l'ouvrage même de la transition du Freud I au Freud II, contemporain des premières dissidences et des premières extensions de la psychanalyse hors des limites de la cure (21). Nous allons voir qu'il marque un pas décisif dans l'exploration du processus d'identification.

A. Identification et projection. Le modèle de la magie

L'animisme sert de point de départ. C'est une sorte de théorie « spontanée » de l'identification. De toutes les conceptions du monde élaborées au cours des temps par l'humanité, l'animisme est le plus logique et le plus complet, « celui qui explique l'essence du monde, sans rien laisser

(21) Cf. E. JONES, *La vie et l'œuvre de Sigmund Freud.* Tome II : Les années de maturité (1901-1919), p. 372-383.

dans l'ombre » (22). Le noyau primitif du système animiste est de nature psychologique. Les innombrables « esprits » qui peuplent le monde sont des « âmes » devenues indépendantes des « corps » et les « âmes » des animaux, des plantes et des choses sont conçues comme *semblables* aux âmes humaines. Ce dualisme de l'âme et du corps, fondement du système, est *la réponse au problème de la mort.*

« La représentation de la mort ne s'est formée que tardivement et n'a été acceptée qu'avec hésitation : pour nous encore, écrit Freud, elle est dépourvue de contenu et difficile à réaliser *(inhaltsleer und unvollziehbar)*. Pour le primitif (et pour nous) l'immortalité, la permanence de la vie, c'est ce qui va de soi *(das Selbstverständliche)*. (23).

C'est le besoin pratique de maîtriser le monde et la mort qui a inspiré ce système intellectuel qui s'accompagne d'un ensemble d'indications relatives à la façon dont il faut se comporter pour dominer les hommes, les animaux et les choses ou, plutôt, les « esprits » des hommes, des animaux et des choses. La *sorcellerie* et la *magie* constituent ces opérations pratiques, elles sont la technique de l'animisme. C'est *la magie* qui retient l'attention de Freud, parce qu'elle est la partie la plus primitive et la plus importante de la technique animiste.

Le principe de la magie a été formulé par E. B. Tylor : *Mistaking an ideal connexion for a real one*; Freud propose de faire abstraction du jugement de valeur impliqué dans cette formule qui devient : *prendre un rapport idéal pour un rapport réel* (24). Dans ce registre, en effet, les catégories du vrai et du faux *(mis-taking)* n'ont aucune pertinence. L'art magique substitue la pensée au réel en vertu d'une motivation impérieuse et prévalente : la toute-puissance des vœux. *La réalité à dominer serait d'abord cette réalité du désir* et la magie fournit, grâce à ses techniques, des moyens — des voies — à l'accomplissement des pressantes incitations du désir. Elle y arrive par le biais d'une série de déplacements. Il nous faut examiner ces voies magiques : les techniques de la magie présentent en effet l'intérêt de faire voir à quelle « logique » obéit l'appareil psychique livré à la toute-puissance du désir, « logique » qui subsiste encore dans

---

(22) GW IX p. 96. Trad. fr. Petite bibliothèque Payot, Paris 1965, p. 92.
(23) GW IX p. 95; tr. fr. p. 91.
GW IX p. 97; tr. fr. p. 93.
(24) « ... men mistook the order of their ideas for the order of nature, and hence imagined that the control which they have, or seem to have, over their thoughts, permitted them to exercice a corresponding control over things ». FRAZER, *The magic Art* I, p. 420 ff, cité par Freud GW IX p. 103.

l'inconscient de ceux qui ont dû rendre les armes devant la toute-puissance de la réalité (25). Nous sommes persuadé que *le processus d'identification est une technique privilégiée, une voie magique idéale au service du désir.* En analysant les techniques en jeu dans la magie, ce sont les « techniques » de la pensée inconsciente que Freud découvre — dont l'identification.

a) HOMÉOPATHIE ET TÉLÉPATHIE : LE VŒU, L'ACTE ET LA PENSÉE

Reprenons dans le détail ce que nous venons d'esquisser. Freud attaque le problème de la magie en centrant son interrogation sur l'*efficacité* de ses techniques.

Une première variété de techniques magiques tirent leur efficace de ce qu'elles *imitent* dans leur gestuelle scénique l'événement attendu. Après Frazer, Freud appelle *magie imitative ou homéopathique* cette première variété. « Si je veux qu'il pleuve, écrit-il, je n'ai qu'à faire quelque chose qui ressemble à la pluie ou qui la rappelle.. » (26). Ou encore : « ... dans certaines régions de l'île de Java, lorsqu'on approche le moment de la floraison du riz, paysans et paysannes se rendent la nuit sur les champs pour stimuler par leur exemple la fécondité du sol et s'assurer une bonne récolte » (27) : le spectacle des rapports sexuels humains assure par voie magique la fertilité de la terre. En revanche, les rapports sexuels incestueux sont honnis ou redoutés à cause de leur influence néfaste sur la fécondité du sol; on trouve dans Œdipe-Roi de Sophocle un écho de cette croyance magique. Autre exemple : en fabriquant l'effigie d'un ennemi ou en décrétant que tel objet représentera son image, je pourrai nuire à cet ennemi en frappant la chose qui l'imite.

Une deuxième variété de pratiques magiques font appel à un autre principe que celui de la similitude.

« Pour nuire à un ennemi, on peut se servir encore d'un autre procédé, qui consiste à se procurer des rognures de ses cheveux, ou même une partie de ses vêtements et à se livrer sur ces objets à des actes d'hostilité. C'est *comme si* l'on avait sous la main la personne elle-même qui éprouve tous les effets du mal qu'on inflige aux objets lui appartenant. C'est le *nom* qui, d'après les primitifs, constitue la partie essentielle d'une personne ou d'un

(25) Voir *Formulierungen über die zwei Prinzipen des psychischen Geschehens*, 1912, GW VIII p. 230-238.

(26) GW IX p. 100; tr. fr. p. 96.

(27) GW IX p. 99; tr. fr. p. 95.

esprit, on a par là-même acquis un certain pouvoir sur le porteur de ce nom... La similitude est remplacée dans ces exemples par l'affinité, l'appartenance à un ensemble *(Zusammengehörigkeit)*... La motivation sublimée du *cannibalisme* des primitifs peut être déduite de la même façon. En absorbant par l'ingestion des parties du corps d'une personne, on *s'approprie (eignet man)* également les qualités qui lui appartenaient. C'est pourquoi le régime alimentaire est soumis, dans certaines circonstances particulières, à différentes précautions et restrictions... L'efficacité de l'action magique ne se trouve nullement diminuée du fait de la séparation survenue entre le tout et la partie, ou même du fait que le contact entre la personne et tel objet n'a été qu'instantané » (28).

Ces derniers exemples sont des exemples de *magie contagieuse*. Celle-ci tire son efficace de la contiguïté dans l'espace, ou plutôt de la contiguïté imaginée, représentée *(vorgestellte)*, le souvenir de son existence. Comme si la contiguïté « réelle » elle-même était posée par la pensée magique et ne tirait sa valeur et son efficience que de cette position.

Mais l'on sait que la similitude et la contiguïté forment les principes essentiels des processus d'association. La magie obéit aux lois de l'association : voilà qui explique l'extravagance, l'absurdité *(Tollheit)* des prescriptions magiques. Extravagance familière au psychanalyste qui la reconnaît journellement dans les productions oniriques. Il faut aller plus loin que cette constatation. Similitude et contiguïté ne sont que des *voies* que suit la magie; il faut encore chercher l'*essence de la magie*, c'est-à-dire ce qui nécessite son extravagance même : quelle est cette méprise *(das Mißverständnis)*, cette més-intelligence qui lui fait remplacer des lois naturelles par des lois psychologiques?

Ce qui manque dans les théories associationnistes de la magie, c'est, évidemment, le facteur dynamique *(eines dynamisches Moments)*.

Il suffit, pour déceler cette motivation de la magie, de se laisser conduire par cette même théorie de l'association, mais en l'approfondissant. *La magie imitative* — plus simple et plus significative que la magie contagieuse — va servir de guide à cette enquête sur les motifs. Pour quelle raison Freud affirme-t-il cette primauté de principe de l'imitation sur la contagion? Nous devrons en découvrir nous-mêmes l'explication, car Freud va aussitôt au-delà pour conclure :

« Les motifs qui poussent à la pratique de la magie sont aisés à reconnaître, ce sont *les désirs (Wunsche) de l'homme* » (29).

« Tout ce qu'il nous faut supposer, c'est que le primitif a une confiance immense dans le

---

(28) GW IX p. 101; tr. fr. p. 96-97.
(29) GW IX p. 103; tr. fr. p. 99.

pouvoir de ses vœux. C'est ainsi qu'au commencement l'accent ne porte que sur le *Wunsch (So ist anfänglich bloß sein Wunsch das Betonte)* (30).

Il reste à reconstruire la genèse théorique de cette production de magie que Freud vient de définir comme production désirante, comme réalisation de vœux. La compréhension psychanalytique de la magie ajoute un maillon de plus à une chaîne de formations psychiques déjà recensées : elle découvre un rameau nouveau à l'arbre généalogique du désir. Magie, rêve, jeu infantile, pensée névrotique, art, science et religion : c'est une véritable structure anthropologique qui se déploie, laissant percer l'ambition totalisante de Freud.

Mais suivons le mouvement de cette genèse, à partir de cette phrase qui la situe dans son axe : *au commencement l'accent ne porte que sur le désir.*

« *Pour l'enfant*, qui se trouve dans des conditions psychiques analogues (à celles du primitif), mais ne possède pas encore les aptitudes motrices, nous avons admis ailleurs qu'il satisfait primitivement ses désirs de façon hallucinatoire *(zunächst halluzinatorisch)*, en produisant la situation comblante grâce à des excitations centrifuges de ses organes sensoriels. »

« *Pour le primitif adulte*, une autre voie se présente. A son désir s'attache une impulsion motrice, la volonté, et celle-ci — destinée à changer plus tard la face de la terre au service de l'accomplissement du désir — il l'utilise pour le moment à se présenter cet accomplissement dans la mesure où il est possible de l'éprouver grâce à de telles hallucinations motrices. Une telle présentation du vœu accompli est tout à fait comparable au *jeu de l'enfant* qui prend la relève de la technique purement sensorielle de satisfaction. Si le jeu et la présentation imitative (*imitative Darstellung*) suffisent à l'enfant et au primitif, ce n'est pas un signe de modestie telle que nous l'entendons ni de résignation consécutive à la reconnaissance de leur réelle impuissance, c'est bien plutôt la conséquence tout à fait compréhensible de la valeur prépondérante de leurs désirs, de la volonté qui leur est associée et des voies par lesquelles ils opèrent. Avec le temps, l'accent psychique se déplace des motifs de l'action magique aux voies qu'ils prennent, c'est-à-dire à l'acte lui-même. Peut-être serait-il plus correct de dire que ce sont ces voies qui manifestent la surestimation qu'il accorde à l'acte psychique. Il apparaît alors que c'est l'acte magique lui-même qui détermine à lui seul l'événement souhaité, par la force de sa ressemblance avec lui. Au stade de la pensée animiste, il n'y a encore aucune occasion de démontrer objectivement la vérité des faits. Cela devient possible plus tard, au moment où l'on recourt encore à de telles procédures mais où le phénomène psychique du doute intervient déjà comme expression d'une tendance au refoulement... » (31)

Ainsi la mise en acte du désir, la réalisation magique — ludique — d'un vœu, la mise en œuvre de méthodes imitatives, sont les élaborations du désir. Au commencement il y aurait du désir, éruption pure de « vœux ».

(30) GW IX p. 103-4; tr. fr. p. 99.
(31) ibidem

Par la magie on s'éloigne de ce moment éruptif initial; le redoublement magique constitue en mythe la pure production de vœu. On n'accomplit pas le vœu dès son surgissement même : on se le présente, on en mime l'accomplissement. Par ce mime, l'enfant-primitif évite de recourir à d'autres réalités que sa réalité psychique : il fait comme s'il restait le maître des événements. Le désir, le *motif*, par la grâce (ou la disgrâce) d'une *Darstellung*, d'une mise en scène imitative, s'est mué en *acte*. Le désirer est devenu vouloir — vouloir certes encore magique et tout assujetti à l'inflation psychique de la toute-puissance des « vœux ». L'enfant, dans l'hallucination sensorielle — dans un rêve — puis dans l'hallucination motrice du jeu se fait acteur, agent du désir et, parce qu'il cherche des voies et des moyens et que tout l'accent psychique se mobilise sur ces voies, il devient en quelque sorte technicien ou régisseur du vœu. Comme le « primitif » qui se livre à la magie.

Mais n'est-ce pas là le geste même d'une *identification*, c'est-à-dire d'une métamorphose par un faire-comme-si? Métamorphose du vœu en acte qui fait que l'acteur n'est plus comme « auparavant », comme « au commencement », c'est-à-dire pure force désirante. Le mot de Frazer convient parfaitement à ce qui se passe : *la magie imitative — l'identification magique — est homéopathique*. L'homéopathie consiste en effet à guérir la maladie par la maladie (au dosage près). Dans le jeu et la magie, l'homéopathie consiste à produire le désir, une mimique de son accomplissement. Premier « traitement » de l'impulsion désirante, dans la surestimation psychique, dans le narcissisme du désir.

On verra que *la magie dite contagieuse*, distincte par sa technique de la magie homéopathique, obéit finalement aux mêmes principes directeurs. En effet :

« La possibilité d'une magie contagieuse basée sur l'association par contiguïté nous montre que la valorisation psychique du désir et de la volonté s'est étendue à tous les actes psychiques subordonnés à la volonté. Il en résulte une surestimation générale de tous les processus psychiques, c'est-à-dire une attitude envers le monde qui, d'après nos vues sur le rapport de la réalité avec la pensée, doit nous apparaître comme une surestimation de cette dernière. Les choses s'effacent devant leur représentation; tout ce qui est effectué avec celle-ci doit également toucher celles-là. Les relations existant entre les représentations *(Vorstellungen)* doivent exister entre les choses *(Dingen)*. Puisque la pensée ne connaît pas les distances, qu'elle réunit facilement dans un même acte de conscience les choses les plus éloignées dans l'espace et dans le temps, le monde magique franchira *télépathiquement* les distances spatiales et traitera une relation passée comme une relation présente. A l'époque animiste, le reflet du monde intérieur doit rendre invisible cette autre image du monde que nous croyons reconnaître » (32).

(32) GW IX p. 105 ; tr. fr. p. 99-100.

Une courte remarque achève ce premier développement de la série génétique; elle concerne le problème évoqué plus haut de la primauté de la magie imitative.

« Relevons encore que les deux principes de l'association — similitude et contiguïté — coïncident dans l'unité supérieure du contact *(in der höheren Einheit der Berührung zusammentreffen)*. L'association par contiguïté est contact au sens littéral, l'association par similitude est contact au sens métaphorique *(im übertragenen Sinne)*. L'usage du même mot pour les deux sortes de liaison *(Verknüpfung)* prouve une identité que nous n'avions pas encore aperçue dans le processus psychique en cause. Le concept de contact a la même extension que celle mise en évidence dans l'analyse du tabou (33). Pour nous résumer, nous pouvons dire : le principe qui régit la magie, la technique du mode de pensée animiste, est celui de « la toute-puissance de la pensée » *(der Allmacht der Gedanken)* » (34).

L'accent s'est donc déplacé de la toute-puissance du désir à la toute-puissance de la pensée magique. Homéopathie et télépathie sont les deux modes du *contact magique. L'unité supérieure du contact* se fonde bien sur la prétention supérieure du désir lui-même qui est désir de contact, dont la magie fait mine de s'éloigner par la double voie de l'association : la ressemblance et la contiguïté. L'allusion finale au tabou est à ce propos tout à fait éclairante : *originairement le désir est désir de toucher, de prendre : désir d'appropriation.* L'analyse du tabou avait conclu à l'identité du toucher — du manger — du tuer (35).

Comment comprendre alors l'affirmation de Freud : la magie imitative est plus simple et plus significative que la magie contagieuse?

C'est, à notre sens, affirmer le paradoxe de la priorité du sens figuré sur le sens littéral et entendre, finalement, que le sens littéral lui-même ne vaut — ne signifie — qu'une fois accompli le déplacement, l'écart, le transfert de la pensée, c'est-à-dire de ce curieux mime qui écarte le désir de lui-même et qui semble l'acte de naissance du sujet. Pensée qui, à son aurore, est hallucinatoire : ludique, onirique, magique. Volonté de contact toute suspendue au désir. Par conséquent, la contiguïté n'échappe pas au travail de la pensée, de la toute-puissante pensée et son efficacité, comme « méthode » magique, est subordonnée au vouloir de la pensée qui nous semble le premier « traitement » psychique du désir : *homéopathie*. On n'est pas loin d'une théorie du signifiant : c'est de la vertu de

(33) Voir le deuxième chapitre de *Totem et tabou* : Le tabou et l'ambivalence des sentiments.

(34) GW IX p. 106; tr. fr. p. 101.

(35) « *Die Berührung ist der Beginn jeder Bemächtigung..* » GW IX p. 44.

la métonymie propre au langage lui-même qu'il est question (36). Là où Freud parle de « pensée » (ics[te]), Lacan situe la chaîne signifiante.

b) MAGIE, HYSTÉRIE ET NÉVROSE OBSESSIONNELLE

Mais la construction de la série génétique se poursuit. Les premiers moments en étaient l'« *enfant* » hallucinant le désir sensoriellement puis ludiquement et le « *primitif* » hallucinant le désir dans la pensée et la technique magico-animiste. Freud va y articuler un nouveau terme : le « *névrosé* ». Les guillemets qui encadrent les termes de cette série construite dans le travail de l'interprétation veulent mettre en exergue le caractère absolument « théorique » et, justement, construit de ces termes corrélatifs.

L'homme *adulte névrosé* est soumis à deux pensées : l'une, inconsciente, est la pensée toute-puissante de l'enfant qu'il fut et qui ne peut survivre que dans cette méconnaissance et l'autre, marquée par le doute, le jugement c'est-à-dire par le refoulement, qui cherche à se soumettre à la dure nécessité de la réalité. L'expression « toute-puissance de la pensée », Freud l'a reçue d'un de ses malades souffrant de représentations obsessionnelles : *l'Homme aux rats* (37).

Si la névrose obsessionnelle manifeste la persistance de la toute-puissance de la pensée avec le plus de netteté, en particulier dans la croyance à l'efficacité télépathique des intentions hostiles, dans la peur qu'il arrive un malheur à des personnes aimées et dans les attentes superstitieuses, il faut se garder de voir dans cette toute-puissance des pensées le caractère distinctif de la névrose obsessionnelle. Car

« quelle que soit la névrose à laquelle on ait à faire, ce qui détermine la formation des symptômes n'est pas la réalité de l'expérience *(die Realität des Erlebens)* mais la réalité de la pensée. Les névrosés, dit Freud, vivent dans un monde à part dans lequel, comme je l'ai exprimé ailleurs (38), ne vaut que la seule 'monnaie névrotique' *(neurotische Währung)*, ce

---

(36) Nous nous référons ici aux travaux de Lacan et aux explications qu'en a données A. ZENONI : *Métaphore et métonymie dans la théorie de Lacan* in *Cahiers internationaux du symbolisme*, nº 31-32, 1976 p. 187-198.

(37) « *Bemerkungen über einen Fall von Zwangsneurose* » (1909). En étudiant les caractéristiques de la pensée obsessionnelle et l'attitude de l'obsédé envers la réalité, la superstition et la mort, Freud relie la « *Toute-puissance* qu'il attribuait à ses pensées, à ses sentiments et aux bons et mauvais souhaits qu'il pouvait faire... » à la « mégalomanie infantile ». GW VII p. 450; tr. fr. p. 251 dans *Cinq psychanalyses*, Paris, PUF, 1966.

(38) Dans l'article évoqué plus haut « *Formulierungen über die zwei Prinzipen des psychisches Geschehens* », Freud caractérise le mode de pensée névrotique comme suit :

qui signifie que pour eux n'est efficace que ce qui est intensivement pensé, représenté affectivement, tandis que la correspondance (de ces représentations) avec la réalité extérieure est sans importance. » (39)

La psychanalyse décèle donc en toute névrose l'empire d'une pensée magique. On retrouve dans les deux névroses, l'hystérie et l'obsession, les « voies » associatives pratiquées dans les deux modes d'action magique décrits ci-dessus. C'est comme si *l'hystérique* recourait inconsciemment à une voie homéopathique pour se « guérir » de son désir : une des déterminations majeures du symptôme hystérique, n'est-elle pas, comme on l'a maintes fois remarqué, le désir d'être comme — et le chemin privilégié de la mise en scène de ce vœu n'est-il pas, systématiquement, l'*identification?* Dans l'hystérie, l'action, le faire comme-si, se substitue au désir lui-même : véritable efflorescence d'une magie imitative. Quant à l'*obsessionnel,* on pourrait définir la majorité de ses « obsessions » (la phobie du toucher) comme l'expression méconnue d'une volonté toute-puissante de contact liée à la surestimation de tous les processus psychiques subordonnés à cette volonté. Comme si toute l'activité psychique souffrait d'une contamination gagnée par la contagion (métonymique) du désir, franchissait télépathiquement les distances et le temps. Mais, en définitive, l'œuvre d'une pensée animiste agit dans les deux névroses par tous les moyens, l'imitation ou la contagion.

Il n'y a pas jusqu'aux formes supérieures de la pensée qui ne soient également marquées du sceau de l'origine magique. Que *l'homme religieux* attribue aux dieux la toute-puissance, ou que *l'homme de science* l'attribue à l'esprit scientifique soumis à la réalité, chacun regagne, fina-

---

« Il est un caractère tout à fait surprenant des processus inconscients (refoulés) auquel le chercheur ne s'habitue qu'au prix d'un grand effort sur lui-même : il consiste dans leur mépris total pour l'épreuve de réalité, *la réalité de la pensée est mise à égalité avec la réalité extérieure, le désir avec son accomplissement, exactement comme cela se passait, sans plus, sous le règne du vieux principe de plaisir.* D'où la difficulté de distinguer les fantaisies inconscientes des souvenirs qui sont devenus inconscients. Il ne faut toutefois pas se laisser induire à l'erreur qui consisterait à appliquer aux formations psychiques refoulées la valeur de réalité et à sous-estimer par exemple l'importance des fantaisies pour la formation des symptômes sous prétexte que ce ne sont pas des réalités; ou encore à faire découler un sentiment de culpabilité névrotique d'une autre source parce qu'on ne peut fournir la preuve d'aucun crime réellement commis. On est tenu d'employer dans le pays que l'on visite, la monnaie qui y a cours, dans le cas qui nous intéresse, c'est la *monnaie névrotique* qui importe. » (nous soulignons) GW VIII p. 237-8.

(39) GW IX p. 107; tr. fr. p. 102.

lement, ce à quoi il prétend renoncer. *L'artiste* seul ne désavoue pas sa dévotion envers la toute-puissance de la pensée :

« Dans l'art seulement il arrive encore qu'un homme, tourmenté par les désirs, fasse quelque chose qui ressemble à une satisfaction de ces désirs et que ce jeu — grâce à l'illusion artistique — produise les mêmes effets affectifs que s'il s'agissait de quelque chose de réel. C'est à juste titre que l'on parle de la *magie de l'art* et que l'on compare l'artiste à un magicien. Mais cette comparaison est peut-être encore plus significative qu'il y paraît. L'art, qui n'a certainement pas commencé en tant que « l'art pour l'art », se trouvait originellement au service de tendances qui sont pour la plupart éteintes aujourd'hui. Parmi elles, on peut supposer un bon nombre d'intentions magiques. » (40)

La structure générale qui fait de cette série de productions psychiques pourtant diversifiée un ensemble cohérent, c'est le *narcissisme.* C'est l'importance de ce moment narcissique dans l'économie psychique de chacun de ces termes de la série qui en cause la distribution différentielle. La tâche de l'existence consisterait à faire quelque chose de réel avec le narcissisme — c'est-à-dire avec l'omnipotence des désirs.

La série théorique enfant-primitif-névrosé vient à présent spécifier et enrichir la manière dont Freud avait proposé une généalogie des tendances libidinales depuis les *Trois Essais.* L'organisation libidinale s'effectue sous la mouvance du narcissisme.

« Bien que nous ne puissions pas encore donner une caractéristique suffisamment précise de cette phase narcissique, au cours de laquelle les pulsions sexuelles jusqu'alors dissociées se rassemblent dans une unité et investissent le moi comme objet, nous n'en pressentons pas moins que cette organisation narcissique ne disparaîtra jamais complètement. L'homme reste dans une certaine mesure narcissique, même après avoir trouvé des objets extérieurs pour sa libido; les investissements d'objet qu'il effectue sont également des émanations de la libido demeurée au sein du moi et peuvent s'y replier à nouveau. L'état, psychologiquement si remarquable, de l'énamoration et qui est l'image normale des psychoses manifeste à leur plus haut point ces émanations comparées au niveau de l'amour du moi ». (41)

La toute-puissance reconnue à la pensée n'est rien d'autre que sa sexualisation — nous nous risquerions à dire : sa narcissisation. *Au commencement la sexualité se fait pensée, le désir se présente comme pensée : imitation de lui-même, magie.* On découvre chez le névrosé une bonne part de cette sexualisation primitive des actions psychiques, à cette différence que s'est produit, dans son chef, un refoulement — corrélatif d'un essor de la pensée dubitative, judicative, réaliste, logique. Ce qui a été refoulé revient hanter cette nouvelle forme de pensée et détermine une

(40) GW IX p. 111; tr. fr. p. 106.
(41) GW IX p. 109; tr. fr. p. 105.

nouvelle sexualisation des processus intellectuels : le narcissisme intellectuel, la toute-puissance de la pensée.

Une note de Freud, glissée sous ces réflexions sur le narcissisme, nous permet de relancer le problème de l'identification magique. Revenant à l'essence de la pensée animiste et de la magie comme par allusion, il cite un auteur anglais :

« It is almost an axiom with writers on this subject, that a sort of solipsism or Berkeleyanism (as Professor Sully terms it as he finds it in the Child) operates in the savage to make him refuse to recognise death as a fact » (Marett, Pre-animistic Religion, Foklore. XI Bd, 1900, p. 178).

Sauvegarde du narcissisme (solipsisme) et refus de la mort : tel est le nœud de la problématique de la magie. Comme si toute la question était d'inventer la meilleure élaboration possible de ce double impératif. Toute la suite de *Totem et tabou* nous apparaît comme la tentative de donner une formulation conceptuelle des chemins possibles qui s'offrent au « commençant » (l'enfant-primitif) pour cette difficile élaboration.

c) ANIMISME ET PARANOÏA : LES FORMATIONS PROJECTIVES

L'animisme est une théorie *psychologique.* Les techniques magiques mettent en œuvre les présupposés de cette théorie dont l'axiome de base est le suivant : pour l'animiste, les choses du monde sont exactement comme il se sent être lui-même. L'homme primitif *transpose* tout naturellement les conditions structurales de sa propre psyché dans le monde extérieur. Il suffit au psychanalyste de renverser le processus et de replacer dans l'âme elle-même ce que la théorie animiste nous dit de la nature des choses. Freud en commençant sa présentation de l'animisme avait cité Hume qui écrivait dans son *Histoire naturelle de la Religion :*

« Il existe dans l'humanité une tendance universelle à concevoir tous les autres êtres comme *semblables* à l'homme et à attribuer aux objets toutes les qualités qui sont familières à l'homme et dont il est intimement conscient ». (42)

Le primitif lit sur le livre du monde les aventures de sa psychologie. Certains auteurs soutiennent que la magie, technique destinée à imposer aux choses les lois de la vie psychique, est plus ancienne que la théorie animiste elle-même. Celle-ci, en attribuant à des esprits ou démons le pouvoir primitivement décerné par la magie à la toute-puissance de la

---

(42) GW IX p. 95-6; tr. fr. p. 91.

pensée, serait le signe d'une première *renonciation (Verzichtleistung).* Le processus producteur de cette renonciation s'appelle *projection.* La renonciation est une délégation de pouvoir, un mandat, une procuration.

« Les esprits et les démons ne sont, écrit Freud, comme je l'ai montré ailleurs (43), que les projections de ses impulsions émotionnelles *(Gefühlsregungen);* l'homme primitif fait de ses investissements d'affect *(Affektbesetzungen)* des personnes, il en peuple le monde et retrouve alors ses processus psychiques intérieurs en dehors de lui, tout à fait comme l'intelligent paranoïaque Schreber qui trouvait le reflet des attachements et des détachements de sa libido dans les vicissitudes de ses 'rayons divins confabulés' (44) ».

Un nouveau terme se noue à la série en train de se constituer. *Le paranoïaque* appartient à ce réseau structural du narcissisme. Son accrochage à cette chaîne ouvre davantage encore le champ de la compréhension psychanalytique. *Totem et tabou* est bien un carrefour où éclate cette évidence que, pour l'explication psychanalytique, tout se tient. Il nous faut à présent saisir ce que l'articulation du processus paranoïaque aux processus magiques transforme dans notre problématique de l'identification.

On soupçonne un lien très serré entre *projection et identification* dans la pratique magique et la théorie animiste. Ce sont deux manières de jeter un pont entre le dedans et le dehors ou, en d'autres termes, deux manières de refuser cette cruelle division. Nous avons vu que l'identification s'offrait comme la voie d'une *appropriation,* d'une incorporation : un recommencement du mode oral du rapport à l'objet en général. *Mime* de l'accomplissement de désir, auto-transformation, auto-affection. La projection s'offre de prime abord non comme mime, mais comme la voie d'une sorte d'*expropriation,* d'une exportation du désir qui est comme prêté à d'autres. Les choses, les êtres deviennent les prête-nom du désir. Et le déchiffrage, la réappropriation, des choses ainsi formées s'appelle la *pensée* (animiste). Le monde devient habitable parce qu'on l'a d'abord peuplé : il devient du même coup identifiable, manipulable, différencié. On pourrait, curieusement, dire qu'il s'agit une fois de plus d'identifica-

---

(43) « Ni l'angoisse ni les démons ne peuvent être considérés en psychologie comme causes premières. Il faut remonter plus loin encore. Il en serait autrement si les démons avaient une existence réelle; mais nous savons que, tout comme les dieux, ils sont des créations des forces psychiques de l'homme, et il s'agit de connaître leur provenance et la substance dont ils sont faits. » S. FREUD, *Totem et tabou*, tr. fr. p. 36; GW IX p. 34.

(44) GW IX p. 113, tr. fr. p. 108 (il manque cette phrase dans cette traduction très peu rigoureuse de Jankélévitch).

tion, au sens d'une détermination, d'une nomination. Et, puisqu'il est question de magie, partant, d'une volonté de maîtrise tant par la pensée que par l'action, et qu'en définitive ce que l'on cherche à « maîtriser », c'est le désir (les *Wünsche*, les *Gefühlsregungen*), il faut conclure que projection et identification constituent la « méthodologie » croisée, la voie à double sens, de cette maîtrise : expulsion et réappropriation, renonciation et conservation.

Cherchons à mieux comprendre ce procès à partir du rapprochement qu'opère Freud de *la paranoia et de l'animisme.*

Le processus paranoïaque et la pensée animiste peuvent s'interpréter comme deux tentatives de résoudre un *conflit* et d'amener par là un allègement psychique. La projection est leur commune stratégie.

« ... la tendance à projeter à l'extérieur les processus psychiques subit un renforcement quand la projection comporte l'avantage d'un allègement psychique. On peut s'attendre à un tel avantage avec certitude dans le cas où les impulsions (*Regungen*) entrent en *conflit pour la conquête de la toute-puissance :* elles ne peuvent évidemment toutes conquérir la toute-puissance. Le processus morbide de la paranoïa utilise effectivement le mécanisme de la projection afin de se débarrasser de tels conflits surgissant dans la vie psychique. Or le cas typique d'un pareil conflit est celui qui naît entre les deux membres d'une paire d'opposés, c'est-à-dire le cas d'une *attitude ambivalente* que nous avons analysée en détail à propos de la situation d'une personne frappée de deuil par la mort d'un parent cher. Un tel cas nous semblera particulièrement propre à motiver la création de formations projectives *(Projektionsgebilden).* Ici nous nous trouvons de nouveau d'accord avec les auteurs qui considèrent les esprits méchants comme les premiers-nés parmi les esprits et font remonter la croyance à l'âme aux impressions que la mort laisse aux survivants. Le seul point sur lequel nous nous séparons de ces auteurs consiste en ce que au lieu d'accorder la première place au problème intellectuel que la mort pose aux vivants, nous croyons que la force qui pousse l'homme à s'interroger a plutôt sa source dans le *conflit affectif* dans lequel cette situation jette les survivants ». (45)

Ce texte renvoie directement à l'analyse du *tabou,* développée dans la deuxième partie de l'ouvrage.

Nous avions utilisé plus tôt cette formule selon laquelle la magie était la manière la plus primitive d'accomplir le désir. Il nous faut compléter cette formule ou mieux, la préciser, en disant que le travail psychique qui produit magie, rêve, névrose ou paranoïa s'effectue sur un matériel éclaté : il n'y a pas « le » désir, mais des *Wünsche,* des motions pulsionnelles qui sont d'emblée toutes concurrentes, briguant chacune la toute-puissance. Le terme essentiel qui relance l'analyse est certes celui d'*ambivalence.*

---

(45) ibidem

Le conflit paradigmatique, celui qui permet de montrer les effets de l'ambivalence, c'est ce conflit affectif auquel est confronté tout « survivant ». *Le problème de la mort* n'est pas, à l'origine, un problème théorique, une question purement intellectuelle. Il n'y a pas « la mort » car : « le squelette, qui représente la forme actuelle de la mort, montre que *la mort elle-même n'est qu'un homme mort* ». (46)

« Primitivement, pense Kleinpaul, tous les morts étaient des vampires, tous poursuivaient, pleins de colère, les vivants et ne songeaient qu'à leur nuire, qu'à les dépouiller de leur vie. C'est le cadavre qui a fourni la première notion du 'mauvais esprit'. » (47)

La croyance animiste et les techniques magiques qu'elle se donne ont surgi de ces « impressions que la mort laisse aux survivants » ; ces impressions sont justement contradictoires, mélangées : ambivalentes. Ce que les ethnologues arrivent à mettre au jour sous l'appellation du tabou des morts, le psychanalyste l'aperçoit dans les cas de *deuil pathologique et de névrose obsessionnelle.*

« Nous savons, dit Freud, que les reproches obsessionnels sont, dans une certaine mesure, justifiés et résistent victorieusement à toutes les objections et à toutes les protestations. Cela ne veut pas dire que la personne en deuil soit réellement coupable de la mort du parent ou ait commis une négligence à son égard, ainsi que le prétend le reproche obsessionnel : cela signifie tout simplement que la mort du parent a procuré satisfaction à un vœu inconscient qui, s'il avait été assez puissant, aurait provoqué cette mort. C'est contre ce vœu inconscient que réagit le reproche après la mort de l'être aimé. On retrouve une pareille hostilité, dissimulée derrière un amour tendre, dans presque tous les cas de fixation intense du sentiment sur une personne déterminée : c'est le cas classique, le prototype de l'ambivalence de l'affectivité humaine *(das Vorbild der Ambivalenz menschlicher Gefühlsregungen* » (48)

L'ambivalence est donc originaire. Seulement, l'obsessionnel et le primitif en font une élaboration psychique bien différente. Le sentiment d'hostilité, si pénible à éprouver, le primitif ne le retourne pas contre lui-même, il l'extériorise. La défense contre ce sentiment prend la forme d'un *déplacement* sur l'objet de l'hostilité, c'est-à-dire le mort lui-même.

« Nous appelons ce processus de défense, aussi bien dans la vie psychique normale que dans la vie psychique morbide, une projection ». (49)

Au moment de la mort, les sentiments antagonistes *(zwiespältigen)* — la tendresse et l'hostilité — cherchent à s'imposer en même temps, comme

---

(46) GW IX p. 75; tr. fr. p. 72.
(47) GW IX p. 75; tr. fr. p. 73.
(48) GW IX p. 76-7; tr. fr. p. 74.
(49) GW IX p. 79; tr. fr. p. 75.

deuil et comme satisfaction. Entre ces deux opposés doit nécessairement éclater un conflit. Ce dernier se résout le plus souvent non par l'acceptation consciente ou le pardon mais par le jeu du mécanisme de la projection. La perception interne de l'hostilité dont on ne veut rien savoir est rejetée au dehors, détachée de la personne elle-même et poussée vers l'autre *(zugeschoben)*. Et tandis que l'on peut à loisir le pleurer, c'est lui qui est devenu un mauvais esprit. Une oppression intérieure *(Bedrückung)* fait place à un harcèlement par le dehors *(eine Bedrängnis von Außen)*.

Les sentiments hostiles à l'égard des parents les plus proches pouvaient bien demeurer latents tant que ceux-ci étaient encore vivants, mais après leur mort les sentiments longtemps contenus brisent leurs barrières. Le deuil douloureux, né d'un surcroît de tendresse s'impatiente de plus en plus devant l'hostilité latente et ne peut permettre à celle-ci d'engendrer un sentiment de satisfaction. Un refoulement de l'hostilité s'accomplit alors *par la voie de la projection (auf dem Wege der Projektion)*, il s'accompagne d'un cérémonial de deuil et des prescriptions tabou à l'endroit des morts.

Dans ce cas-ci, la projection rend possible le refoulement. Elle se présente comme un mécanisme de défense, servant à résoudre un conflit insupportable. Mais toute projection n'est pas liée à l'existence d'un conflit.

La projection est également le chemin de la *connaissance :* l'image du monde que se construit le primitif résulte ainsi de la projection au dehors de ses perceptions internes. La psychologie elle-même, la théorie des âmes, s'offre en dernière analyse comme le système, intellectuellement élaboré, de formations projectives (50).

C'est précisément en tant qu'elles revêtent ce caractère de *système* que théorie animiste et paranoïa avèrent leur parenté. La systématicité, pour Freud, résulte d'une exigence de l'appareil psychique que nous avons appris à reconnaître dans l'*élaboration secondaire du rêve*. En d'autres termes, systématicité et secondarité vont de pair. L'élaboration secondaire que subissent les matériaux fournis par les pensées du rêve après avoir été « travaillés » par le processus du rêve lui-même vise à conférer

(50) « L'esprit *(der « Geist »)* d'une personne ou d'une chose se réduit en dernière analyse à leur propriété de devenir objet d'un souvenir ou d'une représentation lorsqu'elles échappent à la perception directe ». GW IX p. 115; tr. fr. p. 110.

un « sens » à ce qui autrement apparaîtrait incompréhensible pour la conscience. Voilà un excellent exemple de la manière dont se forme un système avec sa nature et ses exigences.

« Une fonction intellectuelle en nous exige de tout matériel de la perception ou de la pensée dont elle s'empare l'unité *(Vereinheitlichung)*, la cohérence *(Zusammenhang)* et l'intelligibilité *(Verständlichkeit)*; elle ne craint pas à affirmer un rapport incorrect lorsque, dans certaines circonstances, elle ne peut saisir le rapport correct. Nous connaissons de telles formations de système *(Systembildungen)* qui n'appartiennent pas seulement au rêve mais également aux phobies, aux pensées obsédantes et aux délires. La construction de système est la plus évidente dans les affections délirantes (la paranoïa) où elle domine le tableau morbide; elle ne doit cependant pas être négligée dans les autres formes de psychonévroses. Nous pouvons, dans tous les cas, démontrer qu'un réarrangement *(Umordnung)* du matériel psychique s'est opéré selon un nouveau but; et ce réarrangement peut souvent avoir eu lieu de façon violente et à juste titre, compréhensible si on se place du point de vue du seul système. Ce qui caractérise alors le mieux le système, c'est que chacun de ses produits se laisse ramener au moins à *deux motivations :* une motivation basée sur les prémisses du système — et qui peut éventuellement être délirante — et une motivation dissimulée mais qu'il nous faut considérer comme la seule efficace, réelle. » (51)

Le système est trompeur et arbitraire mais séduisant. La recherche psychanalytique va au-delà de ces constructions qui sont autant d'écrans, des paravents défensifs : superstition, angoisse, rêve, démon s'écroulent devant l'investigation. Ce sont des produits qui ne doivent pas empêcher d'aller aux *forces* productives elles-mêmes et aux *voies* qu'elles empruntent pour se déployer.

L'identification et la projection sont de telles voies. Voies de dérivation et d'élaboration inconscientes de forces pulsionnelles.

Ce qu'il y a de commun aux « pensées » animiste, infantile et névrotique, c'est précisément de dispenser l'appareil psychique d'aller jusqu'au bout (dangereux) du travail imposé par la pulsion, c'est-à-dire de la faire aboutir dans la réalité. La pensée animiste rabat sur le plan de l'inconscient, de l'imaginaire où tout est possible mais seulement fictif, le désir et son accomplissement, de telle sorte que le procédé magique, le symptôme névrotique, le jeu infantile tiennent lieu d'activité sexuelle. Leur acte est ici leur « pensée ». *La pensée inconsciente est l'espace du « comme si », le mime de la satisfaction.* Le champ privilégié de l'identification magique-ludique-névrotique est celui de cette pensée inconsciente où jouent sans obstacle réel toutes les équivalences, toutes les substitutions possibles. Ainsi l'identification, au sein de cette topique, « réalise »-t-elle le

(51) GW IX p. 117; tr. fr. p. 11-112.

désir en l'imitant puisque le mime (magique) est contact (métaphorique). La projection, en revanche, assure un autre traitement du désir : elle en déplace l'incitation du dedans au dehors et de ce transfert inconscient naît une forme de connaissance de l'âme qui est une mé-connaissance de l'inconscient.

Pour nous résumer, disons que l'*identification magique* mime la conservation de l'objet du désir, son assimilation; la *projection*, quant à elle, mime le renoncement au désir, sa répudiation. Selon deux voies différentes le désir se masque et se métamorphose, soit qu'il se mue en action théâtrale, soit qu'il se transforme en connaissance, puisque cette action et cette connaissance sont frappées du sceau de l'illusion.

B. Totémisme et complexe paternel

Il arrive que le travail de dérivation et d'élaboration psychiques ne serve pas que l'illusion, je veux dire l'illusion du jeu, de la magie ou du symptôme. Car il y a *la réalité de la mort.* Celle-ci exige que ce travail modifie non seulement l'économie psychique interne mais l'économie de la relation à la réalité. La question de la mort, et de l'élaboration technique qu'elle réclame, est la question fondamentale de *Totem et Tabou.*

Le quatrième chapitre de *Totem et Tabou* décrit une nouvelle voie d'élaboration, celle de *l'identification au totem* reconnue par tous les auteurs comme support essentiel du totémisme.

Cette identification que nous appellerons *identification totémique* se distingue des formes décrites précédemment car elle produit ici une liaison singulière du désir à la réalité, par l'intermédiaire d'une transformation du lien social. On dirait, grosso modo, que l'intervention de la mort d'un proche exige du psychisme de passer à un autre régime d'élaboration que le régime que nous avions convenu d'appeler « magique ».

Une remarque théorique s'impose à l'orée de cette discussion sur le totémisme. Les ethnologues et sociologues contemporains n'ont pas manqué de souligner la courtesse d'information voire les erreurs des conceptions utilisées presque naïvement par Freud. On a parlé d'ethnocentrisme, de mythe primitiviste, d'illusion archaïque. Notre propos n'est pas de reprendre un tel débat, car notre problème est d'ordre psychanalytique, non d'ordre ethnologique. Il s'agit pour nous d'analyser les modes de fonctionnement du processus d'identification. Il faut ajouter cependant que Freud n'était pas massivement ignorant de la difficulté qu'il y avait à recourir à la notion de « primitif ». Qu'il suffise de citer cette remarque de Freud qui semble répondre anticipativement aux objecteurs modernes (52) :

« L'établissement de l'état originaire demeure ainsi toujours une affaire de *construction.* Il n'est, finalement, pas facile de se replacer dans le mode de penser des primitifs. Nous les mécomprenons autant que les enfants et nous sommes toujours portés à interpréter leurs actes et leurs sentiments selon nos propres constellations psychiques ». (53)

Interroger le matériel (même lacunaire, faussé et distordu) ethnologique ou infantile selon la constellation psychique du psychanalyste, c'est nécessairement le mal comprendre... mais c'est encore la seule façon d'en dire quelque chose.

a) L'IDENTIFICATION, ESSENCE DU TOTÉMISME

Système à la fois religieux et social, le totémisme se fonde sur deux types de règles dont la solidarité plus ou moins affirmée semble universelle : l'interdit du *cannibalisme* et l'interdit de l'*inceste.*

L'interdit du cannibalisme est proprement « religieux », il règle les rapports des membres du clan entre eux et le totem. Reprenant les descriptions de Frazer, Freud écrit :

« Les membres d'une tribu se dénomment d'après leur totem et croient aussi, en général, qu'ils en descendent. Il résulte de cette croyance qu'ils ne font pas la chasse à l'animal totem, ne le tuent pas et ne le mangent pas et qu'ils s'abstiennent de tout autre usage du totem, lorsque celui-ci n'est pas un animal. L'interdiction de tuer et de manger le totem n'est pas le seul tabou qui le concerne; parfois il est aussi interdit de le toucher, voire de le

---

(52) C'est Claude Lévis-Strauss qui a dénoncé avec le plus de vigueur « l'illusion archaïque » qui régit la démarche de Freud dans *Totem et tabou.* Il a discuté les thèses psychanalytiques relatives à l'origine du totémisme et de l'exogamie dans les ouvrages suivants : *Les structures élémentaires de la parenté* (voir surtout l'introduction théorique), Paris, P.U.F., 1949. *Le totémisme aujourd'hui,* Paris, P.U.F., 1962. *La pensée sauvage,* Paris, P.U.F., 1962. Voir également : Yvan SIMONIS : *Lévi-Strauss ou la « passion de l'inceste », Introduction au structuralisme,* Paris, Aubier-Montaigne, 1968. Roger BASTIDE : *Sociologie et psychanalyse,* Paris, P.U.F., 1950. Marie-Cécile et Edmond ORTIGUES : *Œdipe Africain,* Paris, Plon, 1966; édition revue et corrigée, Paris, Union générale d'édition, (10-18, n° 746), 1973. Edmond ORTIGUES : *Les quiproquos du désir* dans *Problèmes de psychanalyse,* Recherches et débats, Paris Desclée de Brouwer 1973, p. 41-59. Sami ALI : *De la projection,* Paris Payot 1970; critique et commente *Totem et tabou,* p. 38-42.

(53) GW IX p. 125; note 1; tr. fr. p. 120.

regarder; dans certains cas, le totem ne doit pas être appelé par son vrai nom. La transgression de ces prohibitions de tabou, protectrices du totem, se punit automatiquement par de graves maladies et par la mort ». (54)

On voit que l'interdit du cannibalisme repose sur une série d'équivalences symboliques qui forment système : nommer, tuer, manger, toucher, regarder. Le respect des liens totémiques apparaît comme le négatif du désir cannibalique. *C'est le refoulement du cannibalisme qui permet à un individu d'avoir à la fois une identité (c'est-à-dire une généalogie) et des relations qui le confirment dans cette identité au sein du clan de ses « semblables ».* La transgression individuelle de l'interdit entraîne la mort; mais il y a des circonstances où la transgression, collectivement perpétrée, confère un sceau de solennité à son geste même :

« Dans les circonstances solennelles de la naissance, de l'initiation à la maturité, des enterrements, l'identification avec le totem est réalisée en paroles et en actes. Des danses, au cours desquelles tous les membres de la tribu se couvrent de la peau de leur totem et accomplissent les gestes et les démarches qui le caractérisent, sont exécutées en vue de certaines fins magiques et religieuses. Il y a enfin des cérémonies au cours desquelles l'animal est tué solennellement ». (55)

La naissance, l'initiation, la mort : autant de « figures » de l'identité d'un homme, autant de passages d'un mode de reconnaissance à un autre, par quoi l'on prend une place comme être individué dans un corps, différencié dans un sexe, éternisé dans la mort comme ancêtre. C'est dans ces cas-là seulement que l'identification peut être jouée, mimée, agie et consommée.

L'interdit de l'inceste est proprement « social », il règle les rapports sexuels des membres du clan totémique, plus précisément les possibilités de mariages, prescrivant avec rigueur le mode de perpétuation du clan dans la génération de nouveaux membres. Pour Freud, l'exogamie, ce « fameux et énigmatique corollaire du totémisme » (56) est un effet de la phobie de l'inceste, analysée dans le premier chapitre de *Totem et Tabou.*

L'on sait la fragilité de l'argumentation par trop « psychologiste » de Freud, aux yeux des sociologues et ethnologues d'aujourd'hui. L'intérêt de sa démarche est sa volonté de comprendre l'énigme du totémisme qui

(54) GW IX p. 127; tr. fr. p. 122.
(55) GW IX p. 128; tr. fr. p. 122-3.
(56) GW IX p. 128; tr. fr. p. 123.

est l'énigme du rapport entre la généalogie et l'exogamie. Il se refuse à en demeurer au constat du caractère énigmatique de la chose, car il croit détenir l'appareil d'analyse des « besoins psychiques » *(seelischen Bedürfnissen)* dont le totémisme est l'expression. Et s'il a mal posé le problème, il est indiscutable qu'il en a clairement aperçu l'enjeu. Pour nous, *cet enjeu est la théorie de l'identification* et toute la difficulté réside en ce que Freud discute ce problème fondamentalement psychanalytique dans les termes d'une problématique ethnologique désuète. Cela ne doit nous dispenser d'en ressaisir le trajet.

Toute sa démarche répond à un désir de comprendre — ce qui pour lui a toujours signifié trouver des rapports nouveaux dans des faits observés — désir de comprendre la liaison, au fondement du totémisme, entre l'interdit du cannibalisme (qui concerne l'appartenance totémique, l'identité du clan comme tel) et l'interdit de l'inceste (qui concerne la génération totémique selon les lignes de parenté). Comment les nouer, comment penser leur secrète cohésion, leur *Zusammenhang*? On verra que Freud va *construire* ce lien en regroupant un matériel apparemment hétéroclite, ramassé à sa convenance, mais à ses yeux convergent (57).

A la question : comment les hommes primitifs en sont-ils venus à se dénommer (eux et leurs tribus) d'après des animaux, des plantes, des objets inanimés? il ne trouve qu'un faisceau de réponses hypothétiques divergentes. Sans s'embarrasser de ce flou des doctrines il va au problème de l'exogamie; celle-ci ne tient pas à une aversion pour les rapports incestueux mais précisément à la nécessaire répression du désir. Il semble trouver chez Ch. Darwin une complicité qu'il se contente d'évoquer : la jalousie sexuelle de tous les mammifères (donc de l'homme) et la loi du

(57) Dans un texte autobiographique écrit en 1925: *Selbstdarstellung*, Freud explique le chemin qu'il a suivi dans l'élaboration de *Totem et tabou.* Il dit y avoir cherché le « noyau central » du totémisme qui consiste dans le meurtre du père; la réaction au meurtre du père a engendré chez les fils l'institution des règles du totémisme. Dans cet écrit proche de la troisième réédition du livre, il ne prétend pas, comme il l'avait peut-être cru dans l'enthousiasme de sa trouvaille, avoir fourni une « hypothèse » explicative mais plutôt la *« vision d'une suite de faits » (die Vision des folgendes Hergangs...)* c'est-à-dire la vision d'une mise en série d'évidences qui acquièrent, de par leur enchaînement, un pouvoir semblable à la logique d'un récit. Cf. GW XIV p. 93; tr. fr. Marie BONAPARTE : *Ma vie et la psychanalyse*, Paris, Gallimard, 1928, p. 106-108.
Dans les dernières pages du *Moïse et le monothéisme*, il redit sa conviction d'avoir montré un enchaînement éclairant : GW XVI p. 239-246.

plus fort confisquant les femelles à son profit. Dans cette broussaille d'hypothèses sur les origines du totémisme, la psychanalyse n'est pourtant pas complètement désorientée. L'expérience de l'*analyse d'enfants* apporte un rayon de lumière, « unique » certes, mais pénétrant.

b) L'ENFANT ET SON TOTEM : L'IDENTIFICATION ZOOPHOBIQUE

Le rayon de lumière que projette l'analyse, c'est la découverte clinique d'une sorte de *totémisme infantile.* Plusieurs analystes, dont Abraham, Wulff, Ferenczi et Freud lui-même, ont observé que l'attitude de l'enfant à l'égard des animaux présentait de nombreuses analogies avec celle des primitifs à l'égard des animaux. L'enfant « n'éprouve encore rien de cet orgueil propre à l'adulte civilisé qui trace une ligne de démarcation nette entre lui et tous les autres représentants du règne animal. Il considère sans hésitation l'animal comme son égal (*Ebenbürtigkeit*); par l'aveu franc et sincère de ses besoins, il se sent plus proche de l'animal que de l'homme adulte qu'il trouve sans doute plus énigmatique... » (58).

Cet accord parfait peut subitement se rompre. L'enfant se met à avoir *peur* des animaux de certaines espèces, et cette peur porte de manière privilégiée sur les animaux pour lesquels il témoignait auparavant le plus vif *intérêt.* Tels sont les cas de zoophobie : à chaque fois, soutient Freud, lorsque les enfants examinés étaient des garçons, leur angoisse leur était inspirée par *le père* et s'est *déplacée* sur l'animal. Freud invoque, pour montrer ce jeu de substitution de l'objet phobique, le cas du *Petit Hans* traité, avec sa collaboration, par le père et le cas d'*Arpad,* traité par Ferenczi.

Freud voit dans la phobie du Petit Hans une sorte de « *totémisme négatif* » dominé par la peur. Il considère le cas d'Arpad comme une manifestation de « *totémisme positif* », où domine l'admiration. Mais si l'on y regarde de plus près, on discerne dans ces deux exemples les deux formes d'attachement privilégié à l'animal-totem, c'est-à-dire l'*ambivalence.* On s'aperçoit que le symptôme phobique fixe cette ambivalence par le truchement d'une identification à sens multiples. L'identification se présente comme le mécanisme de formation du symptôme et comme la voie de sa résolution.

---

(58) GW IX p. 154; tr. fr. p. 146-7.

Examinons la phobie des chevaux du Petit Hans (59).

Si l'on suit la série des énoncés dans lesquels l'enfant formule ses questions et ses peurs, on relève une série de positions à l'égard du père et de la mère marquées par des équivalences et des renversements.

L'analyse s'appuie sur un matériel composé de rêves, de fantasmes et d'associations relatives aux chevaux. Le symptôme majeur est *la peur d'être mordu par un cheval* associée à *la peur d'en voir tomber;* cette peur, peu à peu, va s'étendre à la peur de voir des voitures tirées par des chevaux, de voir des voitures en mouvement ou se déplaçant rapidement, en particulier les voitures lourdement chargées.

La période qui précède l'éclatement de la phobie est marquée par une grande activité masturbatoire, un intérêt aigu pour son organe génital mâle qu'il cherche à comparer avec celui de son père et qu'il cherche à apercevoir en observant les petites filles qui sont ses compagnes de jeu, sa mère et sa sœur puinée. Il est fasciné par le « fait-pipi » des chevaux qu'il peut regarder à loisir dans l'entrepôt qui se trouve en face de sa maison; un de ses jeux favoris est de jouer au cheval avec son père ou ses compagnons. Il trouve également un très grand plaisir à aller au W.C. et à y accompagner sa mère. Il profite de chaque absence du père pour se coucher au lit auprès de sa mère qui n'y fait aucune opposition. Au cours de vacances passées à Gmunden il peut observer les signes d'une grossesse chez sa mère. C'est peu après la naissance du bébé, sa sœur Anna, qu'apparaît la peur d'être mordu par un cheval. Il a spécialement peur des chevaux qui ont quelque chose sur les yeux et au-dessus de la bouche. Il craint que le cheval n'entre dans sa chambre pour le mordre.

« Il se trouvait, écrit Freud, dans la situation typique de l'enfant mâle, situation que nous désignons sous le nom de *complexe d'Œdipe* et dans laquelle nous voyons le complexe central des névroses en général. Le fait nouveau que nous a révélé l'analyse du petit Hans est

---

(59) *Analyse d'une phobie d'un garçon de 5 ans*, GW VII pp. 241-377, tr. fr. M. Bonaparte et R. Lœwenstein dans *Cinq psychanalyses*, 2è édit. Paris, P.U.F., 1966, p. 93-198.
On trouvera un commentaire fouillé de ce cas dans le travail de Michel DE WOLF, *La castration dans l'œuvre et l'expérience freudiennes*, thèse présentée pour l'obtention du grade de Docteur en psychologie, Louvain Institut de Psychologie, 1973. Voir en particulier les pages 107 à 199. Freud a plusieurs fois repris des éléments de ce cas de phobie pour illustrer sa théorie du refoulement de l'angoisse : voir *Le refoulement* (GW X pp. 248-261), l'*Inconscient* (GW X p. 264-303), *Inhibition, symptôme et angoisse* (GW XIV p. 113-205) en particulier les chapitres IV et VII.

très intéressant au point de vue de l'explication du totémisme : l'enfant a notamment transféré sur un animal une partie des sentiments qu'il éprouvait pour le père (60). »

On peut dire qu'un simple déplacement de l'hostilité sur un animal n'est pas encore une névrose. Le caractère névrotique provient du retournement phobique de cette hostilité. *C'est donc la peur, comme transformation pulsionnelle particulière, qui permet d'accéder à l'intelligence du totémisme.* Une *partie* des sentiments *(Anteil seiner Gefühle)* se déplace du père sur un animal *(vom dem Vater auf ein Tier verschiebt).*

Freud poursuit le résumé de l'interprétation :

« L'analyse a permis de découvrir les trajets d'association, importants pour leur contenu ou accidentels, selon lesquels s'est effectué ce déplacement *(Verschiebung).* Elle nous permet aussi de découvrir les motifs de ce déplacement. La haine du père qui naît de la rivalité pour la mère n'a pas pu se développer librement dans la vie psychique du garçon, elle a eu à lutter contre une tendresse et une admiration bien établies envers cette même personne; l'enfant se trouve dans une attitude émotionnelle ambiguë — *ambivalente* — à l'égard de son père et se crée un soulagement *(Erleichterung)* à ce conflit d'ambivalence en déplaçant ses sentiments d'hostilité et d'angoisse sur un substitut du père *(ein Vatersurrogat).* Mais ce déplacement n'est pas à même de mettre fin au conflit, en opérant une séparation nette entre les sentiments tendres et les sentiments hostiles. Au contraire, le conflit s'installe sur l'objet de déplacement, et l'ambivalence s'accroche à ce dernier. Il n'y a pas de doute que le petit Hans n'ait pas eu seulement peur des chevaux mais qu'il eut aussi pour eux du respect et de l'intérêt. Dès que son angoisse se mit à diminuer, il s'identifia lui-même à l'animal redouté (*identifiziert er sich selbst mit dem gefürchteten Tier*), se mit à sauter comme un cheval et à mordre à son tour son père. Dans une autre phase de relâchement de la phobie, il n'hésita pas à identifier ses parents avec d'autres grands animaux. » (61)

Un passage du texte original éclairera ce changement des positions identificatoires. Hans a vu un jour le cheval de l'omnibus tomber, il était très grand et gros. Son père lui demande : « Quand le cheval est tombé, as-tu pensé à ton papa? » — Il répond : « Oui, c'est possible ». Cette interprétation ou plutôt cette venue à la conscience du petit garçon qu'il y ait « peut-être » un rapport entre la scène de la chute du cheval et son père libère une partie de son activité ludique. En effet, son père écrit à Freud :

« Hans, depuis quelque temps, joue au cheval dans la chambre, il court et tombe, donne alors des coups de pieds en tous sens, il hennit. Un jour il s'attache un petit sac en guise de musette. A plusieurs reprises il me court sus et me mord ».

Freud considère ce fait comme une acceptation, par Hans, de l'interprétation surgie du dialogue entre le garçon et son père.

---

(60) GW IX p. 157; tr. fr. p. 149.
(61) GW IX p. 157; tr. fr. p. 150.

« Il accepte ainsi les dernières interprétations plus résolument qu'il ne le pourrait faire en paroles, mais naturellement *en intervertissant les rôles (mit Rollenvertauschung), le jeu étant au service d'une fantaisie de désir (Wunschphantasie). Il est ainsi le cheval, il mord son père et, de cette façon, s'identifie à celui-ci.* » (62)

En réalité, cette identification au cheval est plus compliquée encore. Ce jeu est surdéterminé, comme le reste de l'analyse nous autorise à le penser. L'interprétation du père et de Freud est juste mais partielle. Car le cheval signifie encore la mère enceinte (chevaux lourdement chargés) et le vœu que le cheval tombe est le vœu d'agresser la mère porteuse d'une petite fille qui menace l'accaparement libidinal de Hans pour sa mère. Ajoutons encore que c'est par un chaînon intermédiaire que la chute d'un cheval peut être associée à la réalisation d'un désir hostile. Au cours d'un jeu un petit compagnon de Hans, Fritzl, était tombé et s'était heurté à une pierre et blessé. Le choix « totémique » du cheval est donc lourd d'une multiplicité de traces et de représentations de vœux.

Ceci dit, les indications fournies par Freud suffisent à mettre en évidence le fonctionnement de l'identification dans ses différents registres.

Il est frappant, d'abord, que *la phobie consiste en une identification transitive,* une position d'identité qui est une transgression, dans l'inconscient, des distinctions de genre et d'espèces. *Le cheval est le père (et la mère).* Le trait commun nécessaire à cette identification, comme on l'a vu pour le rêve, c'est la dimension considérable de leur fait-pipi; il y a des traits secondaires : le noir au-dessus de la bouche (moustache du père) et les cillères (le binocle). Il s'agit là de « voies associatives ». C'est la découverte des « motifs » qui délie — en partie — le symptôme, à savoir le vœu de suppression du père et de vengeance contre la mère. *Dans le jeu* qui proclame gestuellement la reconnaissance de l'inconscient, *Hans est le cheval.* Il mord et il tombe. Il agresse et il se punit. Le jeu rapproche la pulsion, jusque là refoulée, de la réalité, par le truchement du masque et du mime : truchement ludique efficace et thérapeutique, puisqu'il a pour effet de diminuer l'angoisse des chevaux (sans la supprimer complètement) et de rendre Hans plus nettement impudent et joyeusement combatif en compagnie de son père.

— Le symptôme : *le cheval est le père* immobilise une position inconsciente insoutenable pour Hans qui aime et admire son père, qui le hait et désire son « départ », sa « chute ». La conduite phobique est l'évitement

(62) GW VII p. 287; tr. fr. p. 128, dans *Cinq psychanalyses.*

de toute situation où ce cheval fascinant et dangereux peut apparaître.

— Le jeu : *Hans est le cheval* mobilise la fantaisie et réalise symboliquement le vœu dangereux. Symboliser se fait pour l'autre (le père), le jeu s'adresse au père. Il fête en quelque sorte *l'identification active* au totem paternel : *Hans est le père* — se substitue à *Hans hait le père.*

Il est intéressant de tirer tous les enseignements de cet « exemple » clinique, essentiel, dans l'argumentation de Freud, pour démontrer son hypothèse (sa « succession de faits ») sur l'origine du totémisme. Car le totémisme des dits primitifs n'a jamais fait l'objet de l'analyse freudienne; ses « évidences » lui viennent de la psychanalyse, menée par lui-même ou par ses élèves. Le totémisme infantile, manifeste dans la zoophobie, est donc la clé de voûte de sa construction. Or tout s'y énonce et s'y joue en termes d'identification.

La formation du symptôme phobique s'opère par une condensation — c'est-à-dire l'identification de plusieurs objets et leur figuration par une image qui masque leur signification commune, qui distrait du sens « propre ». Mais que le cheval soit la « figure » ou la métaphore du père (des parents) ne se motive que par la nécessité de déplacer l'affect de l'un sur l'autre. Le mécanisme principal de défense contre l'angoisse provoquée par la montée des sentiments hostiles est de les dissocier des sentiments tendres qui les contrecarrent et de les transférer sur un objet de substitution. Diviser l'ambivalence pour régner! Mais il semble que l'ambivalence soit irréductible. Et le conflit se transporte sur le substitut. La « solution » zoophobique comporte un bénéfice : Hans devient par là agoraphobe et reste ainsi auprès de sa mère qui pourra le câliner. Mais l'animal est envahissant, l'angoisse irrésolue se diffuse. Tant que l'identification cheval=père (=mère) demeure inconsciente, elle hante toute la relation de Hans à la réalité.

La parole du père-analyste modifie les positions et le jeu du garçon vient en quelque sorte la sanctionner, et dans un ébat joyeux. Un peu comme le mot d'esprit produisant une parole neuve, condensée, insensée et pleine de sens, transforme les positions subjectives : l'empêcheur devient le rieur. « Je suis un cheval » fonctionne comme un trait d'esprit, le jeu de Hans en met en scène la structure. L'*échange* de la signification inconsciente crée une circulation des positions, des places, des rôles. L'équivalence inconsciente une fois jouée perd de ses pouvoirs fascinants et paralysants : « Je hais le père », « je veux être le père » devient « je suis cheval comme le père 'est' cheval ».

En d'autres termes, la névrose phobique, dans sa formation, procède comme la magie, en créant une solution illusoire à un conflit réel. Le chemin de la réalité, et de la résolution du conflit d'ambivalence, n'est frayé qu'au moment où l'on sort de l'imaginaire de la magie pour le transmuter en paroles ou jeux adressés à un tiers réel. C'est l'identification symbolique (à la fois jouée et déjouée) à l'objet phobique ou totémique qui fait s'évanouir le charme. *Si je joue à être le cheval c'est que je ne le suis pas mais qu'il est une figure de ce que je désire être.* La « guérison » est dans cet écart de la métaphore. La phobie était la métaphore (la substitution) prise à la lettre, non reconnue, captive du désir non dit. A présent le cheval prend l'épaisseur métaphorique de l'*idéal du moi,* du totem symbolique.

Le cas du petit *Arpad* est analogue. Nous ne disposons malheureusement pas du détail de l'analyse. L'animal totémique n'est pas le cheval, mais la poule — plus précisément le poussin, la poule et le coq. L'intérêt de ce second exemple réside dans le fait qu'il permet de saisir plus clairement que chez Hans *la liaison du complexe d'Œdipe et du complexe de castration.* Freud commente ainsi Ferenczi :

« Chez le petit Arpad, les intérêts totémistes s'éveillent, non en rapport direct avec le *complexe d'Œdipe,* mais sur la base du présupposé narcissique de celui-ci, l'angoisse de castration. Mais en lisant attentivement l'histoire précédente (Hans) on y trouve également de nombreux témoignages de l'admiration que l'enfant éprouvait pour le père, à cause du volume de son appareil génital et parce qu'il voyait en lui une menace pour ses propres organes génitaux. Dans le *complexe d'Œdipe comme dans le complexe de castration,* le père joue le même rôle, celui de l'adversaire redouté des intérêts sexuels infantiles. La castration ou son substitut, l'arrachement des yeux, est le châtiment dont il le menace (63) ».

Ce que Freud avait appelé « totémisme positif » c'est le très vif *intérêt* de l'enfant pour son animal et le mimétisme qui l'accompagne. Mais Arpad ne se contente pas de passer des heures au poulailler, ni de piailler et glappir comme les hôtes de la basse-cour; un de ses jeux préférés est le combat de poule suivi de danses échevelées autour du cadavre des victimes.

« A l'occasion, il savait transposer ses désirs, en remplaçant leur mode d'expression totémique par celui du langage courant. 'Mon père est le coq', dit-il un jour. 'A présent je suis petit, je suis un poussin. Mais quand je serai grand, je serai une poule, et, plus grand encore, un coq'. Une autre fois, il voulait tout à coup manger de la 'mère confite'... Il menaçait très

(63) GW IX p. 157; tr. fr. p. 150

volontiers les autres de castration, ayant lui-même éprouvé des menaces de ce genre par suite des pratiques masturbatoires. » (64)

Ce que l'on note comme traits communs de ce cas, de celui de Hans et des observations de Frazer relatives au totémisme, ce sont : l'*identification complète (die volle Identifizierung)* à l'animal totémique et l'*attitude affective (Gefühlseinstellung) ambivalente* à son égard. Le jeu d'Arpad est d'être un coq ou une poule (comme son père est le coq) mais aussi d'agresser les autres *comme une poule* (celle qui lui avait autrefois mordu la verge lorsqu'il urinait dans le poulailler) et *comme son père* qui le menace de castration. L'identification activement jouée « traite » en quelque sorte et l'intérêt sexuel (avoir un grand pénis) et la haine contre ceux qui menacent cette stature narcissique.

L'identification ludique chez Hans et chez Arpad apparaît comme une voie plus ouverte à l'expression des désirs ambivalents que la voie phobique.

La formation du symptôme phobique du petit Hans ne donne pas d'issue au conflit de la tendresse admirative et de la rivalité haineuse. Le désir de mort déplacé sur le cheval s'exprime dans la peur qu'il ne tombe mais cela s'assortit de la punition exprimée dans la peur qu'il ne morde. La phobie met en scène le désir œdipien et l'angoisse de castration qui l'accompagne, c'est-à-dire qu'elle met en scène le « totémisme négatif » dont Freud parlait plus haut. *La transposition ludique, par le truchement d'une identification, « réalise » une élaboration non clivée des désirs ambivalents.* Hans joue et l'amour et la haine : mué en cheval il a les insignes de la puissance (cette phallicité qui donne accès à la mère) et il mord le rival qui le menaçait (par la voix de la mère ou de ses propres colères). Le cheval devient métaphore de ses désirs œdipiens, métaphore vivante et non plus réalité envoûtante et magique.

Le jeu est une parole libérée du cercle infernal et quasi paranoïaque de l'enfermement phobique. Il y a véritable médiation totémique (symbolique), bien visible dans cette parole du petit Arpad qui dit non pas « je serai le père » mais « je serai un coq ». L'objet aimé et craint devient l'idéal. Le rapport « objectal » se « réfléchit » : « je fais inconsciemment de mon père un cheval » devient « je *me* fais consciemment cheval ». *L'identification totémique est ce geste même de l'assimilation d'une*

(64) GW IX p. 159; tr. fr. p. 151

figure symbolique, elle introduit un écart à l'intérieur du moi, la différence de la métaphore. L'identification phobique est comme l'identification onirique et hystérique : il y a méconnaissance des positions qui y sont interchangeables, et méconnaissance du désir qui est l'artisan secret des substitutions. L'identification phobique « ne change rien », elle demeure fantaisie privée. Tandis que l'identification ludique (totémique, si l'on veut) « réalise » cette fantaisie de désir, elle en fait un désir « déclaré », adressé à quelqu'un. Elle est aussi plus intéressante du point de vue économique, dans la mesure où elle maintient l'ambivalence du désir; elle fait l'épargne d'un déplacement-refoulement très coûteux et interminable.

Ces deux observations autorisent à introduire dans la formule du totémisme l'élément manquant dans la série compréhensive. Cet élément c'est — du moins pour l'homme, pour le mâle — *le père.*

Mais les « primitifs » nous l'avaient déjà appris, quand ils appelaient leur animal totémique leur *ancêtre* et leur *père archaïque (Ahnherrn und Urvater).* La psychanalyse n'a donc rien trouvé de neuf en substituant le père à l'animal totémique.

« Tout ce que nous avons fait, dit Freud, c'est de prendre à la lettre une expression utilisée par ces peuples, expression dont les ethnologues ne savaient que faire et qu'ils ont, pour cette raison, rejetée à l'arrière-plan. La psychanalyse nous engage au contraire à relever ce point et à y nouer une tentative d'explication du totémisme. » (65)

Prendre l'expression *Ur-vater* à la lettre, c'est opérer un rapprochement inouï. Si l'animal totémique n'est autre que le père, ce que la psychanalyse dévoile des fonctions du père éclaire aussitôt les fonctions du totem, et « les deux prescriptions tabou qui constituent le noyau du totémisme, à savoir de ne pas tuer le totem et de n'utiliser sexuellement aucune femme appartenant au totem, coïncident, de par leur contenu, avec les deux crimes d'Œdipe, qui a tué son père et épousé sa mère, et avec les deux désirs archaïques *(Urwünschen)* de l'enfant dont le refoulement insuffisant ou le réveil forment peut-être le noyau de toutes les psychonévroses. » (66)

Si ce rapprochement n'est pas un jeu abusif *(ein irreleitendes Spiel!)* la naissance du totémisme voire de l'humanité comme telle apparaîtra

(65) GW IX p. 160; tr. fr. p. 152
(66) ibidem.

comme le produit des conditions du complexe d'Œdipe, comme le totémisme des deux garçons analysés ci-dessus...

c) L'IDENTIFICATION TOTÉMIQUE : LE DEUIL ET LA FÊTE

Il y avait un air de fête, un accent de triomphe, dans le jeu du petit Hans. Triomphe d'avoir tué la bête inconsciente; triomphe qui marquait, dans le processus de la cure, le commencement de la fin d'une oppression. Joie de s'autoriser à vivre la métaphore totémique au lieu de subir la persécution d'une projection inconsciente. Joie de la reconnaissance-naissance de l'idéal du moi.

Avec une sorte de légèreté, Freud se propulse triomphant vers sa conclusion. Le primitif, l'humanité « *in principio* », c'est comme l'enfant. L'expérience psychanalytique fournit le fil qui va coudre les pièces éparpillées par les psychologues des peuples, les anthropologues, les historiens de la culture et de la religion. Au jeu totémique de l'enfant correspond la fête totémique des peuples primitifs. Correspondance, analogie, identité de structure, identité des motifs : au commencement il y a le complexe paternel.

Point n'est besoin de reproduire ici le détail de cette « suite de faits » qui sert à Freud de démonstration des origines. Mais nous trouvons dans les dernières pages de *Totem et tabou* un développement remarquable de ce que Freud, à travers ces cheminements ethnologiques et préhistoriques, a pu mettre en place pour conceptualiser les procès de l'identification. Déjà pointée à plusieurs reprises au cours de l'analyse de l'animisme et du totémisme, c'est *l'élaboration psychique de la mort* qui va permettre de donner à la problématique de l'identification ici en jeu son articulation théorique.

Freud doit au livre de Robertson Smith : *La religion des Sémites,* cette idée que la cérémonie singulière du repas totémique fait partie intégrante du totémisme. Davantage même : le sacrifice et le repas partagé par tous les membres du clan constituent l'acte qui donne substance et existence au groupe. Hiérourgie, consécration, célébration du *lien totémique* comme tel. Pour que vive le clan il faut la médiation d'un *mort.* L'animal tué solennellement n'est pas n'importe qui. Celui qu'on tue, dont on mange la chair et dont on boit le sang dans cette communion sacrée, c'est l'animal totémique lui-même. Le lien social, la communauté de clan, naît de sa mort et de l'absorption de sa substance. La commensalité affirme la consubstantialité des membres du clan et de leur dieu totémique.

« C'est en réalité par la mort et par l'absorption de l'ancien animal totémique, du dieu primitif lui-même que les membres du clan entretenaient et renforçaient leur similitude au dieu *(ihre Gottähnlichkeit)*. » (67)

« ... Représentons-nous la scène d'un repas totémique (...) Dans une occasion solennelle, le clan tue cruellement son animal totémique et le consomme tout cru : sang, chair, os; les membres du clan sont vêtus de façon à ressembler au totem, ils en imitent les cris et les mouvements, comme s'ils voulaient accentuer leur identité avec lui. Chacun sait qu'il accomplit une action interdite à chacun individuellement, mais qui est justifiée *(gerechtfertigt)* du fait de la participation de tous; personne n'a d'ailleurs le droit de se soustraire au meurtre et au repas. Après l'acte, l'animal abattu est pleuré et regretté. Les plaintes funèbres sont coercitives, imposées par la crainte d'un châtiment; elles ont pour but principal d'après R. Smith, de se débarrasser de la responsabilité du meurtre. Mais ce deuil est suivi de la fête la plus bruyante et la plus joyeuse avec le déchaînement de toutes les pulsions, la licence pour toutes les satisfactions... » (68)

La joie de la fête jaillit de cette levée massive des interdits. *Mais pourquoi le deuil?* Pourquoi pleure-t-on la mort de l'animal totem?

Nous avons appris, que les membres du clan se sanctifient par l'absorption du totem, et renforcent ainsi leur identification à lui et entre eux. Absorber et consommer la vie sacrée dont l'animal est le porteur produit la joie. Mais la psychanalyse nous révèle que l'animal totémique est en réalité le substitut du père et que l'attitude affective qui caractérise le complexe paternel est *l'ambivalence*. Le triomphe d'avoir assimilé la puissance du père-totem s'accompagne, de par l'ambivalence qui marque la relation au père, de la culpabilité. Il y eut une « première fois » où le père réel de la horde, « violent, jaloux gardant pour lui les femelles et chassant ses fils à mesure qu'ils grandissaient » (69) fut tué et dévoré par ceux-ci. La théorie darwinienne sur l'origine de la société humaine vient donner un indice de réalité à ce père archaïque qu'il a fallu tuer pour que vive la loi totémique.

« La bande des frères, en état de rebellion, était animée à l'égard du père des sentiments contradictoires qui, d'après ce que nous savons, forment le contenu ambivalent du complexe paternel chez chacun de nos enfants et de nos névrosés. Ils haïssaient le père, qui s'opposait si violemment à leur besoin de puissance et à leurs exigences sexuelles, mais tout en le haïssant ils l'aimaient et l'admiraient. Après l'avoir supprimé, *après avoir assouvi leur haine et réalisé leur identification avec lui, ils ont dû se livrer à des manifestations affectives d'une tendresse exagérée*. Ils le firent sous la forme du *repentir :* ils éprouvèrent un sentiment de culpabilité qui se confond avec le sentiment de repentir communément éprouvé. Le mort devenait plus puissant qu'il ne l'avait jamais été de son vivant; toutes

(67) GW IX p. 167; tr. fr. p. 159
(68) GW IX p. 170; tr. fr. p. 170; tr. fr. p. 161.
(69) GW IX p. 171; tr. fr. p. 162

choses que nous constatons encore aujourd'hui dans les destinées humaines. Ce que le père avait empêché autrefois, par le fait même de son existence, les fils se le défendaient à présent eux-mêmes, en vertu de ce processus psychique si familier pour nous en psychanalyse de « l'obéissance après coup ». Ils désavouaient leur acte, en interdisant la mise à mort du totem, substitut du père, et ils renonçaient à en recueillir les fruits, en refusant d'avoir des rapports sexuels avec les femmes qu'ils avaient libérées. C'est ainsi qu'ils créèrent à partir *du sentiment filial de la culpabilité* les deux tabous fondamentaux du totémisme qui, pour cette raison, devaient se confondre avec les deux désirs refoulés du complexe d'Œdipe. Celui qui agissait à l'encontre de ces tabou se rendait coupable des deux seuls crimes qui intéressaient la communauté primitive. » (70)

L'élaboration psychique de la mort est l'élaboration psychique de la mort de l'autre, que cette mort ait été désirée ou qu'elle ait été réellement donnée. Dans les deux cas, le « mort » en sort plus vivant que jamais. Les rites du sacrifice, du deuil et de la fête apparaissent donc à l'analyse comme une vaste tentative d'effacement, d'oubli, de désaveu du désir de mort et comme un cri de triomphe de ce même désir.

Freud cherche à observer la destinée des pulsions œdipiennes dans les formes institutionnelles du totémisme. Ainsi, ce qui se lit sur ces institutions archaïques doit trouver un équivalent dans la vie psychique de « nos enfants et de nos névrosés » d'aujourd'hui. La consommation cannibalique du totem-père, loin qu'elle soit l'assouvissement pur et simple du désir, a pour effet de l'écarter de son objet (le phallus du père, la femme ou les femmes du père).

Tel est le paradoxe de l'identification totémique.

On aura beau manger du père autant de fois, autant de fêtes, que l'on voudra, celui-ci en demeurera d'autant plus vif, d'autant plus puissant. Puissance qui se manifeste dans l'obéissance après-coup, dans la compulsion à répéter le rite du meurtre, dans le deuil qui accompagne la joie du triomphe. C'est pourquoi la dévoration demeure magique, fantaisie de désir. En réalité, le deuil et la fête écartent l'homme du désir. Ils sont la voie, ambiguë, d'un *renoncement*. La licence, l'orgie, la levée des interdits, l'excès et la dépense généralisés ne doivent pas tromper. Parce que, après l'acte, vient la loi.

Ainsi pour l'interdit de l'inceste, ainsi pour l'interdit du meurtre.

Une fois supprimé l'obstacle barrant l'accès aux femmes du clan, les voilà plus inaccessibles que jamais. Une fois supprimé le protecteur et le tyran, le voilà plus irremplaçable que jamais. Quand bien même on

---

(70) GW IX p. 173; tr. fr. p. 166

tiendrait à sa merci la réalité, le corps et la chair du père, on n'aurait pas encore ce qui constitue son « être ». *Il ne reste donc qu'à recommencer la relation au père, pour entretenir le désir d'être le père.* La reviviscence du rapport au père mort constitue en l'homme ce qu'il y a en lui de « religieux ».

La religion commémore le repas totémique, elle est la tentative collective de se réconcilier avec le père offensé, elle réalise pour le groupe cette réconciliation *(Aussöhnung)*. La religion de l'individu se déploie, pour suivre l'analogie même de Freud, dans *le rapport avec l'Idéal*, avec cette part de nous-mêmes transformée en « père » (en cheval, en coq,...) par le jeu de l'identification totémique :

> « Dans la situation créée par la suppression du père il y avait un élément qui devait, avec le temps, avoir pour effet un renforcement extraordinaire de l'amour du père *(Vatersehnsucht* : attente passionnée, nostalgie). Les frères qui s'étaient réunis pour accomplir le parricide devaient avoir chacun le désir de devenir égal *(gleich)* au père, et ils cherchaient à satisfaire ce désir en s'incorporant *(durch Einverleibung)*, dans le repas totémique, les parties de son substitut. Ce désir, de par la pression que les liens des frères du clan exerçaient sur chacun devait demeurer inaccompli. Personne ne pouvait ni ne devait plus jamais atteindre à la toute-puissance du père, ce qu'ils avaient tous convoité. C'est ainsi que le ressentiment contre le père, qui avait poussé au meurtre de celui-ci, a pu s'éteindre au cours d'un long développement, pour céder la place à la nostalgie *(Sehnsucht)* et pour que s'érige *un idéal qui eût pour contenu la toute-puissance illimitée du père archaïque qu'ils avaient autrefois battu et l'empressement à se soumettre à lui.* » (71)

Telles sont les destinées des pulsions œdipiennes, instituées dans les formes culturelles collectives des « primitifs » ou dans les formations psychiques de l'enfant : à travers le geste de l'incorporation s'opère une transformation psychique fondamentale de l'ambivalence propre au désir d'être égal au père. L'admiration et l'amour du père réel se muent en désir d'être comme le père idéal, plus puissant qu'autrefois; la haine et le ressentiment se muent en culpabilité qui devient « avec le temps » soumission. Freud voit dans cette soumission et dans la nostalgie la voie d'élaboration, la tentative de liquidation, d'effacement, de l'acte criminel.

---

(71) GW IX p. 179; tr. fr. p 170. Cf. Antoine VERGOTE : » La religion du père face à la raison et à la nécessité «, *Psychanalyse et anthropologie philosophique*, dans *La psychanalyse, science de l'homme*, Bruxelles, Dessart, 1964, p. 223-255.
Également Paul RICŒUR, *De l'Interprétation, Essai sur Freud*, Paris, Le Seuil, 1965, p. 232-249. Ces deux ouvrages proposent une analyse critique des positions de Freud à l'égard de l'origine psychique et historique de la religion; ils montrent que ce qui, à leurs yeux, fait la limite de l'interprétation freudienne réside dans sa négligence à tenir compte de l'expérience vécue du *croyant*.

« C'est ainsi, dit-il, que le souvenir de ce premier grand acte de sacrifice s'est montré indestructible *(unzerstörbar)*, malgré tous les efforts pour l'oublier; et c'est au moment où l'on voulait s'écarter le plus possible des motifs de cet acte qu'on s'est trouvé en présence de sa reproduction fidèle *(unentstellte Wiederholung)* sous la forme du sacrifice divin » (72).

Le développement d'une religion correspond donc à une espèce de long *travail de deuil,* c'est-à-dire à une tentative impossible de nier la responsabilité de la mort du dieu. Freud reprend à son compte l'interprétation que Frazer donne du deuil :

« Le deuil n'est pas une expression spontanée de sympathie pour la tragédie divine mais il est obligatoire et renforcé par la crainte de la colère surnaturelle. Et le but principal de l'homme en deuil est de rejeter la responsabilité de la mort du dieu — un point que nous avons déjà eu à signaler à propos des sacrifices théanthropiques, tel que l'égorgement du bœuf à Athènes » (73).

Nous saisissons plus clairement, à présent, *la fonction de l'identification totémique. Elle commémore le père mort : elle répète la scène de l'accomplissement du désir en en produisant une substitution idéale; le père incorporé recommence avec une force accrue son pouvoir de fascination et d'intimidation sur le fils. Cette identification au père mort est donc la reproduction de la relation ambivalente au père, l'accomplissement paradoxal du désir de le supprimer et de l'amour, mais sur une autre scène*. La scène du sacré, pour la religion; la scène de l'idéal, pour l'individu. L'identification a un rôle essentiellement conservateur : elle conserve le désir en le transposant. Après la « mort du père », il y a toujours un père à aimer, à égaler et à combattre dans un combat perdu d'avance, puisque c'est un combat pour effacer un désir indestructible.

Nous voyons dans le processus d'identification le mode de travail psychique privilégié pour maintenir la relation à l'objet perdu. La réussite du travail d'identification tient à sa capacité d'élaborer, de « perlaborer », l'ambivalence, — identification que nous avons appelée ici « totémique » parce qu'elle produit cette formation psychique (ou collective, si l'on tient à suivre Freud dans ses explications ethnologiques) que constitue le « totem » c'est-à-dire un « idéal ».

Mais le chemin de la construction de l'idéal passe par la mort de l'autre. Le travail de formation de l'idéal qu'est l'identification comme

---

(72) GW IX p. 182-183; tr. fr. p. 170.

(73) J. FRAZER : *Religion of the Semites*, p. 412-413, cité par Freud, IX p. 185 note 1 : tr. fr. p 174, note 1.

incorporation psychique de l'objet perdu nécessite cette « mort ». Dans son acte même l'identification supprime cet objet, elle est substitution, remplacement de l'objet, *Ersatzbildung*. Le paradoxe est qu'elle réincarne l'objet en le supprimant. L'objet incorporé est plus puissant qu'autrefois.

Que *Totem et tabou* s'achève par une interprétation de la production mythique du héros n'a pas de quoi étonner. Elle vient boucler le mouvement de conceptualisation qui nous a intéressé dans cette lecture « orientée », certes, mais éclairante de par cette préoccupation de centrer l'attention sur les fonctions de la notion d'identification. Créer la figure du héros, c'est se donner le moyen, narcissique, de se réconcilier avec le père. L'on peut dire que l'identification totémique est une identification héroïque voire tragique, plus efficace que l'identification « magique ».

Le héros est le double — le double du chœur, représentant la bande des frères rebelles et coupables — porteur de la faute et rédempteur, figuration grandiose du désir lui-même dans la tension de son accomplissement. L'identification permet de déplacer le désir dans le héros — l'idéal — qui est l'insigne, le symbole, l'impossible exemple. Le triomphe qui monte de cette fête identificatoire, qui est aussi un deuil, un interminable travail de substitution, le triomphe est le *triomphe du narcissisme*. De ce narcissisme qui parvient à *nier la mort* par ce tour économique de la formation de l'Idéal (74).

C. Clinique et théorie de l'identification

Totem et tabou est vraiment un texte-carrefour. Il représente un moment privilégié de l'articulation théorique du problème de l'identification. En ses mailles viennent se recroiser mille fils, ces « évidences », tressées au cours de l'investigation clinique. Ce qui confère à cet essai aventureux — peut-être le plus aventureux des écrits de Freud — sa force théorique, c'est précisément son support clinique. La rédaction de *Totem*

---

(74) La formation mythologique du héros et du double dans les productions littéraires a fait l'objet des études d'Otto Rank dont Freud connaissait les thèses. Voir Otto Rank, *Der Mythus von der Geburt des Helden*, Wien und Leipzig, 1909; *Der Doppelgänger*, Wien, Imago III, 1914; Rank ne fait, au fond, que mettre en évidence la problématique du *narcissisme* et de son rapport à *la mort*. Freud utilisera encore ces recherches mythologiques et littéraires dans son article *Das Unheimliche*, (L'inquiétante étrangeté) de 1919 (GW XII p. 246-248).

et tabou est contemporaine de l'analyse des fameux « grands cas » publiés par Freud. Les problèmes soulevés par ces cas hantent sa recherche de formulation théorique qui trouve une expression singulièrement complexe et problématique dans l'introduction du narcissisme en 1914.

La référence au *Petit Hans* a été explicite; il a été fait allusion à l'*Homme aux rats* et à « l'intelligent paranoïaque *Schreber*. Le cas de l'*Homme aux loups*, le plus touffu de tous, traité par Freud à cette même époque mais rédigé plus tard, après l'achèvement (temporaire) du traitement, est une illustration frappante de ce lent travail d'articulation conceptuelle à partir du buissonnement et des pulsations de la recherche thérapeutique. *(Die wissenschaftliche Erforschung durch die Psychoanalyse ist ja heurte ein Nebenfolg der therapeutischen Bermühung...)* (75).

a) L'IDENTIFICATION OBSÉDANTE DE L'HOMME AUX RATS

Une courte note nous suggère le chemin à suivre dans notre tentative de montrer la « présence » des patients dans l'élaboration de la théorie de l'identification découverte dans *Totem et tabou*. Freud écrit, à propos du conflit où s'enracine et s'enlise la névrose de l'*Homme aux Rats*, cette remarque :

« (...) *la fuite dans la maladie lui fut rendue possible grâce à l'identification à son père. Et celle-ci permit la régression des affects aux vestiges de l'enfance* » (76).

Cette petite note cerne avec justesse toute la « situation » dramatique du jeune homme, prisonnier d'un scénario dont il n'est pas l'auteur et qui peut recevoir à bon droit l'appellation de « roman familial », de « mythe » (77).

---

(75) GW VII p. 428.

(76) GW VII p. 420, note 1; tr. fr. dans *Cinq psychanalyses*, p. 228, note 1.

(77) La prégnance d'un tel « mythe » dans le processus névrotique de l'Homme aux rats a été spécialement décrite par Jacques Lacan dans un commentaire (inédit) « *Le mythe individuel du névrosé* » (1953). Il voit dans la singularité de ce cas une forme universelle dont Freud a pu manifester la vérité. Il écrit :
« On peut dire que *la constellation originelle* d'où est sorti le développement de la personnalité du sujet — je parle de la constellation au sens où en parleraient les astrologues — ce à quoi elle doit sa naissance et son destin, sa préhistoire, à savoir les *relations familiales fondamentales* qui ont présidé à la jonction de ses parents, ce qui les a amenés à leur union, c'est quelque chose qui se trouve avoir un rapport, et un rapport dont on peut dire qu'il est peut-être définissable dans la formule d'une certaine transformation à proprement parler *mythique*, un rapport tout à fait précis avec quoi, avec la chose qui apparaît la plus contingente, la plus phantasmatique, la plus paradoxalement morbide, à savoir le dernier

Sa maladie devient un théâtre de substitution à la vie qui exige de lui l'impossible : trancher un lien inconscient au désir de ses parents, plus précisément à la mémoire de son père défunt. Un *père mort* qu'il se refuse à « enterrer » et à l'égard duquel il est comme les fils parricides de la horde primitive : dans l'état paradoxal de la *soumission après-coup*, de l'obéissance rétroactive. Avec cette différence qu'ici tout se passe dans l'inconscient : le patient ne sait pas « qui » commande. Le passage suivant dessine les traits essentiels de l'histoire qui se répète sur ce théâtre de l'inconscient :

« Sa mère avait été élevée chez des parents éloignés, une riche famille de gros industriels. C'est à la suite de son mariage que son père avait été employé dans cette maison, de sorte qu'il n'était arrivé à sa situation de fortune, assez considérable, que grâce à son mariage. Par des taquineries entre les époux,... notre patient apprit que son père, quelque temps avant de connaître sa mère, avait courtisé une jeune fille d'une famille modeste, pauvre mais jolie. Tel est le prologue. Après la mort de son père, sa mère lui dit un jour qu'elle avait parlé à ses riches parents de son avenir à lui et qu'un de ses cousins consentirait à lui donner en mariage une de ses filles, dès qu'il aurait terminé ses études; des relations d'affaires avec cette importante maison lui offriraient ainsi de brillantes perspectives pour son avenir professionnel. Ce *plan de famille* réveilla en lui un conflit : devait-il rester fidèle à son amie pauvre ou bien suivre les traces de son père et épouser la jeune-fille, belle, distinguée et riche, qu'on lui destinait? Et c'est ce conflit-là, *conflit, au fond, entre son amour et la volonté persistante (fortwirkende Wille) de son père*, qu'il résolut en tombant malade; ou plus exactement, par la maladie, il échappa à la tâche de résoudre ce conflit dans la réalité » (78).

La volonté du père conteste son désir actuel, comme elle empêchait autrefois son activité sexuelle infantile. Par le truchement du transfert, cette véritable « école de souffrance » (79), il sera amené à reconnaître l'existence inconsciente de sa haine pour le père. Reconnaissance qui permit d'accéder à la solution de l'obsession aux rats, le symptôme majeur de la névrose. *L'identification au père mort* qui commande toute cette névrose semble avoir été le « destin » de la haine propre au complexe paternel. Tâchons de repérer le processus de la formation de cette identification névrotique.

état de développement de ce qu'on appelle, dans cette observation, la grande appréhension obsédante du sujet, c'est-à-dire le scénario auquel il parvient, *scénario imaginaire*, comme étant celui qui doit résoudre pour lui l'angoisse provoquée par le déclenchement de sa grande crise... » (nous soulignons).
Voir chez FREUD, *Le roman familial des névrosés*, GW VII.

(78) GW VII p. 420; tr. fr. p 228.

(79) GW VII p. 429 : « *in solcher Schule des Leidens...* »; tr. fr. p. 235.

Il y a certes une collection de symptômes typiquement obsessionnels qui bourgeonnent sur ce conflit névrotique et qui sont l'occasion de montrer sur le vif la psychologie singulière des obsédés. Il semble cependant que ce soit la « *grande appréhension obsédante* » *(die groß Zwangsbefürchtung)* formée autour de l'anecdote cruelle du supplice des rats, qui constitue le noyau le plus compact de la maladie. Lorsque le travail analytique aura mis en relation cette grande appréhension (à savoir : l'idée qu'il n'arrive un tel supplice à une personne aimée) avec le « complexe paternel », ce symptôme-clé sera dissous.

Nous croyons pouvoir considérer ces rats du supplice comme le « totem » névrotique du patient. Que l'appréhension (mélange de désir et de peur) se soit fixée sur ce signifiant « *Ratte* » n'est évidemment pas fortuit. Les divers courants associatifs manifestent ce qu'il draîne de significations refoulées (80). C'est toute la problématique de l'obsessionnel qui s'y trouve condensée. Problématique qu'il est possible de formuler en termes d'identifications, comme si cette obsession disait ses avatars à travers *la série des positions imaginaires*, — des places que l'Homme aux Rats se refuse à prendre et à occuper dans la réalité, — série résumée dans cette représentation surdéterminée et qu'il faut délier, décomposer, désaffecter.

« Le destin lui avait lancé, pour ainsi dire, dans le récit du capitaine, un mot auquel son complexe était sensible, et il n'avait pas manqué d'y réagir par son idée obsédante » (81).

Cette série disparate est celle-ci : rats-érotisme anal-vers intestinaux-théorie sexuelle infantile; rats = enfant, = lui-même dégoûtant, sale, rageur, sachant mordre et subissant pour cela de terribles punitions de la part de son père; père cruel comme le capitaine qui lui a ordonné de rembourser une dette; père endetté (« rat de jeu »); les rats = l'argent, l'héritage paternel; père à la conduite douteuse pendant sa carrière militaire, porteur d'une infection syphilitique; le rat = le pénis lui-même infecté, comparable à un ver; rat = animal sale se nourrissant d'excréments et vivant dans les égoûts; rats-florins = prostitution; rapport sexuel « per anum »; mariage (*heiraten*); demoiselle aux rats d'Ibsen, où

---

(80) Quelques pages rassemblent le fouillis des associations en parcourant la série des significations symboliques qu'avait acquises cette représentation obsédante des *rats*. Voir GW VII p. 432-438; tr. fr. p 238-242.

(81) GW VII p. 455; tr. fr. p. 240.

le rat signifie l'enfant et symbolise, comme animal chthonien, sinistre et inquiétant, les âmes des morts; rats aperçus furtivement sur la tombe du père.

La cure apparaît comme une véritable entreprise de « *dératisation* » c'est-à-dire de décollement des multiples figures masquées et fixées par ces rats dans l'inconscient. Les traits communs fomentant l'unification de ces séries superposées sont des traits de la constellation pulsionnelle de *l'érotisme anal* : sadisme, cruauté, théorie sexuelle anale, équivalence fèces-argent-pénis-enfant, saleté. Le choix « totémique » des rats n'est pas précisément sublime ni idéal, il ne fait que laisser patauger le patient dans une enfance coupable et dévalorisée et lui faire prendre des positions sexuelles sado-masochiques, ambivalentes, haineuses, compulsives.

« Je suis un rat, comme mon père en était un (et me « commande » d'en rester un), comme le capitaine en est un ». Voilà bien *l'identification à l'agresseur*, dont parlera Anna Freud (82). Elle est l'assimilation d'un modèle clivé, tronqué : le rat n'est que la figure du côté détestable du père mort, figure accablante et culpabilisée. Le refoulement de la haine s'opère par cette identification inconsciente et magique; le sujet est l'objet de sa propre haine, il est volonté cruelle du père de barrer la route aux pulsions onaniques et génitales. Tel est le sort d'une ambivalence non reconnue : l'agresseur auquel le malade s'identifie est incorporé mais y fonctionne comme *un corps étranger qui le ronge* au lieu de conforter son narcissisme viril. En d'autres termes, l'identification sert ici au refoulement névrotique; elle n'est pas la voie de la formation d'un idéal par mutation complète de la figure paternelle (à la fois aimée et haïe). Le rapport au père mort n'est pas vraiment consommé tant que la « mémoire » qu'on en garde s'interdit d'admettre la haine. C'est la raison pour laquelle l'Homme aux Rats est le sujet d'*un deuil interminable*, d'un « chagrin pathologique ». La maladie elle-même est l'expression pathologique de l'impossible mort du père qui n'en finit pas de mourir, tel un funeste « revenant ».

La formule rituelle de cet obsessionnel : « tue-toi, pour te punir d'avoir de tels désirs » est la forme impérative, retournée, du désir œdipien : « meurs, pour me permettre d'avoir de tels désirs ». La formule « nor-

(82) Anna FREUD : *Das Ich und die Abwehrmechanismen*, London, Imago, 1946; tr. fr. A. Berman, 3è édition, Paris, P.U.F., 1964. Voir spécialement chap. IX.

male » serait : « tu es mort, et, comme toi, je me permettrai d'avoir de tels désirs », dans la mesure où l'identification que nous avons appelée totémique *promet* le désir (« Je serai un coq »).

b) L'HOMME AUX LOUPS : ENTRE L'IDENTIFICATION VIRILE ET L'IDENTIFICATION FÉMININE

Le conflit dans lequel se débat l'Homme aux loups (83) touche aux racines mêmes de la sexualité et nous conduit, partant, à une interrogation radicale sur *le rapport de l'identification et de la position sexuelle, c'est-à-dire sur les conditions psychiques fondamentales du choix sexuel.* La dimension nouvelle, relativement aux types de conflit analysés dans le cas de Hans ou de l'Homme aux rats, est précisément celle de la *bisexualité.* Le champ du conflit n'est pas tant la dramatique œdipienne qualifiée, telle qu'elle apparaît dans l'ambivalence à l'égard du père et dans l'échec de son maniement résolutif, que la dramatique de la « *scène primitive* ».

Avec l'analyse infiniment compliquée de ce cas de névrose infantile, toutes les questions rejaillissent et reçoivent une épaisseur accrue : narcissisme, amour, identification, castration : être homme, être femme.

Ce patient, de par la gravité même des questions qu'il a suscitées chez Freud et ses successeurs, a connu un sort assez singulier, et une célébrité étonnante. On verra que notre propos tirera avantage à se risquer au sein des ravinements et des redans de ce personnage énigmatique. Nous n'avons pas à en résumer l'histoire ni à la commenter mot à mot (84).

---

(83) *Aus der Geschichte einer infantilen Neurose*, GW XII p. 27-157; *Extrait de l'histoire d'une névrose infantile (L'homme aux loups)*, trad. fr. dans *Cinq psychanalyses*, Paris, P.U.F., 1966.

(84) Le destin psychanalytique de ce patient qui a contribué, de par les questions qu'il a suscitées chez Freud, à faire avancer la théorie, a fait l'objet d'études approfondies. L'état de la question nous semble avoir été exhaustivement décrit dans le travail récent de Michel DE WOLF : *La castration dans l'œuvre et l'expérience freudiennes.* Dissertation en vue de l'obtention du grade de Docteur en Psychologie, Faculté de Psychologie et des Sciences de l'éducation, Université catholique de Louvain, 3 vol., 1972 — sous la direction du Professeur J. Schotte. Cf. le chapitre IV : « La castration dans l'analyse de l'homme aux loups ».
Voir également le numéro spécial de la *Revue française de Psychanalyse, À propos de l'homme aux loups*, Tome XXXV, janvier 1971.
Freud résume ce qui constitue l'originalité de ce cas au chapitre IX de son étude, en ces termes :
« On croit en effet ici toucher du doigt qu'il s'agit d'un conflit entre les aspirations mâles et les aspirations femelles, donc de la bisexualité qui engendre le refoulement et la névrose. Cette conception, cependant, est incomplète. De ces deux aspirations sexuelles contraires, l'une est acceptée par le moi, l'autre blesse les intérêts du narcissisme, c'est pourquoi celle-ci

Nous cherchons seulement à relever les indications, les remarques, les problèmes qui font avancer, à notre sens, l'élaboration de la problématique de l'identification, problématique qui coïncide avec la conceptualisation du narcissisme.

Cette élaboration, nous la pouvons ressaisir dans ces temps de l'analyse où Freud cherche à comprendre les passages d'une « phase » de la maladie à une autre. Sans que Freud le thématise comme tel, parce qu'il focalise son intérêt sur plusieurs points du réseau à la fois, on peut observer que ces fameux passages sont autant de tentatives pour se « guérir » d'un conflit insistant, archaïque, renaissant sans cesse sous de nouvelles formes, et qu'à chaque coup, la chose se dramatise en termes de conflit d'identifications. Freud divise l'enfance du malade en quatre périodes :

« En premier lieu, la phase d'avant la séduction, celle-ci survenue à 3 ans et 3 mois, phase pendant laquelle se place la scène primitive; en second lieu, la phase du changement de caractère, jusqu'au rêve d'angoisse à 4 ans; en troisième lieu, la phase de la phobie d'animaux, jusqu'à l'initiation religieuse à 4 ans 12; en dernier lieu, la phase de la névrose obsessionnelle qui s'étend jusqu'au-delà de la 10ème année. Un remplacement instantané et net d'une phase par la suivante n'était ni dans la nature des choses *(Verhältnisse)*, ni dans celle de notre patient; tout au contraire, la conservation de tout ce qui avait précédé et la coexistence des plus divers courants étaient caractéristiques » (85).

Examinons donc *les voies et les motifs de ces moments de transformation* (de remaniement pulsionnel) que sont : 1) l'altération du caractère, sa « méchanceté » — 2) le rêve aux loups, manifestation de la zoophobie — 3) les scrupules et ruminations religieuses « sacrilèges » — 4) les symptômes de la « fin » de l'analyse.

1) L'altération du caractère

En un premier temps, surgie du souvenir, il y a une scène, diversément répétée, où sa sœur aînée, « alors qu'il était encore très petit, l'avait séduit en l'induisant à des pratiques sexuelles », en lui proposant de se montrer l'un à l'autre leur « panpan » au cabinet, ou, en s'emparant de son

---

succombe au refoulement. ... Les conflits entre la sexualité et les tendances morales du moi sont bien plus fréquents que les conflits ayant lieu à l'intérieur de la sexualité elle-même. Un tel conflit moral fait défaut dans notre cas. Affirmer que la sexualité soit le mobile du refoulement serait une conception trop étroite; dire qu'un conflit entre le moi et les tendances sexuelles (la libido) le conditionne, voilà qui englobe tous les cas ». Tr. fr. p. 410.

(85) GW XII p. 91; tr. fr p. 368.

membre, en racontant que Nania leur bonne faisait la même chose...

Le petit garçon réagit à ces séductions par un refus *(Ablehnung)*, refus concernant la personne et non la chose. Il lui substitua Nania, se mit à jouer avec son membre devant elle, ce qui peut s'interpréter comme une tentative active de séduction. Mais la bonne le déçut, elle prit un air sévère et déclara que ce n'était pas bien. Les enfants qui faisaient ça, disait-elle, il leur venait à cet endroit une « blessure ». Abandonnant à contre-cœur sa chère Nania, il se mit à chercher secrètement un nouvel objet sexuel. La séduction par la sœur lui avait fourni le but sexuel passif d'être touché aux organes génitaux. La menace proférée par Nania mit en branle une recherche sexuelle, manifeste dans ses observations des petites filles urinant, mais aussitôt repoussée dans ses découvertes. L'idée de la castration commençait à le poursuivre, sans provoquer pour autant chez lui l'adhésion ni l'angoisse.

Après avoir été éconduit et dédaigné par Nania et tout à la fois intrigué par sa menace, il abandonne la masturbation.

« La vie sexuelle commençante sous la primauté de la zone génitale s'était ainsi brisée contre un obstacle extérieur et avait été rejetée par là dans une phase d'organisation prégénitale » (86).

Le changement de caractère date de cette répression de l'onanisme : il devint *sadique-anal*, tourmentant Nania pour se venger d'elle — et la « séduire », sur le mode anal — et se livrant à des cruautés sur des insectes, et à des cruautés imaginaires sur des chevaux. A ces fantaisies sadiques, actives, s'associaient des fantaisies masochiques, passives : il imaginait que des enfants étaient battus sur le pénis; ces fantasmes avaient aussi pour fonction de le punir de l'onanisme.

Ainsi, les aspirations actives-sadiques étaient contemporaires des aspirations passives-masochistes : battre et être battu. Cette *ambivalence*, manifeste dans le développement égal de deux pulsions partielles, était d'une intensité et d'une ténacité peu ordinaires. Cette double position libidinale marquera toute l'histoire ultérieure.

Le nouvel objet sexuel de ces aspirations régressives fut son père, alors absent. Ce choix n'était nullement fortuit, car au-delà d'associations relatives à un serpent coupé en morceaux par le père,

« *il renouvelait par là son premier et plus originaire choix d'objet qui, en conformité avec le narcissisme du petit enfant, s'était effectué par la voie de l'identification.* Nous avons déjà

(86) GW XII p. 50; tr. fr. p 339.

vu que son père avait été son modèle admiré; quand on lui demandait ce qu'il voulait devenir, il répondait : un 'monsieur' comme mon père. *Cet objet d'identification de son courant actif devint l'objet sexuel de son courant passif de la phase sadique-anale.* La séduction par la sœur semble l'avoir contraint à un rôle passif et lui avoir donné un objectif sexuel passif. Sous l'influence persistante de cet événement, il parcourut alors un chemin menant de sa sœur par sa Nania jusqu'à son père, de l'attitude passive envers la femme à l'attitude passive envers l'homme, tout en renouant par là avec la phase antérieure et spontanée de son développement. Le père était redevenu son objet, l'identification était, en conformité avec ce développement supérieur, remplacée par le choix d'objet, la transformation de l'attitude active en une attitude passive était la conséquence et l'indice de la séduction ayant eu lieu entre-temps. Il n'aurait naturellement pas été aussi facile de prendre une attitude active envers le père tout-puissant au cours de la phase sadique. Quand le père revint à la fin de l'été ou en automne, les crises de rage et les scènes de fureur acquirent une signification nouvelle. Avec Nania elles avaient servi à des fins actives sadiques, avec le père elles étaient animées d'intentions masochiques. En faisant étalage de sa « méchanceté » il voulait forcer son père à le châtier et à le battre, et obtenir ainsi de lui la satisfaction sexuelle masochique souhaitée. Ses accès de rage et ses cris étaient donc de simples tentatives de séduction En concordance avec la motivation du masochisme, il aurait, par une telle punition, trouvé à satisfaire son sentiment de culpabilité.. » (87)

Schématiquement, la séquence des choix sexuels se donne comme suit :

- le premier et le plus originaire choix d'objet *(seine erste und ursprüngliche Objektwahl)* : le père modèle admiré *(bewundertes Vorbild)* dans l'identification active à ce père;
- séduction par la sœur, attitude passive;
- tentative active de séduction sur Nania, mais avec but passif; rage, colères.
- tentative de séduction du père devenu objet sexuel, avec but passif.

Cette série est établie par reconstruction. Ce qui nous importe, c'est que Freud montre que *la forme originelle d'attachement au père est narcissique; l'identification au modèle admiré est la voie d'accomplissement de ce choix d'objet primordial (Objektwahl, die sich dem Narzißmus des kleinen Kindes entsprechend auf dem Wege der Identifizierung vollzogen hatte).* Le but ici est actif : *être comme le père.*

Le père redevient son objet, après un intervalle de temps marqué par le développement sexuel anal et la transition à la phase génitale dans l'activité masturbatoire exhibée et les attouchements recherchés sur le pénis après la séduction par la sœur; le refus et la menace de Nania font refluer cette sexualité génitale commençante; le nouveau choix d'objet suit alors la voie de la sexualité anale : le père re-trouvé est l'objet qui

(87) GW XII p. 52; tr. fr. p. 341.

satisfait les pulsions masochiques (être battu, être puni). Le but sexuel devient passif: *être « aimé » par le père.*

Mais, comme Freud le fait plusieurs fois remarquer, la caractéristique de ce patient est une manière de *conservatisme libidinal*: tout conserver des choix sexuels infantiles. La suite de l'histoire montrera le conflit de plus en plus pénible et « coûteux » entre ces deux modes d'attachement au père: l'identification active, narcissique (être comme lui) et la quête d'une satisfaction passive (être-aimé-battu), représentant un courant très puissant et inéliminable. A notre sens, la variété des formes que prendra la « maladie » n'est que la série des efforts pour faire triompher un des deux courants libidinaux concurrents.

2) Le rêve aux loups.

Ce rêve d'angoisse est une réactivation dramatique d'une très ancienne peur des loups, ou plutôt de l'image construite en lui par la superposition, le « collage » de multiples histoires; légendes, contes illustrés qui hantaient son imagination d'enfant (88). On pourrait s'attendre à une interprétation simple de sa terreur des loups, en retenant les enseignements de l'analyse du petit Hans, et voir dans le loup l'objet substitutif du père, objet de l'ambivalence œdipienne. Mais c'est comme si ce drame œdipien, il en faisait l'épreuve désarmé, habité par les conflits libidinaux archaïques irrésolus et fasciné par les traces d'une scène inassimilée, inintelligible, angoissante. Scène « primitive » qui revient, en quelque sorte, dans ce rêve. Scène qui l'installa dans la quête d'un savoir impossible, le « savoir » de la castration. L'observation du coït des parents, dont Freud s'efforce de reconstruire la réalité et d'interpréter la vérité fantasmatique, l'enfant l'a assumé sans la « comprendre » dans *une double identification.* La figure angoissante du loup est surdéterminée, et le « totem », l'idéal que le loup pourrait constituer ne permet pas une identification héroïque résolutive de l'Œdipe, parce qu'il est loup-femme et loup-homme, bisexué; *l'identification impossible aux partenaires de la scène primitive fait en sorte que « l'Homme » aux loups ne peut renoncer à aucune des*

(88) Il s'agit de ce livre d'images dont les histoires de loups l'effrayaient et que se sœur s'ingéniait à lui mettre sous les yeux pour le taquiner; du conte du Petit Chaperon Rouge, de celui du Loup et des sept Chevreaux; et de l'histoire racontée par le grand-père, où un tailleur surpris par un loup sautant par sa fenêtre, le saisit par la queue et la lui arrache...

aspirations sexuelles ni les assumer non plus dans le choix d'une position sexuelle définie.

Reprenons la conclusion de l'interprétation du rêve :

« Le rêve se termina par de l'angoisse, angoisse qui ne se calma pas avant qu'il n'eût sa Nania auprès de lui. Il fuyait ainsi son père pour aller à elle. L'angoisse était une répudiation *(Ablehnung)* du désir d'être satisfait sexuellement par le père, tendance qui avait été ranimée par le rêve. L'expression de cette angoisse, la peur d'être mangé par le loup, n'était qu'une transposition — régressive, comme nous allons l'apprendre — du désir de servir au coït du père, c'est-à-dire d'être satisfait à la façon de la mère. Son dernier but sexuel, l'attitude passive envers le père, avait succombé au refoulement, et la peur du père avait pris sa place sous la forme de la phobie des loups.

Quelle était la force motrice du refoulement? D'après tout ce que nous savons, ce ne pouvait être que *la libido génitale narcissique* qui, sous la forme d'une préoccupation concernant le membre viril, se débattait contre une satisfaction pour laquelle il semblait falloir renoncer à ce membre. C'est de son narcissisme menacé qu'il puisait la virilité avec laquelle il se défendait contre l'attitude passive envers le père.

Parvenus à ce point de notre exposé, il nous faut, nous le voyons, changer de terminologie. L'enfant avait, dans ce rêve, atteint une nouvelle phase de son organisation sexuelle. Les contraires sexuels avaient été jusqu'alors pour lui *actif* et *passif*. Depuis sa séduction, son but sexuel était passif, consistait à avoir les organes génitaux touchés, ce but se transforma, sous l'influence de la régression au stade antérieur sadique-anal, en celui masochique, d'être battu, puni. Il lui était indifférent d'atteindre à ce but par un homme ou par une femme. Sans souci de la différence des sexes, il avait passé de sa Nania à son père, il avait demandé à Nania de toucher son membre, avait cherché à provoquer de la part de son père une fessée. Les parties génitales n'étaient plus prises en considération; mais dans la fantaisie (le fantasme) d'être frappé sur le pénis un rapport à celui-ci s'exprimait encore caché par la régression. La réactivation de la scène primitive dans le rêve ramenait à présent l'enfant à l'organisation génitale. Il découvrait le vagin et la signification biologique de mâle et de femelle. Il comprenait maintenant qu'actif équivalait à mâle et passif à femelle. Son but sexuel passif aurait dû à présent se transformer en un but féminin et s'exprimer de la sorte : *servir au coït du père,* au lieu d'être battu par lui sur le membre ou sur le « panpan ». Alors ce but sexuel féminin succomba au refoulement et dut être remplacé par la peur du loup.

(...) Nous devrons ajouter, pour permettre d'apprécier à sa juste valeur la phobie des loups, que le père et la mère devinrent tous deux des loups. La mère, en effet, jouait le loup châtré, qui laisse les autres lui monter sur le dos; le père, le loup qui grimpe. Mais le malade assurait n'avoir eu peur que du loup debout, c'est-à-dire de son père. Nous sommes de plus frappés par le fait que l'angoisse dans laquelle s'achevait le rêve, trouvait son modèle dans le récit du grand-père. Dans ce récit, en effet, le loup châtré, qui a laissé les autres monter sur lui, est saisi de peur dès qu'on lui rappelle son absence de queue. Il semblerait ainsi qu'*au cours du processus du rêve il se fût identifié avec la mère châtrée et se fût alors débattu contre ce fait.* 'Si tu veux être sexuellement satisfait par le père', se serait-il dit à peu près, 'il faut que tu admettes, comme ta mère, d'être châtré'.'Mais je ne veux pas.'Bref, une évidente protestation de virilité. En outre, il faut considérer que l'évolution sexuelle du cas que nous étudions a, du point de vue de la recherche scientifique, le grand désavantage d'être perturbée. Elle fut d'abord influencée de façon décisive par la séduction, et ensuite déviée par la scène d'observation du coït, laquelle opérait après-coup comme une seconde séduction » (89).

---

(89) GW XII p. 73; tr. fr. p. 357.

Le rêve fonctionne donc comme une tentative de guérison, comme un message chiffré d'un savoir inconscient ancien, mais refoulé, sur la castration. Comme l'écrit Freud, ce rêve ramène l'enfant de la phase anale à la phase génitale. La figure des loups, (les associations relatives à la perte de leur queue), représente cette somme de désirs conflictuels éveillés lors de la scène primitive. Il est une forme déguisée de protestation issue du narcissisme viril contre la poussée du désir d'être, « comme sa mère », pénétré par le pénis du père. Etre battu par le père devient, servir au coït du père : changement de « terminologie », passage d'une problématique anale à une problématique génitale. Tentative de passage, plutôt, car si le rêve est *l'événement* qui fait passer le petit garçon de sa période de méchanceté à sa période névrotique, phobique, il ne résout pas l'ambivalence actif-passif, il y surempile en quelque sorte l'ambivalence châtré - non châtré. *Le rêve met en scène un conflit angoissant d'identifications incompatibles.*

3) La période « religieuse » : piété et révolte contre le Dieu-père

L'initiation par sa mère à l'histoire sainte réussit à distraire le garçon de ses angoisses et à « élever son âme »; en réalité, sans renoncer à aucun des désirs conflictuels anciens, l'inconscient fomenta avec ce nouveau matériel pieux une autre forme de symptomatologie. A la névrose d'angoisse succéda la névrose obsessionnelle.

C'est, cette fois, *la figure souffrante du Christ* qui captiva ses fantaisies et qui attira sur elle les aspirations antagonistes toujours insurmontées. Il réagit à cette initiation religieuse par des comportements ambivalents trahissant la permanence inconsciente de l'ambivalence radicale de sa position à l'égard du sexe. Il se fit pieux et dévôt mais, simultanément, rationaliste et critique, révoquant en doute tous les enseignements et dogmes inculqués par sa mère et Nania. Poursuivi par des questions relatives à la réalité physique-humaine du Christ (« Le Christ avait-il eu *aussi* un derrière? — Le Christ avait-il *aussi* chié? ») il faisait du Fils de Dieu son porte-parole inconscient, son porte-conflit par procuration. Il élevait encore des imprécations révoltées contre Dieu le père, responsable de la méchanceté des hommes, de tout le mal, de tous les tourments du monde, et de la Passion de son Fils.

Laissons-nous guider, pour comprendre le sens de cette transformation dans l'élaboration de la maladie, par ces observations de Freud :

« Nous comprendrons mieux ces ruminations si nous en appelons à une partie de l'évolution sexuelle de notre patient dont il a déjà été question... Nous savons que sa vie sexuelle, depuis qu'il avait été repoussé par Nania et que par là avait été étouffée son activité génitale commençante, s'était développée dans le sens du sadisme et du masochisme... *Dans le sadisme, il tenait ferme à sa plus ancienne identification (uralte Identifizierung) au père, dans le masochisme, il avait élu ce père comme objet sexuel (Sexualobjekt).* Il se trouvait en plein dans cette phase de l'organisation prégénitale où je vois la prédisposition à la névrose obsessionnelle. Grâce au rêve qui l'avait replacé sous l'influence de la scène primitive, il aurait pu évoluer jusqu'à l'organisation génitale et transformer son masochisme envers le père en attitude féminine envers lui, c'est-à-dire en *homosexualité.* Mais le rêve ne réalisa pas ce progrès *(Fortschritt)* et aboutit à de l'angoisse. *La relation au père* aurait dû passer du but sexuel d'être battu par lui (sur le pénis) au but suivant qui était de servir, comme une femme, au coït du père; mais *en vertu de la prétention (Einspruch) de sa virilité narcissique, cette relation au père fut rejetée à un stade encore plus primitif et, par le déplacement sur un substitut du père, elle se détacha, sous la forme de l'angoisse d'être dévoré par le loup, ce qui ne la liquida d'ailleurs nullement* » (90).

Ainsi la virilité narcissique refoula l'homosexualité, qui aurait dû constituer le destin génital de la passivité anale. Ce refoulement eut l'effet de le faire régresser à une position orale.

Tout se passe donc comme si, à travers ces avatars que représentent les « solutions » de la méchanceté, du rêve d'angoisse, de la peur des loups et de la piété obsessionnelle, il demeurait impossible de se débarrasser du père. Père sexuellement omniprésent, inéluctable. La relation au père, au cours de ces péripéties pulsionnelles, est pour ainsi dire soumise à tous les traitements possibles, mais à chaque fois, elle s'incruste davantage.

Tout est mis en œuvre pour conserver la relation sexuelle-passive au père. Ainsi trois aspirations sexuelles restent solidement fixées *(festhalten)* à cet objet indéracinable :

« A partir du rêve, l'enfant fut, dans l'inconscient, homosexuel; dans la névrose, au niveau du cannibalisme; l'attitude masochique précédente demeurait dominante. Les trois courants avaient un but sexuel passif; c'était le même objet, la même motion pulsionnelle, mais il s'était formé un clivage de celle-ci selon trois niveaux différents » (91).

Une fixation archaïque au père, jamais abandonnée, mais redistribuée, au cours du développement extrêmement « conservateur » de cet enfant, grâce à un clivage *(Spaltung)* selon les divers régimes sexuels. Cette triple relation au père peut se formuler comme ceci : *être battu, être pénétré, être dévoré* — selon l'ordre de la reconstruction analytique, le malade faisant fi de la chronologie « normale ».

---

(90) GW XII p. 94; tr. fr. p. 371.
(91) GW XII p. 95; tr. fr. p. 372.

L'intérêt théorique de la tentative de résolution par la voie de la névrose obsessionnelle, de *« l'élévation de l'âme »* par l'initiation religieuse, consiste en ce qu'elle réalise un pas vers une sublimation de cette pulsion indestructible, par le jeu d'une identification. On y pointe une fois encore la connexion entre *identification et sublimation.* Lisons :

« La connaissance de l'histoire sainte fournit alors la possibilité de *sublimer son attitude masochique dominante envers le père. Il devint le Christ*, ce qui lui fut singulièrement facilité par le fait qu'ils avaient tous deux le même anniversaire. Par là il était devenu *quelque chose de grand* et de plus — ce qui jusque là n'avait été assez accentué — *un homme.* » (92).

Mais c'était là un essai manqué; cette identification idéale et virile n'arrivait pas à refouler l'homosexualité passive envers le père, parce qu'il ne pouvait s'empêcher de se poser des questions sacrilèges à propos de ce même Christ :

« Dans cette question : 'Le Christ peut-il avoir un derrière?' transparaissait l'attitude homosexuelle refoulée, car une telle rumination ne pouvait rien signifier d'autre que cette autre question : 'mon père peut-il se servir de moi comme d'une femme? comme ma mère dans la scène primitive?' » (93).

Ces ruminations s'accompagnaient encore de questions sur *la paternité.*

« Nania lui avait laissé croire qu'il était l'enfant de son père, tandis que sa sœur était celui de sa mère, et ce rapport plus intime au père lui avait semblé très précieux... » (94).

Mais l'imbroglio des explications de Nania sur le père du Christ (était-ce Joseph? était-ce Dieu?) avait instillé le doute : si l'on pouvait discuter là-dessus, c'est que le rapport entre le père et le fils n'était pas aussi intime qu'il ne l'avait cru. Ce doute était le pressentiment d'une *ambivalence envers le père* et se mua bientôt en révolte, non contre son père, mais contre Dieu lui-même. Il commença à craindre Dieu.

« S'il était le Christ, alors son père était Dieu. Mais le Dieu que la religion lui imposait n'était pas un vrai substitut du père qu'il avait aimé et qu'il ne voulait pas se laisser ravir. L'amour pour son père lui insuffla son sens critique aiguisé. Il résistait à Dieu, pour pouvoir se cramponner à son père, il défendait par là, en réalité, le père ancien contre le nouveau. Il avait à accomplir une partie difficile de la tâche qui consiste en la « liquidation » du père (*Er hatte da ein schwieriges Stück der Ablösung vom Vater zu vollbringen*) » (95).

---

(92) GW XII p. 95; tr. fr. p. 372.
(93) ibidem
(94) GW XII p. 96; tr. fr. p. 373.
(95) GW XII p. 97; tr. fr. p. 373.

Voilà reformulé le problème que nous avons examiné dans *Totem et tabou.*

On peut dire qu'il choisit Dieu le père, décrit par la religion, comme « totem », comme figure du père. Mais *la réconciliation est impossible.* Car cette figure de Dieu n'est que le support d'une partie seulement des sentiments ambivalents du fils. Il rejette cette image et s'identifie au Christ, objet de la méchanceté du Père (et d'un père dont on doute de la paternité). Sur cette scène religieuse, c'est tout un combat inconscient qui se transpose, que Freud résume dans ce mot d'*Ablösung.* Mot dont l'usage ici dit rigoureusement l'enjeu du conflit œdipien. Car *ablösen* signifie : 1. détacher, enlever, décoller; 2. relayer, prendre la relève; 3. rembourser, racheter... (96). Mais comment se détacher du père et prendre sa relève, c'est-à-dire « être le père », quand tout un courant libidinal s'oppose obstinément à cette identification résolutive de l'Œdipe? En effet :

« Son ancien amour pour le père, qui avait été manifeste dans les premiers temps, lui fournissait l'énergie nécessaire à combattre Dieu et à critiquer, avec un sens aussi aiguisé, la religion. Mais, d'autre part, cette hostilité contre le nouveau Dieu n'était pas non plus un acte original, elle avait eu son prototype dans une pulsion hostile contre le père, pulsion jaillie sous l'influence du rêve d'angoisse et dont elle n'était au fond qu'une reviviscence *(Wiederaufleben).* Les deux motions affectives contraires, qui devaient régir toute la vie ultérieure du patient, se rencontraient ici dans un combat ambivalent livré sur le terrain religieux. Ce qui découla de ce combat en tant que symptômes, les idées blasphématoires, la compulsion qui s'abattit sur lui de penser Dieu-merde, Dieu-cochon, était ainsi un véritable *produit de compromis* en connexion avec l'érotisme anal » (97).

Un de ces produits de compromis consistait en un symptôme curieux : il se sentait contraint d'expirer à la vue de mendiants, d'infirmes, de gens laids, vieux, misérables. Il se soumettait également à un pieux cérémonial : chaque fois qu'il faisait le signe de la croix, il devait inspirer profondément ou expirer avec force. Il rationalisait ces pratiques en invoquant le rôle du Saint-Esprit dont il aspirait la force, et des mauvais esprits, qu'il fallait rejeter.

L'analyse parvient à ressaisir le rapport de ces symptômes entre eux : ils sont l'expression d'une *identification ancienne au père, identification elle-même refusée :* le jeu respiratoire incarne scéniquement ce conflit identificatoire dont on mesure l'omniprésence. Le père avait été en sana-

---

(96) D'après le dictionnaire : *Langenscheidts Grosswörterbuch Französisch*, Langenscheidt, Berlin-München-Zürich, 1968.

(97) GW XII p. 97; tr. fr. p. 374.

torium, l'enfant avait été lui rendre visite en compagnie de sa mère. Le prototype des épaves humaines devant qui il devait expirer, c'était le père; mais pas seulement le père malade, mais le père plus ancien de la scène primitive. L'expiration représentait la *pitié*. Pitié à l'égard du père, *identification niée*. Deux fragments appuyent cette affirmation:

1. « Le dessein de ne pas devenir comme ces infirmes, et qui motivait l'expiration en leur présence, était bien la vieille identification paternelle *(die alte Vateridentifizierung)*, transformée en négatif *(ins Negativ gewandelt)*. Toutefois, il copiait par là son père au sens positif également, car la respiration bruyante était une imitation *(Nachahmung)* du bruit qu'il avait entendu émaner de son père au cours du coït... » (98)

2. Du temps où il était encore tout petit, il y avait dans la propriété un pauvre journalier, à qui on avait coupé la langue, et qui était sans doute sourd-muet. Le petit garçon l'aimait beaucoup et le plaignait de tout son cœur. C'était là le premier des estropiés dont il ait eu pitié;... il s'agissait incontestablement d'un substitut du père... A côté de cet homme, d'autres serviteurs sympathiques, maladifs ou juifs, s'associaient dans le souvenir. Tout ce monde appartenait à la période précédant le séjour du père en sanatorium, donc avant la formation du symptôme respiratoire.

Voici le deuxième fragment d'interprétation de cette *pitié:*

« Ce symptôme (respiratoire) devait bien plutôt, au moyen de l'expiration, *maintenir à l'écart une identification avec l'objet de sa pitié (eine Identifizierung mit den Bedauerten fernhalten)*. »

Et Freud poursuit:

« Alors, soudain, à la suite d'un rêve l'analyse fit volte-face et retourna à la période primitive et lui fit poser l'affirmation que, pendant le coït de la scène primitive, il avait observé la disparition du pénis, qu'il avait par suite eu pitié de son père et s'était réjoui en voyant reparaître ce qu'il avait cru perdu. C'était là une nouvelle motion affective *(Gefühlsregung)* qui surgissait à nouveau de cette scène. L'origine narcissique de la pitié *(Mitleid)*, confirmée par le mot lui-même, est d'ailleurs ici impossible à méconnaître. » (99)

Il y aurait mille enseignements à tirer de ces remarques sur la *nature de la pitié:* elles remettent en cause tout un discours éthique et métaphysique sur la relation à autrui, la sympathie, la compassion que tant de moralistes ont cherché à fonder (100).

---

(98) GW XII p. 98; tr. fr. p. 375.

(99) GW XII p. 121; tr. fr. p. 392.

(100) Nous pensons ici aux travaux de phénomènes tels que: Max SCHELER sur le « *Mitgefühl* » dans *Nature et formes de la sympathie*, tr. fr. par M. Lefebvre, Patot, Paris, 1971. Kurt SCHNEIDER, *Pathopsychologische Beiträge zur psychologischen Phänomeno-*

Pointons seulement ceci : *la pitié* apparaît, à travers l'analyse de ce cas, comme *une défense narcissique : l'expression émotionnelle d'un vœu du moi de « ne pas être comme », motivé par l'angoisse, la terreur, la menace que constituerait l'identification à l'objet de cette pitié.* Il s'agit donc bien d'une identification refusée. Nous retrouvons là le foyer même de toutes les discussions sur l'essence de l'effet tragique, définie par Aristote, qui affirme la liaison, au sein de l'effet cathartique, de la *terreur* et de la *pitié.* Freud reprend lui-même cette question dans un petit article intitulé : *Notre relation avec la mort* (101).

Mais, pour en rester à l'Homme aux Loups, observons que cette émotion représente un « contre-courant » *(Gegenströmung) :* la pitié masque en effet un vœu de mort, perceptible dans sa rebellion contre Dieu-le-père. Si les premières menaces de castration avaient été d'abord proférées par des femmes (Nania puis Grouscha), le père était devenu — selon le « schéma phylogénique » — celui dont il avait à redouter la castration.

> « *L'identification du père au castrateur* acquit une signification importante comme source d'une hostilité inconsciente, allant jusqu'à des vœux de mort contre lui et des sentiments de culpabilité en réaction à cette hostilité. » (102)

---

logie von Liebe und Mitleid (Dissertation, Cologne, 1921 — cité par M. Scheler, *op. cit.*). Ludwig BINSWANGER, *Manie und Melancholie,* Günther Neske, Pfüllingen-Stuttgart, 1960. A. DE WAELHENS, *La philosophie et les expériences naturelles,* Phaenomenologica, Martinus Nijhoff, La Haye, 1961. Pierre KAUFMANN, *L'expérience émotionnelle de l'espace,* Paris, J. Vrin, 1967. Emmanuel LEVINAS, *Totalité et infini,* Phaenomenologica, Martinus Nijhoff, La Haye, 1961. Maxime CHASTAING, *L'existence d'autrui,* Paris, P.U.F., 1951. On y trouve une référence à la problématique formulée par Edmund Husserl dans la Cinquième des *Méditations cartésiennes,* Introduction à la phénoménologie, traduit de l'allemand par G. Peiffer et E. Levinas, Paris, Vrin 1953. Dans l'horizon psychanalytique, on trouve les travaux de L. Jekels, *Psychologie des Mitleids,* Imago, I, 1930, S. 5-22; de A. Hesnard, *Psychanalyse du lien interhumain,* Paris, P.U.F., 1957.

(101) « *Unser Verhältnis zum Tode* », GW X p. 341-355, tr. fr. in *Essais de psychanalyse*, Paris, Payot, 1963. Voir supra, au chapitre I de ce travail, le commentaire de l'article de FREUD, *Psychopathic characters on the stage*, St Ed. VII, p. 305-310.

(102) GW XII p. 119; tr. fr p. 391. Le père est identifié, dans le processus phobique, au loup, puis au lion; il y avait un point d'ancrage de cette équivalence père = dévorateur dans des jeux oraux effectués autrefois avec son père : voir GW XII p. 58; tr. fr. p. 345. Le processus de déplacement phobique, qui produit non la peur du père mais la peur du loup, entraîne une régression au stade du « *substitut totémique du père* » : GW XIIp. 148; tr. fr. p. 414.

C'était là se comporter de façon normalement « œdipienne », comme tout névrosé en proie à un complexe d'Œdipe positif.

« Mais, ajoute Freud, le plus remarquable était qu'il y avait encore chez lui un contre-courant, grâce auquel le père était, au contraire, la personne châtrée et, comme tel, le provocateur de sa pitié. »

... ce qui émanerait d'un complexe d'Œdipe négatif.

On pourrait risquer cette formule simple, pour caractériser le conflit où s'enferme l'Homme aux loups : *il veut à la fois être et avoir le père. Les deux prétentions inconscientes s'affrontent et se théâtralisent dans la double série des identifications morbides, une série niant l'autre.* Ce conflit répétitif se manifeste encore dans ces formations symptomatiques qu'il nous reste à examiner avant de conclure ces « séries ».

4) Quand l'intestin « se mêle à la conversation » : l'identification à la mère.

La constitution sadique-anale fournit à la maladie son terrain et son langage (103). Nous avons assisté aux transformations et aux remaniements du *sadisme* dans les tentatives de solution névrotiques dramatisées, jouées, dans des identifications contradictoires. L'autre versant des pulsions de la phase sadique-anale, à savoir l'*érotisme anal,* a largement prêté ses modes d'activité et son symbolisme à la formulation du « problème » crucial et crucifiant de l'Homme aux loups.

C'est même une sorte d'exclusivité accaparée par le langage anal qui perturbe, pour le malade, la reconnaissance — c'est-à-dire la connaissance, l'aperception, l'intelligence et l'acceptation — de la réalité de la *castration.*

L'érotisme anal, et toute la problématique inconsciente qui s'y fixait, s'est mis à « parler » à l'approche de la fin du traitement. Le malade avait souffert de troubles intestinaux à la suite de sa maladie et avait contracté l'habitude, pour contrecarrer sa constipation chronique, de se soumettre

(103) « La névrose obsessionnelle prit naissance dans le terrain d'une constitution sadique-anale » GW XII p. 103; tr. fr. p. 378. La liaison entre organisation pulsionnelle anale et névrose obsessionnelle avait déjà été repérée dans les *Trois Essais sur la théorie de la sexualité* (1904); elle a fait l'objet d'une étude, en 1906 : *Caractère et érotisme anal* (GW VII); en 1913 : *La prédisposition à la névrose obsessionnelle* (GW VII); plus tard, le problème sera encore repris, en 1916, *Sur les transformations des pulsions, particulièrement dans l'érotisme anal* (GW X).

à des lavements, administrés par son valet de chambre. Freud avait reconnu la nature « fonctionnelle » de ces troubles et décidé de les faire parler : le matériel associatif surgi de l'histoire de ces troubles joua un rôle précipitant dans la conclusion du traitement. Freud écrit :

« Je reconnus enfin de quelle importance pouvaient être les troubles intestinaux en vue de mes desseins; ils représentaient cette *parcelle d'hystérie qui se retrouve régulièrement à la base d'une névrose obsessionnelle.* Je promis à mon patient qu'il retrouverait intégralement son activité intestinale et lui permis, par cette promesse, de manifester ouvertement son incrédulité. J'eus alors la satisfaction de voir s'évanouir ses doutes, lorsque l'intestin, tel un organe hystériquement affecté, commença à « se mêler à la conversation » pendant notre travail, et eut recouvré en quelques semaines sa fonction normale si longtemps entravée. » (104)

Ce qui livra le sens de ces troubles intestinaux fut un bout de phrase, émergeant du souvenir : à 4 ans 1/2, après une période de plaisir excrémentiel sans retenue (incontinence, plaisanteries, exhibitions anales), il était entré dans sa phase d'angoisse; il lui arriva de souiller son pantalon, d'en avoir *honte* et de gémir cette plainte, tandis qu'on le nettoyait : *« Je ne peux plus vivre ainsi »*... cette phrase s'avéra la reproduction textuelle de paroles prononcées un jour par *sa mère.* L'enfant lui avait entendu dire au médecin ses plaintes de douleurs au bas-ventre et de pertes de sang, plaintes ponctuées de cette phrase : « Je ne peux plus vivre ainsi », qu'il s'assimila et répéta lui-même de nombreuses fois au cours de sa maladie. *Cette plainte avait donc le sens d'une identification à sa mère.* (105)

A la même époque, il fut pris de craintes de mourir de la dysenterie et s'inquiéta de trouver (de chercher plutôt!) du sang dans ses selles. Plus tard, il réalisa cette *tentative d'identification (Identifizierungsversuch)* à la mère, dans le symptôme d'une peur obsédante de la mort.

C'est ce rapport à la mère-malade-blessée, joué dans une identification morbide, « hystérique », qui libère toute une dimension de son désir et donne la clé de tout le processus névrotique mis en œuvre pour refouler son désir. Il en va, dans cette relation avec la mère — choisie, dans le jeu identificatoire comme « figure » de son désir — comme dans la relation avec le père : elle est irréductiblement *ambivalente. Et l'identification dans le symptôme exprime à la fois le vœu d'être comme la mère et le refus, l'horreur, d'assumer sa place, sa position de femme.* Identification,

(104) GW XII p. 107; tr. fr. p. 381.
(105) GW XII p. 108; tr. fr. p. 382.

encore, impossible. Mais ce symptôme vient après la scène primitive : qu'il soit construit selon une thématique anale (intestinale) — autrefois vécue positivement, après, dans l'horreur — signifie en outre que *l'identification joue encore le rôle d'une occultation d'un scénario génital par un scénario anal.*

Telle est bien l'interprétation de Freud :

« Sous l'influence de la scène primitive, il en vint à conclure que sa mère avait été rendue malade par ce que son père avait fait avec elle, et sa propre angoisse d'avoir du sang dans les selles, d'être malade comme sa mère, était la mise à l'écart *(Ablehnung)* de l'identification à la mère dans cette scène sexuelle, était cette même 'mise à l'écart' (refus) avec laquelle il s'était éveillé du rêve. Mais l'angoisse était aussi la preuve *(Beweis :* dé-monstration*)* que, dans l'élaboration ultérieure de la scène primitive, il s'était mis à la place de sa mère et lui avait envié *(geneidet hatte)* ce rapport avec son père. L'organe par lequel l'identification à la femme, l'attitude homosexuelle passive envers l'homme, pouvait s'exprimer, était celui de la zone anale. Les troubles dans la fonction de cette zone avaient désormais acquis la signification d'impulsions féminines de tendresse *(Zärtlichkeitsregungen)* qu'ils conservèrent au long de la maladie ultérieure... » (106)

« Il aurait compris, au cours du processus du rêve, que la femme était châtrée et qu'elle avait, à la place du membre viril, une blessure qui servait au commerce sexuel; la castration lui apparaissait ainsi comme étant la condition de la féminité, c'était la perte menaçante de son membre viril qui lui aurait fait refouler son attitude féminine envers l'homme et il aurait passé de sa passion *(Schwärmerei)* homosexuelle à l'angoisse. Or, comment cette intelligence du commerce sexuel, cette reconnaissance *(Anerkennung)* du vagin, peuvent-elles se concilier avec le choix de l'intestin pour l'identification à la femme? Les symptômes intestinaux ne reposent-ils pas sur une conception vraisemblablement plus ancienne et en pleine contradiction avec l'angoisse de castration, conception d'après laquelle les rapports sexuels auraient lieu par l'anus? » (107)

Ce qui s'offre comme une contradiction logique manifeste — on pourrait même dire contradiction épistémologique puisqu'il y a antagonisme de deux « savoirs » — est une coexistence inconsciente de deux prétentions sexuelles concurrentes. Prétentions que le processus de l'identification, « identifie » précisément en représentant l'une — menaçante — par l'autre — ancienne.

Nous croyons pouvoir soutenir que c'est l'identification qui est la voie inconsciente choisie pour « rejeter » l'angoisse de la castration. C'est l'identification à la femme « par l'intermédiaire de l'intestin » qui permet au petit enfant d'écarter l'explication nouvelle des rôles sexuels de l'homme et de la femme dans le coït; c'est cette identification « par l'anus » qui lui permit de se cramponner à la vieille « théorie du cloaque »

(106) GW XII p. 109; tr. fr p. 383.
(107) GW XII p. 110; tr. fr. p. 384.

— qui ne met nullement en cause la possession ou le manque du pénis — et de tenir à l'écart (*festhalten*) la « théorie nouvelle » c'est-à-dire la « castration » de la femme. *L'identification sauve tout,* du moins il s'en faut de peu!

Grâce à elle, *l'attitude féminine envers l'homme* — un des courants majeurs du désir de l'Homme aux loups — *est conservée inconsciemment,* en prenant refuge, comme dit Freud, dans la symptomatologie intestinale, mais masquée par travestissement anal. Autrement dit : le désir d'être femme pour le père est « réalisé » dans la possession d'un organe commun à l'homme et à la femme : l'anus. Mais il y a un problème : cet anus ne procure pas (plus) de plaisir, il est le lieu d'une honte, d'une angoisse de mort. *L'identification ici est du type hystérique : elle consiste en une formation de compromis, en mettant en jeu le désir et la défense.* En effet : l'enfant est inconsciemment une femme — mais une femme « qui ne peut plus vivre ainsi », une femme malade.

C'est encore une identification « anale » qui fut, lors de la scène primitive, la « conclusion » que l'enfant put trouver : on apprend qu'il « interrompit finalement les rapports sexuels de ses parents en produisant une selle, ce qui lui permit de se mettre à crier » (108). L'équivalence *fèces-cadeau-enfant* dans l'inconscient lui permet ainsi de réaliser quasi positivement son désir d'être à la place de sa mère :

> « Dans son identification à la femme (sa mère), il est prêt à ' donner ' un enfant à son père, et il est jaloux de sa mère qui a déjà fait ce don et le fera peut-être à nouveau. » (109)

La transposition de toute cette problématique dans le régime sexuel anal assure donc le maintien du désir dans l'inconscient, grâce à cette série d'identifications. *La fameuse « Verwerfurg »* (110) *qui semble être une défense d'un autre type que le refoulement, entretient un rapport*

---

(108) GW XII p. 11; tr. fr. p. 385.

(109) GW XII p. 112; tr fr. p. 387.

(110) La traduction et la compréhension du terme freudien de *Verwerfurg* soulève quelques difficultés. Il est malaisé de saisir, dans le texte ici commenté, si Freud a vraiment voulu en faire un concept théorique à distinguer de celui de refoulement. Puisqu'il est utilisé tantôt comme synonyme, tantôt comme distinct de ce terme de refoulement. Lacan y a entrevu un mécanisme spécifique, producteur de la psychose comme telle en proposant le terme français de *forclusion*, pour souligner la différence d'avec le refoulement névrotique. La discussion d'ensemble a bien été rendue par Michel DE WOLF, *op. cit.* pp. 41-88. Voir également Alphonse DE WAELHENS, *La psychose. Essai d'interprétation analytique et existentiale,* Louvain, Paris, Nauwelaerts, Pathei Mathos, 1972.

étroit avec le mécanisme de l'identification qui convertit en symptomatologie anale l'angoisse de castration. Prendre parti pour l'intestin contre le vagin, ou, encore, prendre parti pour le père aimé passivement contre le Dieu castrateur transformé pour les besoins de la cause en « Dieu-merde » (111), tel est le résultat de cette conversion. Le système d'identifications anales est la tentative — régressive — de se guérir de l'angoisse liée à la découverte de la différence des sexes; davantage, de se guérir du désir homosexuel, désir que Freud énonce en ces termes :

« on serait prêt à renoncer à sa virilité, si l'on pouvait en retour être aimé en femme ».

L'Homme aux loups, au moyen de ses comportements jaloux, avaricieux, revendicateurs et à travers ses idées obsessionnelles outrageantes à l'égard de Dieu (Dieu-cochon, Dieu-merde) exprimait en langage anal ce qu'exprimait en termes non ambigus le Président Schreber dans son système délirant. Avant de préciser l'analogie du complexe paternel propre à ces deux cas, efforçons-nous de rassembler les éléments théoriques disséminés dans les fragments de cette geste identificatoire conflictuelle de l'Homme aux loups.

Sur un fond indestructible d'ambivalence pulsionnelle, définie ici comme le développement égal de deux pulsions partielles, l'une à but passif, l'autre à but actif, s'édifient *deux séries d'identifications antagonistes.* L'identification, on l'a souligné, est un processus inconscient de conservation de l'objet. Freud insiste sur le caractère éminemment conservateur de la libido de l'Homme aux loups, incapable de lâcher une position libidinale acquise. L'identification apparaît donc comme le processus tout indiqué pour consolider les positions acquises.

Première série de choix sexuels : un même objet, *le père,* mais plusieurs formes d'attachement. Choix d'objet, narcissique, effectué par la voie de l'identification qui réalise imaginairement le désir d'être comme le père. Choix d'objet sexuel anal, effectué par la recherche d'une satisfaction homosexuelle : être pénétré par le père. Cette péripétie pulsionnelle est le lieu d'une lutte : avec le développement génital, l'activité masturbatoire et la recherche sexuelle se déploie la libido génitale narcissique, l'investissement narcissique du membre viril. Cette virilité narcissique cherche à se confirmer dans l'identification à une figure masculine idéale : le Christ. Identification symptomatique du désir ambigu : être le Christ qui a

(111) GW XII p. 116; tr. fr. pm 388.

souffert à cause du père. Triomphe, dans cette série, l'attachement au père sur l'hostilité à son endroit, hostilité justifiée par son rôle d'interdicteur de l'onanisme, de castrateur, d'ennemi de la virilité naissante. Des « figures » du père : les serviteurs « châtrés » (vieux, estropiés, juifs, malades) et positivement : le précepteur « Mr. Wolf ».

Deuxième série de choix sexuels : les femmes : la mère, la sœur, Nania, et d'autres femmes choisies en fonction d'un « trait » particulier (la répétition de la posture de la mère lors de la scène primitive). Jalousie à l'égard de la sœur, rivale dans l'amour du père mais aussi séductrice qui satisfait en l'éveillant le désir sexuel passif : être touché, être regardé. Nania, plus maternelle en vérité que la mère elle-même, et qui à la fois tendre et sévère, le menace d'une blessure pour lui faire renoncer à ses pratiques masturbatoires et exhibitionnistes. La mère, souffrant de troubles intestinaux et gynécologiques, choisie, pour ce trait-là, d'ordre sexuel, comme objet d'identification hystérique; le désir qui motive cette identification : avoir la même relation sexuelle qu'elle avec le père. Ce qui domine, dans cette série de choix, c'est l'identification à la femme, en tant qu'elle est l'objet passif du père.

Le conflit pulsionnel n'est pas ici *amour du père* contre *amour de la femme,* mais : *être viril* contre *être l'objet femelle du père.* Mais pour réaliser le désir homosexuel du père, il faut en payer le prix : la castration.

L'identification à la femme qui prend le relais de la position anale passive et masochique, *sert donc à la fois à accomplir — sur la scène de l'imaginaire, du fantasme — le désir homosexuel passif et en même temps, en tant qu'elle suscite l'angoisse, elle est au service du désir viril narcissique puisqu'elle « rejette » en le couvrant d'analité le désir homosexuel.* L'angoisse insurmontée suffit à montrer que ce masquage régressif est un compromis manqué : le narcissisme viril se rebelle contre le désir homosexuel passif. Le combat ambivalent s'éternise dans la variété des formes de la maladie de ce patient anal impénitent et opiniâtrement conservateur.

c) LE PRÉSIDENT SCHREBER

Freud avait retrouvé dans l'Homme aux loups, un conflit analogue, à la source de la maladie, à celui qu'il avait cru dépister en lisant les *Mémoires d'un névropathe,* en 1911. Ce conflit résidait dans la protestation virile contre le désir homosexuel. L'intérêt théorique du rapprochement de ces deux cas consiste à montrer comment le processus paranoïaque, d'une part, et le processus de la névrose obsessionnelle, de l'autre, se présentent comme deux voies différentes de « guérison ».

Contentons-nous, pour évoquer l'analogie du conflit pathogène, de ce résumé de la phase initiale de la maladie de Schreber :

« (...) Au cours de l'incubation de la maladie (c'est-à-dire entre la nomination de Schreber, en juin 1893, et son entrée en fonctions, en octobre 1893), il rêva à plusieurs reprises que sa vieille maladie nerveuse était revenue. Une autre fois, pendant un état de demi-sommeil, il eut tout à coup l'impression qu'il devait être beau d'être une femme soumise à l'accouplement. Schreber raconte à la file ces rêves et ce fantasme; si, à notre tour, nous les rapprochons quant à leur contenu, nous pourrons en déduire que le souvenir de la maladie éveilla aussi celui du médecin et que l'attitude féminine manifestée dans le fantasme se rapportait à l'origine au médecin. Ou peut-être le rêve : 'La vieille maladie est revenue', exprimait-il en somme cette nostalgie : 'Je voudrais revoir Flechsig'. Notre ignorance du contenu psychique de la première maladie nous empêche d'aller plus loin en ce sens. Peut-être un état de tendre attachement avait-il subsisté en Schreber à titre de reliquat de cet état morbide, attachement qui à présent — pour des raisons inconnues — s'intensifia au point de devenir inclination érotique. Contre ce fantasme féminin — qui restait encore impersonnel *(unpersönlich)* — il s'éleva aussitôt un rejet indigné *(entrüstene Abweisung)* de la part de la personnalité consciente de Schreber; il lui opposa une véritable *« protestation mâle »*, pour parler comme Alfred Adler, mais pas dans le même sens que celui-ci. Cependant, dans la psychose grave qui éclata bientôt après, le fantasme féminin s'affirma irrésistiblement, et il n'est besoin de modifier que fort peu l'imprécision paranoïde des termes employés par Schreber pour deviner que le malade craignait que le médecin lui-même n'abusât sexuellement de lui. La cause occasionnelle de cette maladie fut donc une poussée de libido homosexuelle; l'objet sur lequel se portait cette libido était sans doute, dès l'origine, le médecin Flechsig, et la lutte contre cette pulsion libidinale produisit le conflit générateur des phénomènes morbides. » (112)

Et un peu plus loin :

« Le sentiment de sympathie éprouvé pour le médecin peut très bien être dû à un phénomène de transfert *(Ubertragungsvorgang)*, transfert par lequel un investissement affectif du malade fut transposé d'une personne qui lui importait fort à la personne du médecin indifférente en elle-même, de telle sorte que le médecin semble avoir été choisi comme substitut de quelqu'un d'autre, tenant de beaucoup plus près au malade. En termes plus concrets, le médecin ayant rappelé d'une manière quelconque son frère ou son père au malade, celui-ci a retrouvé dans le médecin son frère ou son père, et alors il n'y a plus rien de surprenant à ce que, dans certaines circonstances, la nostalgie *(Sehnsucht)* de cette personne substituée se réveille et exerce une action d'une telle violence que seules son origine et son importance originelle permettent d'expliquer. » (113)

Commence alors la lutte défensive pour résister à ce fantasme de désir féminin (homosexuel passif). Cette lutte prit d'abord la forme d'un *délire de persécution;* elle subit ensuite une série de transformations. Elle se

(112) GW VIII p. 277; tr fr. dans *Cinq psychanalyses*, p. 290-1.
(113) GW VIII p 22; tr. fr p 294.

mua en effet en *délire mégalomaniaque*, issue narcissique à une persécution devenue intolérable :

« Il était impossible à Schreber de se complaire dans le rôle d'une prostituée livrée à son médecin; mais la tâche qui lui est à présent imposée, de donner à Dieu lui-même la volupté qu'Il recherche, ne se heurte pas aux mêmes résistances de la part du moi. L'émasculation n'est plus une honte, elle devient *conforme à l'ordre de l'univers*, elle prend place dans un grand ensemble cosmique, elle permet une création nouvelle de l'humanité après l'extinction de celle-ci. Une nouvelle race d'hommes, nés de l'esprit de Schreber... » (114)

La mégalomanie dédommage le moi, elle rend du même coup manifeste et acceptable le désir d'être transformé en femme.

C'est la transformation du délire de persécution en délire mégalomaniaque — qui fournit une sorte de solution au conflit pulsionnel — qui nous intéresse ici. On va voir que le processus de la formation du délire paranoïaque suit à rebours un chemin jalonné d'identifications. *La régression paranoïaque éclaire donc, parce qu'elle l'émiette, le processus d'identification qui est, comme on l'a observé, la manière de conserver les objets aimés perdus.*

La question que Freud cherche à élucider est la suivante : *par quelles voies et par quels moyens s'effectue l'ascension de Flechsig à Dieu?*

Dans un de ses fantasmes Flechsig se trouve qualifié de *Dieu-Flechsig;* mais si l'on tient compte de l'ensemble de la formation délirante, si, autrement dit, on s'efforce de suivre l'écriture qui en transforme le texte, on aperçoit *une série de divisions, de clivages, de décompositions.* De telle sorte que le signifiant « Flechsig » subit un réel démontage de sa surdétermination.

« ... le persécuteur se divise *(zerlegt)* en 'Flechsig' et 'Dieu', de même, Flechsig se divise lui-même *(spaltet sich)* plus tard en deux personnalités, le Flechsig 'supérieur' et le Flechsig 'moyen', comme Dieu en Dieu 'inférieur' et en Dieu 'supérieur'. Pour Flechsig cette décomposition *(Zerlegung)* va plus loin encore dans les phases ultérieures de la maladie. *Une telle division est tout à fait caractéristique de la paranoïa. La paranoïa décompose exactement comme l'hystérie condense (Die Paranoïa zerlegt, so wie die Hysterie verdichtet).* Ou plutôt, *la paranoïa dissout à nouveau les condensations et les identifications effectuées dans la fantaisie inconsciente (die Paranoïa bringt die in der Unbewußten Phantasie vorgenommenen Verdichtungen und Identifizierungen wieder zur Auflösung).* Si, chez Schreber, cette division se reproduit plusieurs fois, il faut y voir, d'après C.J. Jung, la preuve de l'importance que possède pour lui la personne en question. Toutes ces divisions *(Spaltungen)* de Flechsig et de Dieu en plusieurs personnes signifient la même chose que la division *(Zerteilung)* du persécuteur en Flechsig et en Dieu. Ce sont des *doublets (Doublierungen)* d'une seule et même importante relation; O. Rank a aussi trouvé, dans la formation

(114) GW VIII p 282; tr. fr. p. 295.

des mythes, de tels doublets. Et l'interprétation de tous ces traits singuliers *(Einzelzüge)* sera encore facilitée si nous ne perdons pas de vue la bipartition originelle du persécuteur en Flechsig et Dieu, ni son explication comme ***la réaction paranoïde à une identification établie antérieurement entre les deux ou leur appartenance à une même série.*** Si le persécuteur Flechsig fut à l'origine une personne que Schreber aimait, alors Dieu ne serait lui-même que le retour *(Wiederkehr)* d'un autre être semblablement aimé, mais vraisemblablement plus important. » (115)

Ce personnage qui « revient », c'est *Schreber père,* célèbre dans toute l'Allemagne pour ses théories éducatives — théories, à notre sens, plus dangereusement folles et plus étrangement inquiétantes que le délire du fils! (116). Par ce que nous en savons, ce père devait être terriblement sévère et sa transfiguration divine dans le souvenir du fils auquel il fut, comme dit Freud, si tôt ravi par la mort, n'est certes pas le seul fait de la tendresse filiale. L'ambivalence du fils se lit dans le conflit — déplacé — de Schreber fils avec son Dieu.

L'on se retrouve donc sur le terrain familier du complexe paternel. Et le délire de Schreber est le transport, sur la scène du délire, de l'ambivalence œdipienne.

« Vers la période finale de son délire, la sexualité infantile connaît chez Schreber un triomphe grandiose : la volupté devient 'emplie de la crainte de Dieu', Dieu lui-même, (le père) ne se lasse jamais de l'exiger de lui. La menace la plus redoutée que puisse faire le père : *la castration,* a elle-même fourni la matière du fantasme de désir de la transformation en femme, fantasme d'abord combattu, puis accepté. » (117)

Nous ne pouvons nous empêcher de rappeler ici un texte ancien de Freud, datant de la correspondance avec Fliess que nous avons parcourue

---

(115) GW VIII p. 285, note 1; tr. fr. p. 297. Dans la note (1) Freud revient sur la fonction des doublets aperçue par JUNG,dans *Ein Beitrag zur Psychologie des Gerüchtes* (Contribution à la psychologie des faux bruits), Zentralblatt für Psycho-analyse, n° 3, 1910. « Jung, écrit-il, a probablement raison quand il dit encore que cette division, conforme en ceci à la tendance générale de la schizophrénie, dépouille par l'analyse les représentations de leur puissance, ce qui a pour but d'empêcher l'éclosion d'impressions trop fortes... ». Freud reviendra encore sur ce processus de redoublement dans un passage de *Das Unheimliche* (1919) où il fait allusion aux travaux de Rank sur le Double en littérature.

(116) On dispose aujourd'hui d'ouvrages qui fournissent des éléments permettant de mieux saisir le rapport du Président Schreber à son père réel. Maud Mannoni dans *Éducation impossible,* (Le champ freudien), Le Seuil, Paris 1973, résume les théories éducatives du Docteur Schreber et examine des travaux récents sur le Président Schreber, en particulier ceux de W.C. Niederland, Fr. Baumeyer, M. Katan, Ph. Kitay, M. Schatzman, E. Sylvester.
Voir également l'article non signé : *Une étude : la remarquable famille Schreber* dans *Scilicet* n° 4, 1973, p. 287-322.

(117) GW VIII p. 291; tr. fr. p. 302.

dans notre premier chapitre. On y lit déjà l'opposition, quant au processus et aux voies choisies, entre l'hystérie et la paranoïa; on y trouve aussi le souci de situer la régression morbide dans une théorie — certes inchoative — du développement psychosexuel. Cette lettre à Fliess que nous allons lire apparaît comme une préfiguration étonnante de tout le propos théorique de Freud dans son étude du cas Schreber.

« Parmi les couches sexuelles, la plus profonde est celle de l'autoérotisme qui n'a aucun but psychosexuel et n'exige qu'une sensation capable de le satisfaire localement. Plus tard, l'alloérotisme (homo- ou hétéro-) s'y substitue, mais il continue certainement à subsister sous la forme d'un courant indépendant. *L'hystérie (...) comme sa variété la névrose obsessionnelle, est allo-érotique et se manifeste principalement par une identification à une personne aimée. La paranoïa redéfait les identifications, rétablit les personnes que l'on a aimées dans l'enfance (...) et scinde le Moi en plusieurs personnes étrangères.* »
(Lettre n° 125 du 9.12.1899).

Ces textes témoignent du souci permanent, à travers les années, de penser les processus psychiques des formations morbides, de les différencier, par d'autres moyens que ceux de la psychiatrie qui « donne des noms aux symptômes », alors que Freud cherche les « voies et les motifs ».

Le concept d'identification, si l'on tire la leçon des textes cités, *peut ainsi servir à différencier deux modes d'entrée dans la maladie :* le mode hystérique et obsessionnel — deux maladies « allo-érotiques » (homo- ou hétéro : c'était même la question de Dora, et celle de l'Homme aux loups) — serait le mode névrotique d'attachement à l'être aimé : par l'identification qui maintient la relation dans l'inconscient; la paranoïa — qui sert un peu de modèle pour penser les psychoses, notamment dans le texte sur Schreber — serait le mode psychotique de démembrement du moi, par décomposition de ce dont s'est constitué le moi : les personnes aimées. Ces personnes aimées, le paranoïaque précisément ne peut s'y identifier, c'est-à-dire grossir son moi de leur substance imaginaire, il les rejette de lui, il les défait et elles reviennent au dehors, « en série ». L'hystérique condense dans le symptôme la série de ses amours impossibles en se prenant pour l'autre (aimé, jalousé) dans l'identification inconsciente; le paranoïaque se scinde, en déliant la série. Tout ce que Freud construit grâce au concept de *projection,* dans la suite du texte, montre comment se transforme, dans la paranoïa, l'amour homosexuel ancien réveillé, et qu'il faut refouler (118).

---

(118) GW VIII *(Uber den paranoïschen Mechanismus)* p. 299-302; tr. fr. p. 308-9. La proposition à nier, à contrer *(widersprechen)* est la suivante : « *moi (un homme) je l'aime*

Mais l'ensemble s'articule autour du *concept de refoulement.*

Le problème auquel la « maladie » cherche à répondre est toujours le même : comment refouler la pulsion dangereuse; comment détacher la libido de l'objet qui se dérobe? Les symptômes témoigneront du sort laissé à ces investissements libidinaux « détachés ». Freud dit clairement, en effet :

> « *Le processus de refoulement au sens propre consiste dans le détachement de la libido des personnes — et des choses — auparavant aimées* (der eigentliche Verdrängungsvorgang besteht in einer Ablösung der Libido von vorher geliebten Personen — und Dingen). » (119)

La « tentative de guérison » réside dans la suppression du refoulement. Mais alors que le détachement de la libido se fait « en silence », les efforts pour la ramener se déploient « à grand bruit ».

Le processus qui ramène la libido aux personnes qu'elle avait délaissées par suite du refoulement s'accomplit, *dans la paranoïa, par la voie de la projection; dans l'hystérie et la névrose obsessionnelle, par la voie de l'identification.* Ainsi, par la projection, « ce qui avait été aboli au-dedans revient du dehors » *(das innerlich Aufgehobene von Außen wiederkehrt).* Par l'identification, ce qui avait été aboli (interdit, refusé, refoulé), au-dehors revient au-dedans, par métamorphose du moi sur le modèle de l'objet. Mais ces deux types de solution échouent, finalement, à maintenir la relation avec l'objet : car, dans un cas, le prix payé est la perte de la réalité; dans l'autre, la culpabilité. C'est la raison pour laquelle la tentative de restauration de la relation, ici et là, demeure « pathologique ». Freud avait déjà dit, dans le « *Mot d'esprit* » : l'homme ne renonce à rien,

---

(lui, un homme) ». Les différentes manières de la contredire donnent les différentes formes de délire paranoïaque, lesquelles reviennent à quatre types de formules défensives :

1° Celle du délire de persécution : « je ne l'aime pas, je le hais », transformée, par projection, en « il me hait » (ou me persécute).

2° Celle du délire érotomaniaque : « Ce n'est pas lui que j'aime, c'est elle », transformée, par projection, en « elle m'aime ».

3° Celle du délire de jalousie : « ce n'est pas moi qui aime l'homme — c'est elle qui l'aime » (forme du délire de jalousie chez l'homme alcoolique) ou encore, chez la femme : « Ce n'est pas moi qui aime les femmes — c'est lui qui les aime ».

4° Celle du délire des grandeurs : « Je n'aime pas du tout — je n'aime personne », avec le retour de la libido sur le moi : « je n'aime que moi ».

Freud approfondira encore les relations entre ces diverses formes de défense dans *Sur quelques mécanismes névrotiques, dans la jalousie, la paranoïa et l'homosexualité* (tr. fr J. Lacan dans *Revue française de psychanalyse*, 1932, vol. VI, p. 391-401) Cf. GW XIII.

(119) GW VIII p. 308; tr. fr. p. 315.

il ne peut que trouver des substituts. Il reprend cette même idée pour différencier le procès normal du procès psychotique ou névrotique :

« Dans la vie psychique normale (et pas seulement dans les périodes de deuil) nous retirons sans cesse notre libido de certaines personnes ou de certains objets, sans pour cela tomber malade... Le détachement de la libido *(die Libidolösung)* ne saurait ainsi être en lui-même et pour lui-même le facteur pathogène de la paranoïa, il faut qu'il présente en outre un caractère spécial permettant de distinguer le détachement paranoïaque de la libido des autres sortes du même processus. Il n'est pas difficile de mettre en évidence un tel caractère. Quel est en effet le nouvel emploi de la libido devenue libre par ce détachement? *Normalement, nous cherchons aussitôt un substitut à cet attachement aboli (aufgehobene Anheftung);* jusqu'à ce que réussisse le substitut, nous maintenons flottante dans la psyché cette libido, elle y produit des tensions et influence l'humeur; *dans l'hystérie,* la charge de libido libérée se transforme en innervations corporelles ou en angoisse. *Dans la paranoïa,* par contre, un indice clinique nous fait voir à quel usage particulier est employée la libido retirée de l'objet. Rappelons-nous que dans la plupart des cas de paranoïa il y a un élément de délire de grandeur, et le délire de grandeur peut constituer à lui seul une paranoïa. Nous en conclurons que, dans la paranoïa, la libido libérée se fixe sur le moi, qu'elle est employée à l'agrandissement du moi. Il y a par là retour au stade du narcissisme, connu comme un stade de développement de la libido, et dans lequel le moi propre était l'unique objet sexuel. Ces déclarations cliniques nous font soutenir que les paranoïaques ont emporté avec eux une *fixation au stade du narcissisme,* et nous pouvons affirmer que *la marche rétrograde de l'homosexualité sublimée au narcissisme* donne la mesure de la somme de *régression* caractéristique de la paranoïa. » (120)

Par reconstruction, la théorie produit *une séquence évolutive :* autoérotisme, narcissisme, homosexualité, sublimation de l'homosexualité dans les relations sociales, hétérosexualité. A cette séquence de positions libidinales correspond *la série des objets.* Les objets ont pour destin normal d'être abandonnés et remplacés; les objets indestructibles, les objets auxquels la libido se cramponne, les objets irremplaçables deviennent la *chose* problématique de la maladie, le ver dans le fruit. L'identification névrotique, la projection psychotique, se donnent comme deux voies désespérées de conserver ou de restaurer la série des objets perdus. Le refoulement — le détachement — impossibles sont alors l'envers même de ce qu'on appelle un renoncement ou un deuil, lesquels sont toujours, pour la psychanalyse, la trouvaille heureuse de substituts. L'échec de la substitution se motive, dans chaque cas, par une fixation auto-érotique (orale, anale) ou narcissique (protestation mâle, homosexualité).

Ces remarques sur les destins différentiels de la libido « détachée » de ses objets anciens nous permettent de conclure notre élucidation de ce

(120) GW VIII p. 309; tr. fr. p. 316.

que nous avons convenu d'appeler, avec la lecture de *Totem et tabou* l'identification totémique ou symbolique (formatrice d'idéal).

L'identification « totémique » est celle qui réussit la substitution, substitution que l'identification hystérique, phobique, obsessionnelle ou magique ne peut mener à bien. Ces dernières formes d'identification attestent l'impouvoir, pour le névrosé, de « faire son deuil » de l'objet pourtant irrémédiablement perdu.

L'association de la fête et du deuil, dans le rite totémique, indiquait l'existence d'une voie possible d'achèvement du travail nécessaire, pour les survivants, de trouver un substitut au père mort. C'était là une solution collective — religieuse — au conflit d'ambivalence. Le triomphe ludique du petit Hans, indiquait, pour sa part, une possibilité d'assumer individuellement l'ambivalence, dans une *identification idéale* qui avait pour effet le détachement d'avec le père, détachement dont témoignait le jeu identificatoire qui accompagne d'une négation, celle du « comme si », le désir d'être le père, symbolisé par le cheval.

Cette identification permet une sublimation et de l'amour et de la haine. Elle trace au petit Hans, dans ce mince indice de sa guérison, le chemin d'un avenir, d'une promesse : à lui, « plus tard », quand il sera grand, d'être comme le père. Cette forme d'identification a une fonction narcissisante, *elle produit une instance idéale* avec laquelle une nouvelle rivalité s'instaure. *La production de cette instance idéale semble la seule voie heureuse de la substitution : c'est « soi-même », mais transformé, qu'il faut substituer à l'objet.* Cette identification au totem entendu comme idéal a l'avantage de réassurer le moi dans son narcissisme sans le soustraire aux exigences de la réalité, puisque c'est en quelque sorte sur lui-même qu'il a à faire le travail d'égaler le père, travail qui coïncide avec la réconciliation. Les « solutions » névrotiques ne réconcilient pas avec l'objet.

Les formes d'identification névrotique sont également des variations narcissiques, mais d'un narcissisme qui ressemble à celui du *rêve* plutôt qu'à celui, triomphant, du *jeu*. Cela signifie que dans le rêve, comme dans la magie ou la névrose, la mise en scène du désir par les identifications multiples, demeure strictement confinée sur le théâtre de l'inconscient; le désir reste méconnu de la conscience et le moi ne peut vraiment se l'approprier. C'est donc le clivage topique, la non-circulation entre l'inconscient et le conscient des représentations des vœux, qui caractérise les identifications décrites dans le rêve, l'hystérie, la phobie, la névrose obsessionnelle. Un modèle « esthétique », certes limité et partiel, continue donc à s'imposer dans la construction d'un mode d'identification non névrotique : nous l'avons aperçu dans le mot d'esprit, la production artistique (chez Léonard de Vinci), la fête totémique (religion) et le jeu. A chaque fois, cette identification permettait de conserver quelque chose du désir mais dans la différence de ce qui reste encore à élucider, et qui n'a jusqu'ici été que nommé : *la sublimation.*

3. L'identification narcissique

Les textes dits *« métapsychologiques »* rédigés pendant les années de guerre, s'inscrivent dans le sillage de la théorie du narcissisme, instaurée dans *Totem et tabou.* Aux grands textes cliniques qui donnaient son épaisseur à l'essai de Freud sur l'origine du totémisme, viennent s'ajouter des textes théoriques qui les doublent et les réfléchissent. Nous venons de voir que le problème de la mort — essentiellement, à travers tous les cas présentés, *la mort du père* — constitue le matériau psychique dont l'identification « totémique » offre une élaboration « idéale ». Il faut rappeler que le problème de la mort du père est un problème parce que cette mort est prise dans les fomentations du *désir de mort.* Il n'y a de problématique de la mort de l'objet, en psychanalyse, que parce qu'il y a collusion de la mort et du désir. La possibilité de tomber malade, de par cette sourde collusion, trouve de pathétiques témoignages dans le « chagrin pathologique », le « deuil insurmontable », la « nostalgie » de névrosés comme l'Homme aux rats et l'Homme aux loups, ou de paranoïaques comme Schreber.

Dans le système des élaborations morbides de cette problématique de la mort — de la perte — de l'objet œdipien que sont la phobie, l'obsession, la paranoïa, il manque encore une pièce importante, qui en permettrait une intelligence différentielle achevée; cette « pièce » clinique, c'est la mélancolie. On passe ainsi de la mort du père à la mort de l'objet d'amour en général, et du premier objet : le sein de la mère. Centrée sur *la perte de l'objet,* sur le travail psychique qu'elle impose au moi, sur l'élaboration de l'irréductible ambivalence, cette réflexion se scande dans quelques écrits dont *Deuil et Mélancolie* forme le noyau.

On sait que Freud, durant ces années 1914-1918, avait rédigé un nombre d'essais métapsychologiques plus important que ce qu'il en a laissé. Par sa correspondance (121), on connaît le titre de ces manuscrits qu'il a détruits. Notre propos serait de rassembler ici les éléments qui auraient pu constituer cette *métapsychologie de l'identification,* en réunissant les indices de son fonctionnement dans la topique, la dynamique et l'économie psychiques.

A. Le sort de l'objet perdu : deuil ou mélancolie

C'est à K. Abraham que Freud doit le point de départ de cet essai sur un sujet rarement abordé, jusque-là, dans les études psychanalytiques (122). Dans un article de 1912, Abraham traçait la voie à l'investigation analytique de la « folie maniaco-dépressive et des états voisins ». Ces « états voisins » consistaient, en réalité, en l'état de deuil d'une part, et en l'état de dépression typique de la névrose obsessionnelle, d'autre part. Le renversement maniaque et la parenté de la manie avec l'excitation enfantine complétaient le tableau. Il s'agissait là, surtout, d'indications cliniques, précieuses pour Freud qui n'avait pas la pratique élargie du psychiatre, mais qui ne proposaient guère d'explication en termes de processus. C'est le texte de Freud qui relancera Abraham (123) dans la poursuite de sa recherche, axée, pour sa part, sur l'étude détaillée du développement de la libido. Lisons donc *Deuil et mélancolie* (124).

---

(121) Cf. Ernest JONES, *La vie et l'œuvre de Sigmund Freud*, tome II, p. 197-199.

(122) K. ABRAHAM, *Préliminaires à l'investigation et au traitement psychanalytique de la folie maniaco-dépressive et des états voisins.* Conférence prononcée au 3e Congrès de psychanalyse le 21 septembre 1911, publiée dans le Zentralblatt für Psychoanalyse, 2e année, Cahier 6, 1912 Tr. fr. par Ilse Barande et Élisabeth Grin. *Œuvres complètes,* tome I (1965) Paris, Payot, p. 99-113.

(123) K. Abraham dans *Œuvres complètes*, tome II (tr. fr. 1966) : *Les états maniaco-dépressifs et les étapes prégénitales d'organisation de la libido* (1924), p. 255-297. Les travaux de K. Abraham trouvent leur poursuite et leur prolongement originaux dans ceux de Mélanie KLEIN, *Contribution à l'étude et à la psychogenèse des états maniaco-dépressifs* (1934) et *Le Deuil et ses rapports avec les états maniaco-dépressifs* (1940), dans *Essais de Psychanalyse*, tr. fr. par M. Derrida, Introduction par N. Abraham et M. Torok Paris, Payot, 1967.

(124) S. FREUD, *Trauer und Melancholie*, GW X p. 428-446; tr. fr par J. Laplanche et J.-B. Pontalis, Paris, Gallimard, (Idées), 1968, dans le recueil de textes intitulé *« Métapsychologie »*, p.147-174.

Notre lecture de ce texte doit beaucoup au commentaire proposé par J. Laplanche dans son cours à l'Université de Paris, d'*Initiation à la théorie psychanalytique* (1972-1973) : *« Les normes morales et sociales, leur impact dans la topique subjective »*, in *« Bulletin de Psychologie »*, Paris, 1973.

« A diverses occasions nous pourrons faire l'expérience de l'avantage qu'il y a, pour notre recherche, à établir des comparaisons avec certains états et phénomènes que l'on peut considérer comme *prototypes normaux* d'affections pathologiques. Parmi ceux-ci on peut compter des états comme *le deuil et l'état amoureux,* mais aussi l'état du sommeil et le phénomène du rêve... » (125).

Si le rêve a servi de modèle normal aux troubles psychiques narcissiques que sont les hallucinations psychotiques, l'essence de la « névrose narcissique » qu'est *la mélancolie* s'éclaire, ici, de sa comparaison avec *l'affect normal du deuil.* Le rapprochement paraît justifié par le tableau d'ensemble de ces deux états. Sans en reprendre le détail, tâchons de retenir, de ce tableau clinique comparé, ce qui permet de pointer *l'énigme de la mélancolie* dont le déchiffrement, comme on le verra, prend appui sur le travail inconscient de l'identification.

« *Le deuil est régulièrement la réaction à la perte d'une personne aimée ou d'une abstraction mise à sa place,* la patrie, la liberté, un idéal, etc. L'action des mêmes événements provoque chez de nombreuses personnes pour lesquelles nous soupçonnons de ce fait l'existence d'une *prédisposition morbide,* une mélancolie *au lieu du* deuil... » (126)

Une alternative psychique s'ouvre lors de la perte de l'objet d'amour : une réaction de deuil ou, s'il existe une « prédisposition morbide », une réaction mélancolique. Le deuil accapare la personne pendant un certain laps de temps *(Zeitraum)* avant que celle-ci n'en vienne à bout; il serait inopportun et même nuisible de perturber ce déroulement. Les deux réactions ont en commun certains traits :

1. une dépression *(Verstimmung)* profondément douloureuse;
2. la suspension de l'intérêt pour le monde extérieur — dans la mesure où il ne rappelle pas le défunt;
3. la perte de la capacité d'aimer, c'est-à-dire de choisir un nouvel objet d'amour qui remplacerait l'objet perdu;
4. l'inhibition de toute activité qui n'est pas en relation avec le souvenir du disparu.

La *mélancolie* présente un trait supplémentaire qui lui est propre : *la diminution du sentiment d'estime de soi (Selbstgefühl)* qui se manifeste par des auto-reproches, des auto-injures et qui va jusqu'à l'attente délirante du châtiment.

---

(125) S. FREUD, *Metapsychologische Ergänzung zur Traumlehre*, GW X p. 412; tr fr. dans *Métapsychologie*, p. 125.

(126) Nous soulignons. GW X p. 428-9; tr. fr. p. 148.

Qu'est-ce qui accapare aussi profondément, aussi douloureusement, la personne qui s'adonne à son deuil? *En quoi consiste ce travail que produit le deuil?*

C'est un travail commandé par l'épreuve de réalité : l'objet aimé n'est plus, il faut donc retirer toute la libido des liens *(Verknüpfungen)* qui la retiennent à l'objet. Contre cette exigence se lève une *rebellion,* — un hérissement *(Sträuben)* — compréhensible : ce n'est pas volontiers que l'homme abandonne une position libidinale, même lorsqu'un substitut lui fait déjà signe. Cette révolte peut aller jusqu'à provoquer un délaissement *(Abwendung)* de la réalité et au maintien de l'objet *(Festhaltung)* par une psychose hallucinatoire de désir. Normalement, le respect de la réalité l'emporte; mais son ordre n'est pas exécuté immédiatement. Cette tâche s'accomplit, dit Freud,

> « en détail *(im einzelnen),* avec une grande dépense de temps et d'énergie d'investissement et, pendant ce temps, l'existence de l'objet perdu se poursuit psychiquement. Chacun des souvenirs, chacun des espoirs qui attachait la libido à l'objet est mis sur le métier, surinvesti et le détachement de la libido est accompli sur lui. » (127)

Freud parle d'une production de compromis *(Kompromißleistung)* pour caractériser l'accomplissement du commandement édicté par la réalité. Qu'elle s'avère aussi douloureuse, cela semble, à la fois, aller de soi et demeurer inexplicable du point de vue économique. Ce problème de la *douleur* restera posé tout au long de cet essai, sans recevoir de réponse, pas même le principe d'une explication (128). Le problème se posera, du reste, mais à l'envers, lorsqu'il s'agira d'expliquer la « joie » triomphale du maniaque.

Le *moi,* à qui incombe cette production de compromis entre épreuve de réalité et revendication libidinale, redevient libre et dégagé une fois achevé ce travail du deuil.

Appliquons à la mélancolie ce que nous avons appris du deuil. *Quel est le travail psychique que produit le mélancolique?*

Le système des traits comparatifs va quelque peu bouger. Il y a une différence dans le tableau clinique, certes, à savoir ce trouble du senti-

---

(127) GW X p. 430; tr. fr. p. 150.

(128) L'énigme de la *douleur*, tant psychique que physique, double celle qui préoccupe Freud tout au long de sa démarche, l'énigme du *plaisir*. Il a toujours cherché à aborder cette double problématique du point de vue « *économique* ». Cette problématique se reformule à partir de 1920 mais ne trouvera pas de solution définitive.

ment de soi; mais cette différence dérive d'une différence bien plus décisive et qui est, elle, *topique.* Elle concerne le statut même de « l'événement » que constitue cette *« perte de l'objet aimé »*. L'homme en deuil sait ce qu'il a perdu à la mort de la personne aimée. *Le mélancolique réagit, pour sa part, à une perte inconnue (unbekannt Verlust), une perte de l'objet soustraite à sa conscience (auf einen dem Bewußtsein entzogenen Objektverlust).* « Il sait sans doute *qui* il a perdu mais non *ce qu'*il a perdu en cette personne » (129). La perte du deuil est réelle; la perte de la mélancolie semble de nature plus « morale », plus *« idéelle » (von mehr ideeller Natur).*

Le travail du deuil était compréhensible, se passant, pour ainsi dire, à ciel ouvert. Mais le travail de la mélancolie est tout intérieur et, s'il inhibe et absorbe le moi, comme le travail du deuil, il fait, en revanche, une impression d'*énigme,* du fait que ni le mélancolique ni l'observateur n'accèdent à ce qui absorbe si complètement le moi. Il en résulte que, dans le deuil, c'est *le monde,* privé de la présence de l'être aimé, qui est devenu vide et pauvre; tandis que dans la mélancolie, ce vide et cette pauvreté affectent *le moi lui-même,* travaillé par un manque inconscient.

Ce qui permettra la compréhension de ce trait énigmatique, c'est d'écouter les *plaintes,* les auto-reproches et les auto-accusations du mélancolique, en les prenant au sérieux. Car, précise Freud,

> « il serait scientifiquement aussi bien que thérapeutiquement infructueux de contredire le malade qui porte de telles plaintes contre son moi. Il doit bien avoir, en quelque façon, raison (...). Nous sommes bien forcés de confirmer immédiatement et sans réserves quelques-unes de ses allégations. Il est effectivement aussi dépourvu d'intérêt, aussi incapable d'amour et d'activité qu'il le dit; mais, comme nous le savons, cela vient *secondairement; c'est la conséquence de ce travail intérieur, inconnu de nous, comparable au deuil, qui consume son moi.* Dans certaines de ses autres plaintes contre lui-même, il nous semble également avoir raison, et ne faire que saisir la vérité avec plus d'acuité que d'autres personnes qui ne sont pas mélancoliques... Il pourrait bien, selon nous, s'être passablement approché de la connaissance de soi, et la seule question que nous nous posions, c'est de savoir pourquoi l'on doit tomber malade pour avoir accès à une telle vérité. » (130)

Cependant, le mélancolique ne se comporte pas tout à fait comme quelqu'un qui reconnaîtrait lucidement ses insuffisances et serait accablé de remords. C'est à grand bruit que le mélancolique se proclame le plus

---

(129) GW X p. 431; tr. fr. p. 151 : « ... er zwar weiß *wen*, aber nicht, *was* er an ihm verloren hat ».

(130) GW X p. 432; tr. fr. p. 152.

monstrueux des hommes : il s'exhibe, il s'épanche, il jouit même à importuner autrui de ses lamentations. *Pas de honte,* au contraire !

Il a perdu le respect de soi *(Selbstachtung)* et doit avoir pour cela une bonne raison. Mais alors, contrairement à ce que pouvait suggérer l'analogie avec le deuil, ce n'est pas une perte de l'objet qu'il aurait subie, mais — comme cela ressort de ses dires mêmes — *une perte concernant son moi.*

Une écoute attentive et patiente de ses propos mène à penser que les plaintes les plus sévères qu'il profère s'appliquent souvent très mal à sa propre personne, tandis qu'avec « de petites modifications » elles peuvent s'appliquer à *une autre personne.* Une personne qu'il aime, a aimée ou devait aimer. Cette écoute analytique donne la clé du processus mélancolique : l'énigme se résout si l'on reconnaît que les auto-reproches sont des reproches adressés à un objet d'amour, reproches renversés de celui-ci sur le moi propre.

Si les plaintes du mélancolique sont des plaintes portées contre (« *ihre Klagen sind Anklagen* » (131), on comprend qu'il n'ait pas de honte à les proférer, qu'il témoigne de si peu d'humilité, de discrétion et de soumission à l'égard de l'entourage. Tracassier au plus haut point, comme s'il avait été lésé, comme s'il avait été victime d'une immense injustice, son comportement est bien celui d'un révolté. Freud écrit :

> « ... une constellation psychique qui était celle de la révolte (...) un certain processus l'a fait ensuite évoluer vers l'accablement mélancolique. » (132)

Nous voilà au nœud du débat. D'un tableau clinique comparatif, Freud tire une interrogation sur le ressort différentiel, il s'inquiète du *processus producteur* du tableau mélancolique.

Il reconstruit le processus et se demande quelles conditions le rendent possible. Ce processus est une identification inconsciente; l'étude de ses conditions requiert une pensée radicale de la relation du moi avec l'objet. L'identification mélancolique apparaît comme le révélateur après-coup non seulement du choix de l'objet mélancolique mais encore de l'étoffe même dont est tissée son moi, et le « moi » de tout homme en général. Suivons de près ce développement théorique décisif pour notre enquête.

---

(131) Les traducteurs français notent ceci à propos du terme allemand « *Anklage* » : « ancien terme juridique signifiant : mise en accusation, plainte portée contre quelqu'un ».

(132) GW X p. 435; tr. fr p. 157.

« Il existait d'abord un choix d'objet, une liaison de la libido à une personne déterminée; sous l'influence d'un *préjudice réel ou d'une déception* de la part de la personne aimée, cette relation d'objet *(Objektbeziehung)* fut ébranlée. Le résultat ne fut pas celui qui aurait été normal, à savoir un retrait *(Abziehung)* de la libido de cet objet et son déplacement *(Verschiebung)* sur un nouvel objet, mais un résultat différent, qui semble exiger pour se produire plusieurs conditions. L'investissement d'objet s'avéra peu résistant, il fut supprimé, mais la libido libre ne fut pas déplacée sur un autre objet, elle fut retirée *(zurückgezogen)* dans le moi. Mais là elle ne fut pas utilisée de façon quelconque : elle servit à établir *une identification du moi avec l'objet abandonné* (*eine Identifizierung des Ichs mit dem aufgegebenen Objekt*). L'ombre de l'objet tomba ainsi sur le moi qui put alors être jugé par une instance particulière comme un objet, comme l'objet abandonné. De cette façon la perte de l'objet s'était transformée en une perte du moi et le conflit entre le moi et la personne aimée en une scission *(Zwiespalt)* entre la critique du moi et le moi modifié par identification. » (133)

Nous retrouvons dans ces lignes les concepts avancés dans *Pour introduire le narcissisme* : la problématique du choix de l'objet, le retrait de la libido dans le moi, la division du moi en instance critique et en instance jugée. Il s'y articule, cette fois, le concept d'identification.

Le processus énigmatique de la mélancolie est donc une identification, définie ici comme un mode de transformation d'un investissement d'objet « peu résistant ». Mais un tel investissement qui fait retour dans le moi manifeste sa nature originellement narcissique. Cette régression nous renvoie à la théorie du double choix d'objet (par étayage et narcissique) énoncée dans le texte théorique de 1914. Le bénéfice de cette opération narcissique est le suivant : la relation avec l'objet n'a pas à être abandonnée (134). Ainsi, la première condition du processus mélancolique (l'identification) réside en cette faible résistance de l'investissement d'objet, c'est-à-dire en un choix d'objet narcissique. La deuxième condition, par contre, est une forte fixation à l'objet d'amour : en effet, l'identification n'est pas la cessation de la relation avec l'objet, mais sa conservation; par elle, l'objet — ou plutôt la relation à l'objet — est maintenue, moyennant une modification d'une partie du moi.

Le mélancolique, paradoxalement, est à la fois *très dépendant de son objet, de ce quelque chose de l'objet qui est inconscient* (et dont la perte entraîne rebellion et accablement) *et très fortement narcissique.* Si, comme Freud l'écrit, « l'identification narcissique avec l'objet devient le substitut de l'investissement d'amour » (135), c'est que l'objet était origi-

---

(133) ibidem
(134) GW X P-436; tr. fr. p. 158-9.
(135) GW X p. 436; tr. fr. p. 158.

nellement un double narcissique du moi. Cependant le trait qui avait motivé son élection comme objet d'amour demeurait inconscient.

Le terme d'« *identification narcissique* » *(narzißlische Identifizierung)* est neuf. Son inscription dans la théorie produit un remaniement conceptuel et entraîne l'explicitation expresse de distinctions qui couraient dans certains textes que nous avons lus, sans faire l'objet d'une thématisation. Originairement, nous tenons le concept d'identification de l'analyse du processus hystérique, modèle des identifications rencontrées dans la névrose. Mais notre notion d'identification « totémique » laissait soupçonner un registre de fonctionnement plus radical que celui du registre de l'hystérie. Les bribes et les morceaux de théorie recueillis jusqu'à présent trouvent ici leur articulation. Lisons ces deux pages où s'opère cette articulation.

« L'identification narcissique avec l'objet devient le substitut de l'investissement d'amour, ce qui a pour conséquence que, malgré le conflit avec la personne aimée, la relation avec l'objet n'a pas à être abandonnée. Une telle substitution de l'objet d'amour par identification est un mécanisme important dans les affections narcissiques. K. Landauer a pu la découvrir récemment dans le processus de guérison d'un cas de schizophrénie (136). Elle correspond naturellemrt à la régression à partir d'un type de choix d'objet, jusqu'au narcissisme originaire *(auf den ursprünglichen Narzi ßmus)*. Nous avons ailleurs (137) émis l'idée que *l'identification est le stade préliminaire du choix d'objet (die Vorstufe der Objektwahl) et la première manière, ambivalente dans son expression, selon laquelle le moi élit son objet*. Il voudrait s'incorporer cet objet et cela, conformément à la phase orale ou cannibalique de la libido, par le moyen de la dévoration. Abraham a sans doute raison de rapporter à cette relation le refus d'alimentation qui se manifeste dans les formes sévères de l'état mélancolique (138).

« La conclusion qu'exige la théorie, et selon laquelle la prédisposition réside dans la prédominance du type narcissique de choix d'objet, n'est malheureusement pas encore confirmée par nos investigations (...). Si nous pouvions admettre que l'observation s'accorde avec nos déductions, nous n'hésiterions pas à intégrer dans les traits caractéristiques de la mélancolie la régression à partir de l'investissement d'objet jusqu'à la phase orale de la libido qui appartient encore au narcissisme. Dans les névroses de transfert non plus, les identifications avec l'objet ne sont pas rares du tout; elles sont au contraire un mécanisme

(136) Freud signale en note la référence à la contribution clinique de LANDAUER, *Internationale Zeitschrift für ärtzliche Psycho-analyse*, II, 1914.

(137) « Ailleurs », c'est-à-dire, dans ses *Trois essais* (II, chapitre VI, ajouté en 1915). Nous avons commenté plus haut cette formule qui reviendra très souvent dans les définitions ultérieures de l'identification, principalement dans « *Massenpsychologie und Ichanalyse* » (1920) et « *Das Ich und das Es* » (1923).

(138) Cf. K. ABRAHAM, *op. cit.*, Tome II, p. 250. Nous lisons :
« Deux smptômes prennent rang parmi les manifestations les plus importantes et les plus marquantes des manifestations dépressives. Ils ont rapport à la prise de nourriture. Ce sont : le refus alimentaire et la peur de mourir de faim... «

bien connu de la formation de symptôme, particulièrement dans l'hystérie. Mais nous pouvons saisir la différence entre l'identification narcissique et l'identification hystérique; dans la première, l'investissement d'objet est abandonné tandis que, dans la seconde, il persiste et exerce une action, qui habituellement se limite à certaines actions et innervations isolées. En tout cas, l'identification est, dans les névroses de transfert également, l'expression d'une communauté *(Gemeinschaft)* qui peut signifier l'amour. *L'identification narcissique est la plus originaire et elle nous ouvre l'accès à la compréhension de l'identification hystérique* qui a été moins bien étudiée » (139).

Il nous revient, en résonance avec ce texte, ces très anciennes remarques de Freud que nous avions relevées en commençant ce travail. Dans *le manuscrit* N, joint à la lettre du 31 mai 1897, il fait part à Fliess de ses réflexions sur le sort des pulsions hostiles à l'endroit des parents (désir de leur mort) qui, dit-il, font partie intégrante des névroses. Il fait alors cette comparaison :

« Dans le deuil, les sentiments de remords se manifestent, alors on se reproche leur mort (c'est ce que l'on décrit sous le nom de mélancolies) ou bien l'on se punit soi-même sur le mode hystérique, en étant malade comme eux (idée de rachat). L'identification n'est alors, comme on voit, qu'un mode de penser et ne nous délie pas de l'obligation de rechercher les motifs ».

Il avait déjà pressenti à ce moment que l'identification, que l'on pouvait appliquer aux deux cas (mélancolie et hystérie) ne constituait qu'une notion (un « mode de penser »). Ce qu'il cherche à produire maintenant, quelques vingt ans plus tard, ce sont les *motifs* qui seuls permettent la différenciation des processus à l'œuvre dans ces deux affections.

De tels motifs, pour être mis à jour, ont réclamé la révision de la théorie de la libido et la radicalisation du concept de « moi ». Nous avons appris que *l'identification hystérique* (« la plus mal étudiée ») manifestait dans un mime condensé, le désir de l'hystérique (désir inconscient d'une identité sexuelle : *sexuelle Gemeinsamkeit*) et la défense contre ce désir (refus — *Versagung*, auto-punition). Dans l'hystérie, la relation d'objet se maintient, mais c'est une relation interdite et seuls le symptôme et le rêve portent la trace des prétentions inconscientes de l'hystérique. L'identifi-

---

(139) Nous soulignons. GW X p. 436-7; tr. fr p. 158-60. Freud reprend cette comparaison entre identification hystérique et narcissique (mélancolique) dans un texte de la même époque, la 26e Leçon d'introduction à la psychanalyse : *Théorie de la libido et narcissisme*; cf. GW XI p. 443; tr. fr. par S. Jankelevitch, *Introduction à la Psychanalyse*, Paris, Petite Bibliothèque Payot, 1962, p. 404. Cette opposition de l'hystérie (des névroses de transfert) et de la mélancolie (les névroses narcissiques) permettra, dans les textes théoriques ultérieurs, une articulation très éclairante du concept d'identification.

cation hystérique, de toute manière, n'altère pas radicalement le « moi », elle le protège bien plutôt de l'angoisse devant la montée du désir. L'identification hystérique conserve et préserve le moi.

Il en va tout autrement dans la mélancolie, où l'on assiste à une énigmatique incandescence du moi, intérieurement dévoré (et non plus extérieurement fasciné), par l'objet. *L'identification mélancolique* transforme le moi en important la relation perdue et son conflit à l'intérieur de ce moi; il s'ensuit un clivage douloureux, l'instauration d'un tribunal intériorisé avec le verdict de l'impardonnable culpabilité du moi. L'identification narcissique altère le moi en préservant l'objet auquel il ne renonce pas, pour son malheur.

En quoi peut-on soutenir que l'identification mélancolique est, à présent, mieux étudiée que l'identification hystérique?

Il nous semble, en retournant à la longue citation que nous avons faite, que ce soit la théorie du choix d'objet conjuguée à celle du développement de l'organisation de la libido qui fondent cette assertion de Freud. La question décisive est évidemment la postulation d'un état « originaire ». Freud tient le langage de l'*originaire* (*ursprunglich* revient plusieurs fois sous sa plume) : narcissisme originaire, identification-stade « préliminaire » du choix de l'objet, phase orale cannibalique de la libido... L'utilisation d'un tel langage s'accompagne, il faut le souligner, de précautions et de réserves : Freud parle de « conclusion *(Schluß)* qu'exige la théorie », de « déductions » *(Ableitungen)*. Laplanche et Pontalis, dans leur remarquable essai *Fantasme originaire, fantasmes des origines, origine du fantasme*, ont bien circonscrit cette problématique et défini ses enjeux (140).

Dans ce passage de *Deuil et mélancolie* comme dans celui des *Trois Essais* qu'il écrivit, en rajout, en 1915, Freud, manifestement influencé par la tournure d'esprit d'Abraham, cherche à lier le type de « choix de la maladie » et une étape de développement libidinal. La phase dont il est question, pour la mélancolie, est *la phase orale ou cannibalique* qui, spécifie-t-il, appartient encore au narcissisme.

Si l'identification est le stade préliminaire *(Vorstufe)* du choix d'objet, ou, comme il l'écrit ailleurs, son prototype *(Vorbild)*, si elle est la pre-

---

(140) J. Laplanche et J.-B. Pontalis, dans *Temps modernes*, avril 1964,n° 215, p. 1833-68. La reconstruction de l'originaire fait également l'objet du livre de J. LAPLANCHE, *Vie et mort en psychanalyse*, Paris, Flammarion, 1970.

mière manière, ambivalente, dont le *moi* élit un objet, elle est l'œuvre d'un narcissisme constitué puisqu'il existe un « moi » qui élit son « objet ». A cette phase aimer l'objet, c'est le dévorer, l'incorporer, l'introduire dans le moi ou, si l'on peut risquer le terme, le « narcissiser », le transformer dans du moi. Mais une telle incorporation (fantasmatique) n'entraîne pas pour le nourrisson une mélancolie — tout au plus, comme l'affirmera Mélanie Klein, un *état* dépressif (141) —, il doit donc y avoir, dans la relation narcissique, incorporative, du mélancolique à l'objet, un caractère en plus; il doit s'ajouter, à la condition de choix d'objet narcissique et à sa régressibilité en narcissisme, une autre condition.

Cette seconde condition du processus mélancolique, qui se joint à l'identification narcissique, c'est *l'intensité de l'ambivalence.*

La perte de l'objet d'amour est un événement bien révélateur. Elle peut affecter normalement le survivant, dans le deuil; la durée et la douleur de celui-ci manifestent après-coup la force de l'attachement qui liait la personne en deuil et le défunt. Une réaction pathologique à cette perte trahit, également dans son après-coup, le caractère inconsciemment problématique de l'attachement qu'elle vient trancher. C'est le cas de ce que Freud appelle le « deuil pathologique » de la névrose obsessionnelle. C'est le cas de la mélancolie.

La dépression névrotique-obsessionnelle est bien connue de la psychanalyse. Elle permet de comprendre une nouvelle composante de la mélancolie qui se présente comme le trouble dépressif le plus grave. Le deuil pathologique de l'obsessionnel est marqué par les auto-reproches selon lesquels on s'impute à soi-même la responsabilité de la mort de l'objet, on

---

(141) Plus exactement, il faudrait dire : la *« position »* dépressive. M. Klein justifie elle-même ce choix terminologique dans cette remarque :
« J'ai décrit dans mes ouvrages précédents, les angoisses et les mécanismes psychotiques de l'enfance en termes de phases de développement. Il est vrai que cette description rend pleinement compte du rapport génétique qui relie ces phases et de la fluctuation que la pression de l'angoisse maintient entre elles avant qu'une plus grande stabilité ne soit atteinte; mais comme les angoisses et les mécanismes psychotiques ne prédominent jamais tout seuls dans le développement normal (fait que j'ai, bien entendu, souligné), le terme de phase psychotique n'est pas véritablement satisfaisant. J'utilise maintenant le terme de *« position »* quand il s'agit des angoisses et des défenses psychotiques du développement de la petite enfance. Ce mot me semble exprimer, mieux que celui de « mécanisme » ou de « phase », les différences entre les angoisses psychotiques infantiles dues au développement et les psychoses de l'adulte; pensons à la mutation rapide, par exemple, qui fait passer d'une angoisse de persécution ou d'un sentiment de dépression à une attitude normale — mutation si caractéristique chez l'enfant. » dans *Essais de Psychanalyse*, p. 325-6.

s'accuse de l'avoir voulue. C'est un état intermédiaire entre le deuil et la mélancolie.

« Dans ce genre de dépression, écrit Freud, survenant après la mort de personnes aimées, nous sommes en présence de ce que le conflit ambivalentiel produit à lui seul lorsque ne s'y ajoute pas le retrait de la libido » (142).

Les auto-reproches obsessionnels procèdent d'un *retournement des pulsions sadiques et haineuses sur le moi.* Ce retournement s'opère, certes par une identification avec l'objet, mais il le fait sur le mode hystérique, c'est-à-dire qu'il n'entame pas le moi. Nous reviendrons plus loin sur ce destin particulier de pulsion qu'est le retournement sur la personne propre et ses rapports avec l'identification.

Dans *la mélancolie*, le déclenchement du processus se produit par des causes qui débordent le cas bien clair de la perte due à la mort de l'objet. Ces causes comprennent toutes les situations où le moi subit un préjudice, une humiliation, une désillusion qui instillent dans la relation une opposition d'amour et de haine ou renforcent une ambivalence déjà présente. Mais le retournement de cette haine sur le moi a des effets catastrophiques, suicidaires, destructeurs du moi. Le facteur « constitutionnel » *anal*, qui jouerait ici comme dans la névrose obsessionnelle (143), s'allie dans la mélancolie avec la régression narcissique. Cette alliance donne à cette affection sa dangereuse démesure.

L'explication freudienne est celle-ci :

« Si l'amour pour l'objet, qui ne peut être abandonné tandis que l'objet lui-même est abandonné, s'est réfugié dans l'identification narcissique, la haine entre en action sur cet objet substitutif en l'injuriant, en le rabaissant, en le faisant souffrir et en prenant à cette souffrance une satisfaction sadique. La torture que s'inflige le mélancolique et qui, indubitablement, lui procure de la jouissance, représente la satisfaction de tendances sadiques et haineuses qui, visant un objet ont subi de cette façon un retournement sur la personne propre... Ainsi l'investissement d'amour que le mélancolique avait fait sur son objet a eu un double destin : pour une part, il a régressé sur l'identification, pour une autre part, il a été reporté, sous l'influence du conflit d'ambivalence, au *stade du sadisme* qui est plus proche de celui-ci » (144).

---

(142) GW X p. 437; tr. fr. p. 161. Cette forme intermédiaire de deuil a fait l'objet d'un intéressant travail clinique de Daniel LAGACHE, *Deuil pathologique*, dans *La Psychanalyse*, n° 2, Paris, P.U.F., 1956, p. 45-74.

(143) S. FREUD, *Die Disposition zur Zwangneurose* (GW VIII); *Charakter und analerotik* (GW VII); *Bemerkungen über einen Fall von Zwangneurose* (GW VII) — voir notre commentaire du cas de l'Homme aux rats, Chapitre II § 2, c.

(144) GW X p. 438; tr. fr. p. 161-2.

Ce déplacement du sadisme fournit la solution de l'énigmatique tendance au *suicide* :

« Le moi ne peut se tuer que lorsqu'il peut, de par le retour de l'investissement d'objet, se traiter lui-même comme un objet, lorsqu'il lui est loisible de diriger contre lui-même l'hostilité qui vise un objet et qui représente la réaction originaire du moi contre des objets du monde extérieur » (145).

Si des formes de dépression névrotique sont une manière de maintenir l'*objet*, par identification magique, dans le moi, la névrose narcissique qu'est la mélancolie, en cherchant à maintenir *le mode de relation à l'objet* perdu dans le moi, détruit à la fois le moi et l'objet. Il n'y a pas, dans les névroses de transfert, un si formidable raté du conservatisme narcissique du moi.

L'avatar mélancolique du narcissisme, marqué dans les effets ruineux de l'identification narcissique, nous oblige à revoir le concept même de narcissisme originaire. Il semblerait, en effet, que la représentation habituelle du narcissisme serait celle d'une sorte de monade auto-suffisante, de solipsisme libidinal clos, de cellule indifférenciée mais impénétrable à toute incursion du dehors (146). Or, à lire sérieusement les implications

---

(145) GW X p. 439; tr. fr. p. 163. Dans *Triebe und Triebschicksale* (Pulsions et destins de pulsions), cette hostilité originaire du moi contre les objets du monde extérieur est à l'origine de la *haine* tandis que les pulsions sexuelles partielles sont à l'origine de l'*amour*. Voir *Métapsychologie* pp. 42-44.
La question du suicide fut le thème d'une discussion de la Société Psychanalytique de Vienne les 20 et 27 avril 1910. Freud y donna une conclusion qui annonçait *Deuil et mélancolie* :cf. GW VIII. Voir à ce propos E. JONES, *La vie et l'œuvre de S. Freud*, Tome II, p. 261.

(146) Ainsi dans « *Pour introduire le narcissisme* » :
« Ce narcissisme qui est apparu en faisant rentrer les investissements d'objet, nous voilà donc amenés à le concevoir comme un état secondaire construit sur la base d'un *narcissisme primaire* que de multiples influences ont obscurci (...) Nous nous formons ainsi la représentation d'un investissement libidinal originaire du moi; plus tard une partie en est cédée aux objets, mais, fondamentalement, l'investissement du moi persiste et se comporte envers les investissements d'objet comme le corps d'un animalcule protoplasmique envers les pseudopodes qu'il a émis, dans *La vie sexuelle*, Paris, P.U.F., 1969, p. 83.
Dans « *Pulsions et destins de pulsions* » :
« Il y a une *situation psychique originaire* dans laquelle deux d'entre les trois polarités se rencontrent. Originairement, tout au début de la vie psychique, le moi se trouve investi par les pulsions et en partie capable de satisfaire ses pulsions sur lui-même. Nous appelons cet état le narcissisme et nous qualifions d'auto-érotique cette possibilité de satisfaction (note 1).
(...) Si, pour commencer, nous définissons l'amour comme la relation du moi à ses sources de plaisir, la situation dans laquelle il n'aime que lui-même et est indifférent au monde

et les effets de l'identification narcissique, force est de reconnaître qu'il en va peut-être autrement et que, *originairement, le narcissisme est un mode de relation.* Si l'identification cannibalique est la première manière d'aimer un objet, originellement ambivalente, si, en d'autres termes, « in principio » amour et identification coïncident, alors il faut se représenter *le narcissisme comme une relation* du moi à lui-même comme objet « cannibalisé »; « lui-même », étant, identiquement, l'objet cannibalisé, approprié narcissiquement. Freud dit que la relation orale appartient au narcissisme; il faut en tirer cette conséquence que le narcissisme originaire n'est pensable que comme cannibalisme et que, finalement, le narcissisme n'est autre chose que le fonctionnement de l'identification narcissique (147).

Ce problème du statut du narcissisme originaire — de l'identification originaire (ou primaire) — appelle un travail théorique de clarification; nous aurons à l'effectuer nous-mêmes, après Freud, parce que dès *Deuil et Mélancolie*, la question la plus radicale de la théorie du moi devient solidaire de la question de l'identification comme relation originaire du moi à « l'objet ». *Il n'y a pas de « moi » sans investissement d'objet.* Les notions de moi et d'objet forment un couple indissociable. La démarche analytique montre qu'il n'est possible de parler de la structure et des modes de fonctionnement du moi qu'à partir des péripéties de ses investissements libidinaux. La possibilité pour le moi de devenir malade est intimement liée à ce destin libidinal. La problématique de « l'objet » est à l'œuvre dès l'origine, dès le narcissisme. *Deuil et mélancolie* contraint donc à revoir les concepts de moi et d'objet, en traçant une voie cependant : qu'il se pourrait bien qu'à un moment donné, ce qu'on appelle

---

éclaire la première des oppositions dans lesquelles nous avons trouvé 'aimer' ».
Voici la *note 1*, qui montre d'emblée la limite du modèle « solipsiste » du narcissisme : « Une partie des pulsions sexuelles est apte à cette satisfaction auto-érotique et se prête donc à être le porteur du développement, décrit plus loin, qui s'opère sous la domination du principe de plaisir. Quant à celles des pulsions sexuelles qui exigent d'emblée un objet, et aux besoins des pulsions du moi, qui ne peuvent jamais être satisfaits de façon auto-érotique, ils ne peuvent que troubler cet état et préparer la progression. De fait, l'état originaire narcissique ne pourrait connaître ce développement si chaque être individuel ne passait par une période de détresse et de soins pendant laquelle ses besoins pressants sont satisfaits par l'intervention de l'extérieur et ainsi préservés de tout développement », dans *Métapsychologie* p. 36-7.

(147) J. LAPLANCHE, *Les normes morales et sociales...*, dans *Bulletin de Psychologie*, 1973, p. 884.

« objet » et ce qu'on appelle « moi » fussent la même chose. Avec ce texte, le problème de l'identification ne se limite plus à celui de la compréhension des processus de formation de symptômes mais se creuse comme par-dessous, en une interrogation sur l'origine du « moi » et de ses institutions » (148).

B. Note additive à « Deuil et mélancolie » : à propos de K. Abraham

Il n'est pas hors de propos, surtout si ce propos se soutient méthodologiquement des seuls textes freudiens, de compléter notre commentaire sur la mélancolie par quelques remarques sur les travaux de Karl Abraham, auxquels il a été fait plusieurs fois allusion.

Ce dernier a cherché à approfondir certaines directions de recherches esquissées par Freud. Ces recherches, on le sait, se sont portées sur les relations d'objet précoces, dans le sens d'un (149) « fignolage » — pour reprendre l'expression de J. Laplanche — de la théorie du développement de la libido. Nous ne retenons ici que ce qui peut avoir valeur suggestive pour notre propre questionnement. Abraham prolonge la pensée de Freud ou la nuance sur les points suivants :

— *La mélancolie est la forme archaïque du deuil.* Il y aurait dans tout deuil normal un moment introjectif, cannibalique. Les rituels de fêtes funéraires chez les peuples « primitifs » en témoignent. Les recherches anthropologiques contemporaines de même que les études psychanalytiques portant sur le champ de la dépression (150) le confirment. Disons

---

(148) « *Die Ichinstitutionen* ». Freud compte parmi les grandes institutions du moi la conscience morale (instance qui peut se séparer du reste du moi et devenir autonome, comme dans la mélancolie), la censure de la conscience et l'épreuve de la réalité. Il reviendra sur cette question plus tard, dans les *Nouvelles leçons de psychanalyse* (1933) (voir infra).

(149) J. LAPLANCHE, *art. cit.* p. 884.

(150) La thématique du cannibalisme et ses rapports avec le deuil et la mélancolie a été très suggestivement décrite dans un ensemble d'articles ethnologiques et cliniques, dans le numéro 6 de la Nouvelle Revue de Psychanalyse : *Destins du cannibalisme*, Gallimard, Paris, automne 1972. En particulier, pour ce qui touche notre propre interrogation, les articles suivants : André GREEN, *Le cannibalisme : réalité ou fantasme agi?* (p. 27-54). Nicolas ABRAHAM et Maria TOROK, *Introjecter-Incorporer. Deuil ou Mélancolie* (p. 111-122). Pierre FEDIDA, *Le cannibale mélancolique* (p. 123-128). D'inspiration Daseinsanalytique, l'étude de Roland Kulm met également en évidence l'aspect cannibalique du deuil : voir *De la dépression nerveuse,* trad. et notes par J. Schotte et M. Legrand dans *Revue de Psychologie et des Sciences de l'éducation,* Louvain, 1969, Vol. 4, n° 2, p. 129-154. La thématique de la perte de l'objet constitue le sujet du numéro 7-8 de la Revue « *Topique* », Paris, P.U.F., 1972 : *L'objet perdu.*

qu'il y a quelque chose comme une introjection du mort dans tout deuil normal, introjection, *identification partielle*, qui assure la pérennité du mort à l'intérieur du moi; l'objet aimé survit, mais métabolisé dans le moi. Le moi, constitutivement, ne dispose que de cette ressource narcissique là pour se maintenir en vie : il se constitue de la série des objets « morts » ou abandonnés, en n'en conservant en lui que la bonne part. Ce qu'il y avait de haïssable dans l'objet sombre, du fait d'une ambivalence « normale », dans l'oubli. Nous allons voir que Freud lui-même verra dans le processus mélancolique un modèle du processus normal de liquidation d'une relation d'objet. L'alternative n'est donc pas aussi tranchée qu'il le prétend entre le deuil et (ou) la mélancolie.

— Le mélancolique frappe, à première vue, par ses discours auto-dépréciatifs; Freud a repéré la signification de cette bruyante forme de « délire de petitesse » *(Kleinheitswahn)*. Mais il faut discerner une part notable, chez le mélancolique, de *surestimation de soi* : la part du moi qui hait est monstrueuse, la haine est incommensurable, gigantesque, effroyable. Cette démesure en négatif, démoniaque, laisse percer le narcissisme invétéré du mélancolique. Ajoutons que l'*identification au Diable* n'a jamais été rare parmi les cas de délires mélancoliques. Freud lui-même l'a remarquablement souligné dans son essai de 1923 : « *Eine Teufelsneurose im siebzehnten Jahrhundert* » (une névrose démoniaque au XVIIème siècle) (151). Nous y reviendrons.

— *La tendance à la répétition* caractérise singulièrement la vie du mélancolique. Il tend à répéter dans le choix inconscient de ses objets la condition qui précipite ses échecs amoureux et, partant, sa mélancolie : cette condition c'est l'identification narcissique, inconsciente, ambivalente, à l'autre qui possède le trait singulier qui le rend « le même ». Quand l'objet vient à « manquer » de ce qui soutenait cette identification, donc son amour narcissique, surgit la rebellion et la tragédie *(Trauerspiel)* mélancolique. Il faudra quelques années de latence à la pensée de Freud pour mettre en évidence la connivence de la « *pulsion de mort* » et

---

(151) Il s'agit de l'histoire d'un peintre autrichien, Christophe Haitzmann, miraculeusement délivré d'un pacte avec le diable. Le manuscrit provenant du pélerinage de Mariazell arriva à la connaissance de Freud grâce à un de ses amis directeur de la Bibliothèque « autrefois impériale et royale des Fidei-commis à Vienne ». Nous évoquerons ce cas de possession démoniaque dans le chapitre III de notre travail, en connexion avec le problème général de la liquidation de l'Œdipe et de ses avatars.

de la *répétition*. On aperçoit déjà que le lieu de la répétition c'est le narcissisme et que dans le cas du mélancolique, la compulsion à répéter le traumatisme se joue dans son choix sexuel, c'est-à-dire, précisément, dans *l'identification narcissique*.

— *L'ambivalence envers l'objet et, par suite du retournement, envers le moi, est pour Abraham la condition du renversement de la mélancolie en manie*. Nous ne discuterons pas ici le problème de la manie, repris par Freud dans « *Psychologie des masses et analyse du moi* » (1920).

— Enfin, Abraham, homme systématique, a rassemblé *les facteurs spécifiques qui provoquent l'avènement d'une mélancolie* à la place d'un simple deuil.

1) *L'érotisme oral* : ce serait le facteur constitutionnel;
2) *Fixation de la libido à cette étape orale* où fut excessif le plaisir à sucer, à mordre, à mastiquer, à manger : insatiabilité dans la demande de preuves orales d'amour;
3) *Blessure grave du narcissisme infantile par déception amoureuse*, sentiment d'abandon de la part du père *et* de la mère;
4) *Survenue de la première grande déception amoureuse avant la maîtrise des désirs œdipiens*, c'est-à-dire à un moment où la libido n'a pas dépassé le stade narcissique; c'est « incorporativement » qu'il doit maîtriser (refouler) ses désirs incestueux et la révolte contre le père. Il y a association durable entre le complexe d'Œdipe et le cannibalisme libidinal (pulsions sadique-orales).
5) *La répétition de la déception primaire* au cours de la vie ultérieure occasionnera la survenue d'une dépression mélancolique, et l'hostilité contre ceux qui ont blessé si malencontreusement les aspirations amoureuses narcissiques. La déception primaire serait, comme le soutient Stärcke (152), l'expérience du *sevrage*, qui serait une *Urkastration*, une castration primaire, engendrant une soif inextinguible de vengeance par morsure (des seins de la mère ou de son pénis fantasmatique).

(152) J. STARCKE, cité par Freud, *Intern. Zeitschrift für Psychoanalyse*, vol. III, 1919.

(152) On trouvera une discussion élargie de cette conception d'un prototype oral de la castration dans le travail de Michel DE WOLF, *op. cit.*, p. 319-330. Signalons d'autres travaux de J. Starcke sur ce thème : *Der Kastrationkomplex*, Intern. Z. Psychoanalyse, 1921, VII, p. 9-32; *Het probleem der alimentaire castratie,* Psych. en Neur. Bl. 1929, 33 (4), p. 225-228.

Citons, pour finir, le résumé que fait Abraham de ses conceptions sur l'introjection et ses conséquences :

« Chez nos patients, une déception intolérable par l'objet d'amour donne lieu à la tendance à l'expulser comme un contenu corporel et à le détruire. L'introjection s'ensuit, c'est-à-dire la récupération par dévoration de l'objet, forme spécifique de l'identification narcissique dans la mélancolie. La vengeance sadique s'assouvit alors sous les espèces d'une auto-mortification donnant un certain plaisir. Nous pouvons admettre qu'elle dure jusqu'à ce que, le temps aidant, il y ait une saturation des besoins sadiques, ce qui éloigne le danger de destruction de l'objet d'amour. Dès lors, l'objet d'amour peut en quelque sorte quitter sa cachette; le patient peut lui redonner une place dans le monde extérieur.

« Il me semble, conclut-il, intéressant de constater que cette libération de l'objet a également valeur inconsciente d'une *exonération.* A l'époque où sa dépression s'atténuait, un patient fit un rêve au cours duquel il poussait un bouchon hors de son anus avec un sentiment de délivrance. Cette *poussée vers le dehors clôt le déroulement de ce deuil archaïque* que nous considérons être la maladie mélancolique. On peut dire à juste titre qu'au cours de la mélancolie, l'objet d'amour subit pour ainsi dire le métabolisme psycho-sexuel du patient » (153).

C. L'identification et la métapsychologie

De *Totem et Tabou* aux écrits métapsychologiques dont les *Leçons d'introduction à la psychanalyse* sont la conclusion provisoire, le matériel clinique et théorique nécessaire à la construction du concept d'identification s'est considérablement accru. L'identification appartient désormais à une série de problématiques entrecroisées et son infiltration dans les textes devient universelle. Il convient, semble-t-il, en achevant ce chapitre deuxième de notre travail, de formuler brièvement les différentes questions jaillies au cours de ce trajet. Plusieurs directions de recherche, toutes issues de la théorie du narcissisme qui constitue le centre de gravité de tout l'appareil en marche, s'esquissent et permettent de tracer les linéaments d'une « métapsychologie » de l'identification.

1) *L'identification est une opération fondamentalement narcissique,* dans son origine et dans sa fin. Elle est le travail incorporatif du moi, le transformateur d'investissements libidinaux d'objet en investissements du moi : le jeu même de cette régression narcissique. Elle sert d'abord et avant tout les intérêts libidinaux du moi; elle *est* le narcissisme au travail.

(153) Karl ABRAHAM, *Œuvres complètes*, tome II, p. 286.

Elle est le processus même de la *Selbsterhaltung* du moi : incorporer pour survivre.

2) Elle assure donc cette auto-conservation *(Selbsterhaltung)* (154) du moi, mais, paradoxalement, en s'étayant sur les objets pulsionnels. *Processus essentiel de la conservation du moi elle est foncière conservation de l'objet* : cet « objet », originairement, c'est quelque partie du moi, un « incorporé » primordial, prototype du moi, figure originaire de l'objet. L'identification est une « moïfication » de l'objet. Cet objet, le problème permanent qu'il impose au moi, c'est sa dérobade, sa « perte ». Ainsi, *le moi* est, originairement, l'objet secondaire : l'après-coup, le reste de quelque chose d'irrémédiablement perdu, l'objet éclaté et innommable de l'auto-érotisme, l'objet grandiose et mythique du narcissisme infantile originaire, l'objet de la passion amoureuse... (155).

3) C'est *l'identification mélancolique* qui a servi d'index à cette problématique de la relation originaire du moi à l'objet. Objet qui s'avère narcissique, qui se manifeste comme un « double » du moi archaïque et qui se trouve pris dans le fonctionnement pulsionnel ambivalent de l'oralité, du cannibalisme. L'analyse de la mélancolie se joint à celle de la paranoïa, à celle du délire des grandeurs de la paraphrénie (156) et du délire de surveillance (157) de la schizophrénie pour démonter la structure composite de ce qu'on appelle le « moi normal » et en révéler son *origine plurielle.* Structuré d'identifications que masquent des relations actuelles aux objets d'amour, le moi peut, suite à la perte (réelle ou

(154) *Auto-conservation* rend imparfaitement les connotations du mot allemand « Selbst-erhaltung » dans lequel figure le radical « *halt* » signifiant ce qui est de l'ordre de la « tenue ».

(155) L'élaboration du concept de *l'objet* en psychanalyse suscite de nombreuses difficultés. On peut observer, à travers toute notre discussion, que ce concept est indissociable de celui, tout aussi problématique, de *moi.* Il faut remarquer, en outre, que Freud ne parle pas de « sujet » (au sens de la subjectivité des philosophes modernes) mais de ce faisceau pulsionnel, de cet objet pulsionnel encore mal défini (mal délimité, mal différencié) qu'est le *moi* de la nouvelle théorie de la libido.
Ajoutons que ce que nous avons circonscrit ici, dans notre commentaire des écrits de 1912-17, tous articulés au problème du narcissisme, n'est pas étranger aux recherches de Lacan sur la position décernable à « *l'objet petit a* ».

(156) *Pour introduire le narcissisme*, dans *La vie sexuelle*, p. 82 (GW Xp. 139).

(157) Nous traduisons par délire de surveillance le terme allemand de « *Beachtungswahn* » ou encore de « *Beobachtungswahn* ». Laplanche le traduit par délire d'observation. Voir sa note de traducteur dans *Pour introduire le narcissisme* dans *La vie sexuelle*, p. 99 note 1. (GW X p. 162).

imaginaire) de l'objet, se perdre lui-même, se décomposer, se cliver, se refendre, se déconstruire, se détruire. Les psychoses donnent les figures cliniques des démembrements possibles du moi, figures inversées de sa structuration, de son organisation, de ses « institutions » : idéal, censure, conscience morale, conscience de soi. La formation de « Doubles » dans la fiction littéraire illustre ces processus (158).

4) Élaboration négative et parfois suicidaire de la perte (impossible) de l'objet, *la mélancolie montre pourtant la voie de tout travail de renonce-*

(158) Tel est bien le mouvement général de la démarche psychanalytique : on n'accède à une connaissance réelle de la psychologie « normale » qu'en s'attachant d'abord à l'étude des manifestations pathologiques qui en sont l'exagération, la distorsion ou l'amplification. Ainsi :
« Comme les névroses de transfert nous ont permis de suivre la trace des motions pulsionnelles libidinales, de même démence précoce et paranoïa nous fourniront l'accès à l'intelligence de la psychologie du moi. Une fois de plus, il nous faudra retrouver l'apparente simplicité du normal par conjecture à partir des distorsions et exagérations pathologiques... ». S. FREUD, *Pour introduire le narcissisme*, op. cit. p. 88; GW X p. 148.
Ou encore :
« Nous savons que la pathologie est capable, en amplifiant les manifestations, en les rendant pour ainsi dire plus grossières, d'attirer notre attention sur des conditions normales qui, sans cela, seraient restées inaperçues. Là où la pathologie nous montre une rupture ou fêlure *(einen Bruch oder Riß)*, il n'y a peut-être normalement un clivage *(eine Gliederung)*. Si nous jetons par terre un cristal, il se brise, mais pas n'importe comment, il tombe en morceaux suivant ses lignes de clivage *(Spaltrichtungen)*, morceaux dont la délimitation, quoique invisible, était cependant déterminée auparavant dans la structure du cristal ». S. FREUD, *Nouvelles conférences sur la psychanalyse*, tr. fr. par Anne Berman, Gallimard, (Idées), 1971, p. 80; GW XV p. 64.
Les dissociations psychotiques du moi s'accompagnent souvent de l'expérience angoissante du dédoublement, de l'hallucination du *Double*. La paranoïa, dont le processus défait les identifications et restitue les personnes aimées auparavant (voir notre lecture de Schreber plus haut), fournit un indice à la compréhension de ces dédoublements. La projection paranoïaque rejette au dehors les objets autrefois incorporés, pour tenter de résoudre le conflit d'ambivalence qui ronge le moi dans ses rapports avec l'objet. *La formation de double* (ou de plusieurs doubles) comme « réalisation » de ces courants psychiques conflictuels constitue un motif très insistant en littérature (romans, contes, mythes). La puissance de ces fictions qui provoquent fréquemment le sentiment de *l'inquiétante étrangeté* et qui constituent sans doute le paradigme de toute fiction littéraire, tient évidemment au fait qu'elles jouent avec une redoutable possibilité d'angoisse pour le moi, possibilité qu'actualise le psychotique. Ce thème du double mériterait un examen à part, comme révélateur de la problématique pulsionnelle narcissique. Voir S. FREUD : *Das Unheimliche*, GW XII (1919); Otto RANK : *Der Doppelgänger*, Imago, III, 1914; tr. fr. « *Une étude sur le Double* », Paris, Denoël et Steele, 1932 (rééd. Payot, 1973); Tzvetan TODOROV : *Introduction à la littérature fantastique*, Paris, Le Seuil (Poétique), 1970.
Pour l'étude systématique de ce procédé littéraire du dédoublement, on lira : Robert ROGERS, *A psychoanalytical study of the doubling in Literature*, Wayne State Univ. Press, Detroit 1970.

ment à l'objet. Forme « archaïque » de tout deuil, l'identification narcissique révèle le processus de survivance du moi non pathologique, à savoir la *formation de l'idéal*; l'identification que nous appellions « totémique » ne semble pas radicalement différente de l'identification mélancolique — c'était, positivement, la voie de résolution du conflit d'ambivalence œdipien.

La *formation de l'idéal (Idealbildung)* est sans doute le procès constitutif du moi lui-même en tant qu'originairement divisé. Nous avons déjà remarqué que cette mesure de « prise d'idéal » constituait pour le moi affronté au conflit de la culpabilité après la mort du père une issue résolutive possible : ainsi l'identification des fils au père dans le rite du repas totémique met fin au deuil et à la culpabilité en instaurant la puissance interdictrice et exemplaire du père dans le moi des survivants. Les exemples de *totémisme infantile* (Hans, Homme aux rats, Homme aux loups, Arpad) allaient dans le même sens pour montrer que l'*identification au père mort (ou abandonné comme objet libidinal)* produisait l'idéal. Il reste à penser ce processus de formation d'idéal en le situant dans le système des concepts voisins (identification, idéalisation, sublimation; Moi idéal, idéal du moi, surmoi).

5) Si l'on cherche à formuler verbalement la voie que suit le processus d'identification, il faut l'énoncer dans la forme grammaticale de la *voix moyenne réfléchie.* Plus originaire que la division de l'actif et du passif, l'identification comme jeu narcissique met en scène une auto-affection du « sujet » — auto-affection ambivalente, affectueuse ou destructrice. L'identification c'est l'auto-érotisme maintenu, développé.

Nous ne nous arrêtons pas à commenter de près le texte initial de la *Métapsychologie* : *Pulsions et destins de pulsions (Triebe und Triebschicksale).* Il nous faut pourtant donner ici un étayage à ce que nous affirmons dans ces conclusions. Il s'agit des réflexions de Freud sur les transformations pulsionnelles (en particulier des pulsions partielles : sadiques, masochistes, voyeuristes, exhibitionnistes). Les destinées pulsionnelles envisagées sont :

— *le renversement dans le contraire (die Verkehrung ins Gegenteil),*
— *le retournement sur la personne propre (die Wendung gegen die eigene Person).*

Les deux autres formes majeures de transformation ou de destinée de pulsions sont la *sublimation* (déjà étudiée dans les *Trois essais*) et le *refoulement* qui requiert un examen séparé. Ce qui a capté notre attention est cette incidente de Freud dans son texte sur le refoulement :

« Le refoulement n'est pas un mécanisme de défense présent à l'origine, (qu') il ne peut s'instituer avant qu'une séparation marquée entre les activités psychiques consciente et inconsciente se soit produite, et (que) *l'essence du refoulement ne consiste qu'en ceci : mettre à l'écart et tenir à distance du conscient.* Cette conception du refoulement pourrait être complétée par une hypothèse : avant que l'organisation psychique ait atteint un tel stade, ce sont les autres destins pulsionnels, comme la transformation dans le contraire, le retournement sur la personne propre, qui s'acquittent de la tâche de défense contre les motions pulsionnelles. » (159)

La division psychique instaurée par le refoulement originaire et dans le régime de laquelle opère le « refoulement proprement dit » qui est un refoulement après-coup *(ein Nachdrängen)* serait ainsi seconde par rapport à un régime de fonctionnement où la défense contre les dangers pulsionnels est assurée par des processus précoces de défense. Nous voyons dans ces processus conjoints, qui, parfois même, se confondent, une relation très étroite avec le processus d'identification lui-même. Processus primaires de défense narcissique, ces deux destins de pulsions que sont le *renversement dans le contraire* (de l'activité à la passivité) et le *retournement contre la personne propre* (l'objet de la pulsion active devient le moi lui-même qui s'en trouve divisé en sujet de cette activité et en objet de celle-ci) nous semblent très proches d'une identification.

En effet, il semble que ces processus soient intimement solidaires du régime de l'auto-érotisme qu'ils contribuent à maintenir. Car leur résultat, qui est la transformation du moi en objet masochiste ou exhibitionniste est finalement le mime de l'état originaire auto-érotique. La passivité est en effet le maintien de l'objet narcissique originaire des pulsions. Dans ces renversements, on aboutit à un changement de sujet et à une conservation de l'objet auto-érotique.

L'auto-érotisme, plus originaire que la séparation sujet-actif et objet-passif, est bien, comme le dit Freud, l'équivalent de ce qu'est, grammaticalement, *la voix moyenne* par rapport à l'opposition de l'actif et du passif qui en dérivent. La pulsion active nécessite l'abandon du narcissisme; la pulsion passive sauvegarde le narcissisme.

Or, l'identification apparaît bien comme une re-production d'une relation auto-érotique où sujet et objet de la pulsion se confondent. Elle

(159) GW X p. 249-50; tr. fr. dans *Métapsychologie*, p. 47-8).

reproduit sur la scène du fantasme une relation sado-masochiste originaire, ou une relation voyeuriste-exhibitionniste originaire. L'ambivalence pulsionnelle est primaire; Freud définit lui-même la pulsion comme un déferlement de vagues (et pas comme une vague unique), une succession de flux; il écrit :

« L'éruption pulsionnelle première, la plus originaire, se perpétuerait sans changement et ne subirait aucun développement. Une vague suivante serait soumise, dès le début, à une modification, par exemple le renversement en passivité, et s'ajouterait alors, avec ce nouveau caractère, à la vague antérieure et ainsi de suite. (...) Le fait qu'à un moment avancé de l'évolution on puisse observer, à côté d'une motion pulsionnelle, son contraire (passif) mérite d'être mis en valeur par l'excellent terme qu'a introduit Bleuler, celui d'*ambivalence.* » (160)

Et plus loin, dans ce même texte :

« Nous avons pris l'habitude d'appeler *narcissisme* cette phase du début du développement du moi, pendant laquelle ses pulsions sexuelles trouvent une satisfaction auto-érotique, sans soumettre d'abord à discussion la relation entre auto-érotisme et narcissisme. Il faut donc dire que le stade préliminaire de la pulsion de regarder, pendant lequel le plaisir de regarder a pour objet le corps propre, appartient au narcissisme, est une formation narcissique *(eine narzißtische Bildung).* À partir d'elle, la pulsion de regarder active se développe, en abandonnant le narcissisme; mais la pulsion de regarder passive, elle, maintiendrait l'objet narcissique. De même, la transformation du sadisme en masochisme, signifierait un *retour à l'objet narcissique*, tandis que dans les deux cas *le sujet narcissique est échangé par identification* avec un autre moi, étranger. » (161)

C'est ce principe d'une position ambivalente originaire auto-érotique qui contraint à postuler dès ce moment un *masochisme originaire* que Freud n'ose pas affirmer ici, comme s'il refusait une « passivité » originaire, ayant une conception « active » de la pulsion. Le problème en jeu ici est, au fond, la jouissance. Freud dit lui-même que c'est *par identification avec l'objet souffrant* que l'on jouit soi-même, dans le sadisme. Ce qui signifie, en clair, si l'on veut tenir à la logique régressive de l'identification, qu'un masochisme originaire rend possible la jouissance sadique.

La discussion, annoncée seulement dans ce texte, sera reprise en 1919 par Freud dans son étude clinique *Ein kind wird geschlagen* (Un enfant est battu) et, plus tard, en 1924, dans un article métapsychologique : *Das ökonomische Problem des Masochismus* (Le problème économique du masochisme). Également dans *Jenseits das Lustprinzip* (1920). Quand on dit que l'identification sert le narcissisme, l'on comprend mieux encore à

(160) *Pulsions et destins de pulsions* p. 31-2, GW X p. 223-4.
(161) p. 32-3; GW X p. 224.

présent, que c'est parce qu'elle restaure à partir d'une relation à un objet (qui a dû être choisi pour son « trait » narcissique comme un double inconscient du moi) la primitive jouissance auto-érotique, où le moi protéiforme naissant est à lui-même son propre objet d'amour ambivalent. Tout régime sexuel « pervers » tend à reproduire ce mode narcissique de jouissance où l'autre ne compte pas comme tel, mais comme double partiel du moi, comme apparence d'objet extérieur (162).

Pour terminer ces remarques, spécifions qu'il ne faut pas faire du *sujet de la pulsion* une subjectivité, pas plus que du sujet de l'identification. Il nous semble que cette subjectivité soit corrélative de la formation d'idéal qui dépendrait de cette énigmatique « *nouvelle action psychique* qui s'ajoute à l'auto-érotisme pour donner forme au narcissisme », c'est-à-dire à un moi opposable à un dehors, et donc à d'autres moi »; « il n'y a pas, au commencement, une unité comparable au moi (163). Nous croyons pouvoir soutenir que cette *action psychique (psychische Aktion)* qui donne forme *(Gestalten)* nouvelle à l'auto-érotisme pour fonder le moi réside dans une identification « idéale » et que celle-ci doit avoir quelque rapport avec le dit refoulement originaire.

6) Si c'est le narcissisme qui motive tout refoulement, *le rapport de l'identification et des mécanismes de refoulement* doit être explicité. L'identification semble constituer une forme archaïque de « défense » du moi, plus ancienne que le refoulement. Nous y voyons la mise en œuvre des processus conjoints du « *retournement sur la personne propre* » et du « *renversement dans le contraire* » décrits par Freud comme les plus anciens destins de pulsions (164). Nous avons rencontré, en lisant le cas Schreber, cette définition du refoulement : « le processus de refoulement au sens propre consiste dans le détachement de la libido des personnes —

---

(162) On trouve une discussion de la conception freudienne de la perversion masochiste dans l'ouvrage philosophico-littéraire de Gilles DELEUZE, *Présentation de Sacher-Masoch*, Paris, Minuit, 1967. Jean Laplanche nous paraît limiter avec justesse les critiques de Deleuze, qui portent d'ailleurs sur la description clinique (entomologique!) — ce qui n'a jamais vraiment intéressé Freud —, en soulignant que le souci de Freud est de mettre en évidence une structure fantasmatique où s'échangent des « positions » libidinales. Voir dans *Bulletin de Psychologie*, le Cours d'*Introduction à la théorie psychanalytique*, 1972-73, *op. cit.*, pp. 723-726. Également J.-F. LYOTARD, *Discours, Figure*, Paris, Klincksieck, 1971, p. 327-360. J. LACAN, *Les quatre concepts fondamentaux de la psychanalyse*, Séminaire, livre XI, Seuil 1973.

(163) Cf. *Pour introduire le narcissisme*, dans *La vie sexuelle*; p. 84, GW X p. 142.

(164) GW X pp. 249-50; tr. fr. pp. 47-8. Voir note (186).

ou des choses — auparavant aimées », c'est-à-dire une *Ablösung* qui est un retrait, une tentative de retrait, plutôt, de cette libido. On sait que cette tentative échoue dans les névroses de transfert, qui maintiennent la relation fantasmatique avec l'objet; les psychoses qui réalisent ce retrait amènent, avec l'abandon de l'objet, la décomposition du moi. L'identification névrotique et l'identification narcissique, dont la mélancolie a fourni le paradigme, sont les voies de cette *Ablösung* qui, dans les deux cas, aboutissent à l'impasse. Les textes ultérieurs de Freud qui thématisent *le concept de refoulement*, mettent davantage l'accent sur le sort des représentants pulsionnels — la représentation *(Vorstellung)* et l'affect *(Affekt)* (165) et laissent de côté cet aspect narcissique de la question. C'est pourtant cet aspect narcissique qui rend l'opération du refoulement compréhensible; ce qui en est dit dans *Schreber* et dans *Pour introduire le narcissisme* suffisent à la montrer (166).

Ces dernières considérations sur le rapport refoulement-identification-narcissisme laissent ouvertes de nombreuses questions qui rejoignent des questions suscitées plus haut :

1) La question de la composition du moi, de sa différenciation en instances, en institutions;
2) La question du rapport primaire à l'objet et de l'abandon primaire de cet objet (identification primaire, refoulement primaire);
3) La question des critères de réussite ou d'échec du refoulement et, corrélativement, des identifications pathogènes ou « structurantes » (névroses, perversions, psychoses, formation de la personnalité).

---

(165) S. FREUD, *Die Verdrängung*, GW X; *Das Unbewußte*, GW X. La distinction de la représentation et de l'affect comme représentants pulsionnels s'annonce dès les premiers écrits de Freud. On trouve une étude approfondie de ce problème dans le travail d'André GREEN, *Le discours vivant. La conception psychanalytique de l'affect.* Paris, P.U.F. 1973, (Le fil rouge). Dans une brève étude de Michel TORT, *Le concept freudien de « Représentant »*, dans *Les Cahiers pour l'Analyse,* Paris, ENS, n° 5, Novembre-Décembre 1966, p. 37-63, la traduction du terme de « *Triebrepräsentanz* » est l'occasion d'une discussion théorique sur la pulsion, dans l'optique de Lacan.

(166) « Le refoulement provient du moi; nous pourrions préciser : de l'estime de soi *(Selbstachtung)* qu'a le moi. (...) La formation d'idéal serait du côté du moi la condition du refoulement. » GW X p. 160-1; tr. fr. *La vie sexuelle*, p. 98.

III

Le complexe d'Œdipe et les « institutions » du moi

L'introduction de *la pulsion de mort,* appréhendée dans l'automatisme de répétition, inaugure le troisième moment du trajet théorique de l'œuvre freudienne. Elle produit le troisième remaniement de la doctrine des pulsions et de la métapsychologie tout entière.

Ernest Jones, le biographe fidèle, évoque les circonstances de cette profonde mutation de la pensée de Freud et son étonnante productivité (1). La préoccupation majeure qui fait basculer toute la problématique, jusque là centrée sur le narcissisme, est *l'énigme du masochisme.* Masochisme rencontré d'abord dans sa manifestation clinique, comme perversion et comme fantasme infantile, dans *Ein Kind wird geschlagen* (2), essai de 1919, qui reprend la question ouverte dans *Triebe und Triebschicksale* et *Trauer und Melancholie,* mais bientôt réinterrogé dans son abyssale origine, dès les premières pages de *Jenseits das Lustprinzips* (3). C'est de l'expérience clinique, une fois encore, que surgit l'impérieuse nécessité d'aller au-delà des conceptions, pourtant solidement établies, relatives au principe de plaisir. *Au-delà du principe de plaisir* ouvre ainsi une interrogation radicale sur l'énigme de cet inquiétant

(1) Ernest JONES, *La vie et l'œuvre de Sigmund Freud,* Vol. 3, p. 44-5; 304 et suiv. Si l'interrogation de Freud sur le masochisme commence nommément dans cet essai de 1919 (Un enfant est battu), le masochisme dont il reconstruit le fantasme dans la psychologie du garçon et de la fille à l'âge œdipien est le masochisme secondaire dont la perversion masochiste donne le modèle clinique. Avec *Au-delà du principe de plaisir,* c'est la figure originalement masochiste du moi qui s'esquisse, quoique timidement encore.

(2) Voir notre chapitre précédent, au § 3, A.

(3) GW XII, p. 195-226; trad. J. Laplanche, dans le recueil : *Névrose, psychose et perversion : « Un enfant est battu » — contribution à la connaissance de la genèse des perversions sexuelles.* Paris, P.U.F., 1973, p. 219-243.

appétit de mort œuvrant en tout vivant; interrogation que Freud poursuivra jusqu'au bout (4).

Il nous faut montrer, à présent, que le déplacement du foyer théorique relance la question des fondements métapsychologiques du processus d'*identification*. L'implication de ce processus dans la jouissance masochiste, rencontrée précédemment de manière indicative, va nous conduire aux développements les plus décisifs du concept. Le « Freud III », dès 1920, s'inaugure par l'inscription du problème de l'identification dans celui de la pulsion de mort. Le problème du statut et de la fonction de l'*Idéal,* solidaire du problème de la genèse et de la structure du *moi* se trouvera pris en cette nouvelle texture.

1. L'identification et la compulsion de répétition

L'analyse du rêve et du symptôme nous a habitués à reconnaître l'exercice souverain du principe de plaisir. Mais voilà que l'expérience clinique impose à l'interprétation des faits dont le modèle métapsychologique en usage ne peut plus rendre compte : les rêves de malades atteints de névrose traumatique et certains jeux enfantins. Ces rêves et ces jeux manifestent une sorte de fixation à l'événement traumatique. Les malades atteints de névrose traumatique sont comparables à ces hystériques dont Freud caractérisait le trouble en disant, dans ses *Études sur l'hystérie :* « Les hystériques souffrent principalement de réminiscences » (5). Mais de même que ces réminiscences pathogènes demeuraient inconscientes dans l'hystérie, de même, les malades souffrant de névrose traumatique ne sont pas préoccupés dans leur vie éveillée par le souvenir de leur accident. Bien plutôt, ils s'efforcent de n'y plus penser. C'est le rêve qui, répétitivement, les replace dans la situation traumatique et qui provoque, inexorablement, la même frayeur. La fonction du rêve, gardien du sommeil et combleur de vœux, échoue dans ces cas. Il faut dès lors reconnaître que cette fonction a connu de graves perturbations et maintenir la doctrine du rêve, ou bien admettre l'existence, concurremment à la

---

(4) Cette thématique du masochisme se poursuit expressément dans, *Jenseits das Lustprinzips*, en 1920 (GW XIII), dans *Das Ich und das Es*, de 1923 (GW XIII) dans *Das Ökonomische Problem des Masochismus*, de 1924 (GW XIII).

(5) GW I, p. 86; tr. fr. A. Berman, Paris, P.U.F., 1956, p. 5.

tendance à la *Wunscherfüllung*, de très *énigmatiques tendances masochistes du moi (rätselhaften masochistischen Tendenzen des Ichs)* (6).

Freud n'analyse pas directement cette question et propose de faire un détour :

« Je propose de laisser de côté l'obscure et nébuleuse question de la névrose traumatique et d'étudier la manière dont travaille l'appareil psychique dans une de ses manœuvres *(Betätigungen)* normales les plus précoces, à savoir : *le jeu de l'enfant.* » (7)

A. Réminiscence et maîtrise : le double jeu du Fort-Da

Le jeu de l'enfant à la bobine est devenu célèbre dans les milieux analytiques et même au-delà. On doit à Lacan (8) de l'avoir épinglé dans sa valeur de paradigme et dans sa fonction de propédeutique à l'intelligence du procès de la symbolisation. Les commentaires de philosophes comme A. De Waelhens portent le jeu du « Fort-Da » au rang de mythe primordial d'une anthropologie (9).

Nous voudrions ici, pour notre part, proposer une interprétation de ce jeu qui ne le prenne pas pour l'illustration d'une doctrine, mais qui le prenne dans la trame même de la démarche de pensée où s'inscrit l'observation de ce jeu.

A peine Freud a-t-il délaissé le problème de la névrose traumatique et l'énigme des tendances masochistes, qu'il rencontre, en analysant ce mode originaire de travail psychique qu'est *le jeu de l'enfant*, l'énigme de la *répétition*. On n'est donc pas si loin des mystérieux rêves de ces

---

(6) GW XIII, p. 11. Traduction française tout à fait approximative par S. Jankélévitch revue et « mise au point » (!) par A. HESNARD, dans *Le moi et le ça*, Paris, 1963, (Petite Biblioth. Payot), avec d'autres *Essais de psychanalyse.*

(7) GW XIII, p. 11; tr. fr. p. 15.

(8) Jacques Lacan, *Le complexe, facteur concret de la structure familiale. La Famille*, dans *Encyclopédie française*, tome VIII; *Écrits*, Paris, Seuil, (Le champ freudien), 1966, p. 318-9.

(9) Alphonse DE WAELHENS, *Sur l'inconscient et la pensée philosophique* (Intervention au VIe Colloque de Bonneval de 1960) dans *L'inconscient*, Paris, Desclée de Brouwer, 1966, (Bibliothèque neuro-psychiatrique de langue française), p. 371-385 : *La psychose, essai d'interprétation analytique et existentiale*, Paris-Louvain, Nauwelaerts, (Pathei Mathos), 1972. L'auteur souligne, dans son interprétation, la surdétermination du jeu du « fort-da » qui signe, pour l'enfant (et pour tout homme en général) 1° le renoncement à l'immédiat; 2° l'accès à la négativité; 3° l'acquisition et l'établissement d'une certaine domination sur le réel, l'exercice d'une certaine maîtrise. Il lie donc la naissance d'une subjectivité à l'avènement du langage qui est aussi celui de la 'réalité'; cet accès du sujet à l'univers symbolique est identiquement ce que Freud nomme *« refoulement originaire » (Urverdrängung)* — refoulement dont l'échec marquerait la structure psychotique.

névrosés évoqués au départ. Le rêve et le jeu, on l'a vu, constituent des activités psychiques apparentées puisque leur tâche consiste à mettre en scène *(Darstellung)* en le transposant *(Entstellung)* un fantasme de désir *(Wunschphantasie)* (10) — une motion pulsionnelle. L'échec énigmatique du principe de plaisir qui commande toute réalisation de désir oblige à questionner plus avant le désir lui-même et, plus radicalement, le statut même de ce qu'on a appelé jusqu'ici une *pulsion*.

Bien des psychologues ont étudié les jeux des enfants (11); Freud s'en distingue en mettant l'accent sur ce qu'il nomme *le point de vue économique*, c'est-à-dire la prise en considération du bénéfice de plaisir *(die Rücksicht auf Lustgewinn)*. Qu'en est-il, donc, du jeu de ce petit garçon de 18 mois?

Le jeu, en réalité, comporte des variations; l'observation attentive de Freud en relève d'ailleurs la complexité croissante. Nous appuyant sur le compte-rendu qu'il donne des nombreuses séquences ludiques observées, nous pouvons mettre en évidence *trois moments* structurellement distincts. Lisons :

1° « (...) Cet excellent enfant avait l'habitude d'envoyer tous les petits objets qui lui tombaient sous la main dans le coin d'une pièce, sous un lit, etc., et ce n'était pas un travail facile que de rechercher ensuite et de réunir tout cet attirail du jeu. En jetant loin de lui les objets, il prononçait, avec un air d'intérêt et de satisfaction, le son prolongé o-o-o-o qui, d'après les jugements concordants de la mère et de l'observateur, n'était nullement une interjection, mais signifiait le mot « fort » (loin). Je me suis finalement aperçu que c'était là un jeu et que l'enfant n'utilisait ses jouets que pour jouer à « être-loin » *(fortsein)* avec eux. »

2° « Un jour je fis une observation qui confirma ma manière de voir. L'enfant avait une bobine de bois, entourée d'une ficelle. Pas une seule fois l'idée ne lui était venue de traîner cette bobine derrière lui, c'est-à-dire de jouer avec elle à la voiture; mais tout en maintenant le fil, il lançait la bobine avec beaucoup d'adresse par dessus le bord de son lit entouré d'un rideau, où elle disparaissait. Il prononçait alors son o-o-o-o plein de signification *(bedeutungsvolle)*, retirait la bobine du lit et saluait alors sa réapparition avec un joyeux 'Da' ('Voilà!'). Tel était le jeu complet, disparaître et réapparaître *(Verschwinden und Wiederkommen)*, dont on ne voyait généralement que le premier acte, lequel était répété pour lui-même, inlassablement, comme jeu, bien qu'il fût indubitable que le plus grand plaisir découlait du deuxième acte. »

3° Une note en bas de page témoigne d'une troisième modalité du jeu :

« L'observation ultérieure confirma pleinement cette interprétation. Un jour, la mère rentrant à la maison après une absence de plusieurs heures, fut saluée par l'acclamation : 'Bébé

---

(10) Cf. *Traumdeutung*, chapitre VII, GW II-III.

(11) Freud se réfère aux travaux de S. Pfeifer sur ce sujet : *Äusserungen infantil-erotischen Triebe i. Spiele*, dans *Imago*, vol. V, 4.

o-o-o-o' qui tout d'abord parut inintelligible. Mais on ne tarda pas à s'apercevoir que pendant cette longue absence de la mère, l'enfant avait trouvé le moyen de se faire disparaître lui-même *(sich selbst verschwinden zu lassen).* Il avait découvert son image dans une grande glace qui touchait presque le parquet et il s'était alors accroupi, jusqu'à ce que l'image du miroir fût 'loin' (fort). » (12)

L'épisode de la bobine, qui donne seul ce que Freud appelle *le jeu complet,* est précédé et suivi d'épisodes ludiques où n'apparaît que *le premier acte,* consistant en la répétition d'un *fort-sein,* accompagnée de la vocalisation o-o-o-o.

L'interprétation de Freud n'est pas simple. Il considère tantôt le jeu dans son ensemble, tantôt dans sa séparation en deux actes autonomes. Il écrit :

« L'interprétation du jeu fut alors facile. Il était en rapport étroit *(im Zusammenhang)* avec la grande performance culturelle de l'enfant, avec un renoncement pulsionnel (renoncement d'une satisfaction pulsionnelle) réussi, lui permettant de supporter l'éloignement de sa mère sans regimber. Il se dédommageait pour ainsi dire de cet éloignement en mettant en scène lui-même le même disparaître et apparaître au moyen des objets qui lui étaient accessibles. La valeur affective de ce jeu est naturellement indépendante du fait de savoir si l'enfant l'a inventé lui-même ou s'il lui a été suggéré par quelqu'un ou quelque chose. Notre intérêt porte sur un autre point. L'éloignement de la mère *(das Fortgehen des Mutter)* ne peut certainement pas avoir été agréable ou, même, indifférent. Comment alors concilier avec le principe de plaisir, le fait qu'il répétât comme jeu cet événement pénible pour lui? On pourrait répondre, sans doute, que le départ de la mère était joué parce qu'il anticipait son joyeux retour, qui serait en définitive la véritable visée du jeu *(Spielabsicht).* Mais cela serait en contradiction avec l'observation, car le premier acte, le départ, était mis en scène pour lui-même comme jeu et reproduit beaucoup plus souvent que l'ensemble aboutissant au plaisir.
L'analyse d'un cas de ce genre ne conduit pas à une conclusion décisive; une observation exempte de parti-pris laisse l'impression que l'enfant a été poussé à mettre en jeu l'événement pour *un autre motif.* Il se trouvait devant cet événement dans une attitude passive, il le subissait; et voilà qu'il assume un rôle actif, en le reproduisant sous la forme d'un jeu, malgré son caractère désagréable.
On pourrait attribuer cet effort à une pulsion de domination *(Bemächtigungstrieb)*, qui travaillerait indépendamment du fait que le souvenir soit agréable ou non. Mais on peut proposer une autre interprétation encore. Le fait de rejeter un objet pour le faire disparaître pourrait être la satisfaction d'impulsions à la vengeance, refoulées dans l'ordinaire et portées contre la mère parce qu'elle s'est éloignée de l'enfant, et avoir cette coléreuse signification : 'Oui! Va-t-en, je n'ai pas besoin de toi, je te renvoie moi-même!' (13).

---

(12) GW XIII, p. 11-13.

(13) Ibidem. Freud intercale un autre épisode de la vie de cet enfant qui complète l'explication :
« Le même enfant, dont j'ai observé le premier jeu alors qu'il était âgé de 18 mois, avait l'habitude, à l'âge de deux ans et demi, de jeter par terre un jouet dont il était mécontent en disant : Va-t-en à la guerre! '. On lui avait raconté alors que son père était absent, parce qu'il était à la guerre, mais montrait, par des signes dont la signification était évidente, qu'il

... Nous savons par ailleurs que les enfants expriment souvent des impulsions hostiles analogues en rejetant des objets qui, à leurs yeux, symbolisent certaines personnes (14). Il est donc permis de se demander si la tendance à transformer psychiquement un événement impressionnant *(der Drang, etwas Einsdrucksvolles psychisch verarbeiten)*,, à s'en rendre maître complètement, peut s'exprimer de façon primaire et indépendamment du principe de plaisir. Si, dans le cas discuté ici, l'enfant pouvait répéter dans son jeu une impression désagréable, c'était peut-être parce qu'à cette répétition était liée un bénéfice de plaisir d'un autre type, mais plus direct. » (15)

Freud ne tranche pas. La force motivante de ce *jeu du « fort-sein »* est-elle oui ou non la recherche du plaisir? Répéter, dans une élaboration psychique nouvelle, c'est-à-dire dans une mise en scène articulée, un événement pénible, cela peut-il s'expliquer par la soumission au principe de plaisir ou bien cela nécessite-t-il la mise en œuvre d'un autre motif indépendant?

Nous parlons d'une mise en scène articulée. En effet, la transposition ludique de l'événement impressionnant comporte des variantes discernables. Nous les avons distinguées en rapportant l'observation de Freud. La première modalité de la mise en scène de l'enfant consiste à jeter au loin tous les objets qui lui tombent sous la main en accompagnant cette débâcle impétueuse d'un phonème dont la valeur distinctive n'apparaît qu'après-coup. C'est une autre mise en scène qui, en fournissant à la fois l'opposition phonématique (dont le sens) et l'opposition gestuelle (*jeter* et ramener la bobine), permet d'appréhender l'énigme du premier jeu.

Cette deuxième élaboration scénique, que Freud appelle le « jeu complet », est celle que les interprètes retiennent généralement, en raison de son achèvement, de sa fermeture, de son allure résolutive (16). Mais

---

n'entendait pas être troublé dans la possession unique de la mère ».
Il ajoute cette note :
« L'enfant a perdu sa mère alors qu'il était âgé de 5 ans et 9 mois. Cette fois la mère étant réellement partie au loin (o-o-o-o), l'enfant ne manifestait pas le moindre chagrin. Entre-temps, d'ailleurs, un autre enfant était né qui l'avait rendu excessivement jaloux. » GW XIII, p. 14; tr. fr. p. 18.

(14) GW XIII, p. 14. Ce geste infantile de déplacement sur des objets nous rappelle certaines remarques de *Totem et tabou* relative à l'*efficacité magique*, par déplacement. Voir notre chapitre précédent.

(15) GW XIII, ibidem.

(16) C'est bien sur le jeu complet que Lacan étaye sa propre conception du symbole. En effet dans *Fonction et champ de la parole et du langage*, on lit cette interprétation qui semble pouvoir se passer de la notion de masochisme primordial qui pour Freud est solidaire de celle de pulsion de mort :
« Il n'est plus besoin (dès lors) de recourir à la notion périmée du masochisme primordial

Freud observe, dans sa note additive, *une troisième dramatisation ludique* de l'événement pénible, dramatisation à notre sens la plus complexe et qui confère rétroactivement à l'ensemble du jeu sa signification.

Cette troisième théâtralisation manifeste une manœuvre identificatoire. L'enfant, en effet, « avait trouvé le moyen de *se faire disparaître lui-même* » — plus précisément et plus rigoureusement parlant : il avait trouvé le moyen de jouer au « *fortsein* » par le biais de son image dans le miroir. Ainsi, *la phase du miroir* promue par Lacan, où l'enfant salue son image dressée dans l'affairement jubilatoire que l'on sait, se doublerait d'une sorte de phase négative, complémentaire, mais tout aussi décisive pour l'avènement du « je » (17). Au « Me voilà ! » du stade du miroir s'adjoint le « Je ne suis pas là ». En termes plus éloquents aux oreilles heideggeriennes : au « Da-sein » du moment spéculaire se noue le « Fort-sein » du jeu de la mort.

Ainsi une identification scénique vient-elle ponctuer une élaboration pulsionnelle, entre la vie et la mort. Mais l'identification *mise en jeu* ici rend problématique l'interprétation que nous en avons formulée jusqu'à présent. Dans l'hypothèse, qui se fait jour dans ce passage de l'*Au-delà du*

---

pour comprendre la raison des jeux répétitifs où la subjectivité fomente tout ensemble la maîtrise de sa déréliction et la naissance du symbole. Ce sont ces jeux d'occultation que Freud, en une intuition géniale, a produits à notre regard pour que nous y reconnaissions que le moment où le désir s'humanise est aussi où l'enfant naît au langage.
Nous pouvons maintenant y saisir que le sujet n'y maîtrise pas seulement sa privation en l'assumant, mais qu'il y élève son désir à une puissance seconde. Car son action détruit l'objet qu'elle fait apparaître et disparaître dans la *provocation* anticipante de son absence et de sa présence. Elle négative ainsi le champ de forces du désir pour devenir à elle-même son propre objet. Et cet objet prenant aussitôt corps dans le couple symbolique de deux jaculations élémentaires, annonce dans le sujet l'intégration diachronique de la dichotomie des phonèmes, dont le langage existant offre la structure synchronique à son assimilation; aussi bien l'enfant commence-t-il à s'engager dans le système du discours concret de l'ambiance, en reproduisant plus ou moins approximativement dans son *Fort*! et dans son *Da*! les vocables qu'il en reçoit.
Fort! Da! C'est bien déjà dans sa solitude que le désir du petit d'homme est devenu le désir d'un autre, d'un *alter ego* qui le domine et dont l'objet de désir est désormais sa propre peine.
Que l'enfant s'adresse maintenant à un partenaire imaginaire ou réel, il le verra obéir également à la négativité de son discours, et son appel ayant pour effet de le faire se dérober, il cherchera dans une intimation bannissante la provocation du retour qui le ramène à son désir. » *Écrits*, p. 318-9.

(17) Nous nous référons là au texte bien connu de J. LACAN, *Le stade du miroir comme formateur de la fonction du Je telle qu'elle nous est révélée dans l'expérience psychanalytique.* Écrits, p. 93-100.

principe de plaisir, où le jeu n'accomplit pas seulement un désir mais *translabore une impression pénible* proche de la mort *(l'absence* de la mère comme telle), l'identification en acte qu'est le jeu ne peut plus être dite simplement au service d'un accomplissement de désir. Il semble bien qu'elle soit le passage même, la voie obligée, de la conciliation de la pulsion de mort et de la pulsion de vie.

L'image spéculaire qui disparaît, qui se dérobe au regard de l'enfant, prend le relai d'objets « indifférents », supports de projection primaire de la rage et de la vengeance. Le premier jeu était pure énigme, angoissante pour l'observateur de par son imminence de mort, sa compulsivité forcenée, son irrésolution répétée. La trouvaille de la bobine soulage : enfin il y a de la maîtrise, donc de la signification; enfin l'on se trouve dans le rayonnement joyeux du principe de plaisir. Le troisième jeu comporte une dimension analogue à celle du premier : exclamation du o-o-o-o à la mère retrouvée, exclamation dotée d'un « sujet » : « *Bébé* o-o-o-o ». Car l'enfant ne crie pas : « Bébé da-a-a-a »! Mais il y a aussi un côté « bobine », d'abord latent : le fil invisible qui relie l'enfant à son double spéculaire. Ce double prolonge la série des doubles projectifs (c'est le cas de le dire!) qu'étaient les objets compulsivement éjectés de son champ, et la bobine perdue et retrouvée. Cette bobine est vraiment un objet « intermédiaire » — Winnicott parlerait d'un objet « *transitionnel* » (18) — symbole de la mère haïe et aimée et, en tant que symbole, lieu du pouvoir naissant d'être comme elle, tantôt proche, tantôt lointaine, tantôt vivante, tantôt morte. Le metteur en scène du jeu à la bobine ce n'est certes pas le « moi » de l'enfant, modèle glorieux de la maîtrise, du Logos même!; le metteur en scène, le « sujet » de toute l'affaire, c'est une étrange intrication en train de se nouer entre la compulsion de répétition, l'appel de la pulsion de mort, et l'inscription psychique d'une expérience de mort, inscription qui est liaison, représentation de pulsion (19).

---

(18) D. W. WINNICOTT, *Objets transitionnels, Étude de la première 'not-me possession'*, tr. fr. par R. Lefort et V. N. Smirnoff dans *La Psychanalyse*, n° 5, p. 21-41.

(19) Le cinquième chapitre d'*Au-delà* développe la *fonction psychique de la compulsion de répétition (Wiederholungszwang).* L'appareil psychique a pour mission de se rendre maître de l'excitation pulsionnelle en opérant une liaison *(Bindung)* de l'énergie qui est primitivement libre (processus primaire). Cette tâche de liaison s'effectue non en opposition avec le principe de plaisir, mais indépendamment de lui.

« La tâche des couches supérieures de l'appareil psychique consisterait donc à lier les excitations pulsionnellessoumises au processus primaire. En cas d'échec, il se produirait une perturbation analogue à la névrose traumatique, et c'est seulement quand les couches

L'image spéculaire, enfin, fonctionne donc comme substitut, *narcissique* cette fois, de la mère absente. Support ambigu de la haine et de l'amour, le double du miroir dont l'enfant peut « maîtriser », commander la venue et l'effacement, montre la formidable ambivalence qui le lie à la mère. L'expérience solitairement conduite de la spécularisation se redouble dans *une parole* de salut, le « Bébé o-o-o-o! », qui porte en elle la marque mortelle du désarroi originaire. Parole qui est, elle aussi, le support d'une identification : c'est lui-même que l'enfant proclame « *fort* » dans un discours qui réclame la reconnaissance.

Le processus d'identification, producteur de ce jeu, ouvre de nouvelles interrogations. On le voit recouper un procès de transformation de la passivité à l'activité — opération combinant les destins pulsionnels de retournement dans le contraire et de retournement sur la personne propre. Le paradoxe est que d'abord grâce à l'appoint et à l'appui d'objets quelconques, puis d'une bobine munie d'un fil de *rappel* et enfin d'un double spéculaire doublé lui-même d'une verbalisation signifiante, *l'activité ludique,* « manœuvre normale la plus précoce de l'appareil psychique » *mime le rapport passif au traumatisme de la perte de l'objet.* C'est du traumatisme comme tel que le jeu est à la fois la réminiscence et l'effort de reprise active. Reprise simplement *transitive*, pour commencer : l'enfant jette au loin des objets-substituts, identifiés à la « présence » maternelle indicible; reprise *active*, dans la suite, dans le geste quasi-démiurgique de manipulation de la bobine, bobine qui est à la fois l'enfant lui-même abandonné-perdu par la mère et la mère elle-même abandonnant-perdant l'enfant; reprise *réfléchie*, enfin, dans l'accroupissement qui le rend auteur de sa « mort », de son « *fortsein* ». Jeu fondamentalement

---

supérieures ont réussi à s'acquitter de leur tâche que le principe de plaisir (ou le principe de réalité qui est une forme modifiée) peut sans contestation affirmer sa maîtrise *(Herrschaft)*... Les manifestations de la compulsion de répétition, telles que nous les avons observées au cours des premières activités de la vie psychique infantile et dans les expériences de la cure psychanalytique, présentent au plus haut degré un caractère pulsionnel et, lorsqu'elles sont en opposition avec le principe de plaisir, un caractère démoniaque *(dämonischen Charakter).* Pour ce qui est du jeu de l'enfant, nous croyons comprendre que si l'enfant répète un événement même désagréable c'est pour pouvoir, par son activité, maîtriser la forte impression qu'il en a reçue, au lieu de la subir seulement, comme dans l'expérience purement passive. Cette nouvelle répétition semble améliorer cette maîtrise *(Beherrschung)* et, même lorsqu'il s'agit d'événements agréables, l'enfant ne se lasse pas de ces répétitions, en s'acharnant à obtenir l'identité parfaite de l'impression. » *Jenseits*, GW XIII, p. 36; tr. fr. p. 44-5.

masochique d'auto-affection du moi naissant, l'identification a bien la structure de ce qu'en grammaire on appelle *la voix moyenne.* Voix mais aussi voie, puisqu'elle est le chemin d'un remaniement pulsionnel titanesque où la pulsion de mort, « désir de non-désir » — pour reprendre l'expression de P. Aulagnier (20) — s'intrique au désir, désir pluriel puisque Freud y énumère un plaisir de retrouvaille, une pulsion de domination et une impulsion à la vengeance.

L'effet décisoire d'une telle identification a poussé certains auteurs à pointer là ce que la théorie analytique désigne par « *identification primaire* ». Si l'expression est très controversée dans les milieux psychanalytiques — et nous devrons plus loin observer la difficulté de Freud lui-même à la circonscrire —, il nous semble cependant que l'assignation d'identification primaire à toute cette dramatique détient une valeur éclairante, et que C. Stein, en opérant cette liaison, cette « identification », ouvre une perspective nouvelle à l'intelligence de ce problème (21).

---

(20) Piera AULAGNIER-SPAIRANI, *Remarques sur le masochisme primaire,* dans *L'arc*, numéro spécial sur Freud, n° 34, p. 47-54. Nous y lisons ces lignes qui éclairent bien notre propos :
« 'Désir de désir', 'désir de non désir', telles seront donc les formes par lesquelles les deux tendances premières de l'énergie s'énonceront dans la psyché. Si nous pouvons parler d'un corps comme cadavre, s'il peut, même mort, être l'objet d'étude et de discours, il en va tout autrement pour la psyché. Celle-ci présuppose le vivant. Aussi faut-il que la pulsion de mort elle-même devienne 'désir'. Autrement dit, que la mort ne soit plus visée comme synonyme d'un simple état de non-vie, pur retour à un état minéral, sorte d'ancêtre préhistorique de toute matière. Cela n'aurait littéralement aucun sens pour la psyché qui ne peut se référer qu'au pensable, au produit qu'elle-même secrète. La mort devra donc se transformer en du 'pensable'; il faudra qu'elle se fasse objet du désir d'un Autre, ou encore que le non-désir du sujet puisse être interprété par lui comme visée du désir de l'Autre. Nous comprenons ainsi pourquoi la 'compulsion de répétition' se révèle à la fois le produit de l'instinct en ce qu'il représente de plus mortifère (en ce sens, elle est, par excellence, la voie qui, dans le vivant, s'offre à la pulsion de mort) et preuve de la mainmise du principe de plaisir sur tout ce qui vit ». (p. 51-52).

(21) Nous renvoyons à d'autres « milieux » psychanalytiques où ce problème de l'identification primaire a fait l'objet de débats et d'explicitations en sens divers :
P. LUQUET, *Les identifications précoces dans la structuration et la restructuration du moi.* (Rapport au XXIIe Congrès de Psychanalystes de Langues Romanes, Paris, 1961), dans *Revue Française de Psychanalyse*, 1962, 26, numéro spécial, p. 117-303.
Conrad STEIN, *L'identification primaire*, Intervention au XXIIe Congrès des Psychanalystes de Langues Romanes, dans *Rev. fr. de Psychan.*, 1962, 26, p. 257-265.
idem : Intervention au VIe Colloque de Bonneval, 1960, sur l'*Inconscient : Langage et inconscient*, dans *L'Inconscient*, Paris, Desclée de Brouwer, 1966, p. 131-142.
Janine CHASSEGUET-SMIRGEL, *Essai sur l'Idéal du moi.* Rapport au XXXIIIe Congrès des Psychanalystes de Langues Romanes, dans *Rev. fr. de Psychan.*, 1973, 5-6, p. 735-930.

B. L'identification, espace du masochisme

Le texte que nous venons de lire faisait suite à une interrogation sur l'énigme du rêve de certains malades atteints de névrose traumatique, énigme à laquelle il confère, à titre hypothétique, le nom de *masochisme*. Le jeu du *fortsein* est donc, dans la logique de cette problématique de la compulsion de répétition, un avatar de ces « énigmatiques tendances masochistes du moi ». Masochisme inobservable à l'état pur, mais postulé dans l'après-coup d'un jeu qui le transforme en drame où ce masochisme trouve une conversion partielle en sadisme. La passivité originaire, analogue à un désir de mort, n'est pas éliminée. L'on parle trop aisément d'une « maîtrise » et d'un « renoncement pulsionnel ». Il s'agit bien plutôt, comme Freud le dira dans la suite d'*Au-delà* (22), de la réussite, tremblante encore, d'une « *liaison* » de la pulsion de mort à la pulsion de vie. Liaison qui consiste en une alliance du souvenir — jouer, c'est se souvenir, c'est répéter, c'est obéir à la contrainte de la pulsion de mort — avec une dramatisation métamorphosante. Drame où le moi répète une scène de perte et où il se gagne comme moi en jouant cette perte avec lui-même.

Précisons que ce n'est pas à « la mère » que le jeu identifie le joueur; c'est bien plutôt un *rapport pulsionnel* angoissant que le jeu élabore *(verarbeitet)* et re-présente. Le *moi* comme rapport scénique du masochisme et du sadisme, de la pulsion de mort et d'Eros, naît de cette dramaturgie. C'est avec un fantasme de mère qu'il y a débat, débat d'où surgit, énigme et victoire, une parole lourde de réminiscences et de promesses : « Bébé o-o-o-o » !

Ce texte signe donc l'ébranlement d'une certitude et engage la pensée de Freud dans la difficile inscription de la pulsion de mort dans sa conceptualité. Il est intéressant de noter les remarques qui terminent son interprétation. Freud renoue avec un bien vieux concept forgé avec Breuer autrefois : le concept d'*abréaction*.

Ce retour aux *Études sur l'hystérie* s'était annoncé dans l'évocation de sa fameuse formule : « les hystériques souffrent de réminiscences ». Il apparaît, après l'analyse du jeu du « *Fort-Da* », que cette souffrance est le lot de tout moi « *incipiens* » et que l'enjeu du drame infantile consiste

---

(22) Voir *Jenseits*, chap. 5. Et notre note (19). Également, P. AULAGNIER-SPAIRANI, *Remarques sur le masochisme primaire*, art. cit.

bien dans la « chance » de transformer le sujet de la réminiscence (à savoir la pulsion de mort) en sujet psychique où la réminiscence — la répétition — se redouble en cet incroyable « travail culturel » *(kulturelle Leistung)* que représente le jeu. L'*identification* est le nom de cette transformation narcissique.

Ces remarques de Freud marquent le progrès de sa réflexion :

« De quelque manière que nous étudiions les jeux des enfants, nous n'obtenons aucune donnée certaine qui nous permette de décider entre ces deux manières de voir (c'est-à-dire entre le principe de plaisir et un motif indépendant). On voit les enfants reproduire dans leurs jeux tout ce qui dans la vie a produit sur eux une forte impression, on les voit par ce biais abréagir la force de l'impression et se rendre maîtres pour ainsi dire de la situation. Mais il est, d'autre part, assez évident que tous leurs jeux sont sous l'influence d'un désir qui domine toute cette période de leur vie : celui de devenir grand et de pouvoir faire ce que font les grands. On constate également que le caractère désagréable d'un événement ne le rend pas inutilisable pour le jeu. Que le médecin ait examiné la gorge de l'enfant ou ait fait subir à celui-ci une petite opération : ce sont là des souvenirs pénibles que l'enfant ne manquera cependant d'amener comme contenu à son prochain jeu, mais on ne doit pas laisser échapper que le gain de plaisir provient d'une autre source encore. En passant de la passivité du vécu dans l'activité du jeu, il inflige à un camarade de jeu l'événement désagréable dont il avait été lui-même la victime et se venge ainsi sur la personne de ce personnage substitutif. Quoi qu'il en soit, il ressort de ces considérations qu'expliquer le jeu par un instinct d'imitation, c'est formuler une hypothèse inutile. Ajoutons encore qu'à la différence de ce qui se passe dans les jeux des enfants, le jeu et l'imitation artistiques des adultes visent la personne du spectateur en ne lui épargnant pas, comme dans la tragédie, des impressions souvent douloureuses qui peuvent devenir cependant pour lui une source de jouissance élevée. Nous constatons ainsi que, malgré la domination du principe de plaisir, le côté pénible et désagréable des événements trouve encore des moyens et des voies suffisants pour s'imposer au souvenir et faire l'objet d'une élaboration psychique *(seelische Bearbeitung* ». (23)

Ces remarques nous permettent de conclure en faisant une double considération.

1. Les propos de Freud sur la vengeance qu'autorise le jeu infantile, en la déplaçant sur des compagnons de jeu, ont inspiré la description que sa fille Anna Freud propose du mécanisme de *l'identification avec l'agresseur* (24). L'analyse de la description de ce mécanisme de défense du moi, « typiquement infantile », nous mène bien vite à constater l'impropriété et l'insuffisance de l'expression elle-même d'identification avec l'agresseur. Anna Freud note elle-même qu'il faut parler bien souvent d'une *identification avec l'agression elle-même.* Ce qui se rapproche de ce que nous avons écrit plus haut et ailleurs encore, à savoir : que l'identification

(23) GW XIII, p. 14-15; tr. fr. p. 19-20.

est un processus de dramatisation, un jeu qui met en scène des positions conflictuelles et qui métamorphose le *rapport* (sexuel, ambivalent) en métamorphosant le « moi ». Pour reprendre des termes que nous avions avancés, on s'identifie à ce qui se passe *entre* des personnages — et le moi est l'un de ces « personnages » — d'un drame, et pas, stricto sensu, à un individu monolithique comme une statue. Le ressort de l'identification est un jeu de pulsions inconscientes, non une gesticulation imitative. Autrement dit, le « sujet » de l'identification — ou, en l'occurrence, du jeu du « *fort-da* » — n'est pas le moi (lequel n'est jamais « un », puisqu'il ne cesse de se perdre, de s'émanciper, de se diviser dans des doubles), mais un « appareil psychique » multipulsionnel.

L'objection de Freud s'élevant contre les psychologues qui parlent d'un *instinct d'imitation* vise directement cette méconnaissance de l'inconscient, laquelle est du reste à la source de cette autre bévue des psychologues « sociaux » qui opposent une psychologie individuelle et une psychologie sociale, et recourent au même artéfact notionnel d'instincts grégaires au lieu d'interroger des rapports intérieurs pulsionnels (25).

2. L'évocation de la représentation théatrale, spécialement de la *tragédie*, rappelle une problématique déjà rencontrée dans notre travail. Contentons-nous de dire que ce n'est pas gratuitement qu'une tragédie est un *jeu du deuil*, c'est-à-dire une élaboration par les vivants de leur ambivalence, tant à l'égard de la mort que de la vie. Du reste, le jeu du « *fortsein* » est un jeu de deuil, un véritable travail d'élaboration psychique de la perte de l'objet. La présence sourde de la pulsion de mort, tant dans le moi que dans le groupe, rend nécessaire une « tragédie », un redoublement représentatif qui est une abréaction, une réminiscence-translaboration. Que cette élaboration se fasse sous la forme d'une tragédie, comme cela a (eu) lieu dans notre culture, ou sous la forme de rites religieux (le sacrifice), la transposition de la pulsion de mort sur une scène psychique et sa liaison avec les pulsions de vie par un *travail de symbolisation* sont une nécessité vitale. La violence est inéliminable,

---

(24) Anna FREUD, *Le moi et les mécanismes de défense,* trad. A. Berman, Paris, P.U.F., 1949. En particulier le chapitre IX (p. 97-108).

(25) Voir plus loin notre commentaire de *Massenpsychologie und Ichanalyse.* Cette remarque vaut dans les limites d'une problématique des *tendances* : dans cette perspective, la différence — valable d'un point de vue behabioriste — s'estompe, entre psychologie individuelle et collective.

mais, insupportable à l'état libre, elle doit être liée, captée, déviée, localisée, signifiée. René Girard, de façon très personnelle, le montre en se référant à *Totem et tabou* dans son essai sur *La violence et le sacré* (26). La cure psychanalytique, en son modèle « classique » comme en ses dérivés psychodramatiques (27) est la mise en œuvre — qui est œuvre de parole — d'un tel travail de symbolisation. Travail dont Freud a reconnu l'importance décisive dans ce paradigme de «performance culturelle» qu'est le jeu de l'enfant.

Grâce à ce détour par le jeu, on comprend mieux que Freud ait d'abord soutenu l'idée d'un sadisme premier. Une observation superficielle du jeu examiné aurait en effet recouru à des notions de violence, d'agressivité musculaire, etc. On mesure, après analyse, la résistance qu'il fallait surmonter pour apercevoir et commencer à épeler l'hypothèse d'un *masochisme primaire*.

La première formulation de ce rapport entre *le moi, le masochisme et le sadisme* apparaît à la fin de l'essai, au sixième chapitre.

« Nous avons toujours affirmé que la pulsion sexuelle contenait un élément sadique (cf. les *Trois essais*), et nous savons que cet élément peut se rendre indépendant et, sous la forme d'une perversion, s'emparer de toute la vie sexuelle d'une personne. Il apparaît également à titre de pulsion partielle dominante dans l'une des organisations que j'ai appelées ' prégénitales '. Or, comment déduirions-nous de l'Eros, dont la fonction consiste à conserver et à entretenir la vie, cette tendance sadique à nuire à l'objet? Ne sommes-nous pas autorisés à admettre que ce sadisme n'est, à proprement parler, qu'*une pulsion de mort que la libido narcissique a détachée du moi et qui ne trouve à s'exercer que sur l'objet?* Il se mettrait alors au service de la pulsion sexuelle... » (28).

« On pourrait même dire que le sadisme, en se dégageant du moi, a montré aux éléments libidinaux du moi le chemin qu'ils avaient à suivre; plus tard, ces éléments cherchent à pénétrer dans l'objet même. Dans le cas où le sadisme originaire n'a subi aucune atténuation et aucun mélange, se présente alors l'ambivalence bien connue d'amour-haine de la vie amoureuse.. » (29).

« L'observation clinique nous avait autrefois imposé une manière de voir selon laquelle le *masochisme*, pulsion partielle complémentaire du sadisme serait du sadisme retourné contre le moi (cf. *Les pulsions et leurs destins*). Mais le retournement de la pulsion de l'objet vers le

(26) René GIRARD, *La violence et le sacré*, Paris, Grasset, 1972. Voir la discussion de cette thèse par Pierre PACHET : *Violence dans la bibliothèque*, dans *Critique*, août-septembre 1972, n°303-4, p. 716-728.

(27) Gennie LEMOINE, *L'imaginaire, le symbolique et le réel confrontés à l'expérience psychodramatique*, dans *Bulletin de Psychologie*, numéro spécial sur *Le Psychodrame*, 285, XXIII, 13-16, 1969-70, pp. 895-903. Également : Paul et Gennie LEMOINE, *Le psychodrame*, Paris, Robert Laffont, (Réponses), 1972.

(28) GW XIII, p. 58; tr. fr. p. 68.

(29) GW XIII, p. 58; tr. fr. p. 68.

moi ne diffère pas, en principe, du retournement du moi vers l'objet, ce qui nous apparaît ici comme un fait nouveau. *Le masochisme, le retournement de la pulsion vers le moi propre, ne serait alors qu'un retour à une phase antérieure de cette tendance, une régression.* Sur un seul point, la présentation donnée autrefois du masochisme me paraît comme trop exclusive; le masochisme aussi peut être primaire, ce que j'avais voulu contester jadis » (30).

Les pulsions de mort sont, à côté des pulsions libidinales narcissiques et objectales, des pulsions originaires du *moi.* Il y a, aux fondements du moi, un insondable et sourd appétit de mort.

Une telle conception ébranle sérieusement la théorie du moi, donné ici comme « réservoir primordial » des pulsions de vie et des pulsions de mort (31). Il ne peut évidemment s'agir d'un moi organisé. Ce n'est pas encore le moi délimité dans la seconde topique, proposée dans *Le moi et le ça* en 1923. *Au-delà du principe de plaisir* est cependant le lieu d'une radicalisation de la problématique du moi et, du même coup, du narcissisme et de l'identification. Le moi apparaît ici bien plus comme pure scène pulsionnelle, champ de bataille des pulsions de vie et des pulsions de mort, que comme une entité organisée et disposant de mécanismes défensifs. Le « moi » du masochisme originaire deviendra dans la doctrine le « ça ». Mais on peut situer le point de mutation de ce que Freud appellera le « ça » en ce qu'il appellera le « moi » : un tel « moi » organisé naît d'une élaboration pulsionnelle, d'une division du masochisme originaire en sadisme et d'un retour de l'objet de ce sadisme dans une arène où s'expliquent le ça et l'objet. Cette arène est l'espace scénique d'une identification productive d'un « moi », objet du masochisme secondaire.

Les perversions sadique et masochiste ne fournissent donc pas des pulsions partielles brutes à l'observation. La perversion est l'aboutissement d'un travail narcissique originaire qui ne doit pas être étranger à ce processus dont nous ne savons encore que le nom : *l'identification primaire.* On peut toutefois avancer une première détermination de ce processus, après ce que nous venons d'énoncer sur le masochisme originaire. C'est au moyen de l'objet investi d'une pulsion de mort transformée et de libido que se fomente ce *précipité pulsionnel secondaire qu'est le moi.* Ceci rejoint des assertions formulées plus haut. Il va falloir bientôt rassembler ces éléments éparpillés.

---

(30) GW XIII, p. 59; tr. fr. p. 69.

(31) « C'est le moi qui constitue originairement le réservoir de la libido... » *(ursprüngliche Reservoir der Libido).* GW XIII, p. 55.

2. L'amour et l'identification : la fonction de l'idéal

Notre itinéraire nous mène à un texte qui est pour nous symptomatique : *Massenpsychologie und Ichanalyse (Psychologie collective et analyse du moi)*, publié en 1921 (32).

Symptomatique, disons-nous, parce que, venant après *Au-delà du principe de plaisir*, qui marquait une rupture dans le système métapsychologique, il semble poursuivre sans solution de continuité la problématique développée depuis 1913, sans porter trace de la coupure théorique instaurée par l'introduction de la pulsion de mort. Ce texte flotte donc entre deux courants qui demeurent indépendants, le premier, celui du Freud II, centré sur le problème du narcissisme et des relations conflictuelles de la libido du moi et de la libido d'objet et sur le clivage du moi en moi-corporel et moi-idéal; le second, encore hésitant et formulé de manière très « spéculative », celui du Freud III dont nous venons de voir la naissance.

Mais symptomatique aussi, pour une autre raison. C'est la première fois que Freud *aborde directement et expressément le problème de l'identification* avec le propos de le situer dans la théorie de la libido et d'en délimiter l'usage clinique et théorique. Le septième chapitre de son essai porte comme titre : *Die Identifizierung* et se présente comme une tentative de récapitulation, de synthèse. Mais c'est une synthèse manquée, inexhaustive, dont il sera le premier à se déclarer insatisfait. Il ne parvient pas à faire la « métapsychologie » de l'identification, à l'intégrer dans le champ conceptuel ouvert par *Au-delà*. Il faudra une sorte de période de latence théorique pour que Freud se risque à nouer les deux problématiques, pour produire ce que nous connaissons sous le nom de « deuxième topique », proposée dans cet ouvrage décisif que sera *Le moi et le ça*, publié en 1923. C'est seulement alors que s'articuleront la problématique des pulsions de vie et des pulsions de mort et celle de la genèse et de la structure du moi.

Psychologie collective et analyse du moi peut donc être considéré comme une sorte de complément de *Pour introduire le narcissisme* (33).

---

(32) GW XIII; (tr. fr. très approximative dans *Essais de Psychanalyse*, Paris, Payot, 1963).

(33) Voir notre chapitre deuxième consacré à l'impact de la théorie du narcissisme sur l'explication du problème de l'identification.

On y retrouve les mêmes questions et, parallèlement, le même type d'élaboration. Ces questions sont celles de l'*amour* et des destins de ses composantes pulsionnelles « perverses », des avatars normaux et pathologiques du *narcissisme* et de l'origine et de la fonction de *l'idéal* (34).

A. Le singulier et le pluriel

Le propos de Freud est vigoureusement affirmé dès les premières lignes de son essai. Nous n'avons pas l'intention de résumer celui-ci, mais de nous en tenir à l'élaboration qu'il opère du concept d'identification. Quelques phrases de son introduction suffiront à situer clairement les visées d'une « psychanalyse sociale » (35) :

« L'opposition entre la psychologie individuelle et la psychologie sociale ou collective *(Massenpsychologie)* qui peut, à première vue, paraître très significative, perd beaucoup de son acuité lorsqu'on l'examine de plus près. Sans doute, la première a pour objet l'homme singulier et recherche les voies par lesquelles celui-ci cherche à atteindre la satisfaction de ses motions pulsionnelles, seulement, dans cette recherche, elle n'arrive que rarement, et dans certaines circonstances exceptionnelles, à faire abstraction des rapports existant entre cet individu singulier et les autres individus. Dans la vie psychique de l'homme l'autre vient, toujours, comme modèle *(Vorbild)*, comme objet *(Objekt)*, comme aide *(Helfer)* et comme adversaire *(Gegner)* et la psychologie individuelle est par conséquent dès le départ, en même temps une psychologie sociale, dans ce sens élargi mais pleinement justifié du mot... Dans son attitude à l'égard des parents, des frères et sœurs, de la personne aimée, de l'ami, du professeur et du médecin, l'individu *(der Einzelne)* ne subit jamais que l'influence d'une seule personne ou d'un nombre limité de personnes dont chacune a acquis une importance formidable. Or, lorsqu'on parle de psychologie sociale ou collective, on a l'habitude de faire abstraction de ces rapports, pour ne considérer que l'influence simultanée qu'exercent sur l'individu un grand nombre de personnes (...) C'est ainsi que la psychologie des masses traite l'homme singulier comme membre d'une tribu, d'un peuple, d'une caste, d'une classe sociale, d'une institution ou comme élément d'une foule humaine qui, à un moment donné, s'est organisée en une masse, en vue d'un but déterminé. Après cette rupture de ces relations de cohésion naturelles on en arrive à considérer les phénomènes qui se produisent dans ces conditions particulières comme des manifestations d'une pulsion spéciale, irréductible, la pulsion sociale — 'herd instinct, group mind' — qui ne se manifeste pas dans d'autres situations. Nous devons cependant déclarer que nous nous refusons à attribuer au facteur numérique une importance aussi considérable et à admettre qu'il soit seul capable de faire

---

(34) Qu'on lise le dernier alinéa de *Pour introduire le narcissisme*, alinéa qui commence ainsi : « De l'idéal du moi une voie importante conduit à la compréhension de la psychologie collective... » GW X, p. 169; tr. fr. dans *La vie sexuelle*, p. 105.

(35) Cette tendance « sociale » de la psychanalyse s'est extraordinairement développée aux USA depuis la guerre 40-45, notamment grâce aux travaux de K. LEWIN mais aussi des adlériens. En France, on trouve un échantillon remarquable de cette tendance dans l'ouvrage de A. HESNARD, *Psychanalyse du lien interhumain*, Paris, P.U.F., 1957. Ouvrage où l'on reconnaît les interrogations de la phénoménologie, en particulier celle de M. Merleau-Ponty.

naître dans la vie psychique humaine une pulsion nouvelle qui n'entrerait en action nulle part ailleurs. Notre postulat repose sur deux autres possibilités : la première, que la pulsion sociale *(der soziale Trieb)* ne peut être originaire ni irréductible; la seconde, que l'on peut trouver dans un cercle étroit, comme celui de la famille, les commencements de sa formation. » (36)

La démarche annoncée dans cette introduction nous rappelle un trait fondamental de la pensée de Freud. Là où une vue superficielle des choses voit des séparations, des domaines clos, des ruptures, la psychanalyse décèle des rapports de cohésion « naturels » *(natürliche Zusammenhang)* que des résistances intellectuelles et affectives escamotent : ainsi du normal et du pathologique, de l'individuel et du social, de l'activité sexuelle et de l'amour.

Ce qui se passe, originairement, dans ce cercle réduit qu'est une *famille,* ne sera donc pas, aux yeux de Freud, d'une autre nature que ce qui se passe dans une *foule.* Il ne faudra pas faire appel à des « pulsions spéciales », à des notions tombées du ciel pour les besoins de la cause, comme celles d'instinct grégaire (37), de mentalité collective (group mind), etc.

L'objet de la psychanalyse, redisons-le, n'est pas un individu mais l'ensemble des *rapports pulsionnels* qui lient un individu à d'autres individus — cette prévalence du rapport, du réseau, étant telle que la notion même d'individu perd de son intérêt. L'essai de Freud, par ce biais, constitue une réponse rigoureuse à la doctrine d'Adler; ce n'est sans doute pas par hasard que cette doctrine s'appelait « *Psychologie individuelle* » (38). Ce déplacement de la perspective, ce changement d'accent,

(36) GW XIII, pp. 73-4.

(37) L'expression d'*instinct grégaire* vient de W. TROTTER, *Instincts of the herd in peace and war*, London, 1916. Cette manière de faire de la psychologie en procédant à des classifications de tendances et où pour chaque conduite particulière on postulerait l'existence d'un « instinct » correspondant, est vivement critiquée par J. Lacan :
« ... Si on désigne par instincts des conduites ataviques dont la violence eût été nécessitée par la loi de la jungle primitive et que quelque fléchissement physio-pathologique libérerait, à la façon des impulsions morbides, du niveau inférieur où elles seraient contenues, on peut se demander pourquoi, depuis que l'homme est homme, il ne se révèle pas aussi des impulsions à bêcher, à planter, à faire la cuisine, voire à enterrer les morts ». *Fonctions de la psychanalyse en criminologie*, dans *Écrits*, Paris, Le Seuil, 1967, p. 147.

(38) On sait qu'Alfred Adler n'a pas seulement écrit une « Psychologie individuelle » mais a également fondé une « Société de psychologie individuelle » et une « Revue » du même nom, dès 1914; il refit le même geste aux USA, en 1935, en créant le *Journal of individual psychology.* Cf. *Theory and Practice of Individual Psychology*, New York, Humanities Press, rev. ed. 1951.

est lourd de conséquences et l'on peut affirmer que l'insistance sur ce qu'après Freud on a appelé *l'intersubjectivité,* dans le vocabulaire phénoménologique, ou *le symbolique,* dans celui de Lacan, montre bien la rupture de la psychanalyse d'avec cette « psychologie ». Toute « psychologie », en ce sens, est séparatrice, cloisonnante, classificatrice — qu'elle se dise individuelle ou sociale.

L'objet de l'étude ne se dégage qu'à travers une série de visages typiques de la psychologie sociale de l'époque. Freud discerne, dans ce parcours, (Le Bon, Tarde, Mac Dougall, Trotter) un noyau énigmatique auquel chaque auteur a bien plutôt donné un nom qu'apporté une explication. Ces noms sont ceux de : suggestibilité ou suggestion, contagion mentale, inconscient racial, imitation, instinct grégaire. A ces noms qui relèvent d'une problématisation partielle, Freud va substituer un processus de différenciation libidinale. *L'étonnante métamorphose* d'un homme, lorsqu'il se trouve pris dans un groupe ou perdu dans une masse, est un phénomène « amoureux » dans son principe — même si, en surface, on croit y voir tout autre chose. Les psychologues sociaux ont parfaitement décrit cette transformation individuelle et les caractères spécifiques du comportement d'une foule (39). Ce qu'ils n'ont pas aperçu, c'est la *parenté libidinale* qui lie en profondeur fonctionnement individuel et fonctionnement collectif (40). Freud conclut cette revue des psychologues en proclamant cette parenté :

« Nous allons donc mener notre recherche munis du présupposé suivant : des rapports amoureux (en termes neutres : des liens affectifs) forment également l'essence de l'âme collective. Rappelons-nous que les auteurs que nous avons cités ne soufflent mot de cela. Ce qui pourrait correspondre à ces relations amoureuses se trouve chez eux, c'est évident, masqué derrière l'écran, le paravent de la suggestion. Deux idées que nous relevons en passant justifient d'ailleurs notre tentative. Premièrement, pour que la foule garde sa consistance, il faut bien qu'elle le soit par une force quelconque. Et quelle peut être cette force, si ce n'est Eros qui assure la cohésion de tout en ce monde? Deuxièmement, on a l'impression que lorsque l'individu dans la foule renonce à ce qui lui est propre *(seine Eigenart aufgibt)* et se laisse suggestionner par les autres, il le fait parce qu'il éprouve le besoin d'être en bonne entente avec eux plutôt qu'en opposition, ainsi donc peut-être, ' pour l'amour des autres ' » (41).

---

(39) Voir les descriptions de Gustave LE BON, *Psychologie des foules*, Paris, Alcan, 1921. Également Octave MANNONI, *Conditions psychologiques d'action sur les foules,* Nancy, Publications du Centre Européen Universitaire, 1952, fasc. 1, p. 31-77.

(40) GW XIII, p. 75.

(41) GW XIII, p. 100.

La perspective de l'explication analytique est donc bien celle de l'*Introduction du narcissisme.* Seule la mention d'*Eros* « qui maintient la cohésion de tout en ce monde » évoque la deuxième théorie des pulsions. Tout le problème revient donc à rendre compte de l'*économie libidinale* dont l'individu serait le lieu d'échange.

La voie suivie, pour la détermination de cette économie, s'écarte de celle des auteurs cités pour commencer. Freud fait un détour par des foules dont les caractères sont très définis : permanence, convention, organisation. Ces foules sont fortement protégées contre le danger de la désagrégation mais elles ont, de ce fait, l'avantage de mettre en évidence des processus qui demeurent dissimulés dans les foules décrites notamment par Le Bon (ce dernier est massivement impressionné par la furie prussienne des années 14-18). Il s'agit de *l'Église catholique* et de *l'Armée.*

Ces deux foules conventionnelles ont une structure libidinale évidente : explicite pour l'Église fondée sur une doctrine de l'amour dont le Christ est la source; implicite dans l'Armée, composée d'une hiérarchie de formations « affectives » successives, depuis le commandant en chef jusqu'au sous-officier. L'idée majeure de Freud est celle-ci : dans l'Église et dans l'Armée, quelles que soient les différences qu'elles présentent par ailleurs, règne une même illusion, celle de la présence, visible ou invisible, d'un *chef qui aime d'un amour égal chaque individu de la masse.* « Tout le reste, dit-il, se rattache à cette illusion » (42). Illusion qu'il n'hésite pas à appeler mensonge, miroitement *(Vorspiegelung),* mais illusion formatrice, organisatrice.

Dans ces deux masses organisées, chacun est rattaché par des liens libidinaux au chef d'une part, et à tous les autres membres, d'autre part.

Le phénomène universellement connu de *la panique,* où chacun ne se préoccupe plus que de lui-même, saisi d'une peur foudroyante et parfois sans commune mesure avec le danger réel, témoigne de la rupture de liens affectifs qui avaient jusque là atténué le danger à ses yeux. Cette peur panique suppose le relâchement et l'ébranlement de la *structure libidinale*

(42) « Les foules demandent des illusions auxquelles elles ne peuvent pas renoncer... » GW XIII, p. 86-7; tr. fr. p. 96. La fonction de l'idéal, l'importance du chef, la nécessité, pour créer et maintenir l'existence d'une foule psychologique, de nourrir l'illusion (la toute-puissance du désir), tels sont les points que Freud veut d'emblée *relier* et au nom desquels il critique Le Bon.

de la foule et ne surgit que consécutivement à cette débâcle libidinale (43).

Il reste à examiner de près la nature du double lien affectif qui donne à une foule sa cohésion. Reste surtout à prouver la nature libidinale de ces liens. Une parabole inspirée de Schopenhauer livre, dans son raccourci, la clé de la solution. Voici cette célèbre *parabole des porcs-épics.*

« Un jour d'hiver glacial, les porcs-épics d'un troupeau se serrèrent les uns contre les autres, afin de se protéger contre le froid par leur chaleur réciproque. Mais, douloureusement gênés par les piquants, ils ne tardèrent pas à s'écarter de nouveau les uns des autres. Obligés de se rapprocher de nouveau par besoin de chaleur, ils éprouvèrent une nouvelle fois ce désagrément, et ces alternatives de rapprochement et d'éloignement durèrent jusqu'à ce qu'ils aient trouvé une distance mesurée *(mäßige Entfernung)* où ils se sentaient au mieux » (44).

La psychanalyse dévoile cruellement la vérité de cette parabole :

« Toute relation affective intime, d'une plus ou moins longue durée, entre deux personnes — rapports conjugaux, amitié, rapports entre parents et enfants — laisse un dépôt de sentiments de refus, d'hostilité *(einen Bodensatz von ablehnenden, feindseligen Gefühlen),* qui n'échappent à la perception que grâce au refoulement...

« Lorsque l'hostilité se dirige seulement contre des personnes aimées, nous parlons d'ambivalence des sentiments *(Gefühlsambivalenz)* et nous expliquons cela de manière certes trop rationnelle, en recourant à des conflits d'intérêts que font précisément naître les relations très intimes. Dans les sentiments irrépressibles de répulsion et d'aversion qu'on éprouve envers des étrangers avec qui nous entrons en contact, nous pouvons reconnaître l'expression d'un égoïsme *(Selbstliebe),* d'un narcissisme, qui cherche à s'affirmer et se comporte comme si la moindre déviation de ses conformations individuelles impliquait une critique de celles-ci et comme une mise en demeure de les transformer » (45).

Or, dans une foule, toute cette intolérance, toute cette susceptibilité aux détails de ce qui fait les différences individuelles disparaît, de façon plus ou moins durable. Une pareille restriction des prétentions narcissiques ne peut résulter que d'un seul facteur — celui-là même qui motive le développement précoce de l'enfant originairement narcissique —, à savoir l'attachement libidinal à une autre personne. L'égoïsme ne trouve une limite que dans l'amour d'une autre personne, l'amour d'objet (46)

(43) GW XIII, p. 105.

(44) Cf. SCHOPENHAUER, *Parerga et Paralipomena*, IIe partie, XXXI : *Gleichnisse und Parabeln,* cité par Freud, GW XIII, p. 110, note 1. La relation étroite de l'agressivité et du narcissisme est très fortement soulignée par J. LACAN, *L'agressivité en psychanalyse.* Rapport présenté au XIe Congrès des Psychanalystes de langue française, Bruxelles, 1948, dans *Écrits*, p. 101-124.

(45) GW XIII, p. 110-111.

(46) « *Die Selbstliebe findet nur an der Fremdliebe, Liebe zu Objekten, eine Schranke* ». GW XIII, p. 112.

où, d'ailleurs il retrouve son compte. Telle était déjà la thèse essentielle de *Pour introduire le narcissisme.*

La psychanalyse ressaisit dans les processus de formation collective les processus mêmes du développement de la libido. La libido prend appui sur la satisfaction des grands besoins vitaux et choisit pour premiers objets les personnes qui prennent part à ces satisfactions (théorie de l'étayage). Semblablement, le développement de la collectivité humaine est mû, principalement, par l'*amour comme facteur de civilisation (Liebe als Kulturfaktor),* qui détermine le passage de l'égoïsme en altruisme. Mais là où, pour l'enfant, il s'agit de pulsions sexuelles qui dans l'investissement de leurs objets poursuivent un but sexuel direct, dans la formation collective, s'il s'avère que les liens sont d'ordre libidinal, il faut reconnaître que les pulsions sexuelles, sans rien perdre de leur énergie, ont dévié de leurs buts originels.

Il faut toutefois noter que même dans les relations sexuelles qui lient un homme et une femme, on observe une sorte de *déviation de la pulsion de son but sexuel;* ce degré d'énamoration, décrit ailleurs (47), comporte assurément une certaine restriction du narcissisme, une atteinte du moi *(eine Beeinträchtigung des Ichs).* Ces phénomènes de la vie amoureuse revêtent pour la suite de l'interrogation une valeur primordiale : ils donneront la clé de certains processus à l'œuvre dans les foules, mais moins aisément observables. Il importe, à cet effet, de savoir si le mode d'investissement sexuel de l'objet est le seul type de lien affectif possible à une autre personne ou s'il existe des mécanismes différents mais apparentés à celui-là.

Or, précisément, de tels mécanismes « apparentés » ont bien souvent fait l'objet des observations psychanalytiques.

« Nous expérimentons journellement, par la psychanalyse, *d'autres mécanismes du lien affectif (andere Mechanismen der Gefühlsbindung), que l'on appelle les identifications, insuffisamment connues, processus difficiles à présenter,* et dont l'examen va nous éloigner pour un temps du thème de la psychologie des masses » (48).

---

(47) Dès les *Trois essais sur la théorie de la sexualité*, Freud a soutenu que la vie amoureuse était faite de deux courants, l'un de tendresse, l'autre de sensualité. Ces courants souvent coexistent dans une relation sexuelle, mais il arrive aussi qu'ils se développent indépendamment l'un de l'autre. Les vicissitudes de ce développement sexuel sont analysées dans les *Contributions à la psychologie de la vie amoureuse* (1910, 1912, 1918) et, bien sûr, dans *Pour introduire le narcissisme* (1914).

(48) GW XIII, p. 113-14; tr. fr. p. 125.

Et nous voilà amenés au cœur de notre propos, à ce chapitre septième de *Massenpsychologie und Ichanalyse*, considéré par nombre de commentateurs hâtifs comme le lieu éminent de la théorie freudienne de l'identification. Pour nous, cette théorie est partout ailleurs et la synthèse rapide, que Freud opère ici, ressemble bien plus à une mise en ordre récapitulative de faits qui ont jalonné sa démarche qu'à une théorie résolutive.

B. Les identifications

La structure de ce chapitre est assez curieuse, du moins au regard de qui a suivi en ses détours, en ses hésitations, en ses apories, l'élaboration du concept d'identification. On s'attendrait, dans cette ligne d'exhaustion, à ce que Freud rassemble en un faisceau cohérent les fragments de théorie dispersés dans la chronologie de l'expérience. Au lieu de cela, il aligne, en désordre, des faits d'identification puisés dans le matériel clinique. Et davantage, fait étonnant, il commence cet inventaire, du reste incomplet, par la description d'un type d'identification dont il n'a jamais rien écrit, bien que notre lecture l'ait maintes fois pressenti : l'identification la plus précoce de l'enfant (le petit garçon) à son père, antérieurement à l'installation du conflit œdipien. Cette *identification primaire* apparaît, en cette récapitulation, comme la seule forme décrite qui ne ressortisse point à quelque mode pathologique.

Cette innovation a pour nous grande importance d'éclairement; car ce désordre apparent de l'exposé de Freud met de l'ordre dans nos délinéaments. Suivons-le, en marquant les articulations essentielles de son tableau. Cinq constellations interpsychiques en constituent le fond :

1) *L'identification de « la préhistoire du complexe d'Œdipe »*

« L'identification est connue en psychanalyse comme la manifestation la plus précoce d'un attachement affectif à une autre personne. Elle joue un rôle dans la préhistoire du complexe d'Œdipe. Le petit garçon porte un intérêt particulier à son père, il voudrait devenir et être comme lui, et prendre sa place à tous points de vue. Disons-le tranquillement : il prend son père pour idéal. Cette conduite n'a rien à faire avec une attitude passive ou féminine à l'égard du père (et pour tout homme en général), elle est bien plus électivement *(« exquisit »)* masculine. Elle s'accorde fort bien avec le complexe d'Œdipe qu'elle contribue à préparer » (49).

(49) GW XIII, p. 115; tr. fr. p. 126.

Le caractère spécifiquement, électivement, masculin d'une telle identification la distingue d'emblée de ces identifications au père, rencontrées dans le cas de l'*Homme aux loups* et de l'*Homme aux rats*, et qui servaient de voie symptomatique au refoulement d'une attitude homosexuelle passive. Il s'agit bien d'autre chose que d'une identification à la femme dans ce qui se trouve ici décrit. Identification non-névrotique, cette identification est une relation d'être et non d'avoir. Or l'investissement homosexuel du père était, dans les cas évoqués plus haut, de l'ordre de l'avoir (où le père fonctionne comme objet sexuel des pulsions masochiques-anales).

Mais poursuivons la lecture. Quel sera, dans l'Œdipe qu'elle contribue à préparer, le sort de cette *identification qui met le père en position d'idéal?*

« Simultanément avec cette identification au père, peut-être un peu plus tard, le petit garçon a commencé à développer un véritable investissement d'objet envers sa mère selon le type anaclitique (par étayage). Il fait montre ainsi de deux liens psychologiques différents : à l'égard de la mère, un investissement d'objet purement sexuel; à l'égard de son père, une identification « exemplaire » *(vorbildliche Identifizierung)*. Les deux attachements demeurent un temps côte à côte sans influence ni perturbation réciproque. Mais à mesure que progresse l'irrésistible unification *(Vereinheitlichung)* de la vie psychique, elles finissent par se rencontrer et de cette affluence naît le complexe d'Œdipe normal. » (50)

Les courants affectifs jusque là indépendants se rejoignent, s'organisent et tendent à s'unifier. Ce travail d'unification qui s'opère tant pour le moi que pour les pulsions sexuelles (51) installe l'enfant dans le conflit œdipien. La crue de l'investissement génital de la mère ébranle l'attachement au père et met à nu l'hostilité qui demeurait voilée, mais structuralement présente, dans le désir originaire de remplacer le père « à tous

---

(50) ibidem

(51) Cette notion d'*unification (Vereinheitlichung)* sert à caractériser à la fois le but (théorique) du développement de la *libido* — les pulsions partielles, d'abord indépendantes, s'unissent et fusionnent lors de la phase génitale — et le développement du *moi*. Freud fait cette observation, dans une note :

« (..) A mesure que l'enfant, en se développant, se rapproche de l'âge adulte et de la maturité, sa personnalité devient de plus en plus *intégrée*, c'est-à-dire que les diverses tendances et aspirations, qui jusqu'alors s'étaient développées indépendamment les unes des autres, se réunissent et se fusionnent. Nous connaissons déjà un processus analogue dans le domaine de la vie sexuelle. Mais que l'unification du moi soit sujette aux mêmes troubles que ceux qui s'opposent à l'unification de la libido, c'est ce que nous prouvent de nombreux exemples biens connus, comme ceux de savants restés croyants, etc. » GW XIII p. 85; tr. fr. p. 95.

points de vue » *(in allen Stücken)*. L'ambivalence primitive de l'identification primordiale au modèle se déclare après-coup, du fait de la captation sexuelle de la mère. « L'identification au père prend une teinte hostile et *devient identique au vœu de remplacer aussi le père auprès de la mère* » (52). Le désir d'être l'idéal est désir d'être ce que ce père idéal est pour la mère. *Être le père c'est avoir la mère.*

L'ambivalence déclarée du complexe d'Œdipe, exprimant à la fois la tendresse et le vœu de suppression, trahit son origine : elle procède en effet de la phase d'organisation *orale* de la libido au cours de laquelle on s'incorporait en le dévorant l'objet aimé tout en l'anéantissant du même coup. L'identification « idéale » au père dérive d'un investissement oral du père. Voilà qui ne simplifie pas le problème. Le père « dévoré » n'a jamais pu l'être que métaphoriquement. Ce qui n'est pas le cas du lait maternel, support métonymique de l'appropriation cannibalique. Prendre le père pour son idéal, originairement, c'est l'investir oralement. La « prise » du père (le dévorer des yeux, boire ses paroles, etc.) identifie l'avoir (l'investissement du père comme objet de l'ambivalence pulsionnelle orale) et l'être (le désir de le devenir, de l'être).

Le destin de cet attachement au père comme à ce que le petit garçon veut être, comme à son idéal, peut connaître un déplacement dans l'ordre de l'avoir. C'est ce qui arrive dans le complexe d'Œdipe « inversé » : le père se trouve investi comme objet d'une attitude féminine du fils dont les pulsions attendent une satisfaction sexuelle directe (servir d'objet au coït du père). L'identification paternelle *(Vateridentifizierung)* est devenue précurseur d'un lien objectal *(Objektbindung)* au père. Rappelons-nous que Freud liait cette objectivation sexuelle du père à l'intensité des pulsions anales.

Originairement — et ce ne peut être qu'« *oralement* » — le père est ce que l'on veut être; secondairement, suite à une inversion, un retournement de l'Œdipe *(Umkehrung)*, le père est ce que l'on veut avoir. Freud conclut l'évocation de cet attachement primitif au père par une formule riche de résonances :

« Il y a donc une différence (entre ces deux relations au père), si cet attachement *(Bindung)* touche *(angreift) le sujet ou l'objet du moi*. Le premier est possible avant tout choix sexuel d'objet. Il est beaucoup plus difficile de présenter clairement cette différence de façon métapsychologique. L'on admet seulement que l'identification tend, conformément à ce que

(52) GW XIII p. 115-6; tr. fr. p. 127.

nous avons constaté, à rendre le moi semblable *(das eigene Ich ähnlich zu gestalten)* à un autre pris pour « modèle » *('Vorbild')* » (53).

Dans l'identification primaire, l'idéal est donc le « sujet du moi ». Cette façon de parler est neuve et serait à reprendre, à un moment où nous disposerions d'indications supplémentaires. Car il faut reconnaître que la notation de Freud est singulièrement elliptique, comme s'il n'avait fait qu'entrevoir ici la fonction d'un attachement primordial au père qui ne soit pas un attachement proprement « sexuel ». Ceci fait quelque peu trembler une conception trop simple du développement libidinal. La phase orale, cannibale que Freud, dans ses *Trois essais*, avait pointée comme prototypique à la fois du lien sexuel et de l'identification (54), cette phase orale se révèle, dans son archaïsme même, très complexe. Mais cette discussion nous renvoie aux formulations de *Totem et Tabou* où le repas totémique met en scène la dévoration archaïque du père. Nous avions alors proposé, pour nommer le fantasme de désir motivant ce festin cannibalique, le terme d'*identification totémique*. Déjà à ce moment, on apercevait la fonction de « formation d'idéal » propre à cette identification résolutive de la culpabilité et du deuil des fils. Mais ce ne sont encore que « bribes et morceaux » Il nous manque une aperception plus fouillée de la fonction et de la genèse de l'idéal.

2) *L'identification dans la formation du symptôme névrotique*

Le deuxième type d'identification a pour modèle *l'identification hystérique*. On renoue ici avec les commencements de la théorie de l'identification, issue de l'analyse conjointe des rêves et des symptômes hystériques. *La belle bouchère* et *Dora* avaient été les figures éminentes et passionnées de ces commencements.

Freud a bien souvent noté que l'identification constituait le mode le plus fréquent de la formation de symptômes hystériques. Il résume, mais très rapidement, ses conclusions d'autrefois.

L'exemple clinique n'est plus le garçon, mais *la petite fille*. Celle-ci vient à contracter une toux pénible; c'est un symptôme patent de la mère, mais, comme on l'a observé chez *Dora*, c'est également le symptôme du père. Double identification à des personnages sexuellement distincts;

(53) ibidem

(54) Voir les *Trois essais*, la description de la phase orale (Cf. notre chapitre deuxième).

surdétermination du symptôme manifestant un écheveau de désirs contradictoires.

L'identification à la mère est, dans ce cas-ci, celle-là même qui découle du complexe d'Œdipe. Elle signifie le désir hostile de prendre la place de la mère et, du même mouvement, le désir sexuel du père. Mais cette substitution imaginaire, figée dans un symptôme pénible, comporte une souffrance. L'identification permet donc en plus de ces accomplissements de désir et en opposition avec ces mêmes désirs (être la mère, avoir le père) l'exercice d'un contre-désir émanant du moi, elle met en scène le sentiment de culpabilité. Freud, dans une formule, condense le procès complet :

« Tu voulais être ta mère; tu l'es maintenant, par le fait du moins que tu éprouves la même souffrance qu'elle » (55).

L'identification au père, par un symptôme identique — la toux pénible — n'est pas cette fois identification à la rivale œdipienne mais à l'objet d'amour. L'identification prend ici la place d'un investissement sexuel *interdit*; elle procède d'une transformation de cet investissement par la voie d'une *régression*. Devant l'obstacle du refoulement, la libido livrée aux processus primaires de l'inconscient, modifie le moi lui-même selon le *trait* qui symbolise sa relation à l'objet refusé. L'attachement à l'objet reflue à la forme primitive d'attachement, plus narcissique : l'identification, dans laquelle le moi « absorbe les propriétés de l'objet ».

Il faut ajouter que, dans cette régression du choix d'objet à l'identification, la transformation du moi n'est que *partielle*. Que l'identification mime, « copie » *(kopiert)* la personne non-aimée ou la personne aimée, elle se limite, dans les deux cas, à ne modifier qu'une partie du moi selon le *trait unique (einzigen Zug)* qui sert de support métaphorique (condensation) ou métonymique (déplacement) au rapport affectif (haineux ou amoureux).

L'identification hystérique, et névrotique en général, est limitée, partielle *(die Identifizierung eine partielle, höchst beschränkte ist)* puisqu'elle ne s'appuie que sur un seul trait de l'objet. C'est en cela qu'elle se distingue de *l'identification « primaire »*, constitutive de l'idéal, et dont la visée est totalitaire : égaler voire remplacer le *Vorbild.* Il semblerait donc qu'il faille de la part du moi une certaine possibilité de

(55) GW XIII, p. 117; tr. fr. p. 128.

refoulement pour limiter son rapport identificatoire à l'objet. Aux « origines » du moi, cette identification est toute-dévorante, toute-puissante. Les identifications névrotiques peuvent donc à juste titre être appelées *secondaires.* Elles présupposent un prototype oral primaire et, en outre, elles viennent remplacer un investissement d'objet, une relation d'avoir; elles sont donc, en un second sens, secondaires à un choix d'objet qui n'a pas pu se maintenir en raison du refoulement.

En d'autres termes, *l'identification primaire* règle l'irruption de l'idéal qui assujettit le moi; *les identifications secondaires* miment un rapport abandonné ou impossible avec l'objet sexuellement investi, sur le modèle narcissique de l'assimilation, de l'incorporation cannibalique, mais de façon toute limitée, condensée, fixée à un trait, à un signifiant symptomatique et surdéterminé. Les identifications névrotiques, par conséquent, maintiennent l'investissement de l'objet puisque celui-ci n'est que très partiellement incorporé. Nous avons remarqué qu'il en allait tout autrement de l'identification totémique et de l'identification mélancolique, avec lesquelles on touche aux confins de la régression narcissique de la psychose.

Pour conclure ce deuxième point, disons que ce qui est neuf dans cette présentation de l'identification comme mode de formation du symptôme, c'est cette mise en évidence, capitale à notre sens, de ce caractère *partiel* (le trait singulier, unique, « *unaire* » — comme le traduit Lacan (56) d'une part, et, d'autre part, cette liaison effectuée entre le processus névrotique et son *prototype archaïque oral*, liaison que le Freud des années 1900-1905 écrivant la *Traumdeutung* et le *Cas Dora* n'était pas à même d'opérer.

Ajoutons enfin un constat négatif. Freud passe complètement sous silence toute *la problématique homosexuelle sous-jacente* à la symptomatologie de l'hystérie, problématique qu'il serait plus correct d'appeler *bisexuelle.* L'identification de Dora au père (objet aimé) est ambivalente; ce père est détesté, en tant qu'il occupe auprès de Madame K. et de la mère (« la bonne mère » perdue, puisque *Dora* ne porte aucun intérêt à la mère actuelle) une place où la met sa prétention inconsciente. Cette

(56) Lacan, dans sa théorie de l'identification, a privilégié cette description de l'identification hystérique (fondée sur l'appropriation d'un trait unique) au point de poser cette relation au trait unaire comme fondement de l'identification du sujet comme tel basée sur le rapport au signifiant : J. Lacan : *Séminaire sur l'identification*, (inédit) 1961-1962.

dimension plus « complète » de la situation, — de l'imbroglio — œdipien et, partant, du système des identifications transformatrices de cette situation pulsionnelle, demeure à l'écart. Elle ne fera son apparition explicite que dans *Le moi et le ça*.

3) *L'identification « de pensionnat » : la contagion psychique et l'Einfühlung.*

Un troisième type d'identification capte l'attention de Freud, dans cette revue générale des faits cliniques. Il s'agit d'un cas « particulièrement fréquent et significatif » de *formation de symptôme* — également névrotique — mais avec une particularité tout à fait remarquable : l'identification en question s'effectue en dehors de toute relation d'objet *(Objektverhältnis)* avec la personne copiée. Elle ne serait donc point un avatar libidinal. L'exemple, tout à fait typique, nous maintient aux abords de l'hystérie :

« Lorsqu'une jeune fille de pensionnat reçoit de celui qu'elle aime en secret une lettre qui excite sa jalousie et à laquelle elle réagit par une crise d'hystérie, quelques-unes de ses amies, qui le savent, vont reprendre à leur compte *(übernehmen)* pour ainsi dire cette crise par la voie de la contagion psychique. Le mécanisme est celui d'une identification, sur la base de la capacité et de la volonté de se mettre soi-même dans la même situation *(der Identifizierung auf Grund des sich in dieselbe Lage Versetzenkönnens oder Versetzenwollens)*. Les autres ne peuvent également avoir une relation amoureuse secrète et accepter, sous l'influence du sentiment de culpabilité, la souffrance que cela comporte. Il serait incorrect de soutenir qu'elles s'approprient le symptôme par sympathie *(aus Mitgefuhl)*. Au contraire, la sympathie naît d'abord de l'identification et nous en tenons la preuve dans le fait qu'une contagion ou imitation de ce genre se produit même dans des cas où il existe entre deux personnes données moins de sympathie encore qu'entre des amies de pension... » (57).

Cette forme d'*identification « par sympathie »*, Freud l'avait déjà décrite dans l'*Interprétation des rêves,* en évoquant alors cette contagion mentale que l'on observe dans les salles des hôpitaux psychiatriques. Les malades, disait-il, savent plus de choses sur le compte les unes des autres que le médecin sur chacune d'elles (58). Il voyait dans l'identification de ces malades à l'une d'entre elles sujette à une crise d'hystérie, l'effet d'une sorte de « *raisonnement inconscient* ». Raisonnement dont l'énoncé serait celui-ci : « si de tels motifs produisent de tels accès, je peux aussi être

(57) GW XII, p. 117-8; tr. fr. p. 128-9.

(58) Cf. *Traumdeutung*, GW II-III, p. 155 : la « *psychische Infektion* » (contagion mentale).

saisie d'une même crise puisque j'ai les mêmes motifs ».La « conclusion » de ce raisonnement c'est donc la crise elle-même, l'appropriation du symptôme. Cette description est très proche de celle qu'il donne ici :

« L'un des moi a perçu *(wahrgenommen)* chez l'autre une analogie significative sur un certain point, dans notre exemple, il se forme, dans une pareille sentimentalité *(Gefühlbereitschaft)*, une identification sur ce point, et sous l'influence de la situation pathogène cette identification se transpose en symptôme que le premier moi a produit. L'identification par le symptôme devient ainsi l'indice d'un recouvrement *(Deckungstelle)* des deux moi, qui doit demeurer refoulé » (59).

Il s'agit, comme dans le cas précédent, d'une identification *sur un point d'analogie significative* (sexuelle). L'identification est vraiment une saisie, une aperception inconsciente d'un même désir sexuel mais refoulé. C'est cette identification, cette reconnaissance d'une similitude libidinale, qui fonde l'imitation. Le comportement mimétique est secondaire à cette identification. Á la différence de l'identification définie plus haut comme une régression narcissique partielle, cette identification « de pensionnat » est l'effet de la perception inconsciente d'une analogie significative, d'un recouvrement de deux « moi » sur un point déterminé (une prétention sexuelle). L'identification à l'œuvre dans la formation d'un symptôme hystérique (qui est le symptôme emprunté à un autre moi) n'est donc pas nécessairement le substitut régressif d'un choix d'objet. La si fameuse *Einfühlung* des phénoménologues de l'autrui n'a donc rien à voir avec de l'altruisme, mais relève d'une captation purement narcissique par un signe de ralliement inconscient. L'*Einfühlung* n'est pas originairement de l'amour : elle naît d'une fascination identificatoire. Et l'amour, la pitié, l'altruisme, ou simplement l'imitation naissent de ce type d'identification établie « sur la base d'une prétention étiologique identique » (60).

Il convient de rassembler ces premières données puisées à différentes sources empiriques. Ainsi, premièrement, *l'identification est la forme la plus originaire d'un lien affectif à un objet;* deuxièmement, *elle devient par une voie régressive le substitut d'un lien d'objet libidinal, une sorte d'introjection de l'objet dans le moi;* troisièmement, *elle peut survenir à chaque nouvelle perception d'un point commun (Gemeinsamkeit) avec une autre personne qui n'est pas l'objet d'une pulsion sexuelle.* Plus significative est cette communauté, plus riche de conséquences s'avèrera cette identification partielle qui signe le commencement d'un nouvel

(59) GW XIII, p. 118; tr. fr. p. 129.
(60) Cf. GW II-III, p. 152-6.

attachement. Cette dernière forme d'attachement doit être analogue à celle qui lie les membres d'un groupe ou d'une foule. Elle substitue à l'indifférence et à l'hostilité primitive, le sentiment de communion affective. La sympathie naît ainsi d'une identification inconsciente limitée à un trait commun. Dans le cas des jeunes filles de pensionnat et des malades, toutes proches de l'hystérie, ce trait est de nature sexuelle. Le caractère pathologique de leur « sympathie » provient du *refoulement* d'une prétention sexuelle. L'identification est donc un processus inconscient, processus à l'œuvre dans une constellation psychologique où les sentiments et même les « bons sentiments », n'ont de place que *secondaire.* Ce processus n'est pas accessible à l'introspection — tandis que les sentiments « sociaux » le sont; le symptôme d'imitation n'exprime qu'un *« moi aussi »,* il est le signe de cette *« mise à la place »* de l'autre, le medium de la prétention inconsciente à vivre une situation semblable.

La psychanalyse circonscrit donc un lieu psychique, où se produit l'identification, qui n'est ni « subjectif » (les sentiments) ni « social » (les rôles, les comportements d'imitation). C'est une structure inconsciente qui « produit », après-coup, des sentiments sociaux. C'est une *prétention libidinale commune* qui engendre la sympathie ou, pour revenir à la psychologie des masses, la cohésion sociale. Dans une foule, le trait commun, le point précis qui fonde la communion, c'est, on l'a vu, la revendication de chacun à l'amour du chef, l'*illusion,* en chacun, que le chef les aime tous d'un amour égal.

4) *L'identification dans la genèse de l'homosexualité*

L'essai sur *Léonard de Vinci,* les ajouts aux *Trois essais,* le cas *Schreber* ont souligné la fixation à la constellation œdipienne. L'homosexualité advient au temps de la puberté, où doit s'effectuer, dans la reviviscence de l'Œdipe, le choix de l'objet sexuel — et, par conséquent — le choix de la position sexuelle. La fixation empêche le renoncement pulsionnel; la conservation de l'objet (plutôt : de la relation sexuelle avec l'objet œdipien) a lieu par le truchement d'une identification à cet objet.

Freud n'envisage ici que l'homosexualité masculine. Mais ses affirmations s'accordent avec les observations cliniques d'un *Cas d'homosexualité féminine* traité en 1920 (61) :

---

(61) Cf. *Sur la psychogenèse d'un cas d'homosexualité féminine* (1920), GW XII, tr. fr. dans *Névrose, psychose et perversion*, Paris, P.U.F., 1973.

« Le jeune homme n'abandonne pas sa mère, mais s'identifie à elle, se transforme en elle et recherche alors des objets qui peuvent remplacer son propre moi et qu'il peut aimer et soigner comme il a été aimé et soigné par sa mère...
Ce qui frappe dans cette identification, c'est son ampleur *(Ausgiebigkeit) :* elle transforme le moi sous un rapport des plus importants, à savoir le caractère sexuel, selon le modèle de l'objet aimé jusqu'alors. A ce moment l'objet lui-même est abandonné; qu'il le soit complètement ou bien seulement en ce sens qu'il reste maintenu dans l'inconscient, cela n'entre pas dans cette discussion. L'identification à l'objet abandonné ou perdu et la substitution à celui-ci, l'introjection de cet objet dans le moi, tous ces faits ne sont pas nouveaux pour nous. Dans certaines occasions, ce processus peut être observé directement chez l'enfant. Dans l'*Internationale Zeitschrift für Psychoanalyse* (62) a paru l'observation d'un enfant qui, ayant eu le malheur de perdre un petit chat, déclara tout à coup qu'il était lui-même ce petit chat, et conformément à cela il se mit à marcher à quatre pattes, à ne plus vouloir manger à table, etc. » (63).

L'identification qui engendre l'homosexualité sauvegarde le rapport à l'objet œdipien « perdu » et modifie le caractère sexuel de l'adolescent, est rapprochée de cette identification de deuil, chez l'enfant. Le moi *est* l'objet abandonné ou perdu. Cette identification frappe, dit-on, par son ampleur, son extension. Il ne s'agit plus d'une identification partielle « sur un point particulier », comme dans l'hystérie, mais d'une *identification globale du moi.* La régression narcissique est ici généralisée à tout le moi-objet. Nous retrouvons là ce que Freud avait désigné par le terme d'*identification narcissique* dans *Deuil et mélancolie,* corrélative du choix d'objet narcissique.

5) *L'identification mélancolique*

Le trait majeur du tableau mélancolique, on s'en souvient, c'est *l'autoravalement du moi (Selbstherabsetzung des Ichs)* lié à une impitoyable autocritique et à d'amers autoreproches. L'analyse montre que ces reproches et critiques s'adressent en réalité à l'objet et expriment la vindicte du moi contre cet objet qui l'a déçu, trompé, abandonné. Comme l'écrit Freud : « l'ombre de l'objet est tombée sur le moi » (64). L'introjection de l'objet est ici d'une netteté remarquable.

Le processus est donc semblable au processus décrit au 4°. Il s'agit d'une introjection *(Introjektion)* de l'objet dans le moi, par régression narcissique de l'investissement sexuel.

---

(62) Freud cite Markuszewicz : *Beitrag zum autistischen Denken bei Kindern*, Intern. Zeitschrift für Psychoan. VI, 1920.

(63) GW XIII, p. 119; tr. fr. p. 130.

(64) Cf. *Deuil et mélancolie*, GW X p. 435; tr. fr. dans *Métapsychologie*, p. 158.

Mais le mélancolique, contrairement à l'homosexuel, n'est pas simplement transformé en l'objet aimant. Il est intimement déchiré, *divisé*. Son moi est « partagé, *(geteilt)*, dissocié en deux morceaux *(in zwei Stücke zerfällt)* ». Un morceau du moi s'acharne contre l'autre. Cet autre morceau est celui qui a été transformé par l'introjection de l'objet perdu. Le morceau qui se montre si cruel à l'égard de l'autre, c'est cette instance bien connue de la psychanalyse : la « voix de la conscience », *l'idéal du moi*.

« Déjà précédemment (à propos du narcissisme, du deuil et de la mélancolie) nous avons dû admettre que se développe *(entwickelt)* dans notre moi une telle instance, qui peut se séparer de l'autre moi et entrer en conflit avec lui. Nous lui avons donné le nom ' d'idéal du moi ' *(' Ichideal ')* et nous lui avons prescrit pour fonction l'observation de soi *(Selbstbeobachtung)*, la conscience morale *(Gewissen)*, la censure des rêves et le rôle principal dans le refoulement. Nous disions alors que *cet idéal du moi était l'héritier du narcissisme originaire dans lequel le moi infantile se suffisait à lui-même.* Peu à peu il emprunte aux influences du milieu toutes les exigences que celui-ci pose au moi et auxquelles le moi n'est pas toujours à même de satisfaire, de sorte que l'homme, lorsqu'il n'est pas content de son propre moi, puisse pourtant trouver sa satisfaction dans cet idéal du moi différencié du moi. Nous avons de plus établi que dans le délire d'observation *(Beobachtungswahn)* la dissociation *(Zerfall)* de cette instance devient patente, et mise à jour *son origine dans l'influence des autorités et surtout celle des parents.* Mais nous ne devons pas oublier d'ajouter que la mesure de la distance qui sépare cet idéal du moi du moi actuel varie beaucoup pour chaque individu et que chez bien des gens cette différenciation *(Differenzierung)* à l'intérieur du moi ne dépasse pas celle qu'on trouve chez l'enfant. » (65)

La singularité de la mélancolie réside donc dans ce clivage malheureux et torturant du moi. L'écartèlement du moi est maximal dans la mélancolie, nul dans la manie (66). Mais ces figures de la pathologie mettent en évidence une structure, une « différenciation » de tout moi humain, constitué de morceaux, morceaux qui sont des restes d'objets abandonnés ou perdus. Nous avons noté que le pathétique du déchirement mélancolique avait pour origine une formidable ambivalence.

L'*identification mélancolique* précipite l'objet haï dans le moi qui l'introjecte et se rend par là haïssable à cet autre morceau du moi, l'idéal. Il semble que ce morceau du moi soit plus solide et plus stable que l'autre

---

(65) GW XIII p. 120; tr. fr. p. 132. Ce texte reprend presque mot à mot les propos de *Pour introduire le narcissisme*. Cf. GW X, p. 163, tr. fr. dans *La vie sexuelle*, p. 100.

(66) Voir la fin du chapitre XI de *Massenpsychologue und Ichanalyse*. Une sorte d'exercice d'application de cette découverte de la division du moi se trouve dans le petit texte de 1928 sur l'*Humour* (GW XIV) où Freud donne une interprétation nouvelle au plaisir particulier que produit l'humour, défini comme victoire du narcissisme sur la pénible réalité, comme supériorité du surmoi sur le moi apeuré devant le danger.

part qui subit les fluctuations, flux et reflux, des investissements libidinaux et de leurs avatars heureux ou malheureux. Lors du retrait de l'objet, le moi se fait l'objet du moi, répétant sur la scène narcissique la relation perdue.

Dans le cas de l'homosexualité, l'objet du moi est le moi qui était aimé de la mère et le moi s'est mué par l'identification, en la mère aimante... en quête de substituts de l'aimé premier. L'identification modifie la position sexuelle et le type de choix d'objet, elle met le moi transformé en quête de nouveaux objets à l'image du « moi ». En revanche, l'identification mélancolique arrête toute quête d'objet, elle confine au moi lui-même la relation sexuelle ambivalente, elle enferme le moi dans la clôture d'une relation sado-masochiste qui le soustrait à la réalité. Ici, la régression narcissique est radicale et mortifère, elle est, à vrai dire, psychotique.

Pour l'homosexuel, il y a un accord entre le moi et l'idéal du moi transformé, par identification, sur le modèle de la mère perdue mais conservée inconsciemment par cette transformation même qui l'éternise. Dans la mélancolie, toute la scène s'intériorise, l'idéal du moi se tourne contre le moi transformé par identification et perpètre sur lui la démolition inconsciente de l'objet. Quel est le statut de cet *« Ichideal »?*

Le texte se réfère à la découverte de 1913 : *l'idéal du moi (Ichideal) est l'héritier du narcissisme originaire (der Erbe des ürsprünglichen Narzißmus).* Mais il en donne, par ailleurs, l'origine dans *l'influence des autorités, surtout celle des parents.* Les « institutions du moi », déjà énumérées dans *Deuil et mélancolie,* à savoir la conscience morale, la censure de la conscience et l'épreuve de réalité — à quoi s'ajoutent ici l'observation de soi et le refoulement — ces institutions procèderaient toutes de l'influence de ces « autorités ». Mais, comment concilier ces *deux origines* de l'idéal du moi (narcissisme originaire de la suffisance infantile et autorité des parents)? Il se peut que les parents aient été dès le commencement investis du narcissisme « originaire » où la « suffisance » infantile contraste avec la misère et l'impuissance à survivre sans l'aide d'objets extérieurs.

Le problème de l'origine de l'idéal se pose donc, et celui de sa fonction à l'intérieur du moi et dans les relations qu'il entretient avec les anciens objets du moi, devenus l'autre part du moi. Cela conduit à imaginer une consécution, une série de moi, issus d'identifications, à l'intérieur du « moi ».

L'essai de Freud qui tente de classifier les identifications sous les cinq formes que nous venons d'analyser suscite d'obscures questions. Mais cherchons d'abord à tirer les bénéfices de cette entreprise de récapitulation proposée dans ce chapitre.

Identification au père, identification formatrice du symptôme hystérique, identification instauratrice de l'*Einfühlung*, identification à l'objet sexuel œdipien, identification mélancolique. Ces cinq types d'identification circonscrivent un champ complexe et différencié : celui de la normalité et de la pathologie. L'identification est donc une voie psychique aussi bien « normalisante » que pathogène.

1) Deux des formes décrites ne sont pas les voies d'une régression : l'identification au père, formatrice de l'idéal, et l'identification en jeu dans la sympathie. Elles sont motivées par le *désir d'être :* le désir d'être-comme devenant bientôt le désir d'être absolument, de prendre la place. On perçoit d'emblée l'*agressivité* corrélative de ce désir d'être. Mais, dans le cas de l'identification au père de la préhistoire du complexe d'Œdipe, cette agressivité demeure latente; c'est l'amour pour un *tiers objet,* la mère, qui fait virer la relation au modèle en conflit de rivalité. Pure captation d'être, cette identification « exemplaire » *(vorbildliche Identifizierung),* et typiquement masculine *(exquisit mannlich)* « idéale », « primaire », tant qu'elle reste à l'écart de prétentions à l'*avoir,* masque et oblitère l'agressivité. Que l'identification puisse préserver de l'agression ou fournir une voie à la sublimation de l'hostilité œdipienne, le cas du petit Hans nous l'avait déjà indiqué. Dans la note ajoutée à la fin de ce chapitre septième sur l'identification, Freud fait cette remarque :

« L'identification a, entre autres, pour effet de limiter *(einschranken)* l'agression contre la personne à laquelle on s'est identifié, de la ménager et de lui venir en aide. »

C'est bien ce qui se passe dans l'*Einfühlung* également. Le mécanisme qui nous permet, en général, de prendre position à l'égard d'une autre vie psychique, Freud en donne la dérivation : il naît d'une identification inconsciente et produit l'*Einfühlung,* en passant par l'imitation et la contagion.

2) Une identification peut être *partielle,* fondée sur un seul trait qui a pour fonction de symboliser le point commun inconscient avec l'autre moi. C'est ce qui se passe dans la formation du symptôme hystérique et dans l'*Einfühlung.* Mais il y a des identifications dont l'effet est bien plus important et qui *transforment le moi lui-même, globalement;* c'est ce qui

a lieu dans la transformation de la position sexuelle de l'homosexuel, dans l'identification « totémique » de l'enfant, dans l'identification primaire qui fait du père l'idéal du petit garçon et dans la mélancolie.

3) *Toute identification est une opération narcissique.* Elle soutient le moi dans sa tendance fondamentale à se conserver, à se maintenir *(Selbsterhaltung).* Ainsi, la captation, par le moi, d'un modèle d'identification *(vorbildliche Identifizierung)* comble ses vœux de toute-puissance; ainsi, par une autre voie, la transformation régressive d'un choix d'objet en identification garantit la pérennité de l'objet sous l'apparence d'un renoncement. De ce mouvement régressif, le processus mélancolique fournit le paradigme. L'*introjection cannibalique* s'avère comme la métaphore dominante de toutes ces formes d'attachement que sont les identifications. Aimer, c'est dévorer; aimer c'est être et, secondairement, c'est avoir. Le *narcissisme oral* se trouve restauré dans toute identification et, avec lui, son inéliminable ambivalence. *L'identification mélancolique* ou « narcissique » (mais cette expression, c'est évident, est pléonastique) occupe, d'un point de vue théorique, une position stratégique : elle donne la clé de toutes les identifications secondaires et, probablement, de l'identification primaire elle-même. Au cours de notre lecture de *Deuil et mélancolie* il nous est apparu qu'une régression d'un choix d'objet à une identification révélait rétroactivement, *nachträglich,* un choix d'objet originellement narcissique (67). Or la « formule » de ce choix d'objet est l'une des suivantes, énoncées dans l'*Introduction du narcissisme :* on aime « ce que l'on est soi-même, ce que l'on a été soi-même, ce que l'on voudrait être soi-même (c'est le cas de l'identification au père pris pour idéal du moi) ou, encore, la personne qui a été une partie du propre soi » (68). Manifestement, la relation au père, au temps de la préhistoire de l'Œdipe, est narcissique et l'on peut se demander si le « choix d'objet de type narcissique » n'est pas, proprement, une identification du type « idéal ».

La suite de cet écrit, *Psychologie collective et analyse du moi,* est susceptible d'apporter quelque lumière sur ces questions.

---

(67) Cf. *Deuil et mélancolie*, GW X, p. 436; tr. fr. dans *Métapsychologie*, p. 159.
(68) Cf. *Pour introduire le narcissisme*, tr. fr. dans *La vie sexuelle*, p. 95.

C. Le moi et l'idéal du moi

Cette différenciation intérieure au moi constituait un pas décisif dans la conceptualisation de 1913-14. Que le moi puisse se diviser, comme cela arrive dans le sentiment de culpabilité ou dans la mélancolie, met en évidence sa constitution originellement stratifiée. Des faits courants de la vie amoureuse, le phénomène de l'hypnose et les manifestations de la psychologie des foules confirment l'existence d'une telle *structure clivée du moi* et permettent d'en mieux saisir encore l'économie et les vicissitudes.

Un trait saisissant de la psychologie de la vie amoureuse est la surestimation, le culte aveugle, que l'on voue à l'objet. Fait narcissique, puisque « l'objet est traité comme le propre moi et qu'une très grande part de libido narcissique déborde sur l'objet *(ein größeres Maß narzißtischer Libido auf das Objekt überfließt)* » (69).

Plus l'objet se voit attribuer des qualités supérieures, plus le moi, corrélativement, se trouve petit, humble, insignifiant. Cet effacement du moi, qui limite de plus en plus son narcissisme et le transfère sur l'objet de sa passion, s'accompagne d'une extinction parallèle et graduelle des fonctions habituellement décernées au moi : la critique, la conscience morale, la juste appréciation de la réalité. L'amoureux est littéralement hypnotisé par l'objet (70). Cette situation peut se résumer en cette formule : *« l'objet a pris la place de l'idéal du moi »* (71). Ce transfert d'idéal, c'est, précisément, *l'idéalisation de l'objet.*

L'idéalisation constituerait une sorte d'identification transitive : l'objet devient l'idéal du moi. Ce dont le moi, en des termes simplistes, s'appauvrit, correspond à ce dont il enrichit l'objet : c'est-à-dire de libido narcissique investie généralement sur son propre idéal — idéal qui est lui-même l'héritier du narcissisme originaire. L'identification « idéalisante » de l'état de passion amoureuse assimile complètement l'objet à l'idéal. C'est donc une identification qui ne supprime pas l'objet, qui, en d'autres termes, est contemporaine d'un investissement d'objet idéalisant. La preuve en est dans les rapports sexuels qui lient le moi et l'objet. Il faut cependant remarquer que les satisfactions sexuelles directes diminuent le

---

(69) GW XIII, p. 124; tr. fr. P. 136.
(70) C'est l'objet du chapitre VIII de *Massenpsychologie* : « Verliebtheit und Hypnose ».
(71) GW XIII, p. 125; tr. fr. p. 137.

degré d'idéalisation accordée à l'objet. L'amour « spirituel », « platonique », forme la figure la plus pure de l'idéalisation : figure la plus sublime, si l'on veut, mais la plus désexualisée, la plus narcissique — la plus « folle » — de l'amour.

C'est pourquoi *l'hypnose,* où tout rapport sexuel (sensuel) est suspendu, présente à l'état expérimental, purifié, le processus d'idéalisation. Car il n'y a pas de doute que l'hypnotiseur prend la place de l'idéal du moi (72).

On pourrait rapprocher l'attitude de l'hypnotisé de celle de l'homme pris dans l'atmosphère électrisée d'une foule menée par un chef. La relation hypnotique, par cette position de l'idéal, serait une sorte de formation collective à deux *(eine Massenbildung zu zweien).* Elle donne la clé de la relation de l'individu au chef. Mais c'est là que, pour Freud, réside l'essentiel puisque l'autre type d'attachement propre aux membres de la foule, à savoir leur identification réciproque (tous sont égaux, frères, « les mêmes ») dérive de ce même rapport qu'ils entretiennent singulièrement, dans leur fantasme, avec le chef.

On a donc le droit d'affirmer qu'une foule primaire, c'est-à-dire dotée d'un chef et dont l'organisation n'est qu'inchoative, « in statu nascendi », se présente comme une réunion d'individus qui ont remplacé par le même objet leur idéal du moi et qui, suite à cette substitution commune, se sont identifiés les uns aux autres. Pour reprendre une expression très idoine en l'occurrence : l'idéal (le chef, grossi imaginairement de tous ces narcissismes délaissés) est devenu *le sujet de leur moi* au moment même où leur moi s'est fait l'objet de cet objet idéalisé.

L'idéal du moi apparaît donc, après ces rapides considérations, comme le sujet du moi, qui entretient avec le moi des relations d'amour comme le moi lui-même avec ses objets. La constellation intrapsychique a donc la structure d'une constellation interpsychique.

---

(72) GW XIII, p. 126; tr. fr. p. 138:
« De l'état amoureux à l'hypnose la distance n'est pas grande. Les points de ressemblance entre les deux sont évidents. On fait preuve à l'égard de l'hypnotiseur de la même humilité dans la soumission, du même abandon, de la même absence de critique à l'égard de la personne aimée. On constate le même renoncement à toute initiative personnelle; nul doute que l'hypnotiseur n'ait pris la place de l'*idéal du moi.* (...) Le rapport hypnotique consiste dans un abandon amoureux total, à l'exclusion de toute satisfaction sexuelle, alors que dans l'état amoureux cette satisfaction ne se trouve refoulée que momentanément et figure toujours à l'arrière-plan, à titre de but possible ».

Les dernières remarques faites à propos de la foule confirment ce que nous avions entrevu lors de l'examen de l'identification dite « de pensionnat ». L'*illusion* d'être aimé d'un amour égal par le chef précipite l'*Einfühlung*, crée la cohésion, permet à chacun de « rentrer » ses revendications et son agressivité liée à l'*envie*. L'identification de l'idéal du moi est primaire; l'identification collective est secondaire. L'homme apparaît, après de telles considérations, non pas comme un animal « grégaire », comme le soutenait M.W. Trotter (73), mais comme un animal de horde. En allemand : non pas un « *Herdentier* » mais un « *Hordentier* ». Freud renoue, par là, avec son mythe fondateur de *Totem et tabou*. La suggestion, l'hypnose, la contagion psychique remonteraient ainsi à l'histoire primitive de la famille humaine, menée par le père-hypnotiseur tout-puissant, idéal, fondateur du clan.

Tâchons, pour en terminer avec *Massenpsychologie und Ichanalyse*, de resserrer la problématique autour des deux concepts que Freud y fait fonctionner.

« La contribution que nous apportons à l'explication de la structure libidinale d'une foule, écrit-il, se réduit à *la distinction entre le moi et l'idéal du moi* et, conséquemment, à deux variétés de liens : *l'identification* et *la mise en place de l'objet au lieu de l'idéal du moi*. L'hypothèse d'un tel échelon *(Stufe)* dans le moi forme la première étape d'une analyse du moi qui devrait peu à peu trouver sa justification dans les domaines les plus divers de la psychologie » (74).

Cet essai prolonge remarquablement l'*Introduction du narcissisme* de 1914.

Qu'il y ait dans le moi un « degré », un « intervalle », un « échelon », un « étagement » — tous ces termes pour tenter de traduire celui de « *Stufe im Ich* » — telle est l'acquisition théorique décisive. Mais il reste à approfondir les implications de cette différenciation interne du moi sur la théorie de l'identification. Car une identification fonctionne aussi bien dans *la formation de l'idéal du moi* — et, comme à rebours, dans l'idéalisation de l'objet et le remplacement de l'idéal du moi par l'objet idéalisé — que dans *la formation du moi*, constitué d'anciens objets d'investissement libidinal. Il se pose donc, sous cette structure différenciée et comme hiérarchisée du moi, un problème de *genèse*. Problème que *Massenpsychologie* fait surgir, sans le résoudre.

---

(73) M. W. TROTTER, *Instincts of the herd in peace and war*, London, 1916.
(74) GW XIII, p. 145; tr. fr. p. 158.

Nous pouvons mesurer, quoi qu'il en soit, la portée de cette mise en place structurale, de cette ébauche d'*analyse du moi.* Elle ouvre la voie à une psychopathologie différentielle originale.

Les *psychoses,* champ privilégié pour l'analyse de la pathologie du moi, mettent à jour les relations internes de ce moi qui reproduit, dans ses divers rapports avec l'idéal du moi, des actions et réactions réciproques qui rappellent ce que l'analyse des *névroses* a montré des relations possibles entre le moi pris dans son ensemble *(Gesamt-Ich)* et l'objet extérieur.

Toute maladie met donc en jeu des avatars relationnels et des conflits qui ont pour champ soit le moi lui-même divisé et divisable, soit une collection de « moi ».

Chacune des différenciations psychiques qui nous sont connues constitue une difficulté nouvelle du fonctionnement psychique et peut devenir le départ d'un raté *(Versagen)* de la fonction, d'une maladie. L'existence est ainsi marquée de trois scansions problématiques, de trois moments de différenciation et de rupture, responsables de la structurelle fragilité du moi.

1) *La naissance,* rompt un premier état de narcissisme originaire, d'autosuffisance, de l'être prénatal pour le jeter dans un monde soumis à la périodicité du jour et de la nuit. Le sommeil viendra, pour un temps, annuler cette rupture.

2) *Le refoulement* qui institue le moi en expulsant l'inconscient, expose ce moi aux tentatives de retour du refoulé. Les névroses, le rêve, le trait d'esprit et l'humour, témoignent, chacun selon sa structure propre, de cette pression de l'inconscient aux frontières de la conscience.

3) *La séparation entre un idéal du moi et un moi* ne peut pas non plus être toujours supportée, et doit, de temps à autre, subir une régression. Les fêtes antiques, accompagnées de la violation systématique des prohibitions, témoignent de cette tension au niveau des communautés humaines. La manie et la mélancolie en témoignent au niveau individuel. L'alternance maniaco-dépressive répond à la périodicité de la révolte du moi contre l'idéal du moi. Chez le *maniaque,* le moi et l'idéal du moi ne font plus qu'un, la personne réconciliée fête son triomphe sur la division et sa libération des entraves, des remords et des critiques. *Le mélancolique,* inversément, exprime la misère du déchirement, de l'écartèlement du moi et de l'idéal du moi; l'idéal du moi se comporte à l'endroit du moi comme le moi désirait inconsciemment se conduire envers son objet

indigne d'amour. L'identification assure ce déplacement de la scène conflictuelle du dehors au dedans.

Reste à articuler ces formules de structure au jeu antagoniste des pulsions de vie et des pulsions de mort (dualisme laissé de côté dans le texte que nous venons de lire) et à la question de l'origine de l'idéal et de la détermination de ses fonctions.

3. Genèse et structure des formations du moi : le moi, l'idéal du moi — le surmoi

C'est avec *Le moi et le ça,* en 1923, que Freud tente, en proposant le modèle structural de la deuxième topique, d'articuler à la nouvelle théorie des pulsions l'analyse de la structure du moi. La théorie de l'identification y trouve sa formulation dernière en se nouant à l'explicitation du *complexe d'Œdipe* et aux conditions de sa « destruction ». C'est autour de l'Œdipe que se rassemblent les fragments épars d'une doctrine de l'identification. *Le problème de l'identification devient le problème d'Œdipe* (75).

Tel est l'axe de la dernière péripétie de notre travail. Tous les textes freudiens ultérieurs à 1923 ne feront que réutiliser la conceptualisation fournie dans l'ouvrage fondamental qu'est *Le moi et le ça* (76).

Dans l'avant-propos, Freud fait part de ses intentions : il s'agit de poursuivre le développement des hypothèses avancées dans *Au-delà du principe de plaisir* mais en les attachant cette fois à des faits fournis par l'observation psychanalytique, sans recourir à de nouveaux emprunts à la

---

(75) Pour G. Deleuze et F. Guattari, la représentation psychanalytique du sujet est solidaire de l'idéologie capitaliste qui se fonde sur la propriété privée, la limite, les territoires, l'individualité close, à l'image du Despote. La destruction de cette représentation correspond à l'éclatement de cette idée du « sujet » unifié par l'Œdipe; le « modèle » n'est plus molaire, mais moléculaire, éclaté, « schizophrénique ». Cf. *L'Anti-Œdipe, Capitalisme et schizophrénie*, Paris, Minuit, 1972.

(76) Ces textes ultérieurs qui sont comme des *applications* de l'appareil conceptuel mis en place dans *Le moi et le ça* sont : *Eine Teufelneurose im siebzehnten Jahrhundert* (une névrose démoniaque au XVIIe siècle) 1923, GW XIII; *Dostojewski und die Vatertötung* (Dotoïevski et le parricide), 1928, GW XIV; *Der Mann Moses und die monotheistische Religion* (L'homme Moïse et la religion monothéiste), 1939, GW XVI.

biologie. Cet essai, dit-il, « porte plutôt le caractère d'une synthèse *(Synthese)* que d'une spéculation *(Spekulation)* et semble se proposer un but assez élevé » (77). Il précise, en outre, que les questions qui font l'objet de cet essai « n'ont pas encore fait l'objet d'une élaboration psychanalytique ». Ces questions, en réalité, sont un peu les questions d'Adler et de Jung les deux premiers grands dissidents de la psychanalyse, dont les théories centrées sur le « moi » et sur les « transformations de la libido » n'ont plus rien de commun avec la droite ligne de la psychanalyse.

Cette polémique sous-jacente aux élaborations entreprises ici transparaît dans l'organisation même de l'essai : nouvelle affirmation de l'*inconscient,* liaison de la première topique avec la théorie du moi — ce qui produit la *deuxième topique,* par le truchement d'un emprunt à G. Groddeck de la notion du *Es* (78), et, enfin, radicalisation de *la problématique de l'idéal* qui permet de redéfinir l'économie pulsionnelle générale du jeu psychique. Notre attention se fixera aux effets que cette nouvelle élaboration métapsychologique produit sur le concept d'*identification* et sur les concepts voisins d'*idéalisation,* de *désexualisation* et de *sublimation.*

A. Les identifications œdipiennes

Le troisième chapitre de *Le moi et le ça* s'intitule : *« le moi et le sur-moi (idéal du moi) » (Das Ich und das über-Ich (Ichideal)).* C'est ici que se ramasse en un texte extrêmement serré l'ensemble des questions ouvertes sur l'origine et les différenciations du moi; c'est ici que Freud introduit *la notion de « surmoi »,* utilisée dans cet essai comme un équivalent de la notion d'idéal du moi. Mais l'introduction d'un terme nouveau n'est jamais innocente. Une pure synonymie sémantique ne serait que redondance inutile dans une construction théorique. Les harmoniques signifiantes de ces deux notions semblent, d'emblée, se propager vers deux pôles : un pôle autour duquel s'organisent les idées de modèle, d'exemple,

(77) Voir l'Avant-propos, GW XIII, p. 237; tr. fr. dans *Essais de psychanalyse*, Paris, (Petite bibliothèque Payot), 1963. (Traduction que nous n'avons utilisée que de très loin, en raison de son manque absolu de rigueur).

(78) G. GRODDECK, *Das Buch vom Es.* Wien, Intern. Psychoanalytischer Verlag, 1923. Freud note que Groddeck s'est lui-même inspiré de l'exemple de Fr. Nietzsche en utilisant cette forme grammaticale impersonnelle pour désigner cette nécessité de la nature qui nous pousse en notre être. GW XIII, p. 251, note 2.

d'idéalité, d'idéal; un pôle autour duquel gravitent les idées de hiérarchie, d'étagement, de commandement.

Ainsi le jeu notionnel est-il l'index d'une subtile complexité de ce qui s'est défini, depuis 1914, comme *l'instance idéale à l'intérieur du moi.* La « dernière » théorie de l'identification se cristallise donc autour de ce foyer complexe dont le statut demeurera flou dans la suite des écrits freudiens. Il s'agira, le moment venu, de chercher les raisons de ce flou théorique qui a gêné bien des psychanalystes après Freud. Commentateurs agiles, théoriciens systématiques, cliniciens aventureux, tous, quels qu'ils fussent, ont eu à se mesurer à ce redoutable mais essentiel écheveau. Il nous faudra confronter notre propre lecture à celle qu'ont proposée les principaux interprètes, sans toutefois verser dans une revue de détail. On trouve de telles recherches bibliographiques dans maints rapports de congrès scientifiques de psychanalystes (79).

Tenons-nous-en au fil du texte freudien, à cet important chapitre III de l'essai sur *Le moi et le ça.*

a) LE NOYAU DU MOI

Freud achevait le chapitre II en proposant une définition simple du moi, cernable dans des énoncés comme ceux-ci :

« Le moi est une partie du ça ayant subi une modification sous l'influence directe du monde extérieur et par l'intermédiaire de la perception-conscience *(W-Bw.)*... La perception est au moi ce que la pulsion est au ça » (80).

« L'importance fonctionnelle du moi consiste en ce que, d'une façon normale, c'est lui qui contrôle les avenues de la motilité... » (81).

« Le moi est avant tout quelque chose de corporel, il n'est pas seulement une entité de surface, mais il est lui-même la projection d'une surface (comparable au 'mannequin cérébral' des anatomistes) » (82).

« ... le moi conscient n'est rien d'autre qu'un moi-corps *(Körper-Ich)* » (83).

---

(79) J. Chasseguet-Smirgel fait un état de la question et introduit en même temps ses vues personnelles sur le problème, dans son rapport au XXXIIIe Congrès des psychanalystes de Langues romanes, *Essai sur l'idéal du moi, Contribution à l'étude psychanalytique de la « maladie d'idéalité »* dans *Revue franç. de psychanalyse*, 5-6, tome XXXVII, sept-déc. 1973, Numéro spécial sur l'Idéal du moi. On trouvera une importante revue bibliographique aux pages 911-929.

(80) Cf. le chapitre II, intitulé « Das Ich und das ES », GW XIII, p. 252-255.

(81) GW XIII, p. 253; tr. fr. p. 193.

(82) GW XIII, p. 253; tr. fr. p. 194.

(83) GW XIII, p. 255; tr. fr. p. 195.

Mais si le moi n'était que cela, s'il n'était que cet appareil biologique fonctionnel destiné à percevoir, à trier et à emmagasiner des perceptions, à soumettre au « principe de réalité » les impulsions du ça soumises au seul « principe de plaisir », la situation serait très simple. Le moi, pour la psychanalyse, c'est quelque chose de plus.

Pour introduire le narcissisme et *Psychologie collective* nous avaient présenté une tout autre mouture du moi. On y avait reconnu la nécessité d'admettre une différenciation intérieure au moi, un clivage, un étagement *(eine Stufe)*. Cette différenciation est celle du moi et de l'idéal du moi ou sur-moi. *(Die Ich-Ideal oder Über-Ich)*. Les raisons d'introduire cette sorte de plissement dans le moi restent valables, quoi qu'on ait dit plus haut du moi.

Ce double discours sur le moi mériterait un examen à part (84). Mais il faut apporter une correction à ce qui avait été dit auparavant sur les fonctions décernées à cet échelon du moi, à l'idéal. C'est dans une note — et l'on a appris à mesurer l'importance de ces notes repoussées au bas de la page — que Freud propose cette correction :

> « Que j'aie attribué à ce sur-moi *la fonction de l'épreuve de réalité* m'apparaît erronné et réclame une correction. Il serait absolument conforme aux rapports du moi avec le monde de la perception que l'épreuve de réalité demeure sa mission propre. Tout ce que j'ai dit antérieurement, d'une façon assez vague et indéterminée, au sujet d'un noyau du moi *(über einen Kern des Ichs)* doit être à présent rectifié : il ne faut reconnaître comme noyau du moi que le système perception-conscience » (85).

Cette note corrective va dans le sens d'une psychologie biologisante fort classique. J. Laplanche, commentant ce texte, se demande à juste titre si le fait d'avoir primitivement attribué la fonction d'épreuve de réalité à l'idéal du moi est simplement une erreur, une aberration. Il soutient, contre Freud ici, qu'il y avait dans cette *liaison entre le surmoi et le problème de la réalité* une notation féconde. Il écrit :

> « Quant à moi, je pense que c'est dans la dimension de la loi (c'est-à-dire de la légalité introduite par le surmoi, légalité morale mais aussi légalité logique, celle de la grande

(84) Qu'on se réfère à l'important travail d'Alfredo ZENONI, *Analyse du moi et langage. Essai d'articulation des théories analytiques du moi.* Thèse de Doctorat en Psychologie, sous la direction de J. Schotte. Louvain, 1973. A paraître aux Éditions Nauwelaerts, Louvain-Paris, (Pathei Mathos). Voir notamment le chapitre I : Les deux versants de la conception freudienne du moi.

(85) GW XIII, p. 256, note 2; tr. fr. p. 196.

opposition logique qu'introduit l'interdit de la castration) qu'on pourrait interpréter cette notation sur laquelle Freud est revenu » (86).

Le fait nouveau, une fois précisées ces « rectifications », consiste en ce que le morceau du moi, l'idéal du moi ou surmoi, a un rapport moins ferme et moins étroit avec *la conscience* que le morceau du moi assujetti à la perception. Voici donc nouées la nouvelle topique psychique et la première. La partie « supérieure » du moi n'est pas la plus consciente. L'idéal est inconscient; la moralité, l'interdit, sont en grande partie du côté de l'inconscient (87).

Ce liminaire suffit à bouleverser les vues simplificatrices de type dualiste ou « centaurique » de la représentation traditionnelle de l'âme. Par un biais, Freud semble s'y accrocher encore, en proclamant que le noyau du moi, s'il existe un noyau — et un seul —, c'est celui qui fonctionne dans la perception et qui commande les avenues de la motilité; par un autre biais, il décentre ce moi ou, plutôt, il en pointe un autre centre qui n'est pas un centre mais un intervalle, un creux, un écart *(Stufe)*, à savoir la différenciation qu'introduit la découverte, définitivement assurée, de l'idéal du moi ou surmoi. Or ce morceau du moi *(« dieses Stück des Ichs »)* est issu d'une transformation d'investissements d'objets en identifications. Transformation dont le procès trouve son modèle théorique dans la *mélancolie*, et qui aboutit à cette formation du moi qu'on appelle le *caractère*. Freud s'arrête à la description de ce processus déjà connu, processus qui contribue pour une part essentielle à la *Gestaltung* du moi.

« Aux toutes premières origines *(Uranfänglich)*, à la phase orale primitive de l'individu, investissement d'objet et identification ne peuvent guère être distingués l'un de l'autre. Plus tard, on peut seulement supposer que les investissements d'objets partent du ça qui ressent les tendances érotiques comme des besoins. Le moi, qui au début est encore faible, a connaissance des investissements d'objets, y consent ou cherche à s'en défendre par le processus du refoulement » (88).

Une note vient rappeler les acquisitions de *Totem et tabou* :

« On trouverait un parallèle intéressant à la substitution de l'identification au choix d'objet dans une croyance des primitifs et dans l'interdit qui se fonde sur elle : pour les primitifs les qualités de l'animal incorporé sous forme de nourriture demeurent, dans celui qui le mange,

---

(86) J. LAPLANCHE, *Les normes morales et sociales. Leur impact dans la topique subjective*, dans *Bulletin de Psychologie*, 1973, p. 888.
(87) GW XIII, p. 254-5; tr. fr. p. 194-5.
(88) GW XIII, p. 257; tr. fr. p. 197.

comme caractère. Cette croyance, on le sait, fait partie aussi des fondements du cannibalisme et continue d'agir dans la série des coutumes du repas totémique jusqu'à la Sainte Communion. Les conséquences qui sont attribuées ici à l'emprise orale sur l'objet valent effectivement aussi pour le choix d'objet sexuel ultérieur » (89).

Le texte se poursuit :

« Si l'on doit abandonner cet objet sexuel ou si on y est contraint, il n'est pas rare qu'en remplacement survienne la modification du moi *(Ichveränderung)* qu'il faut décrire, ainsi que dans la mélancolie, comme édification de l'objet dans le moi *(als Aufrichtung des Objekts im Ich)*; les conditions de cette substitution ne nous sont pas encore connues. Peut-être le moi facilite-t-il ou rend-il possible par cette introjection qui est une sorte de régression au mécanisme de la phase orale, l'abandon *(Aufgeben)* de l'objet. Peut-être cette identification est-elle surtout la condition grâce à laquelle le ça abandonne ses objets. De toute façon, ce processus est très fréquent, spécialement dans les premières phases de développement, et permet de supposer que le caractère du moi soit un précipité *(Niederschlag)* des investissements d'objet abandonnés, qu'il contienne l'histoire de ces choix d'objet. » (90).

Ainsi, Freud aborde la question de l'origine du caractère du moi immédiatement après avoir discuté le statut du noyau du moi. Les « traits » fondamentaux du caractère sont des précipités d'anciens investissements d'objet, des restes incorporés des objets aimés auxquels le ça a dû renoncer. Le caractère est en quelque sorte le substitut du totémisme infantile. Mais le totémisme, c'est la question de l'idéal. Le problème « psychologique » de l'origine du caractère n'est donc pas étranger à celui de l'origine de l'idéal. C'est vers le problème de l'origine de l'idéal que conduit nécessairement l'interrogation sur cet aspect du moi que constitue le caractère qui, notons-le, représente dans une certaine psychologie le noyau du moi.

L'identification se présente comme le moyen le plus général auquel recourt l'économie psychique pour conserver ce que la réalité commande de lâcher. Le remplacement d'un choix d'objet érotique par une modification du moi est une voie qui permet au moi de maîtriser «*bemeistern* » le ça et d'approfondir ses rapports avec lui, au prix d'une très ample docilité à l'égard du ça. Lorsque le moi assume les traits de l'objet il s'impose au ça comme objet de remplacement, cherchant à compenser la perte. Une phrase résume bien le procédé du moi :

« Regarde, tu peux m'aimer aussi, je suis tellement semblable à l'objet » (91).

(89) GW XIII, p. 257, note 1; tr. fr. p. 197, note 1.
(90) GW XIII, p. 258; tr. fr. p. 198.
(91) GW XIII, p. 258; tr. fr. p. 198.

Cette manœuvre du moi est une régression narcissique, selon le prototype oral. En transformant la libido d'objet en libido narcissique, l'identification entraîne non seulement l'abandon de l'investissement de l'objet, mais aussi l'abandon du but sexuel inhérent à un tel investissement. L'identification est par conséquent un processus de *désexualisation* et, par là, une manière de *sublimation*. On peut même se demander si toute sublimation ne passe pas nécessairement par cette voie intermédiaire de l'identification. La conversion narcissique de la libido soumet celle-ci à des buts conformes au moi. Nous pouvons ré-affirmer ici le lien intime de l'identification et du *refoulement*. La sublimation apparaît dans ce cas-ci comme un refoulement réussi qui ne fait plus courir le risque d'un retour du refoulé. Car nous devons nous souvenir qu'une des définitions avancées du *refoulement* consistait bien en un « détachement de la libido de personnes ou de choses auparavant aimées » (92). Voilà qui confirme bien la motivation narcissique, c'est-à-dire conservatrice, du refoulement : l'homme ne renonce jamais à une satisfaction, il ne peut trouver que des substituts. Le meilleur substitut d'un objet, c'est un autre objet; à défaut d'une trouvaille satisfaisante, le mieux qui se puisse substituer à l'objet qu'il faut délaisser, c'est le *moi*, malléable et corvéable à merci...

Ces progrès opérés dans la formulation des relations entre le moi et le ça conduisent à revoir ou, à tout le moins, à préciser une idée qui circulait depuis l'introduction du narcissisme dans la théorie de la libido. Maintenant qu'on a pu différencier le moi du ça, il faut dire que le « grand réservoir » (93) de la libido n'est pas le moi, mais le ça. La libido qui afflue dans le moi, par le truchement des identifications génératrices du caractère, instaure le *narcissisme secondaire* du moi. Le *narcissisme primaire*, quant à lui, serait un état libidinal d'avant la séparation moi-ça. On peut deviner que le mouvement de cette séparation définissant un moi, doté d'un « caractère », ne peut être qu'une identification, identification véritablement structurante puisqu'elle « établit » *(herstellt)* un « moi ». Comme nous le pressentions plus haut, la question du caractère, en se radicalisant en question de la surrection d'un moi « caractérisé », mène à s'interroger sur *l'identification primaire*, constitutive du noyau

(92) Cf. *le cas Schreber*, GW VIII, p. 308; tr. fr. p. 315. Voir notre chapitre II.

(93) Les éditeurs anglais de l'œuvre de Freud consacrent une notice spéciale à ce problème de la détermination du lieu psychique qui serait le réservoir de la libido. Cf. *Standard Edition*, vol. XIX, Appendice B., p. 63-66.

idéal du moi. Une digression dans le domaine de pathologie du moi va nous y conduire.

Lorsque les identifications d'objet du moi *(die Objektidentifizierungen des Ichs)* deviennent trop intenses, trop nombreuses, incompatibles les unes avec les autres, il peut en résulter un éclatement du moi. Les différentes identifications réussissent à s'isoler les unes des autres, à s'opposer; c'est ce qui rend compte de l'énigme des cas de « personnalité multiple » (94) — dont on parlait à propos des hystériques. Il s'agit là d'identifications qui cherchent tour à tour à s'imposer à la conscience. Le moi partagé entre ses identifications ne va pas toujours jusqu'à la dissociation, mais peut se trouver livré à de sérieux conflits. Le cas de l'*Homme aux loups* comportait un conflit d'identifications de ce genre (identification à la femme, identification à l'homme) dans son rapport fasciné à la scène primitive (104). Le caractère, issu d'identifications précoces à des objets abandonnés, ne se modifie pas à mesure des nouveaux investissements d'objets auxquels le ça doit renoncer. Vient un moment où il *résiste* à de nouvelles transformations. On pourrait parler d'un *noyau de résistance* qui éviterait au moi l'inconfort où l'emporteraient les flux et reflux créés au hasard des rencontres et aventures libidinales du ça. De quoi est fait ce noyau dur et résistant?

« Quelle que soit la résistance que le caractère sera à même d'opposer aux influences des investissements d'objet abandonnés, les effets des premières identifications, effectuées à l'âge le plus précoce, seront généraux et tenaces. Ceci nous ramène au surgissement de l'idéal du moi, car derrière lui *(hinter ihm)* se cache la première et la plus importante identification de l'individu : *l'identification au père de la préhistoire personnelle (die mit dem Vater der persönlichen Vorzeit)* ». (Vient ici une *note* à laquelle nous allons revenir).

« Cette identification, poursuit Freud, semble tout d'abord n'être pas le résultat ou l'issue d'un investissement d'objet, *c'est une identification directe et immédiate, antérieure à tout investissement d'objet.* Mais les choix d'objet, qui appartiennent à la première période sexuelle et concernent le père et la mère, semblent, dans un déroulement normal, trouver leur issue dans une telle identification venant ainsi renforcer *l'identification primaire* » (96).

Voilà, en peu de mots, les points majeurs de la discussion : rapport du

(94) L'expression de « *multipler Persönlichkeit* » circule dans de nombreux textes relatifs à l'hystérie. Par exemple : *Remarques générales sur les attaques hystériques (Allgemeinesüber den hysterischen Anfall),* GW VII, p. 236 :on y voit comment la surdétermination de la crise hystérique résulte d'une *identification multiple (« mehrfache Identifizierung »).*

(95) Cf. le cas de l'*Homme aux loups. (Aus der Geschichte einer infantilen Neurose),* GW XII. Voir notre commentaire dans notre chapitre II.

(96) GW XIII, p. 259; tr. fr. p. 199-200.

caractère avec les premières identifications, statut de la toute première de ces identifications qui ne serait pas, comme les autres, le résultat d'une transformation libidinale, surgissement de l'idéal selon la figure du père qui s'y dissimule... père dit « de la préhistoire personnelle » — ce qui n'est pas sans évoquer la « préhistoire du complexe d'Œdipe » —, père, enfin, dont les traits à peine posés sont aussitôt effacés dans le curieux geste de cette note :

« Peut-être serait-il plus prudent de dire (identification) '*aux parents*', car avant la connaissance certaine *(sicheren Kenntnis)* de la différence des sexes et du manque du pénis, père et mère ne se voient pas accorder une valeur différente. J'ai pu récemment observer l'histoire d'une jeune femme qui, à partir du moment où elle avait constaté son propre manque de pénis *(Penismangel)*, avait refusé la possession de cet organe non à toutes les femmes, mais seulement à celles qu'elle tenait pour inférieures. Dans son esprit, sa mère avait conservé le sien. Pour simplifier l'exposé, je ne traiterai que de l'identification au père » (97).

Curieux geste, en effet, et qui a tous les traits d'une véritable *dénégation*, comme l'observe très justement J. Laplanche(98).

Car il semble que si Freud commence par écrire « identification au père », il ait bien quelque idée de ce qu'il vise. Nous pouvons y reconnaître, quant à nous, l'identification qu'il a décrite au I° du septième chapitre de *Massenpsychologie und Ichanalyse.* Ajoutons que c'est la première fois que Freud utilise, pour nommer cette identification, l'expression de *primäre Identifizierung.*

Quand Freud écrit *« le père de la préhistoire personnelle »*, on ne peut

---

(97) GW XIII, p. 259, note 1; tr. fr. p. 200, note 1.

(98) J. Laplanche écrit à propos de ce curieux passage du texte de Freud :
« Négativement : cette identification primaire visée par Freud n'est certainement pas la même chose que la relation primaire à la mère et au sein; elle n'est (en faisant un saut dans le temps) probablement pas non plus superposable à cette identification, primordiale elle aussi, que Lacan a décrite dans le stade du miroir (identification structurante du moi et non pas de l'idéal, identification à une forme, à la forme de l'autre comme totalité).
Positivement, la conclusion est encore plus délicate. Je considère ce passage, pratiquement unique chez Freud, comme inconciliable (au sens fort du terme) : il ne saurait être appliqué sur d'autres, dans une espèce d'usage éclectique ou synthétique. Comme souvent, dans tout texte qui laisse passer quelque chose de l'inconscient, et comme souvent chez Freud, je pense que c'est un passage qui est à traiter comme un symptôme, non pas du tout pour le dévaloriser mais pour tenter de l'interpréter. Il en a les contradictions, les « repentirs » (au sens où on dit qu'un peintre a des repentirs lorsqu'il revient sur ce qu'il avait d'abord peint); il en a les rationalisations qui, comme toutes les rationalisations, laissent percer leurs défauts en ce qu'elles sont contradictoires (il nous est d'abord dit que l'identification au père est essentielle, ensuite que ce peut être aussi bien les parents et puis que finalement, 'pour simplifier l'exposé', on ne traitera que de l'identification au père »... art. cit. p. 890.

s'empêcher de penser à son audacieuse démarche de *Totem et tabou* et aux dimensions préhistoriques non seulement de la personne mais de l'humanité elle-même. Le *père* de cette préhistoire n'est certes pas l'équivalent de ce duo asexué que forment les *parents*, premiers objets secourables à soutenir le nouveau-né dans l'existence. Le problème que soulève cette note symptomatique est donc un problème sexuel, problème de la différence sexuelle, du manque de pénis, de la *castration*.

De cette préhistoire personnelle, Freud nous dit qu'elle précède la connaissance certaine de la différence des sexes. Pas de connaissance *certaine*, mais connaissance *quand même*, sinon, pourquoi enchaîner sur ce cas clinique où le problème majeur se circonscrit autour de la *valeur du pénis*, de la *valorisation* des personnes qui le possèdent, de l'infériorité de qui ne l'a pas? Et puis, pourquoi terminer cette note en précisant qu'il ne sera question que de l'identification au père? Comme pour raturer tout le contenu de la note.

Après ces premiers développements, l'*identification primaire* nous apparaît très malaisément discernable. Tentons néanmoins de résumer ce que nous en savons.

— Elle se dissimule derrière l'idéal du moi, qu'elle produit;

— Elle a pour objet le « père de la préhistoire personnelle » ou « les parents »;

— Elle est directe, immédiate, antérieure à tout investissement d'objet; en d'autres termes, elle échappe à première vue au modèle mélancolique de régression narcissique. Elle a lieu à l'origine, donc au cours de la phase orale du développement, mais son objet n'est pas le sein, objet d'investissement sexuel premier.

— Les identifications issues des premiers choix d'objet y trouvent leur *Ablauf* (ce qui signifie: écoulement, dispositif d'écoulement, déversoir, déchargeoir, déroulement, expiration, échéance);

— Ces identifications viennent renforcer *(verstärken)* l'identification primaire: ce sont des identifications secondaires; l'identification primaire exercerait sur ces dernières une sorte d'attraction, de captation.

L'explication de ces rapports entre identification primaire et identifications secondaires appelle une description plus minutieuse qui situe cette préhistoire dans sa relation nécessaire à l'histoire qui la rend rétroactivement intelligible. Cette histoire à partir de laquelle on reconstruit une préhistoire est celle du *complexe d'Œdipe*.

b) LE COMPLEXE DES RELATIONS ŒDIPIENNES

Ce qui complique les rapports de l'identification primaire avec les identifications secondaires, ce qui, en d'autres termes, ourdit la complication du moi, c'est le travail conjugué de deux facteurs, l'un social, l'autre biologique, à savoir *la disposition triangulaire de la constellation œdipienne et la bisexualité constitutionnelle de l'individu.*

L'on connaît à présent la formule simplifiée des relations œdipiennes, à tout le moins pour le garçon. Freud en a dessiné la structure dans le chapitre VII de *Massenpsychologie* (99). Nous pouvons succinctement le décrire comme suit :

— *Avant l'Œdipe* proprement dit, sa préhistoire : coexistence d'une identification au père *(exquisit männlich)*, qui est une manière de s'emparer de lui *(bemächtigen)* et d'un investissement d'objet de la mère, plus précisément du sein de la mère, mode typique d'un choix d'objet par étayage. À un moment donné les pulsions sexuelles se renforcent et avec elles l'investissement sexuel de la mère; le père est alors perçu comme l'obstacle à ces désirs. Ce recoupement de la relation avec la mère et de la relation avec le père produit le complexe d'Œdipe. Situation qui rend manifeste l'ambivalence impliquée dans l'identification antérieure au père.

— *Le complexe d'Œdipe simple et « positif »* est constitué de cette ambivalence envers le père et de la tendresse envers la mère.

— *La destruction du complexe (Zerstümmerung)* — et cette expression indique que pour Freud le complexe est une phase, une situation qui doit être « détruite » (100) — s'opère de par la contrainte, imposée au garçon (Freud ne dit pas quelle est l'instance qui la commande), d'abandonner l'investissement d'objet de la mère. Cet abandon s'effectue par le truchement d'identifications. Deux éventualités peuvent se présenter en lieu et place de l'investissement sexuel de la mère : l'identification avec celle-ci ou le renforcement de l'identification avec le père. Cette dernière issue est généralement considérée comme l'issue normale du complexe, complexe qui disparaît *(Untergang)* mais qui a consolidé *la masculinité dans le caractère du garçon.*

---

(99) Voir plus haut; GW XIII, pp. 115-6.

(100) Une discussion de cette expression « destruction » du complexe d'Œdipe est bien menée par M. SAFOUAN, *Études sur l'œdipe*, Paris, Seuil, 1974, et *La sexualité féminine*, Paris, Seuil, 1976, p. 73-86.

Quant à la petite fille, les choses se passent chez elle de façon tout à fait analogue *(in ganz analoger Weise)* : le complexe disparaît avec le renforcement de l'identification avec la mère *(Verstärckung ihrer Mutteridentifizierung)* (101) qui affermit son caractère féminin.

Or, fait étonnant, ces identifications qui se substituent au complexe ne répondent pas du tout à notre attente, puisqu'elles ne ramènent pas l'objet abandonné dans le moi. Le modèle théorique fourni par le processus mélancolique semble donc ne pas fonctionner dans ce cas. Partiellement, pourtant, puisque Freud note que, chez les filles, l'analyse met souvent en évidence un idéal masculin, c'est-à-dire une identification avec le père, objet perdu pour leur amour; ce processus d'introjection du père est conforme à la doctrine. Mais Freud ajoute aussitôt : pour que cela ait lieu, il faut supposer un certain degré de développement des dispositions masculines, quelles que soient d'ailleurs leur nature. Il faut donc tenir compte d'un facteur constitutionnel.

Si ces identifications œdipiennes ne répondent pas à notre attente, c'est en raison de la force relative des dispositions sexuelles — *bisexuelles* — du garçon ou de la fille. Tel est le premier aspect par lequel la bisexualité intervient dans les destinées du complexe d'Œdipe. Mais elle se manifeste encore sous un autre aspect, beaucoup plus important et significatif. Le schéma simplifié qui vient d'être tracé, celui du complexe dit positif, correspond rarement à ce qui s'observe le plus fréquemment. Un examen approfondi met au jour une situation plus compliquée et qu'il faut appeler *le complexe d'Œdipe « complet » (vollständig)*, où les vecteurs du triangle œdipien se dédoublent, positivement et négativement, du fait de la *bisexualité originaire de l'enfant.* Suivons le cheminement du texte :

« Le garçon n'a pas seulement une attitude ambivalente envers le père et une relation d'objet tendre avec la mère, mais il se prend en même temps pour une fille, il fait montre d'une attitude féminine tendre à l'égard de son père et d'une attitude correspondante d'hostilité jalouse à l'égard de sa mère. Cette emprise de la bisexualité rend très difficile la percée à jour des rapports existants entre les choix d'objet primitifs et les premières identifications et plus difficile encore leur claire description. Il se peut que l'ambivalence constatée dans les rapports avec les parents soit à relier à la bisexualité au lieu de provenir, comme je l'avais exposé précédemment, de l'identification consécutive à la rivalité » (102).

Ce schéma plus élaboré permet une intelligence plus claire des névroses et de l'inversion sexuelle. Il faut donc imaginer, à partir de cette structure

(101) GW XIII, p. 260; tr. fr. p. 201.
(102) GW XIII, p. 261; tr. fr. p. 202.

complexe, une série de possibilités dont l'un des bouts serait la forme normale et positive du complexe, l'autre bout, sa forme négative, inverse, tandis que les chaînons intermédiaires présenteraient la forme complète, avec la participation variable d'une des composantes.

Lors de la destruction du complexe d'Œdipe, ces quatre tendances se regroupent, de manière à produire l'identification au père et l'identification à la mère. Ce regroupement se ferait de cette manière : l'identification au père maintient l'objet maternel du complexe positif et se substitue, en même temps, à l'objet paternel *(Vaterobjekt)* du complexe négatif. Il en va de même, mutatis mutandis, pour l'identification à la mère. L'intensité relative de ces deux identifications en chacun reflètera la prépondérance d'une des deux dispositions sexuelles originelles.

Il faut à présent tirer les conséquences de cette analyse approfondie de la complication œdipienne :

« *L'on peut ainsi admettre que le résultat le plus général de la phase sexuelle dominée par le complexe d'Œdipe est un précipité dans le moi, qui consiste dans l'établissement de deux identifications accordées en quelque façon l'une à l'autre. Cette modification du moi conserve une place spéciale, elle s'oppose au reste du contenu du moi comme idéal du moi ou surmoi* » (103).

Cette conclusion complète de façon très appréciable ce que nous savions de l'origine et du contenu de l'idéal du moi (surmoi). L'idéal du moi avait été défini comme un type particulier de lien avec le père, le père d'avant l'histoire, d'avant l'Œdipe. Cet idéal du moi, comme introjection narcissique, avait encore été décrit comme étant l'héritier du narcissisme originaire définitivement perdu en raison de la radicale impuissance néonatale.

Or, quand Freud joint à cette notion d'idéal du moi celle de surmoi, qu'il inscrit très souvent dans les textes que nous avons lus en apposition à la notion d'idéal du moi, il déplace du même coup l'origine de l'idéal dans un lieu historique, un espace multipolaire, « triangulaire » : la constellation œdipienne. Comme s'il fallait le complexe d'Œdipe pour installer de manière décisive le complexe des identifications génératrices de ce couple idéal du moi-surmoi. Ces identifications sont multiples et doublent des investissements d'objet. Elles consolident le caractère, dont il faut donc supposer l'existence avant la phase œdipienne, caractère déjà masculin ou déjà féminin, puisqu'il nous est dit que les identifications qui

---

(103) GW XIII, p. 262; tr. fr. p. 203. Souligné par Freud lui-même.

se substituent aux relations œdipiennes viennent *renforcer* une masculinité ou une féminité préexistante dans le caractère.

Quelle est l'origine du caractère, toujours déjà sexuel-sexué, et quelle est l'origine de l'idéal du moi ou surmoi qui installe l'enfant définitivement dans une position sexuelle?

Le *surmoi* semble naître d'une transformation des premiers investissements du ça, bisexuels, qui se sont développés indépendamment au cours d'une certaine préhistoire, que le complexe d'Œdipe vient nouer, combiner, exacerber et que, finalement, des identifications viennent « détruire » en s'y substituant. *L'idéal du moi* que Freud, semble-t-il, tient à souder au surmoi, était apparu comme antérieur à tout choix d'objet.

Nous sommes donc confrontés à une difficulté très sérieuse pour trouver une solution rassurante et claire au problème de l'origine du moi, de l'origine du caractère, de l'origine de l'idéal du moi et, dans la mesure où ce concept surgit tardivement même si Freud cherche à l'accoupler à celui d'idéal du moi, de l'origine du surmoi. En termes d'identifications, le problème nous paraît s'exprimer ainsi : l'idéal du moi procède d'une identification primaire au « père de la préhistoire personnelle »; le surmoi procède du renforcement de cette identification primaire par des identifications secondaires issues de la transformation narcissique des investissements d'objet œdipiens.

Le point épineux réside en ce qu'on ignore ce qu'est ce « père de la préhistoire personnelle » pour la fille. Il serait tentant de poser un répondant à ce père, dans une « mère de la préhistoire personnelle »... Freud, on l'a observé dans la fameuse note, a cherché à sortir de l'impasse en recourant à une formule passe-partout : *l'identification aux parents*, précédant la connaissance exacte et sûre de la différence sexuelle. Le père « pénien », la mère « châtrée » ne sont évidemment pas interchangeables dans la combinatoire. Nous restons donc sur notre faim dans la recherche de ce qui différencie l'Œdipe féminin de l'Œdipe masculin, car les « dosages » constitutionnels de la bisexualité n'expliquent pas l'identification primaire qui installe le « caractère ». Mais allons plus loin dans la lecture de ce chapitre III.

c) LE SURMOI COMME RÉSIDU ET FORMATION RÉACTIONNELLE : L'HÉRITIER DE L'ŒDIPE

Délaissant pour un temps les questions d'origine, Freud se tourne vers *le rôle spécifique des identifications promotrices du surmoi.*

Le surmoi n'est pas seulement un précipité, une sédimentation ou un *résidu (Residuum)* de choix d'objets primitifs du ça devenus des formations ou des avatars du moi. Le surmoi a aussi la signification d'une énergique *formation de réaction (Reaktionsbildung)* contre ces mêmes anciens choix. Sa relation au moi ne s'épuise pas dans le précepte : « Tu dois être ainsi (comme le père) », elle comporte également cette interdiction : « Tu n'as pas le droit d'être ainsi (comme le père), cela signifie : tu n'as pas le droit de faire tout ce qu'il fait, bien des choses lui sont réservées à lui seul » (104).

Double visage de l'idéal du moi qui s'origine dans ce fait que sa mission primordiale est de *refouler le complexe d'Œdipe (Verdrängung des Œdipuskomplexes)* et qu'il ne doit son avènement qu'à cette *révolution.* Car c'est une véritable révolution libidinale — Freud utilise le terme d'« Umschwung » qui veut dire brusque revirement, changement subit, renversement — qui instaure le surmoi et le pose à la fois comme modèle (sois comme le père) et comme prohibiteur (ne sois pas comme lui). Cette assertion confirme une fois encore la fonction refoulante de l'identification, solution « idéale » du conservatisme libidinal en dépit des commandements de la réalité qui inflige pertes, délaissements et abandons. Les premiers objets ne sont jamais perdus. Mais de les conserver dans le moi, sous forme d'instances, se paye d'une *contradiction* constitutive, inéliminable, du moi : être *et* ne pas être.

Mais où le moi infantile si démuni, si dépendant de ses objets d'amour en qui il trouve appui, secours, étai dans son développement, où puise-t-il la force de les abandonner?

Paradoxe surprenant, c'est à l'obstacle qui lui barre le chemin de la satisfaction sexuelle que le moi infantile emprunte cette force de refoulement. Pour en rester toujours au garçon, bien qu'il ne soit pas sûr du tout que dans l'esprit de Freud le garçon ne soit pas mis pour l'enfant en général, c'est au *père*, dans une certaine mesure, qu'il emprunte la force nécessaire à cet effort de refoulement et cet emprunt *(Anleihe)* constitue un acte extraordinairement lourd de conséquences. Car le surmoi conservera le caractère du père. Plus les pulsions œdipiennes seront puissantes, plus puissante sera l'interdiction paternelle et plus rapide leur refoulement. Ce refoulement se confortera des influences de l'enseignement

(104) GW XIII, p. 262; tr. fr. p. 203.

religieux, de l'autorité, de l'instruction scolaire, des lectures. *La rigueur du surmoi* sera proportionnelle à l'intensité de ce qu'il aura fallu refouler. Scrupules de conscience, sentiment inconscient de culpabilité s'érigeront sur les lieux de cette défaite pulsionnelle.

Il importe de noter que *la rigueur du surmoi n'est pas directement le reflet de la rigueur du père, mais de la vigueur des pulsions œdipiennes.* Il est arrivé, dans d'autres écrits, que Freud mette l'accent sur la figure du père lui-même pour fonder cette dureté du surmoi. C'est vraisemblablement ce qui a suscité les prises de position de Mélanie Klein. Nous consacrerons à ce débat un examen spécial ultérieurement, parce que cela nécessite la lecture de nouveaux textes (principalement *Malaise dans la civilisation*). Sans rien préjuger de l'issue de ce débat, nous pouvons nous appuyer sur ce qui est affirmé par Freud dans ce texte-ci pour soutenir l'idée que la source à laquelle le moi « encore faible » puise la force du refoulement et de la « méchanceté » du surmoi est pulsionnelle aussi, elle n'est pas seulement le reflet d'une contrainte extérieure. Étonnons-nous tout de même, en lisant ce chapitre, que Freud ne détermine pas une seule fois ce qui motive la contrainte à refouler l'Œdipe, à le détruire, alors que *Totem et tabou* nous incite, de loin, à penser à la *menace de castration.*

Revenant à ce qui a été dit relativement au mode d'apparition du surmoi, on constate qu'il doit son avènement à deux facteurs de la plus haute importance : la longue durée pour l'homme de sa déréliction *(Hilflosigkeit)* et de sa dépendance *(Abhängigkeit)* pendant son enfance et le fait du complexe d'Œdipe dont le refoulement s'accompagne d'une période de latence sexuelle et détermine le caractère diphasique de la vie sexuelle de l'homme. Le premier facteur est d'ordre *biologique*, il consiste en ce que des auteurs ont appelé *la prématuration de la naissance*, fait spécifiquement humain. Le second facteur est, précise Freud (105), d'ordre *historique, culturel*; il renvoie à la longue histoire de l'humanité depuis les conditions de vie de la période glaciaire. La séparation, au sein du moi, entre le moi et l'idéal (le surmoi), n'est donc nullement un fait accidentel mais l'aboutissement du développement de l'individu et de l'espèce. Une fois encore perce la lancinante obsession freudienne de l'*hérédité* : obsession dont est lourde l'expression que nous allons bientôt

(105) Correction tardive faite par Freud à l'occasion de l'édition anglaise de son œuvre. Cf. S.E. XIX, p. 35.

rencontrer sous la plume de Freud : le surmoi, *« héritier du complexe d'Œdipe »*. Ce n'est certes pas le lieu d'entamer une enquête systématique sur cette préoccupation insistante qui poursuit Freud tout au long de sa quête auto-analytique, à savoir cette question *de l'héritage, de l'hérédité, des héritiers.* Nous ne pouvions cependant nous empêcher de le pointer (106).

Le chapitre s'achève sur une discussion dont l'allure polémique pousse Freud à sortir du cadre strictement théorique des considérations métapsychologiques pour l'amener sur un terrain d'anthropologie générale.

Il s'agit de répondre de façon péremptoire à ceux qui objectent que la psychanalyse ne s'intéresse pas à ce qu'il y a d'élevé, de noble, de moral, de supra-personnel en l'homme.

C'est à partir du moment où la recherche psychanalytique s'est portée sur le terrain des *troubles du moi*, et non plus seulement des éléments refoulés de la vie psychique, que lui est apparue cette « essence supérieure » de l'âme humaine, sous la forme et les fonctions de l'*idéal du moi, du surmoi.* La psychanalyse a reconnu d'emblée en cette essence un précipité de relations concrètes, les relations œdipiennes inhérentes à la famille humaine. Cette essence supérieure représente notre rapport avec nos parents.

« Petits enfants, écrit Freud, nous avons connu, admiré, redouté ces êtres supérieurs et, plus tard, nous les avons recueillis en nous-mêmes » (107).

« L'idéal du moi, dès lors, est bien l'héritier du complexe d'Œdipe *(der Erbe des Œdipuskomplexes)*, il est donc aussi l'expression des motions les plus puissantes et des destinées libidinales les plus importantes du ça. Grâce à son instauration, le moi a maîtrisé le complexe d'Œdipe et s'est du même coup assujetti lui-même au ça. Tandis que le moi est essentiellement le représentant du monde extérieur, de la réalité, le surmoi s'oppose à lui en tant qu'avocat *(Anwalt)* du monde intérieur, du ça. Et nous devons nous attendre à ce que les conflits entre le moi et l'idéal reflètent, en dernière analyse, l'opposition qui existe entre réel *(Real)* et psychique *(Psychisch)*, monde extérieur *(Außenwelt)* et monde intérieur *(Innenwelt)* » (108).

---

(106) Le problème de l'*héritage* renvoie à tout ce que la psychanalyse, de Freud à Lacan, a pu énoncer à propos de la *Dette*. L'analyse de l'*Homme aux rats* a fourni les bases aux élaborations de Freud et surtout à ce que Lacan a su y articuler : rapport de l'idéal avec le père mort, père symbolique (Nom-du-Père), la loi, la dette symbolique, la structure du sujet. Qu'on lise le numéro spécial de la revue *L'Inconscient* sur *La Paternité*, Paris, P.U.F., 1968, nº 5 et l'excellent ouvrage de Wladimir GRANOFF, *Filiations, L'avenir du complexe d'Œdipe*, Éd. Minuit, 1975.

(107) GW XIII, p. 264; tr. fr. p. 205.

(108) GW XIII, p. 264; tr. fr. p. 206.

Mais ce monde intérieur dont l'idéal du moi se donne comme le représentant au sein du moi, c'est la réalité des destinées pulsionnelles de l'espèce humaine, c'est une histoire, un immense flux d'héritages archaïques auquel se joint l'héritage individuel . Les profondeurs historiques de la vie psychique individuelle sont aussi ses hauteurs, du fait de cette formation d'idéal. Le déploiement fabuleux de ces racines de l'idéal, de cette gigantesque généalogie, suffit à faire pressentir qu'il est impossible d'assigner à l'idéal du moi une localisation dans l'appareil psychique qui soit comparable à celle du moi et du ça.

Pour parachever la démonstration, il reste à mettre en évidence les rapports de cet idéal du moi ainsi promu avec ces sphères élevées de l'homme dont s'inquiétaient les adversaires de la psychanalyse. Ces éléments fondamentaux de l'essence supérieure de l'homme sont la religion, la morale, le sentiment social *(soziales Empfinden)*, la science et l'art. Freud laisse de côté ces deux dernières formes culturelles et tente de montrer la commune origine des trois premières. Les hypothèses de *Totem et tabou* manifestent une fois de plus leur prégnance dans sa pensée.

Il y avait prouvé que c'est à la faveur du *complexe paternel (Vaterkomplex)* qu'au cours de l'évolution phylogénétique furent acquis ces trois éléments de la civilisation. La religion, la morale et le sentiment social dérivent tous trois d'une victoire remportée sur le complexe paternel (pris ici comme synonyme de complexe d'Œdipe). En effet : *la religion* est la « formation substitutive de la nostalgie du père » *(Ersatzbildung für die Vatersehnsucht); la morale*, l'intériorisation de son autorité et de ses commandements; *les sentiments sociaux* (la sympathie, la pitié, l'esprit de corps), le substitut de l'hostilité née de la rivalité jalouse des frères briguant toutes les prérogatives du père. L'identification transmue cette rivalité en érigeant le même objet dans chacun des moi, par le truchement du repas totémique. L'agressivité originelle s'est ainsi métamorphosée en sentiment commun de sympathie, de solidarité, d'égalité.

B. Remarques sur l'instance idéale

L'extraordinaire complexité des liens libidinaux (investissements d'objet et identifications) propres à la constellation œdipienne nécessite une mise en ordre. D'avoir à présent la structure complète du complexe d'Œdipe, doublement triangulaire en raison de la bisexualité, nous permet d'éclaircir certains points demeurés obscurs. En revanche, cette *complication œdipienne* ouvre de nouvelles questions ou en aiguise d'autres. Pour les ordonner, il nous faut frayer avec les commentateurs qui ont à notre sens le mieux déblayé le terrain.

a) DE LA DISTINCTION POSSIBLE OU IMPOSSIBLE ENTRE MOI-IDÉAL ET IDÉAL DU MOI (SURMOI)

Tous les lecteurs de Freud sont frappés par la profusion des notions qu'il a proposées pour désigner l'instance de l'idéal à l'intérieur du moi. Profusion ou plutôt confusion.

Dans *Pour introduire le narcissisme* apparaît le couple de *l'idéal du moi (Ichideal)* et du *moi idéal (Idealich)*, avec une nette préférence pour le premier de ces termes. Il faut noter que très souvent, Freud parle simplement de l'idéal, de formation de l'idéal *(Idealbildung)*. Dans la suite de ses écrits le terme d'*Idealich* va disparaître. L'important est d'observer dans la construction de ces deux mots en allemand le changement d'*accent*, tantôt mis sur le *Ich*, tantôt mis sur l'« *Ideal* ». Dans le texte en question, Freud commence par relier le processus du refoulement au moi, à l'estime de soi qu'a le moi; le refoulement est corrélatif d'un idéal auquel l'individu mesure son moi actuel.

« La formation d'idéal serait du côté du moi la condition du refoulement. C'est, ajoute-t-il, à ce moi idéal *(Idealich)* que s'adresse maintenant l'amour de soi dont jouissait dans l'enfance le moi réel. Il apparaît que le narcissisme s'est déplacé *(verschoben)* sur ce nouveau moi idéal *(auf dieses neue ideales Ich)* » (109).

Ainsi, nous croyons pouvoir dire que l'expression de *moi idéal* accentue ce côté narcissique, ce fait que l'idéal a hérité du narcissisme originaire. Le terme d'*idéal du moi* est mis en avant surtout après une élaboration conceptuelle des rapports entre formation d'idéal et sublimation; dans l'idéalisation, qui porte sur l'*objet d'amour*, celui-ci est agrandi, exalté psychiquement sans que sa nature soit changée. L'idéalisation est possible aussi bien dans le domaine de la libido du moi que dans celui de la libido d'objet. Mais la discussion se déplace alors sur ces premiers objets que sont *les parents* :

« ... ce qui avait incité le sujet à former l'idéal du moi dont la garde est remise à la conscience morale, c'est justement l'influence critique des parents telle qu'elle se transmet par leur voix; dans le cours des temps sont venus s'y adjoindre les éducateurs, les professeurs et la troupe innombrable et indéfinie de toutes les autres personnes du milieu ambiant (les autres, l'opinion publique).

(Mais Freud précise :) De grandes quantités de libido essentiellement homosexuelle furent ainsi attirées pour former l'idéal du moi narcissique... » (110).

Cette dernière phrase annonçait les développements de *Trauer und Melancholie* et de *Massenpsychologie* (111). Dans ce texte, seule figure la notion d'*idéal du moi*. Il s'y adjoint, dans *Le moi et le ça*, celle de *surmoi*. A chaque fois, dans ces textes, le problème de l'idéal est intimement associé à la relation avec le père ou avec les parents et à leurs énoncés, leur voix. Mais c'est avec *Le moi et le ça* que, simultanément à la promotion de la notion de surmoi, l'accent se porte sur cette fonction refoulante de l'idéal, fonction aperçue déjà en 1914.

Ceci n'est qu'un très bref aperçu. Des analystes ont consacré des études très approfondies de ces concepts, mais pour aller tous dans le sens d'une accentuation de leur différence, d'une spécification de leur usage, d'une spécialisation de leur champ. Rappelons que pour Freud la confusion semble volontaire ou, à tout le moins, non problématique. L'acquisition majeure et décisive, à ses yeux, est la mise en place théorique d'une *instance idéale*, qui rend compte des principales formes de pathologie (échec du refoulement dans les névroses, atteinte du moi et de l'idéal narcissique dans les psychoses).

C'est donc principalement un souci de systématisation conceptuelle et peut-être didactique sinon scolastique, qui a poussé les épigones de Freud dans ce travail « d'épluchage » textuel (111).

Ces travaux mettent cependant en évidence, du fait même de leur intention clarificatrice et classificatrice, les problèmes posés par la construction psychanalytique du *concept d'idéal*. Ce sont ces problèmes que nous visons, et non les systèmes pour eux-mêmes. Nous nous guidons sur les indications de J. Laplanche et J. B. Pontalis, dans le *Vocabulaire de la psychanalyse*, pour résumer ces divers apports.

H.Nunberg est le premier à avoir cherché à reprendre le couple moi idéal — idéal du moi pour fonder son hypothèse de deux formations psychiques distinctes. Il soutient que le *moi-idéal* est une formation chronologiquement et génétiquement antérieure au surmoi.

---

(109) Cf. *Pour introduire le narcissisme*, GW X, p. 161; tr. fr. dans *La vie sexuelle*, p. 98.

(110) Ibidem, GW X, p. 163; tr. fr. p. 100.

(111) Cet épluchage des textes d'un point de vue philologique *et* théorique est un des appoints majeurs des contributions de J. Laplanche et J.B. Pontalis dans leur *Vocabulaire de la psychanalyse*, et leurs commentaires des textes de Freud. Voir les articles sur l'Idéal du moi (p. 184-6) et sur le moi-idéal (p. 255-6).

« Le moi, encore inorganisé, qui se sent uni au ça, correspond à une condition idéale, et c'est pourquoi on l'appelle le *moi idéal.* Le propre moi est probablement l'idéal du petit enfant, jusqu'au moment où il rencontre la première opposition à la satisfaction de ses besoins » (112).

Il rapproche cette conception du moi-idéal de la notion freudienne de « moi-plaisir-purifié », « condition idéale dans laquelle le moi s'accorde tout ce qui lui plait et rejette tout ce qui lui déplait ». Cette condition semble coïncider avec le narcissisme originaire qui est justement un narcissisme de toute-puissance, un « narcissisme du ça » (113). L'auteur dit encore qu'au cours du développement, chaque individu laisse derrière lui « cet idéal narcissique », mais qu'en fait il aspire toujours à y retourner. C'est ce qui se produit surtout dans les psychoses mais aussi dans les névroses. Ainsi, « chaque symptôme contient une réalisation de désir positive ou négative, dont le patient se sert pour atteindre la toute-puissance » (114).

Ce que nous retenons de ces notations, c'est que le moi-idéal, pour Nunberg, désigne une formation archaïque inconsciente, toute narcissique, qu'il faut donc distinguer du surmoi puisque celui-ci procède d'identifications, donc d'un rapport à un dehors, à autre chose que le ça-moi autosuffisant. Il y aurait donc pour lui un moi antérieur à toute identification.

O. Fenichel, dans *La théorie psychanalytique des névroses* (115) s'accorde avec ces vues de Nunberg.

Daniel Lagache est sans doute celui qui a proposé la conception la plus systématique de la différenciation interne du moi. Son rapport au Colloque de Royaumont, repris dans son article intitulé *« La psychanalyse et la structure de la personnalité »*, fournit un exposé détaillé et structuré de cette différenciation (116). Il critique Nunberg en observant que ce der-

(112) H. NUNBERG, *Allgemeine Neurosenlehre auf Psychoanalytischer Grundlage*, 1932; tr. fr. *Principes de psychanalyse*, Paris, P.U.F., 1957, p. 135.

(113) Sur la question du narcissisme primaire (antérieur à la distinction du moi et du ça), cf. *Vocabulaire de la psychanalyse*, p. 261-5.

(114) Cité par Daniel LAGACHE, *La psychanalyse et la structure de la personnalité* dans *La psychanalyse*, n° 6, P.U.F., 1961, p. 38.

(115) Otto FÉNICHEL, *La théorie psychanalytique des névroses*, Paris, P.U.F., 1953. Également : *Identifizierung*, intern. Zeitschr. f. Psychoan. XII, 1926.

(116) Cf. D. LAGACHE, art. cit. Il développe aussi une thèse personnelle sur l'identification dans un article consacré à *La sexualité* in *Encyclopédie Française.* Tome VIII, 36, 7b. 38.10. Il distingue l'identification primaire, qui repose sur l'amour du père tout-puissant;

nier ne tient aucun compte du contexte inter-subjectif et, en particulier, de la relation de l'enfant avec la mère. Il soutient qu'il y a *identification primaire avec la mère*, par participation syncrétique à sa toute-puissance. Cette identification est la source de tous les rêves mégalomaniaques, de toutes les « identifications héroïques » ultérieures. Aussi bien, le moi-idéal, conçu comme idéal narcissique de toute-puissance, ne se réduit pas à l'union avec le ça, comme le prétend Nunberg mais comporte une identification primaire à un autre être investi de la toute-puissance, c'est-à-dire à la mère. Le conflit primaire, dû au refus que la mère oppose à la persistance du parasitage préfigurerait, pour Lagache, l'alternative de l'identification au moi-idéal ou au surmoi.

Cette alternative correspond à la distinction essentielle que veut introduire Lagache, à savoir celle de deux systèmes, celui du *surmoi-idéal*, et celui du *moi-idéal.*

Il y a, simultanément à cette identification primaire à la mère, identification primaire au père, qui le fait entrer en conflit avec lui, mais pas seulement en raison de la rivalité pour la possession de la mère; cette identification primaire au père doit être abandonnée (ici Lagache se sépare de Freud qui ne parle nulle part d'abandon de cette identification) ce qui constitue une blessure narcissique primordiale, et faire place à une identification secondaire au père, l'identification instauratrice du surmoi-idéal du moi de la phase œdipienne.

Le *« modèle personnologique »* de Lagache fait correspondre le surmoi à l'autorité et l'idéal du moi à la façon dont le sujet doit se comporter pour répondre à l'attente de l'autorité. Le moi doit obéir au surmoi en se conformant à l'idéal du moi. Bref, « *l'idéal du moi* représente la façon dont la personne doit se comporter pour que le moi-sujet identifié à l'autorité parentale, puisse accorder son approbation au moi-objet » (117). Quant au *moi-idéal*, il apparaît comme une formation autonome par rapport au système surmoi-idéal du moi : Lagache fonde cette autonomie dans la distinction que l'on doit faire cliniquement entre les sentiments d'*infériorité* et les sentiments de *culpabilité.* Dans les senti-

l'identification secondaire, qui repose sur la crainte et résulte de la situation œdipienne dominée par l'attitude ambivalente à l'égard du père; l'identification « tertiaire » (sic) qui repose sur la neutralisation de l'agressivité. Le *surmoi* résulterait selon lui de cette triple identification au père.

(117) Cf. D. LAGACHE, *La psychanalyse et la structure de la personnalité*, p. 39, où l'on trouve développée cette opposition entre moi-objet et moi-sujet.

ments d'infériorité, le sujet souffre de ne pas répondre à son ambition propre de toute-puissance narcissique; dans les sentiments de culpabilité, il souffre de n'être pas conforme à l'idéal du moi qui, à l'origine, est l'attente des autres, spécialement des parents, du père. C'est comme s'il y avait deux codes, deux systèmes de valeur, dont l'écart varierait d'un individu à l'autre : le code narcissique du moi-idéal (héroïque) et le code moral et social du surmoi-idéal du moi.

Pour Lagache, les formes les plus archaïques du moi sont donc issues d'identifications. Le moi-idéal serait déjà « intersubjectif », comme les formations ultérieures du surmoi-idéal du moi. Le moi uni au ça est, à proprement parler, une projection mythique, un néant. Il n'y a de moi, même absolument narcissique, que dans un *rapport*, primaire, à l'autre.

Jacques Lacan dont les premières préoccupations théoriques furent centrées sur le statut de l'imago, de l'imaginaire et du narcissisme (118), a dès le début reconnu *la nature originellement imaginaire, donc idéale, du moi.* Il tend également, en accord sur ce point avec Lagache dont il a directement discuté la systématisation, à assigner un statut séparé au moi-idéal. Pour reprendre quelques notes de sa *Remarque sur le rapport de Daniel Lagache* marquons d'abord cette paraphrase :

« Dans la relation du sujet à l'autre de l'autorité, l'Idéal du Moi, suivant la loi de plaire, mène le sujet à se déplaire au gré du commandement; le Moi Idéal, au risque de déplaire, ne triomphe qu'à plaire en dépit du commandement » (119).

Mais l'enjeu principal de la distinction entre moi-idéal et idéal du moi (ou surmoi) est, pour Lacan, au-delà du souci didactique de Lagache, la position du *clivage du symbolique et de l'imaginaire.* La relation à l'autre, incontournable même dans une théorie du narcissisme, comme insiste Lagache, est de deux ordres : il faut y distinguer la double incidence de *l'illusion narcissique, de la radicale méconnaissance* que le *Stade du miroir* (120) met au principe de la formation du moi et *du désir de*

---

(118) Tous ceux qui se risquent à présenter ou à vulgariser l'œuvre de J. Lacan marquent ce premier temps, où se met en place la conception de l'*imaginaire*, avant le second temps où s'articule le concept de *symbolique.* Il resterait à examiner de plus près la valeur de cette opposition dans la chronologie de l'œuvre elle-même. Nous pensons en effet que la dimension du symbolique est présente dès le *Stade du miroir.*

(119) Jacques LACAN, *Remarques sur le rapport de Daniel Lagache*, dans *La Psychanalyse*, n° 6, p. 134, dans les *Écrits*, p. 671.

(120) J. LACAN, *Le stade du miroir*, dans *Écrits*, p. 94-95. Le moi y est d'emblée appréhendé comme « forme », « dans une ligne de fiction, à jamais irréductible pour le seul individu », « mirage », « extériorité », etc...

l'Autre, de l'ordre du signifiant. La fondamentale divergence de Lacan d'avec Lagache, réside dans la fonction qu'ils donnent à l'intersubjectivité :

« Car celle-ci (l'intersubjectivité) se définit pour lui (Lagache) dans une relation à l'autre du semblable, relation symétrique en son principe, comme il se voit en ce que Daniel Lagache formule que par l'autre le sujet apprend à se traiter comme un objet. Pour nous (Lacan), le sujet a à surgir de la donnée des signifiants qui le recouvrent dans un Autre qui est leur lieu transcendantal : par quoi il se constitue dans une existence où est possible le vecteur manifestement constituant du champ freudien de l'expérience : à savoir ce qui s'appelle le désir » (121).

Il y aurait donc à distinguer, dans cette formation du « sujet » qui est plus large que le « moi » une identification instauratrice du moi-idéal, *l'identification spéculaire* ou encore imaginaire ou narcissique et une identification constitutive de l'idéal du moi, non spéculaire, *symbolique*, issue non d'une projection de toute-puissance mais d'une introjection de signifiant. Cette identification symbolique, à l'inverse de l'autre, ne fomenterait pas une plénitude imaginaire, un espace inattaquable pour le moi, mais consacrerait, du fait de cette relation à des signifiants, l'impossible fermeture du moi, le manque d'une représentation « idéale » de soi — en d'autres termes, la castration et par là le sujet comme désirant (122).

Dans le sillage de J. Lacan, les travaux personnel de Piera Aulagnier sur le problème de l'identification aboutissent à établir également une séparation entre le moi-idéal et le surmoi, séparation correspondant à la distinction lacanienne d'une identification imaginaire et d'une identification symbolique. Elle appelle *moi-idéal*, présent tout au long de la vie du

---

(121) J. LACAN, *Remarques sur le rapport de D. Lagache*, dans *Ecrits*, p. 655-6.

(122) Cf. J. LACAN, Séminaire (non publié) sur l'identification, (1961-1962). Dans la ligne — et la lignée — de Lacan, les travaux suivants apportent beaucoup de lumière sur la théorie lacanienne de l'identification : J. CLAVREUL, *Identification et complexe de castration*, dans *L'Inconscient*, n° 7, juillet 1968, p. 67-98. P. CASTORIADIS-AULAGNIER, *Demande et identification.* Ibidem, p. 23-66. M. SAFOUAN, *La structure en psychanalyse*, dans *Qu'est-ce que le structuralisme?*, Paris, Le Seuil, 1968, p. 239-298. Anonyme : *Le clivage du sujet et son identification*, dans *Silicet*, n° 2/3, 1970, p. 103-136. Pierre FEDIDA, *L'inceste et le meurtre dans la généalogie*, dans *Szondiana*, VIII, Louvain-Paris, Nauwelaerts, 1971. Edmond ORTIGUES, *Problèmes psychologiques et conventions sociales*, ibidem; *Les quiproquos du désir* in *Problèmes de psychanalyse*, Recherches et débats, Paris, Desclée de Brouwer 1973, p. 41-60. Collectif, *Sur l'identification à l'analyste. Ormicar?*, n° 10, 1977, p. 25-38.

sujet, cette *image* que le moi se propose de lui-même et dans laquelle elle voit à la fois la cause et l'effet du narcissisme secondaire qui est le narcissisme d'un moi délimité par rapport au ça. Ce moi-idéal regarde en quelque sorte de deux côtés : vers le temps où, comme l'écrit Freud, « il était à lui-même son propre idéal » et le temps toujours anticipé où se projette le retour, toujours à venir, du narcissisme originaire à jamais passé.

Elle insiste, par ailleurs, sur ce trait essentiel mis en avant dès 1914 par Freud, dans la détermination de l'origine de l'idéal. Ce trait fondateur de l'idéal ce sont les *voix parentales, donc des traces acoustiques, des paroles.* L'identification qui fait du surmoi l'héritier du complexe d'Œdipe est donc une *identification à des signifiants*, à des énoncés proférés à propos et au « sujet » de l'enfant. Nous ne croyons pas superflu de citer assez longuement un passage d'un Séminaire organisé en 1967 à Sainte-Anne par P. Aulagnier, consacré au concept d'identification, où cette séparation du moi-idéal d'avec le surmoi s'explicite par le biais d'une observation très révélatrice.

« Pour peu qu'on ait pu avoir affaire à un enfant très jeune, disons de 2 ou 3 ans, l'on aura remarqué, d'une part, que l'autoreproche est un mécanisme dont il sait fort bien se servir et, par ailleurs, chose plus importante pour notre propos, qu'il est facile de l'entendre proclamer deux affirmations antinomiques avec la même satisfaction, ces deux affirmations se formulant par deux expressions de ce type : *« moi beau » et « moi vilain »*. Ce qui nous conduit à dire que chaque fois que l'enfant s'interroge sur lui-même et tente de se nommer, il paraît répondre à la question :
— soit en se projetant en une image, disons, narcissique (ce qui nous ramène à l'ego spéculaire) qu'il propose au regard de l'autre et qu'il récupère par cette voie pour son propre regard;
— soit en s'identifiant à une parole entendue et qui met l'image narcissique en question — le vilain ayant, pourrait-on dire, dès l'origine, fonction de jugement moral beaucoup plus que de valeur esthétique — en clivant alors le moi qui juge du moi qui est jugé (moi sujet et moi objet).

Dans le deuxième cas, le sujet qui parle se reconnaît en un sens séparé du sujet parlé. Le moi « vilain », ce n'est pas celui qui parle mais le moi dont on parle. Quant à la satisfaction qui peut être reliée à cette énonciation, elle nous paraît reliée à deux mécanismes différents. Le premier s'apparente à ce qui est du registre de la fonction du non, de la négation comme première tentative d'affirmation, d'autonomie du moi (le moi vilain est celui qui refuse d'être semblable à la volonté de l'autre). Dans le deuxième, le sujet s'offre comme pur écho du discours de l'autre aux dépens d'une partie de son moi qu'il affublera d'un signe négatif. Mais ces deux derniers cas, antinomiques pour ce qui est la source de la satisfaction, présupposent, par ailleurs, la même soumission au discours de l'autre. Pour que le sujet tire plaisir du fait d'être méchant, encore faut-il au préalable qu'il reconnaisse comme « vilénie » l'être différent de l'image valorisée par le dictat parental.

De même, si nous revenons à l'autre affirmation, le « moi beau », elle nous montre sans doute ce que Freud appellerait une adéquation entre l'image que le sujet investit de lui-même et l'image qu'il suppose être le désiré de l'autre; mais si de cette image nous faisons la légende qui pourrait venir s'inscrire sous l'image spéculaire, nous éclairons du même coup le propre de l'aliénation imaginaire et du redoublement qui est le sien :
— d'une part, en effet, l'ego spéculaire ne comble et ne fascine le sujet que parce que support d'emblème forgé au champ narcissique de l'autre (disons d'emblèmes désubjectivants);
— d'autre part, si cette image peut se faire un aimant pour la libido, ce n'est pas parce qu'elle vient se greffer, prendre le relais d'un déjà-là du rapport du sujet à la question que lui pose le désir de l'Autre; il préexiste à la rencontre spéculaire une introjection première d'un signifiant du désir (comme signifiant originaire de la rencontre) à partir duquel le sujet projettera à ses lieu et place un « signifié » qui sera le correspondant imaginaire, la mise-en-sens de ce qu'a pu représenter la découverte de l'objet : toute-puissance, négation du manque, objet retrouvé, etc.

Ainsi l'identification dès l'origine doit prendre acte de la primauté du discours de l'Autre et de ce fait irréfutable que le sujet est, avant tout et quoi qu'il fasse, le support de projections : j'entends qu'il est pour le père et pour la mère ce qui prend la suite, l'« héritier », de leur narcissisme qui vient de renaître et qui, malgré sa métamorphose en amour d'objet, manifeste à ne pas s'y tromper son ancienne nature » (123).

Le moi idéal semble être au *regard* ce que l'idéal du moi (le surmoi) est à la *voix*. Le visuel et l'auditif, champs constitutifs du moi conçu comme appareil perceptif, sont originellement investis de narcissisme, celui de l'enfant ou celui, secondaire, des parents. Ces considérations nous permettent de saisir l'insuffisance d'un discours sur le moi qui se bornerait à le définir de façon purement empirico-sensualiste (le moi de la perception-conscience); car ce moi corporel est, indissociablement, perceptif et érogène; corps « réel », représentant dans le psychisme l'« *Außenwelt* » et corps imaginaire et symbolique, champ d'investissements narcissiques et nœud de significations.

Chez Lacan prévaut structuralement l'identification signifiante, l'identification au désir de l'Autre. L'identification spéculaire, qui est identification à une image, est une précipitation narcissique illusoire, aliénante, leurrante qui fait du moi un appareil de défense contre l'angoisse du manque de l'Autre (124).

---

(123) Piera AULAGNIER, *Le concept d'identification.* Séminaire fait à Sainte-Anne, Paris, Hiver 1967. Notes inédites. Les derniers développements de ces réflexions figurent dans son ouvrage *La violence de l'interprétation. Du pictogramme à l'énoncé*, Paris, P.U.F., 1975.

(124) « Au principe des véritables résistances à quoi on a à faire dans les dédales de ce qui fleurit de théorique sur le Moi dans la psychanalyse, il y a le simple refus d'admettre que le Moi y soit en droit ce qu'il s'avère être dans l'expérience : une fonction de méconnaissance ». J. LACAN, *Écrits*, p. 668.

Nous n'étayerons cette remarque que de ces réflexions de Mustapha Safouan dans un article qui présente ouvertement les « thèses » essentielles de la théorie lacanienne du sujet et, partant, de l'identification :

« Ce que l'analyste découvre, et qui est ce en quoi le désir freudien est autrement plus ouvert à la médiation que le désir hégélien, c'est que toutes les identifications spéculaires qui s'exercent dans la ligne du moi idéal et qui font rebondir le sujet de capture en capture sont entièrement suspendues à une autre identification, refoulée, symbolique, non spéculaire, celle qui est constitutive de l'idéal du moi et qui, au moment de l'interprétation, se présente dans l'inconscient sous la forme d'une pensée, d'un vœu, tout prêt à se laisser formuler dans le langage commun, au point qu'on peut dire qu'à ce moment-là le désir *est* son interprétation » (125).

Notons cette précision, ajoutée en bas de page, au terme d'idéal du moi :

« Identification spéculaire (moi idéal) et identification symbolique (idéal du moi) correspondent, pour nous, à ce que la doctrine analytique désigne comme projection et introjection, respectivement ».

Ce qui coïncide avec cette proposition de Piéra Aulagnier :

« On projette de l'imaginaire, on introjette du symbolique » (126).

Bien sûr, de telles indications hâtives ne constituent en rien une explication. Notre propos, dans ces remarques sur l'instance idéale et en ce lieu de notre travail, consiste en une tentative de regrouper les questions par « familles » en quelque sorte. En ce qui concerne la théorie lacanienne du sujet, elle ne va pas sans l'élaboration des concepts connotés du *symbolique :* ainsi les concepts de castration symbolique, d'insaturation ou de manque symbolique, d'ordre symbolique. Notre intention n'est

---

(125) Cf. M. SAFOUAN, art. cit. p. 267-8. Et note 1, p. 167.
La dissymétrie entre le processus de la projection et celui de l'introjection que l'on saisit dans la formule : on projette de l'imaginaire, on introjette du symbolique, est vigoureusement soulignée par J. Lacan. Par exemple :
« Le drame du sujet dans le verbe, c'est qu'il y fait l'épreuve de son manque-à-être, et c'est là que le psychanalyste ferait bien d'en préciser certains moments, car pour le psychologue il n'en peut mais avec ses questionnaires, voire ses enregistrements où ils n'apparaîtront pas de sitôt, ces moments, pas avant qu'un film ait saisi la structure de la faute comme constituante du jeu d'échecs.
C'est parce qu'elle pare à ce moment de manque qu'une image vient à la position de supporter tout le prix du désir : *projection, fonction de l'imaginaire.*
A l'opposé vient s'installer au cœur de l'être, pour en désigner le trou, un index : introjection, relation au symbolique. *Remarques sur le rapport de Daniel Lagache* dans *Écrits*, p. 655.

(126) P. AULAGNIER, Séminaire cité, (inédit).

certes pas, dans ce travail consacré aux écrits de Freud, de reconstruire la genèse de la théorie de l'identification chez Lacan. Elle n'est pas non plus étrangère à cette ambition, à laquelle elle voudrait simplement donner les points d'ancrage repérables dans l'œuvre de Freud.

b) QUESTIONS D'ORIGINE

Parmi les difficultés jaillies de la construction freudienne de *l'instance idéale,* il en est une qui s'est à maintes reprises dressée sur notre route : quelle est l'origine du moi et, dans cette genèse, quelle est la place et la fonction de l'idéal ?

On a vu Freud désigner le point d'origine du moi dans une « opération psychique » *(psychische Aktion)* qu'il n'a pas spécifiée, mais que l'on peut soupçonner être une forme primordiale de refoulement. Voici le texte qui, dans *Pour introduire le narcissisme,* excite notre curiosité :

> « Il est nécessaire d'admettre qu'il n'existe pas dès le début, dans l'individu, une unité comparable au moi; le moi doit subir un développement. Mais les pulsions autoérotiques sont originaires; il doit y avoir donc quelque chose comme une nouvelle action psychique pour donner forme au narcissisme » (127).

Si, plus tard, Freud appelle « narcissisme du ça » le moment originellement autoérotique du fonctionnement pulsionnel, on comprend que le narcissisme dont il cherche à déterminer le point de naissance est le narcissisme du moi, soit le narcissisme secondaire. Le surgissement de cette unité comparable au moi est marqué par la fin du régime autoérotique et du narcissisme pulsionnel primaire, où le moi appartient fonctionnellement au ça. Il faudrait prendre, dans la proposition : *das Ich muß entwickelt werden,* le mot *entwickelt* en son acception quasi étymologique, en accentuant la portée du préfixe « *ent* », qui évoque la séparation violente. Le « moi-ça », tel que Freud le décrit dans les premiers chapitres du *Moi et le ça,* doit subir l'action qui va produire un dégagement, une extirpation, un arrachement séparant le moi, aussitôt resserré en « unité », du ça où bouillonnent les pulsions dans l'anarchie et la désunion.

Le processus qui introduisit le narcissisme doit être celui-là même qui, par la suite, en devra assurer la permanence, en protéger l'enceinte, en garantir l'unité, contre les assauts du ça et ses émiettements. Ce processus

(127) GW X, p. 142; tr. fr. dans *La vie sexuelle*, p. 84.

doit avoir sa source à l'extérieur du ça qui en *subit* l'opération. Ce processus est un refoulement primaire, séparateur, promoteur d'une entité investie d'une libido propre : le narcissisme du moi.

Le moi « encore faible », tant qu'il est assujetti au régime du ça, et cherchant à assurer ses premières emprises sur la « réalité » par son appareil perceptivo-moteur, ne peut à lui seul s'ériger en unité. L'action psychique qui l'instaure, si elle est étrangère au ça-moi primitif, doit cependant y trouver une complicité. Le refoulement primaire doit avoir, comme on dit, des intelligences dans la place. L'agent du refoulement c'est donc le moi assisté d'un allié à la fois « réel » et « libidinal ». Nous ne pouvons trouver ailleurs que dans « *le père de la préhistoire personnelle* » cet allié décisoire (Lacan propose ici son concept du Nom-du-Père). Père reconnu d'emblée comme un *idéal* que le petit garçon veut *être*. Père, dont il s'empare, spécifiait Freud, en le captant directement, par le processus d'identification. Rappelons-nous la formule : « il s'agit d'une identification directe et immédiate, antérieure à tout investissement d'objet » (l'identification primaire); ou cette autre : « aux toutes premières origines, à la phase orale primitive de l'individu, investissement d'objet et identification ne peuvent être distingués l'un de l'autre ». Cette seconde formule a l'avantage de ne pas faire supposer un temps où il n'y aurait pas d'objet, en signalant un régime de fonctionnement tout à fait originaire *(urafänglich)* où la distinction de ce qu'on *est* et de ce qu'on *a* est impossible. Il n'y a d'opposition entre investissement d'objet et identification qu'à partir du moment, réclamé par la nécessité théorique d'un mythe de fondation psychique, par un « fantasme d'origine » (128), où un « moi », dont le mécanisme libidinal majeur pour conserver les objets du ça est justement l'identification (secondaire), où un « moi » fonctionne comme tel. Le refoulement primaire est un mode primaire de renoncement au mode autoérotique d'investissement; c'est une identification du moi qui le détermine d'emblée comme captif d'un autre qu'il « est » : le père-idéal (la théorie de Freud ne permet pas de distinguer la part proprement symbolique et la part imaginaire de ce rapport identificatoire fondateur.

Nous avons lu que Freud affirmait que la naissance de l'idéal du moi,

---

(128) J. LAPLANCHE et J. B. PONTALIS, *Fantasme originaire, fantasmes des origines, origine du fantasme*, dans *Temps modernes*, 1964, nº 215, p. 1833-68.

du surmoi, s'inscrivait dans le frayage ouvert par l'identification primaire que viennent renforcer des identifications secondaires. Ces identifications sont secondaires à des investissements d'objet (investissement du père et de la mère) que la crise œdipienne contraint de métamorphoser en identifications.

Les nombreux refoulements — secondaires — que le moi sera contraint d'effectuer pour des motifs bien souvent internes, narcissiques (et pas seulement pour des motifs « policiers », sociaux ou politiques, externes) (129), réclameront pour être « réussis » l'abandon de l'objet... et la conservation de la libido, soit comme libido d'objet (substitution de l'objet) soit comme libido narcissique, grâce à une identification avec l'objet « abandonné ».

La question de *l'origine du refoulement* — plus justement, de sa « cause », de sa motivation, coïncide en quelque manière avec celle de l'origine — pulsionnelle et/ou « réelle » — du surmoi. Question qui, très tôt, fut celle de Freud et, peu après la publication de *Das Ich und das Es*, la question où le poussa très résolument Mélanie Klein.

Les concepts de *refoulement et d'identification « primaires »* désignent donc deux versants de ce processus de dégagement du moi de sa collusion avec le ça. Ils désignent cet acte de naissance dont le concept de refoulement accentue le côté énergétique ou dynamique et le concept d'identification l'aspect personnologique de façonnement d'une identité, d'un moi (130).

L'identification primaire, comme appropriation de l'objet-idéal, le père, agit donc à la fois à l'encontre de l'autoérotisme et avec l'énergie

---

(129) Le malentendu qui se répand aujourd'hui, dans une certaine vulgarisation de la psychanalyse et du freudo-marxisme, est de rapporter le processus du refoulement aux seules forces répressives d'ordre socio-économique. Ce malentendu tient en partie à l'ambiguïté du terme anglais de « repression » qui est la traduction du terme allemand, freudien, de « *Verdrängung* », et que les traducteurs français des travaux d'Herbert Marcuse ont traduit indifféremment par refoulement ou répression. Ce qui justement n'est pas indifférent du tout. Voir à ce propos la mise au point de J. Laplanche dans Le Supplément au journal *Le Monde* du 8 mars 1969, nº 7512 : « *Marcuse, philosophe de la répression* ». L'ouvrage du philosophe responsable de cette confusion (sans doute volontaire?) est : *Eros et civilisation. Contribution à Freud.* tr. fr. Nény et Fraenkel, Paris, Éd. de Minuit, (Arguments), 1968.

(130) L'apport de Lacan est précisément de distinguer du concept freudien du moi le concept du « sujet ». Le sujet comme tel est l'effet du signifiant (d'une identification au trait unaire).

pulsionnelle de celui-ci pour former *(gestalten)* un moi. *Ce qui assure l'unité d'un tel moi est aussi ce qui le divise originairement :* une part idéale, agent du refoulement primaire et de tous les refoulements ultérieurs; une part autoérotique, pulsionnelle. Une part désexualisée; une part, objet du refoulement, soumise au régime des pulsions sexuelles partielles. L'idéal du moi, effet de l'identification primaire, est investi de libido du moi; il hérite du narcissisme originaire. Si l'on se souvient que Freud ajoutait à ce passage sur l'identification au père de la préhistoire personnelle, que l'enfant, dans le même temps, investit sa mère selon le type anaclitique de choix d'objet, il faut conclure que l'enfant présente originairement et d'un seul mouvement — puisque nous sommes à une époque où investissement et identification sont indiscernables — un double lien psychique. Ainsi le père et la mère sont-ils présents, dès l'origine. Si le père est lui aussi dès l'origine, où peut-il être, sinon comme objet du désir de la mère, métaphoriquement présent, mais absent comme tel, manquant comme objet libidinal. Le contenu énigmatique de cette identification primaire et qui est proprement le contenu du refoulement primaire, le *refoulé originaire,* constitue pour l'enfant la préhistoire personnelle, en-deçà de laquelle, il n'y a « personne ». S'il y a, lors de la phase orale, appropriation du père simultanément à l'incorporation du sein, on mesure l'importance, et le mystère, des dits parents entre lesquels se trame l'être — le narcissisme — du moi avant qu'il s'avère comme tel. Le statut de ce refoulé primordial n'est pas examiné thématiquement par Freud; comme il constitue ce qui fait d'un vivant auto-érotique un individu « un », « identique », ce qui, en d'autres termes fait sa différence, ce refoulé primaire, aux yeux des lacaniens, ne peut être qu'un *signifiant,* le signifiant du désir de la mère : *le phallus* (131). Les interprètes plus « classiques » des textes freudiens n'ont pas réussi, à notre sens, à élaborer de façon aussi rigoureuse ce statut de l'identification et du refoulement primaires.

(131) Qu'on se réfère aux développements de J. LACAN, *La signification du phallus. Die Bedeutung des Phallus.* dans *Écrits*, p. 685-695. Également chez Mustafa SAFOUAN, *La structure en psychanalyse.* dans « *Qu'est-ce que le structuralisme?* » Paris, Le Seuil, 1968; ainsi que ses *Études sur l'Œdipe* et *La sexualité féminine* (déjà cités).

C. Le travail du moi, entre pulsions de vie et pulsion de mort

a) IDENTIFICATION, SUBLIMATION, DÉSEXUALISATION

Achevons la lecture du *Moi et le ça.* On y voit, d'une part, s'articuler la nouvelle organisation topique de l'être psychique (ça, moi, surmoi) à la dernière théorie dualiste des pulsions; on y voit, d'autre part, comment au sein de ce dynamisme pulsionnel, *l'identification* fonctionne comme une sorte de « transformateur » et constitue le processus psychique majeur localisé dans le moi, pour élaborer son travail sous la triple domination du ça, du surmoi et de la réalité.

Un bref rappel, pour commencer, de ce qui a été mis en place dans *Jenseits das Lustprinzips :*

« Sur la base de considérations théoriques, fondées sur la biologie, nous avons forgé l'hypothèse d'*une pulsion de mort,* dont la tâche est de ramener la vie organique à l'état inanimé; tandis que le but poursuivi par Eros consiste à compliquer la vie et, naturellement, à la maintenir *(erhalten),* en intégrant à la substance vivante divisée un nombre toujours plus grand de ses particules dispersées. Les deux pulsions se comportent ainsi, au sens le plus strict, de manière conservatrice, puisqu'elles tendent à restaurer un état qui a été perturbé par l'apparition de la vie. L'apparition de la vie serait donc l'origine de la prolongation de la vie et, contemporanément, de l'aspiration vers la mort, et la vie elle-même apparaîtrait comme une lutte et un compromis entre ces deux tendances » (132).

Construction et destruction, ce double procès pulsionnel serait à l'œuvre en chacune des parties de la substance vivante. Les deux pulsions y seraient actives, mais selon un *mélange variable (in ungleicher Mischung).*

Une fois admise cette possibilité d'un mélange pulsionnel, on peut entrevoir celle d'une rupture, d'une dissociation plus ou moins complète du mélange *(Entmischung).*

On trouverait un exemple classique de mélange pulsionnel utile dans la composante sadique de la pulsion sexuelle. Le *sadisme,* comme perversion indépendante, représenterait par contre l'exemple d'une dissociation pulsionnelle très avancée. Il est donc possible, dans cette perspective, de mettre en évidence des degrés divers de dissociation ou de désintrication des pulsions, pour chaque forme de trouble psychique. Ainsi, *l'accès épileptique,* les formes graves de *névrose obsessionnelle, la régression*

(132) *Jenseits des Lustprinzips.* GW XIII, p. 268-9; tr. fr. p. 211.

libidinale de la phase génitale à la phase sadique-anale et, enfin, *l'ambivalence* si régulièrement présente chez les névrosés, constitueraient autant de cas, plus ou moins aigus, de dissociation du mélange ou, pour ce qui est de l'ambivalence constitutionnelle, d'intrication incomplète des pulsions.

Un fait de portée très générale nous permet d'articuler à ce jeu d'intrication-désintrication de pulsions, le processus d'identification.

Il s'agit de la polarité qui existe entre *l'amour et la haine.* Il arrive souvent, et de façon inattendue, que la haine accompagne l'amour (c'est le cas de l'ambivalence) ou que la haine précède et annonce l'amour dans les relations humaines. Dans certaines conditions, la haine se transforme en amour, et l'amour en haine. Ces éventualités avaient été envisagées à l'intérieur du cadre métapsychologique établi vers 1915, dans *Pulsions et destins de pulsions.* Il n'était pas question, à ce moment-là, d'une interprétation fondée sur le dualisme pulsionnel en jeu ici, mais d'une interprétation fondée sur la théorie du narcissisme. Cette fois, Freud met en doute l'idée — le concept — de transformation pulsionnelle directe, difficilement compréhensible, pour avancer l'hypothèse économique d'un déplacement d'énergie.

Les recherches menées dans *Psychologie collective et analyse du moi* ont révélé que l'apparition de l'homosexualité ainsi que des sentiments sociaux désexualisés, s'accompagne de sentiments de rivalité fortement agressive qui doivent disparaître. Cette agressivité peut être surmontée si l'objet haï devient un objet d'identification. S'agit-il là d'une transformation *(Umsetzung)* directe de la haine en amour, alors qu'il n'y a de la part de l'objet aucun changement de comportement? La transformation doit être plutôt l'effet d'une modification interne. Le *mécanisme de la paranoïa* nous suggère une voie d'explication. On sait qu'il s'agit, dans le délire de persécution, d'une défense contre un attachement homosexuel trop intense à l'égard d'une personne passionnément aimée, personne que le processus paranoïaque transforme en persécuteur faisant l'objet d'une dangereuse agressivité. Il faut poser, dans ce cas, une *ambivalence* originelle. Le refoulement de l'amour homosexuel, par le moi, s'opérerait non pas par une identification à cette personne, mais par le truchement d'un processus inverse, d'une sorte de dés-identification — la projection — à la faveur du déplacement de la charge énergétique, précédemment fixée de façon prévalente aux composantes érotiques du « mélange », sur les composantes destructrices. Les tendances hostiles gagneraient ce que les tendances érotiques perdraient en intensité (133).

Dans le cas non pas identique mais analogue de la transformation de la rivalité en sentiment de sympathie, en homosexualité, un même déplacement d'énergie s'effectuerait, mais dans la direction inverse du processus paranoïaque. L'impossibilité de satisfaire les tendances hostiles, du fait des contraintes de groupe, favoriserait l'émergence des tendances amoureuses, susceptibles de satisfaction effective. Les raisons de la transformation seraient purement *économiques*. L'hypothèse d'un déplacement d'investissement *(Besetzungsverschiebung)* rend inutile l'idée d'une transformation directe, au chimisme d'ailleurs énigmatique, et sauve du même coup la *différence qualitative* qui existe entre les deux variétés de pulsions.

Il doit donc y avoir au sein de l'appareil psychique, une énergie susceptible de déplacement *(eine verschiebbare Energie)*, et qui, indifférente par elle-même, peut s'ajouter à la tendance érotique ou à la tendance destructive et en augmenter la charge.

Cette énergie, suppose Freud, qui anime le moi et le ça, provient de la *réserve de libido narcissique*, une sorte d'*Eros désexualisé*. Pourquoi d'Eros? Parce que l'expérience clinique démontre l'incroyable plasticité des pulsions sexuelles soumises à la loi du processus primaire qui autorise toutes les dérivations, tous les déplacements capables de satisfaire au principe de plaisir, donc à la décharge. Les pulsions de destruction *(Destruktionstriebe)* n'auraient pas ces propriétés de mobilité (135).

Les voies de décharge sont indifférentes; les transferts érotiques se portent sur des objets quelconques, sans préférence ni prédilection aucune : c'est ce qui s'observe, note Freud, au cours d'une analyse, où *les transferts* s'effectuent coûte que coûte, quelle que soit la personne qui en est l'objet. C'est au moi qu'incomberait le choix des objets et des voies de décharge adéquats de cette énergie flottante. L'aspiration principale du moi est l'unité, il adopte, ce faisant, le but même d'Eros qui consiste à réunir, à lier. Mais le travail du moi, travail de liaison, de lutte contre l'émiettement et la stagnation de la pulsion de mort, s'opère essentielle-

---

(133) GW X, p. 225 et suiv. On sait que dans la mélancolie les choses se passent de manière inverse à la paranoïa : l'hostilité inconsciente est tournée non vers le dehors (les personnes auparavant aimées, ou leurs substituts transférentiels) mais vers le moi qui s'est transformé en l'objet de l'attachement ambivalent.

(135) GW XIII, p. 272-3; tr. fr. p. 215.

ment par la transformation des pulsions en libido désexualisée, sublimée. Les processus intellectuels du moi, alimentés par cette énergie sublimée, ont cette extraordinaire mobilité combinatoire de cette libido dont ils héritent. Ces considérations nous ramènent à l'articulation des concepts d'*identification,* de *sublimation* et de *désexualisation.* Nous pouvons affirmer qu'ils représentent les aspects essentiels du travail du moi. Freud écrit :

« (Nous avions antérieurement imaginé l'hypothèse) que la sublimation se produit régulièrement par l'intermédiaire du moi. Nous nous rappelons cet autre cas, où le moi se débarrasse *(erledigt)* des premiers mais aussi bien des investissements d'objets plus tardifs du ça, en s'appropriant leur libido et en les liant à la modification du moi au moyen de l'identification. A cette transformation en libido du moi se rattache naturellement l'abandon des buts sexuels, c'est-à-dire une désexualisation... En maîtrisant ainsi la libido des investissements d'objets, le moi se pose comme seul objet d'amour, il désexualise ou sublime la libido du ça, il travaille à l'encontre des intentions d'Eros, il se met au service des motions pulsionnelles opposées. Il doit supporter une autre partie des investissements d'objet du ça, y participer pour ainsi dire » (136).

L'identification dans ce champ de contradictions est donc bien l'activité la plus contraignante, la plus urgente, la plus vitale du moi. Elle assure cette paradoxale assomption pulsionnelle qui consiste à sauvegarder Eros tout en œuvrant contre lui. Cette tâche l'enchaîne irrémissiblement au ça. Et nous allons découvrir que cette formidable dépendance n'est pas la seule. Soulignons, auparavant, une conséquence de cette explicitation des rapports du moi et du ça pour la théorie du narcissisme, conséquence qui confirme nos interprétations relatives aux origines du moi :

« Au commencement *(zu Uranfang)* toute la libido est accumulée dans le ça, tandis que le moi se trouve en voie de formation *(in der Bildung begriffen)* ou encore faible *(schwächlich).* Le ça fixe une part de cette libido sur des investissements d'objets érotiques; le moi, renforcé, cherche à maîtriser cette libido d'objet et à s'imposer au ça comme objet d'amour. *Le narcissisme du moi est ainsi un narcissisme secondaire, dérobé aux objets.* » (137).

b) LES SERVITUDES DU MOI

Le dernier chapitre de cet essai que Freud voulait synthétique et proche des observations cliniques de la psychanalyse réalise bien son intention. En ce qui concerne la théorie de l'identification, ce chapitre est le lieu d'un *achèvement.* Les interrogations ouvertes en différents contextes

(136) GW XIII, p. 274; tr. fr. p. 217-8.
(137) GW XIII, p. 275; tr. fr. p. 218.

auparavant viennent se rejoindre; les problèmes non résolus sont cependant nommés et les réseaux conceptuels où ils pourront trouver leur formulation sont définis. C'est la raison pour laquelle ce chapitre au titre évocateur : « *Les dépendances du moi* » précipite notre propre conclusion. Nous montrerons, à point nommé, comment la théorie de l'identification dans *Le moi et le ça*, sert en quelque sorte de matrice aux dernières et redoutables questions de l'œuvre freudienne.

Pour nous conformer à la perspective « synthétique » suggérée par Freud lui-même, nous chercherons à mettre en évidence ce que la démarche opérée ici annonce et anticipe. Nous croyons pouvoir saisir dans les problèmes de *la culpabilité*, de *l'angoisse* et de *la différence des sexes* les points critiques dominants des développements ultimes de sa pensée.

1. *Les incidences du sentiment inconscient de culpabilité*

Renouant avec la clinique et la pratique analytique, Freud rassemble des faits qui attendaient depuis longtemps une élaboration théorique. Il s'agit de manifestations, variées et plus ou moins sérieuses, d'une énigmatique culpabilité inconsciente.

La première de ces manifestations se rencontre au cours du traitement de certains patients qui, à mesure que progressent le travail analytique et, avec lui, l'espoir de la guérison, se mettent à critiquer le thérapeute et à opposer une résistance croissante à la marche du traitement. Cette « *réaction thérapeutique négative* » trahit l'action d'une force qui s'oppose au rétablissement dont l'approche et l'imminence sont redoutées comme un danger. Tout se passe comme si la volonté apparente de guérir se doublait, inconsciemment, d'un puissant besoin de rester fixé au symptôme. Ce facteur, le travail d'analyse ne le dégage qu'après avoir défait l'attitude de provocation envers le médecin et surmonté l'inaccessibilité narcissique *(der narzißtischen Unzugänglichkeit)*. Il s'agit d'un facteur « moral » pour ainsi dire, d'un *sentiment de culpabilité (Schuldgefühl)*. Ce sentiment trouve sa satisfaction dans la maladie et ne peut renoncer à la punition de la souffrance. Ce sentiment ne se manifeste pas comme tel à la conscience; le patient se sent simplement malade et la résistance se traduit dans son esprit par *l'idée* que le traitement analytique ne lui convient pas. La possibilité technique de renverser un tel obstacle au traitement est relativement ténue. L'analyste ne dispose d'aucun moyen pour le combattre, d'autant plus qu'il se refuse à toute emprise hypnotique ou suggestive, à toute attitude de « sauveur d'âmes » *(Seelenretter)*. Freud note qu'il y a une chance de réussir dans le cas où ce sentiment inconscient est un sentiment *emprunté*, c'est-à-dire qui résulte d'une *identification* à une personne qui fut jadis l'objet d'un investissement amoureux. Ce sentiment figure alors comme le seul reste, certes difficilement reconnaissable, de cette relation amoureuse. Le processus est alors analogue à ce que l'on observe dans la mélancolie et le travail thérapeutique consiste à mettre au jour cette ancienne fixation érotique ambivalente.

Mais l'action muette d'un tel sentiment de culpabilité œuvre sans doute *dans toute névrose.*

« On peut se demander, note Freud, si ce n'est pas ce facteur, à savoir *la manière dont se comporte l'idéal du moi (das Verhalten des Ichideals)*, qui détermine dans une mesure variable une affection névrotique » (138).

C'est ce qui, en réalité, se vérifie dans la pratique. La tension entre l'idéal du moi et le moi produit le sentiment normal de culpabilité (les scrupules de conscience); les tortures que s'infligent les névrosés obsessionnels et les mélancoliques affligés de sentiments d'infériorité manifestent la puissance, la rigueur et la cruauté de l'idéal. Mais ce qui différencie *la névrose obsessionnelle* de la *psychose mélancolique*, c'est que, dans le premier cas, le moi se révolte contre le sentiment de culpabilité, ignorant sa provenance et sa motivation (comme si le surmoi était mieux renseigné que le moi sur l'intensité des pulsions refoulées) et, dans le second cas, le moi se reconnaît coupable et se soumet au châtiment. Dans la névrose, le moi n'est pas entamé; dans la psychose, le moi abdique, se dissocie, se laisse dévorer par la culpabilité. Nous avons reconnu que cette dissociation mélancolique résultait d'une *identification* assimilant le moi à l'objet primitif des pulsions hostiles et destructrices.

Dans *l'hystérie*, le sentiment de culpabilité est inconscient, parce que le moi se défend contre la perception pénible dont il est menacé par le surmoi de la même façon qu'il se défend contre une intolérable fixation sexuelle : par le refoulement.

Les sentiments de culpabilité prennent leur source dans les pulsions génératrices du *complexe d'Œdipe*. Le refoulement de l'Œdipe est donc responsable du caractère inconscient de ces sentiments. L'intensité de ces sentiments peut être telle qu'elle peut faire d'un homme un criminel. On

(138) GW XIII, p. 280; tr. fr. p. 223.

peut ainsi devenir criminel par sentiment de culpabilité — alors que généralement on s'attend à ce que la culpabilité suive l'acte criminel. La fonction du crime est de fixer à quelque chose de réel, d'actuel, de tangible, une angoisse de culpabilité inconsciente absolument insoutenable (139).

Toutes ces manifestations attestent l'*autonomie du surmoi* par rapport au moi conscient et, en même temps, *l'intimité des liens qui l'attachent au ça inconscient*. Ces deux traits de l'instance idéale nous forcent à nous demander quelle est — ou quelles sont — *les origines du surmoi*, car il semble posséder deux versants, un premier, qui tient au fait qu'il est une différenciation *(Stufe)* du *moi*, un second, qui tient de son étonnante proximité avec le *ça*.

« En tenant compte à présent de l'importance que nous avons attribuée aux *traces verbales (Wortresten)* préconscientes dans le moi, la question est de savoir si le surmoi, quand il est inconscient, consiste en de telles représentations de mots et, si ce n'est le cas, de savoir en quoi d'autre il consiste. Notre tentative de réponse serait la suivante : si le surmoi ne peut renier sa provenance de choses entendues *(aus Gehörten)*, il est bien une partie du moi et demeure accessible à la conscience par la voie de ces représentations de mots (concepts, abstractions); mais *l'énergie d'investissement (Besetzungsenergie)* n'est pas amenée à ces contenus du surmoi à partir de la perception acoustique, de l'enseignement ou des lectures, mais provient de sources intérieures au ça » (140).

---

(139) Dès 1906, Freud voyait dans la psychanalyse des éléments qui contribueraient à éclairer certains problèmes de criminologie : *La psychanalyse et l'établissement des faits en matière judiciaire par une méthode diagnostique*, GW VII; tr. fr. in *Essais de psychanalyse appliquée*, Paris, Gallimard, (Idées), 1971, p. 44-58. En 1915 : *Quelques types de caractères dégagés par la psychanalyse*, GW X; tr. fr. ibidem, p. 105-136 (Il est question du criminel par sentiment de culpabilité — *« die Verbrecher aus Schuldbewußtsein »* — GW X, p. 389). Voir les remarques de J. LACAN, *Introduction aux fonctions de la psychanalyse en criminologie*. dans *Écrits*, p. 125-149. Une des premières contributions importantes de psychanalystes à la criminologie est celle d'ALEXANDER et STAUB, *Le criminel et ses juges*. tr. fr. Paris, Gallimard, 1938.

(140) GW XIII, p. 286; tr. fr. p. 226.
Le surmoi est constitué de signifiants, c'est-à-dire des « dits » et « interdits » parentaux incorporés. Que du « verbal » soit inconscient, tel est le scandale que profère Lacan en affirmant que *« le langage est la condition de l'inconscient »*; cf. sa préface au livre d'Anika RIFFLET-LEMAIRE, *Jacques Lacan*, Bruxelles, Dessart, Psychologie et sciences humaines, 1970.

Nous voilà une nouvelle fois reconduits à des *questions d'origine.* La réponse fournie ici est relativement prudente, mais l'insistance portée sur le ça étonne, quand on a lu cette affirmation que « le surmoi est l'héritier du complexe d'Œdipe après sa disparition » ou cette autre que « l'idéal du moi trouve son origine dans les voix des parents ». Intériorisation de l'instance parentale, de la force des interdits dont la sévérité est sous-tendue par l'importance de la menace de castration, le surmoi tire aussi sa force d'investissement du ça. Double origine, par conséquent : extérieure et intérieure.

Ce problème de la *double origine du surmoi*, nous l'avions entrevu plus haut, nous mène sur le terrain des recherches de Mélanie Klein. C'est du reste sous la poussée des observations cliniques faites sur de tout jeunes enfants que M. Klein sera amenée à s'écarter de la conception très « œdipienne » de Freud (qui ne renoncera jamais à donner la prévalence à l'instance paternelle dans l'édification du surmoi), pour promouvoir l'hypothèse d'*un surmoi précoce, pré-œdipien*, lié à l'objet maternel (141).

Peut-être ce débat topique et énergétique annonce-t-il d'autres discussions entre théoriciens de la psychanalyse. La citation que nous avons faite permet en effet de définir le surmoi en insistant soit sur *le côté « traces acoustiques »*, paroles, ordres, interdits signifiés par les « voix parentales » — et c'est nous semble-t-il cette mise en exergue de la *Wortvorstellung* qu'on observe chez Lacan et ses élèves) — soit sur *le côté pulsionnel*, affectif, en mettant en avant le problème du destin de cette *Besetzungsenergie* et des flux libidinaux — c'est le cas de M. Klein ou, par exemple, d'A. Green (143).

L'intérêt des polémiques est de révéler une indécision, une tension théoriques. Mais, pour ce qui nous concerne, ce qui se révèle à travers ces

(141) Mélanie KLEIN : *Les stades précoces du conflit œdipien* (1928), tr. fr. Marguerite DERRIDA, in *Essais de psychanalyse* (1921-1945), Paris, Payot, 1967, p.227-241.

(142) J. Lacan, *Écrits* : voir dans l'Index raisonné des concepts majeurs établi par J.-A. Miller, p. 891-892, ce qui y est dit des « défilés du signifiant » et de l'identification symbolique où se produit le « sujet ». Également, Antoine VERGOTE, *La psychanalyse science de l'homme* (en collaboration avec W. Huber et H. Pironi), les pages consacrées à l'*éthique de la psychanalyse* dans « *Psychanalyse et anthropologie philosophique* », p. 195-222.

(143) André GREEN, *Le discours vivant. La conception psychanalytique de l'affect.* Paris, P.U.F., (Le Fil rouge), 1973.

débats irrésolus, c'est la complexité du processus d'identification lui-même dont personne ne conteste qu'il est le mécanisme producteur du surmoi. Processus intermédiaire entre le dehors (l'instance parentale, les voix, la société) et le dedans (l'investissement pulsionnel, les pulsions de vie, les pulsions de mort, masochisme, sadisme); processus transformateur d'affect (et pouvant dès lors ou bien épargner ou bien précipiter l'apparition de l'angoisse) et transformateur de représentations (les signifiants de l'interdit parental devenant la voix de la conscience, les autocritiques, les autoreproches), et, en tant que transformateur pulsionnel, mécanisme majeur de refoulement, de désexualisation, de sublimation; ces propriétés de l'identification rendent bien malaisée une synthèse théorique univoque.

Pour demeurer attachés à la lettre, au mouvement même de l'écriture freudienne, c'est *le problème de la sévérité, du sadisme du surmoi*, clôturant *Le moi et le ça*, qui va nous conduire à recouper les diverses disputes théoriques invoquées ci-dessus.

2. *Sadisme du surmoi et masochisme du moi*

La question de Freud s'énonce comme suit :

> « Comment se fait-il que le surmoi se manifeste principalement comme sentiment de culpabilité (mieux : comme critique; le sentiment de culpabilité étant la perception, dans le moi, correspondant à cette critique) et qu'il fasse preuve en même temps d'une rigueur et d'une dureté aussi extraordinaires à l'égard du moi? » (144).

Les deux maladies de la culpabilité fournissent le matériel nécessaire à la réponse :

— *La mélancolie* met violemment aux prises un surmoi extrêmement puissant, extrêmement féroce, avec un moi extrêmement vulnérable, extrêmement friable. Ce surmoi a attiré la conscience de son côté pour sévir contre le moi avec une violence inouïe, comme s'il s'était emparé de tout le sadisme disponible dans l'individu. Or, Freud a reconnu dans le *sadisme* le représentant le plus saisissable de la pulsion de mort. Il peut donc conclure que ce qui domine dans le surmoi du mélancolique, c'est cette composante destructive. Il écrit :

> « Ce qui désormais prédomine dans le surmoi, c'est une sorte de culture pure *(Reinekultur)*

(144) GW XIII, p. 282; tr. fr. p. 226.

de la pulsion de mort et, effectivement, celle-ci réussit souvent à pousser le moi à la mort, lorsque le moi ne se détourne pas à temps de son tyran par un revirement en manie » (145).

Ici, Freud n'en dit pas davantage sur ce règne de la pulsion de mort. Dans un texte spécialement consacré à la question du *Problème économique du masochisme*, publié l'année suivante, en 1924 (146), et qui poursuit très étroitement le propos développé dans *Le moi et le ça*, il complète l'explication. Il appelle « *masochisme moral* » toute forme morbide d'envahissement du moi par le sentiment inconscient de culpabilité. Il s'appuie sur un détail non négligeable pour achever l'explication laissée pendante; ce détail, c'est que le sadisme du surmoi est le plus souvent vivement conscient tandis que la tendance masochiste du moi reste en général cachée à la personne et doit être déduite de son comportement. Que le masochisme moral soit inconscient indique tout naturellement une piste :

« Nous avons pu traduire l'expression 'sentiment de culpabilité inconscient' comme besoin de punition de la part d'une puissance parentale. Or nous savons que le désir, si fréquent dans les fantasmes, d'être battu par le père est très proche de cet autre désir, avoir des rapports sexuels passifs (féminins) avec lui, le premier n'étant qu'une déformation régressive du second. Si nous insérons cette explication dans le contenu du masochisme moral, son sens caché devient manifeste. La conscience et la morale sont apparues du fait que le complexe d'Œdipe a été surmonté, désexualisé; par le masochisme moral la morale est resexualisée, le complexe d'Œdipe ressuscité, une voie régressive est frayée, de la morale au complexe d'Œdipe...

Le retournement du sadisme contre la personne propre se produit régulièrement lors de la répression culturelle des pulsions qui retient une grande partie des composantes pulsionnelles destructives de s'exercer dans la vie. On peut se représenter que cet élément de la pulsion de destruction qui a fait retraite se traduit sous la forme d'une augmentation du masochisme dans le moi. Mais les phénomènes de la conscience morale nous suggèrent que la destruction qui fait retour du monde extérieur est aussi *reprise par le surmoi* sans subir une telle transformation et qu'elle élève son sadisme contre le moi. *Le sadisme du surmoi et le masochisme du moi* se complètent mutuellement et s'unissent pour provoquer les mêmes conséquences. À mon avis, c'est seulement ainsi qu'on peut comprendre que de la répression pulsionnelle résulte un sentiment de culpabilité et que la conscience morale devient d'autant plus sévère et sensible que la personne s'abstient d'agression contre d'autres...

Ainsi le masochisme moral devient-il le témoin classique de l'existence de l'union pulsionnelle. Son caractère dangereux provient du fait qu'il a son origine dans la pulsion de mort, qu'il correspond à la partie de celle-ci qui a évité d'être tournée vers l'extérieur sous forme de destruction. Mais comme il a d'autre part la signification d'une composante érotique,

(145) GW XIII, p. 283; tr. fr. p. 27.

(146) *Das ökonomische Problem des Masochismus* (1924), GW XIII, p. 371-383; tr. fr. dans *Névrose, psychose et perversion* (par J. Laplanche), Paris, P.U.F., 1973.

même l'autodestruction de la personne ne peut se produire sans satisfaction libidinale » (147).

Ce qui se précise encore, dans cet article de 1924, c'est *l'importance de l'Œdipe* qui précipite dans le moi l'instance parentale, le couple des parents, avec leur puissance, leur sévérité, leur tendance à surveiller et à punir. La désexualisation des pulsions œdipiennes, produite à la faveur de l'érection du surmoi, comporte un envers dangereux : la désunion des pulsions. Cette désunion *(Entmischung)* provoque une augmentation de la sévérité et de la cruauté de ces personnes qui ont cessé d'être des objets libidinaux du ça, ou, pour être plus exact, qui ont cessé d'être les objets des pulsions sexuelles directes — après l'Œdipe, ces pulsions sont pour une part sublimées et, pour une autre part, inhibées quant à leur but, sous forme de tendresse. Ces personnes appartiennent cependant aussi au monde extérieur réel. C'est de ce monde qu'elles ont été tirées. Toutes les influences du passé et de la tradition se profilent derrière elles et leur pouvoir manifeste de la façon la plus tangible la réalité, le « Destin » (148).

— Quant à l'autre maladie de la culpabilité, cette autre maladie de la « moralité » qu'est *la névrose obsessionnelle*, on y observe également les tourments, les tortures de la mélancolie. Nous avons dit que la différence résidait dans le fait que le moi de l'obsessionnel n'était pas entamé par cette cruauté du surmoi, qu'il luttait contre elle comme contre quelque chose d'étranger (en réalité, d'inconscient). Freud ajoute maintenant cet autre trait différentiel : l'obsessionnel ne franchit jamais le pas qui le sépare du *suicide*. Il en est même mieux protégé que l'hystérique. Ce qui assure cette sécurité du moi c'est, nous le savions déjà, le maintien de l'investissement d'objet. En d'autres termes, le refoulement de l'ambivalence ne s'opère pas par une identification qui modifierait le moi, comme dans la mélancolie, mais par des *formations réactionnelles*. C'est la régression vers l'organisation sadique-anale qui transforme les impul-

---

(147) Ibidem; GW XIII, p. 382-3; tr. fr. p. 296-7. Freud évoque, à propos du « masochisme moral » ces caractères russes que nous présente la littérature; on ne peut s'empêcher de penser à ce qu'il écrira l'année suivante (1925) sur Dostoïevski : *Dostojewski und die Vatertötung*. Tr. fr. Pontalis, préface à l'édition française de Poche, Paris, Gallimard, (Folio), 1973, p. 7-27; GW XIV.

(148) *Le problème économique du masochisme*, in *Névrose, psychose et perversion*, p. 295-6.

sions amoureuses en impulsions agressives, inconscientes et méconnues du moi, mais patentes au regard du surmoi. Le moi ne fait pas siennes les pulsions destructrices libérées par la régression : il y résiste par des défenses, des mesures de précaution, des formations réactionnelles. Le moi obsessionnel se trouve ainsi coincé, pris en tenaille, entre un ça meurtrier et un surmoi accusateur et punitif. Il ne réussit qu'à empêcher les actions les plus grossières de l'un et de l'autre et, finalement, n'aboutit qu'à se torturer lui-même indéfiniment, ou, quand il le peut, à torturer systématiquement l'objet. Cette dernière caractéristique distingue encore l'obsessionnel du mélancolique dont toute l'intensité de la pulsion de mort s'oriente sur le moi.

Revenons une fois encore sur la conséquence principale de la formation du surmoi à partir d'une *identification au modèle paternel (Vatervorbild)* (149).

Si l'identification est une désexualisation voire une sublimation, elle doit s'accompagner d'une dissociation des pulsions, d'une rupture de la liaison pulsionnelle propre au régime du ça. Les éléments érotiques devenus, par le processus d'identification, investissement narcissique, libido du moi, ne sont plus aptes à immobiliser les élements destructifs auxquels ils étaient originellement liés.

Il semble que la duplicité du surmoi — (cette figure féroce et obscène) qui commande à la fois « sois comme lui » et « ne sois pas comme lui » — trouve son fondement dans cette dissociation d'Eros et de destruction contenues dans l'investissement primordial du père (ou des parents). *L'impératif catégorique* de Kant hérite de toute la charge agressive dans son transcendantal : « tu dois » (150).

Nous recroisons, par ce biais, *le débat de Freud avec Mélanie Klein.*

La proposition qui suit résume bien la position de Freud à ce moment de son cheminement :

« Le refoulement du complexe d'Œdipe n'a évidemment pas été une tâche facile. Les parents, *en particulier le père*, ayant été reconnus comme l'obstacle à la réalisation des

(149) « *Das Über-Ich ist ja durch eine Identifizierung mit dem Vatervorbild entstanden* ». GW XIII, p. 284.

(150) « L'impératif catégorique de Kant est ainsi l'héritier direct du complexe d'Œdipe ». GW XIII, p. 380; tr. fr. dans *Névrose, psychose et perversion*, p. 295.
Cf. J. LACAN, Séminaire (non publié) sur l'*Éthique de la psychanalyse.* — Également *Kant avec Sade* dans *Écrits*, pp. 765-792.

désirs œdipiens, le moi infantile, en vue d'accomplir ce refoulement, se renforça en érigeant en lui ce même obstacle. Le moi infantile emprunta pour ainsi dire au père la force nécessaire, emprunt qui est un acte extraordinairement lourd de conséquences. *Le surmoi conservera le caractère du père.* Plus le complexe d'Œdipe a été fort et plus son refoulement s'est produit rapidement (sous l'influence de l'autorité, de l'instruction religieuse, de l'enseignement, des lectures), plus sévère sera plus tard la domination du surmoi sur le moi comme conscience morale, voire comme sentiment de culpabilité inconscient » (151).

La sévérité du surmoi semble ici résulter de la sévérité du père « réel ». Bien que ces propos comportent également l'idée d'un complexe d'Œdipe qui a été « fort » — donc puissamment chargé d'investissements pulsionnels —, *Freud accentue le lien entre le caractère du surmoi et le caractère du père.*

C'est précisément ce lien que contestera Mélanie Klein.

Les recherches qui prennent forme dès 1919, où elle définit en quelque sorte les principes de son action analytique auprès des enfants (152), montrent clairement l'objet des préoccupations majeures de M. Klein, à savoir la détermination des tout premiers conflits et des angoisses qu'ils engendrent. Le Colloque sur l'analyse des jeunes enfants, au cours duquel elle s'oppose ouvertement à Anna Freud, précise cette orientation. Mais c'est avec son essai sur *Les stades précoces du conflit œdipien* (1928) qu'elle est amenée à bousculer les conceptions de Freud sur le point précis de l'origine du surmoi et, en particulier, de sa sévérité. Des contributions ultérieures viendront renforcer cette prise de position, notamment : *Le développement précoce de la conscience chez l'enfant* (1933), *Contribution à l'étude la psychogenèse des états maniaco-dépressifs* (1934) et *Le deuil et ses rapports avec les états maniaco-dépressifs* (1940) où se manifeste la continuité de ses travaux avec ceux de son maître K. Abraham et, enfin, *Le complexe d'Œdipe éclairé par les angoisses précoces* (1945).

Limitons-nous à une citation suggestive, extraite de l'essai décisif, et incisif, de 1928 : *Les stades précoces du conflit œdipien* :

« L'analyse des petits enfants révèle que *la structure du surmoi est constituée d'identifications datant de périodes et de couches très différentes de la vie psychique.* Ces identifica-

---

(151) GW XIII, p. 263; tr. fr. p. 204.

(152) M. Klein présenta en 1919 son observation du « *Développement d'un enfant*, sur les encouragements de S. Ferenczi, son premier analyste. Elle le fit devant la Société psychanalytique de Hongrie. Le texte en fut publié en 1921. Voir l'introduction à la traduction française des *Essais de psychanalyse*, par N. Abraham et M. Torok, Paris, Payot, 1967, p. 7-18.

tions sont étonnamment contradictoires dans leur nature, l'excessive bonté côtoyant l'excessive sévérité. Elles nous fournissent aussi une *explication de la sévérité du surmoi*, sévérité qui se manifeste avec une évidence particulière dans ces analyses d'enfants. On ne comprend pas pourquoi un enfant de quatre ans, par exemple, se ferait une image irréelle et fantastique de parents qui dévorent, coupent et mordent. Mais on comprend pourquoi chez un enfant *d'un an* environ, l'angoisse née du conflit œdipien prend la forme d'une peur d'être dévoré et détruit. L'enfant lui-même désire détruire l'objet libidinal en le mordant, en le dévorant, en le découpant, d'où *l'angoisse*. En effet l'éveil des tendances œdipiennes est suivi d'une introjection de l'objet, qui devient alors une instance qui punit. L'enfant *craint une punition correspondant à l'offense* : le surmoi devient une chose qui mord, dévore et qui coupe.

Le lien entre la formation du surmoi et les phases prégénitales du développement possède une double importance : d'une part, le sentiment de culpabilité se trouve rattaché à la phase sadique-orale et sadique-anale, qui prédominent encore à cette période, et d'autre part, la naissance du surmoi se situe à un moment où ces phases sont à l'ascendant, ce qui explique son sadisme et sa sévérité. Les tendances œdipiennes s'exprimant d'abord surtout sur un mode oral et anal, la nature des fixations prédominantes dans le développement œdipien dépendra surtout de la force du refoulement qui se produit à ce stade de la petite enfance.

Le lien direct de la phase prégénitale et de la culpabilité est important pour une autre raison encore : les frustrations orales et anales, prototypes de toutes les frustrations ultérieures, ont aussi une signification de punition qui fait naître l'angoisse. Il s'ensuit que la frustration est ressentie avec plus d'acuité, et l'amertume ainsi provoquée tient une large part dans la souffrance que font naître toutes les frustrations ultérieures » (153).

Ce texte condense une série de thèses originales que l'auteur développera de manière continue et toujours plus fouillée dans tous ses travaux. Mais nous sommes à même de comprendre, au vu de ce seul échantillon, que ce que Mélanie Klein a voulu saisir à bras le corps, c'est ce problème laissé par Freud dans le vague et le flou des oscillations hypothétiques, à savoir le contenu des *premières identifications*. Ce que Mélanie Klein produira, dans ses contributions tout à fait géniales, c'est l'analyse patiente, l'excoriation minutieuse de ces « couches » différentes d'identifications précoces, étonnamment *contradictoires*. En ce sens, elle est sans doute l'un des rares auteurs qui ait, au plus près de la problématique de la pulsion de mort fortement défendue par Freud, poursuivi — et plus conséquemment encore que Freud lui-même — les implications de cette découverte, étrange et inquiétante.

Pour en rester au problème de la sévérité du surmoi, Klein la noue essentiellement à la sévérité des pulsions sadiques, orales et anales, de l'enfant. L'objet introjecté garde toute cette charge destructrice et œuvre

(153) M. KLEIN : *Les stades précoces du conflit œdipien*, dans *Essais de psychanalyse*, p. 230.

à la critique impitoyable du moi. Contrairement à Freud, la sévérité du surmoi ne reflète pas directement celle des parents « frustrants », ou du père, mais la puissance littéralement inouïe de la pulsion de mort propre au tout jeune enfant.

La culpabilité passe donc par un mécanisme plus complexe que la simple intériorisation de l'agresseur — et ceci rappelle la position d'Anna Freud, battue en brèche par Mélanie Klein au *Colloque sur l'analyse des enfants* de Londres, en 1927 (154). La référence au petit *Hans*, au cours de son intervention à ce Colloque, montrait bien que si le cheval représente une sorte de figure annonciatrice d'une instance idéale, du surmoi, la méchanceté et la dangerosité de ce cheval et la sévérité de l'angoisse qu'il provoque chez Hans ne sont nullement en rapport avec ses parents. Ceux-ci, et le père en particulier, font preuve d'une étonnante bonne volonté, d'une opiniâtre et touchante — parfois naïve — compréhension, tout imprégnés des idées de Freud. Amenant d'autres matériaux analytiques, notamment des cas bien plus sérieux que celui de petit Hans, M. Klein démontre que ce que l'enfant intériorise ce n'est pas le père réel, interdicteur et privateur de la mère, mais un père fantasmatique, « imagoïque » (155), sur lequel se sont projetées les pulsions destructrices de l'enfant. Ainsi les personnages œdipiens sont-ils des doubles narcissiques, des personnifications des propres pulsions du très précoce petit Œdipe (156).

Malgré le fait piquant que Mélanie Klein s'opposât à la propre fille de Freud, celui-ci ne put s'empêcher de prêter l'oreille aux idées de cette analyste plus « fidèle » sans doute à la pensée fondamentale de la psychanalyse que la rivale, digne fille de son père. Une note, certes brève, de *Malaise dans la civilisation* atteste la prise en compte des objections kleiniennes et l'embarras où elles précipitaient ce champion impénitent du « complexe paternel ».

Il s'agit de la discussion à laquelle Freud se livre aux *chapitres VII et VIII* de cet ouvrage de 1929, au moment où il revient sur ses conceptions du *sentiment inconscient de culpabilité* et sur la culpabilité humaine en

---

(154) Ibidem, p. 178-210.

(155) Le terme d'imago, et celui d'identification imagoïque sont chers à J. Luquet, auteur d'un important essai sur les identifications précoces (cité plus haut).

(156) Voir M. SAFOUAN, *Note sur le père idéal*, dans *Lettres de l'École freudienne de Paris*, n° 5.

général, facteur éminent du « malaise » *(Unbehagen)* de l'homme pris dans les mailles de la civilisation. Cette discussion regorge de détours, d'avances, de retraits, comme s'il cherchait à concilier sa thèse « paternelle » et la thèse pulsionnelle de M. Klein. Voici quelques moments de ce débat :

« À l'origine, la conscience *(das Gewissen)* (ou plus exactement l'angoisse qui deviendra plus tard la conscience) est en fait la cause du renoncement à la pulsion, mais, ultérieurement, la relation se renverse. Tout renoncement personnel *(Triebverzicht)* devient alors une source d'énergie pour la conscience, puis tout nouveau renoncement intensifie à son tour la sévérité et l'intolérance de celle-ci... La conscience est la conséquence du renoncement aux pulsions. Ou bien : ce dernier, à nous imposé du dehors, engendre la conscience, laquelle exige alors de nouveaux renoncements » (157).

Il poursuit : comment se passe, par exemple, le renoncement à l'agression?

« L'action exercée sur la conscience par ce renoncement est telle que la fraction d'agressivité que nous nous abstenons de satisfaire est reprise par le surmoi et accentue sa propre agressivité contre le moi. Cette proposition ne s'accorde pas bien avec cette autre énonçant que l'agressivité initiale de la conscience est une survivance de la sévérité de l'autorité extérieure et donc qu'elle n'a rien de commun avec le phénomène du renoncement. Mais on peut supprimer cette antinomie en faisant dériver d'une autre source cette première armature agressive *(Aggressionausstattung)* du surmoi, en admettant qu'une agressivité considérable a dû se développer chez l'enfant contre qui lui défendait les premières, mais aussi les plus importantes, satisfactions; peu importe d'ailleurs le genre de pulsions auxquelles cette autorité défendait expressément de donner libre cours. Force était à l'enfant de renoncer à satisfaire cette agressivité vindicative. C'est pour s'aider à triompher d'une situation si difficile au point de vue économique qu'il recourt aux mécanismes connus de l'identification, qu'il prend ou instaure en lui cette autorité intangible, laquelle devient alors le surmoi » (158).

Le renoncement à la pulsion a pour motif primordial l'angoisse devant l'agression de l'autorité extérieure, angoisse qui repose au fond sur *la peur de perdre l'amour*, car l'amour protège contre cette agression que constitue la punition. L'angoisse devant l'autorité, due non seulement à la sévérité de celle-ci mais surtout à l'intensité des pulsions agressives, se mue par l'identification en angoisse devant une autorité intérieure, en angoisse morale. La relation du moi au surmoi reproduit ainsi une relation et une tension agressive originelle.

---

(157) Cf. *Malaise dans la civilisation* (1929), tr. fr. J. Odier, Paris, P.U.F., 1971, p. 86; GW XIV, p. 498.

(158) Ibidem, GW XIV, p. 499; tr. fr. p. 86-87.

Mais, ceci dit, quelle conception doit prévaloir? Ou comment accorder l'une à l'autre? Freud s'interroge :

« À laquelle de ces deux conceptions donner raison? À l'ancienne qui, du point de vue génétique, nous paraissait inattaquable, ou à la nouvelle qui parfait si opportunément la théorie? Évidemment, toutes deux sont justifiées, ce dont témoigne aussi l'observation directe; elles ne s'opposent pas l'une à l'autre, se rejoignent même en un point, car l'agressivité vengeresse de l'enfant prendra aussi pour mesure l'agression punitive à laquelle il s'attend de la part du père. L'expérience toutefois nous enseigne que la sévérité du surmoi qu'élabore un enfant ne reflète nullement la sévérité des traitements qu'il a subis » (159).

S'ajoute une note très courte :

« Comme Mélanie Klein et d'autres auteurs anglais l'on relevé avec justesse ».

Freud n'abandonne pas pour autant sa thèse de *Totem et tabou.* L'origine du sentiment de culpabilité c'est le complexe d'Œdipe, le meurtre du père par les frères légués contre lui. L'agression ne fut pas alors réprimée mais bel et bien accomplie. Cette même agression, inaccomplie en réalité, seulement souhaitée, suscite pourtant chez l'enfant un même sentiment de faute.

L'origine du remords, qui suit l'acte du meurtre, réside dans *l'ambivalence* primitive des sentiments envers le père. C'est la part *d'amour* de ce « mélange » pulsionnel qui se mue, par l'identification, en idéal du moi; mais l'identification a pour effet la séparation, la dissociation de l'ambivalence première. Le destin de l'agression, du sadisme, sera de se tourner sur le moi. C'est en quelque sorte l'amour indestructible du père qui délègue au surmoi le droit et le pouvoir que détenait le père de punir l'acte d'agression accompli sur sa personne et qui dresse l'obstacle destiné à empêcher le retour de l'agression. À chaque génération, le sentiment de culpabilité se maintient et se renforce par le transfert au surmoi de l'énergie propre de chaque nouvelle agression réprimée.

Ces développements permettent à Freud d'énoncer cette conclusion :

« Nous voici maintenant, je pense, parvenus à une parfaite clarté sur deux points : la participation de l'amour à la naissance de la conscience, et l'inévitabilité fatale du sentiment de culpabilité. Il est exact que le fait de tuer le père, ou de s'en abstenir, n'est pas décisif; on doit nécessairement se sentir coupable dans les deux cas, car ce sentiment est l'expression du conflit d'ambivalence, de la lutte éternelle entre l'Eros et la pulsion de destruction ou de mort » (160).

---

(159) Ibidem, GW XIV, p. 489; tr. fr. p. 87.
(160) Ibidem, GW XIV, p. 492; tr. fr. p. 91.

On saisit, dans ces lignes, ce que Freud retient des objections de M. Klein. Mais on y devine également, qu'il ne lâche pas sa théorie de l'Œdipe dont le terme prédominant est *le père*. Dans des écrits ultérieurs, l'oscillation entre les deux théories balancera encore, jusqu'à la fin (161).

Ce que Freud laisse cependant singulièrement tomber, par rapport aux affirmations de M. Klein fondées dans l'expérience clinique, c'est l'importance de la relation non seulement au père mais aussi, et surtout, de *la mère* dont la fonction « castratrice », frustratrice, interdictrice doit fortement agiter les sentiments vengeurs — et, par suite, l'importance des identifications à la mère formant le surmoi pré-œdipien de l'enfant. Nous pensons que c'est à cette négligence singulière qu'il faut attribuer la difficulté où s'est trouvé Freud de poser correctement le problème de la *sexualité féminine*.

Laissons cette évocation des débats de Freud avec M. Klein pour revenir aux considérations terminales relatives aux tensions du moi et du surmoi, dans *Le moi et le ça*. Le problème soulevé était celui du *sadisme* du surmoi à l'égard du moi, et du *masochisme* du moi que laissait soupçonner la tendance suicidaire du mélancolique. Freud se livrait à une sorte de comparaison entre les probabilités de suicide dans la mélancolie, la névrose obsessionnelle et l'hystérie. Ce problème de *la mort du moi*, réelle ou symbolique, trouve une manière de péripétie nouvelle dans une autre affection à laquelle Freud s'attachera quelques années plus tard : *l'épilepsie*.

Dans son article sur *Dostoïevski et le parricide*, rédigé pour servir de préface à l'édition allemande des Œuvres complètes de l'écrivain russe, en 1928, l'idée que le besoin de punition reproduit une scène œdipienne transposée dans le moi en un scénario sado-masochiste s'y trouve reprise et développée. Limitons-nous à en retirer seulement des notations qui complètent directement les perspectives qu'ouvre ce dernier chapitre sur les rapports de l'identification avec le sadisme du surmoi et le masochisme du moi.

Les *attaques épileptiques*, ou épileptiformes, auxquelles fut sujet le

(161) Les ouvrages de Freud qui précèdent et qui suivent *Malaise dans la civilisation* témoignent de ces incertitudes; ainsi : *Conférences d'introduction à la psychanalyse* (1917), *Inhibition, symptôme et angoisse* (1927) et, ensuite, *Les Nouvelles leçons d'introduction à la psychanalyse* (1932), *L'abrégé de psychanalyse* (1939) et *Moïse et le monothéisme* (1939).

tout jeune Dostoïevski (162), Freud les interprète comme des *attaques de mort (Todesanfälle).* Leur signification et leur intention *(Absicht)* sont celles d'*une identification à un mort*, à une personne effectivement morte ou encore vivante, mais dont on souhaite vivement la mort. L'attaque a bien la valeur d'une *punition.* On a souhaité la mort de l'autre — qui, pour la psychanalyse, est en principe le père — du moins dans le cas du garçon — mais à présent on est cet autre visé par le vœu de mort, on est mort soi-même. L'attaque est donc analogue à une attaque hystérique. Cette conception, bien freudienne, sort l'épilepsie de l'isolation où la maintient la neuropsychiatrie (163). La crise fonctionne comme une autopunition pour le souhait de mort contre le père haï. Des indications biographiques que Freud ne met pas en cause (164) attestent la haine du jeune Fiodor envers son père et la cruauté exceptionnelle de ce dernier. Tout cela concorde bien avec la thèse suivant laquelle la cruauté du surmoi reflète celle du père. Freud résume ainsi cet aspect du « cas » Dostoïevski :

« Le symptôme précoce d'' attaques de mort ' peut ainsi se comprendre comme une identification du moi au père *(Vateridentifizierung des Ichs)* autorisée par le surmoi comme punition. 'Tu voulais tuer le père afin d'être toi-même le père. Maintenant tu es le père, mais le père mort'. C'est là le mécanisme habituel du symptôme hystérique. Et en outre :' Maintenant le père est en train de te tuer '. Pour le moi, le symptôme de mort est, dans le fantasme, une satisfaction du désir masculin et en même temps une satisfaction masochique; pour le surmoi, c'est une satisfaction punitive, à savoir une satisfaction sadique. Les deux instances, le moi et le surmoi, tiennent à nouveau le rôle du père.

Pour nous résumer, la relation entre la personne et l'objet-père, tout en conservant son

---

(162) On trouve une excellente approche biographique du « grand russe » dans le petit livre de Dominique ARBAN, *Dostoïevski par lui-même*, Paris, Le Seuil, Écrivains de toujours), 1962. Et : *Dostoïevski le coupable*, Paris, Julliard, 1968.

(163) Ce n'est que depuis peu de temps que des analystes se sont intéressés du point de vue clinique et théorique à l'épilepsie, pour la distraire d'un contexte étroitement neurologique ou psychiatrique. Nous pensons essentiellement aux travaux de A. GRASSET : *L'enfant épileptique,* Paris, P.U.F., 1968; L. MÉLÈSE : *Discours de l'épilepsie. Structure psychanalytique*, dans *Lettres de l'École freudienne*, janvier 1971; et encore : *La sécularisation du symptôme épileptique*, ibidem, décembre 1972. Pour une analyse plus détaillée de ce renouvellement des perspectives, voir l'essai de Christiane PONCELET, *Les questions de l'épilepsie à travers la psychanalyse et la Schicksanalyse*, Mémoire de Licence en Psychologie, sous la direction de J.Schotte, Louvain, 1974 (inédit).

(164) Voir la notice de J.B. PONTALIS, traducteur de *Dostoïevski et le parricide*, Paris, Gallimard, (Folio), 1973.

contenu, s'est transformée en une relation entre le moi et le surmoi : une nouvelle mise en scène *(eine Neuinszenierung)* sur une seconde scène *(Bühne)...* » (165).

Une ancienne scène, réelle (comme le meurtre réel du père de la horde primitive), s'est déplacée à l'intérieur de la scène psychique : le surmoi punitif prenant la position du père menaçant et le moi, masochiste, prenant la position du père menacé.

Parmi les dépendances du moi, la plus frappante, cliniquement, est celle qui l'assujettit au surmoi. Ainsi, la possibilité du suicide témoigne-t-elle de l'extrême intensité de la tension qui peut opposer le moi au surmoi. Les souffrances du moi causées par l'agression du surmoi peuvent le mener à la mort, mort réelle dans le suicide mélancolique, mort psychique, « absence » de l'accès épileptique.

3. *Angoisse de castration et formation du surmoi*

1) L'angoisse : entre le moi et le surmoi

La question laissée en suspens, ou à peine effleurée, au cours de tous ces développements relatifs à l'instance idéale et à ses origines « primaires » et « secondaires », c'est la question de la détermination de ce qui motive et précipite le refoulement du complexe d'Œdipe.

Certes nous nous doutons de la nature de cette contrainte depuis longtemps : depuis l'analyse du *petit Hans* et de *l'Homme aux loups*, du cas *Schreber* et du « *totémisme* » présent en toute névrose. *La menace de castration* provoque la rébellion de la « virilité narcissique » qui produit le refoulement des désirs menaçants (masturbation, désir passif et attitude féminine envers le père, désir d'être changé en femme, désir de possession de la mère). Ces désirs suscitent, principalement de la part du père, mais également de la mère ou de gouvernantes, l'énoncé imaginé ou réel de menaces de castration. Ce qui s'annonce dans les ultimes paragraphes de cet essai qu'est *Le Moi et le ça*, c'est l'articulation de ces observations cliniques avec la conceptualisation instaurée par le « Freud III ». Ce que la théorie doit articuler, finalement, c'est la menace — et l'angoisse — de castration, les voies du refoulement, la structure différenciée du moi, le dualisme d'Eros et de la pulsion de mort. L'élaboration détaillée de cette articulation n'est pas de notre ressort, ni notre ambi-

(165) Ibidem, p. 18.

tion; elle a du reste été largement accomplie récemment dans le travail de Michel De Wolf sur *La castration dans l'œuvre et l'expérience freudiennes* et celui de Jean Laplanche, *La castration, ses précurseurs et son destin* (166).

Nous n'avons donc pas à reconstruire ici les vicissitudes des recherches de Freud sur l'angoisse et la castration, mais seulement à montrer en quel point la théorie de l'identification se noue à celles-là.

Nous soutenons que Freud n'ira jamais plus loin qu'il n'a été dans Le moi et le ça dans la construction du concept d'identification. Cependant, ce texte contient une sorte de programme des difficultés et des apories que soulève ce concept. Nous avons vu que les identifications œdipiennes constituent la voie par laquelle l'enfant refoulait le complexe d'Œdipe. Si ce refoulement était complètement réussi, on pourrait imaginer qu'il ne devrait plus jamais être question du complexe d'Œdipe dans la suite de son histoire. Mais les névroses, les psychoses et les perversions révèlent, chacunes selon des voies différentes, l'échec relatif ou complet du travail d'identification auquel normalement l'enfant se livre pour sortir de l'Œdipe. L'identification doit donc, vraisemblablement, comporter des avantages économiques, mais également des inconvénients; *les identifications œdipiennes ne clôturent rien, mais ouvrent une histoire personnelle où tremblent toutes les réminiscences d'une « préhistoire » très problématique.* Ces identifications, en outre, ne remplacent pas l'attachement aux parents dont l'enfant réclame toujours l'amour, la protection. Il nous reste à dessiner le destin de ces identifications.

Lisons pour ce faire la fin de ce texte. Freud y décrit le moi comme une « pauvre créature » soumise à la triple servitude du monde extérieur, des pulsions du ça et de la sévérité du surmoi. Triple servitude qui correspond à une triple menace, donc à trois types de dangers auxquels il lui faut

(166) Cf. Michel DE WOLF, Dissertation doctorale, (inédite), Louvain 1973 et J. LAPLANCHE : *La castration, ses précurseurs et son destin*, in *Bulletin de Psychologie* XXVI, p. 312 et suiv. La Revue *Scilicet* propose de nombreux articles relatifs à cette articulation de la castration au problème du sujet. Voir J. LACAN, *L'Étourdit, Scilicet*, n° 4, 1973, p. 5-54 et les contributions, anonymes, suivantes : – *La phase phallique et la portée subjective du complexe de castration, Scilicet* n° 1, 1968, p. 61-85; – *Bisexualité et différence des sexes,* Ibidem, p. 85-96; – *Note sur la menace de castration ou du cheminement de la vérité dans l'inconscient,* Ibidem, p. 97-103; – *Remarques sur la castration et la revendication phallique. Notes de lecture,* Ibidem, p. 186-8. – *L'infini et la castration,* Ibidem, p. 75-136.

parer tant bien que mal. Si l'angoisse, en première approximation, peut se définir comme l'expression d'un retrait, d'un recul *(Rückzug)* devant le danger, le moi, organe de perception de ces dangers, mérite bien d'être appelé le lieu propre de l'angoisse : *Die Ich ist ja die eigentliche Angststätte* (167).

Pour ce qui touche le ça et le monde extérieur, la tâche du moi consiste à les concilier, à adapter le ça au monde et le monde au ça. A cet effet il s'offre lui-même, avec son expérience du monde extérieur, aux aspirations du ça et cherche à diriger sur lui tous les investissements du ça. Le processus d'identification est la méthode principale de cette manœuvre de « détournement des fonds » du ça. Mais le comportement du moi envers les deux variétés de pulsions n'est pas impartial. En effet :

« Par son travail d'identification et de sublimation, il aide les pulsions de mort dans le ça à dominer la libido, mais, ce faisant, il court le danger que ces pulsions de mort le prennent pour objet et se tournent contre lui. En vue de sa propre sauvegarde, il a dû s'emplir de libido, devenant par là un représentant d'Eros et voulant vivre et être aimé.

Son travail de sublimation ayant cependant pour conséquence une dissociation des pulsions et une libération des pulsions d'agression dans le surmoi, il s'expose, dans sa lutte contre la libido, au danger d'être maltraité et de mourir » (168).

Tel est l'effet le plus délétère de la dépendance envers le ça que le moi doit combattre tout en conservant son « amour ». La lutte contre le ça entraîne, curieusement, les coups violents du surmoi. Pourquoi toute cette peine, pourquoi cette nécessité de lutter contre le ça? Quelle menace, pire encore, le moi s'évite-t-il ainsi?

En ce qui regarde le monde extérieur ou le ça, le danger à redouter est l'asservissement ou l'anéantissement, à quoi s'oppose violemment le principe de plaisir, souverain dans le moi. Quant au danger qui se dissimule derrière l'angoisse que le moi éprouve devant le surmoi, la psychanalyse dispose d'une réponse plus précise : *le surmoi étant le substitut de l'être supérieur qui représentait autrefois la menace de castration, toutes les angoisses qui surgissent devant le surmoi se réduisent à l'angoisse de castration dont elles sont des « produits d'élaboration » (Verarbeitung der Kastrationsangst);* tel est le cas de la conscience morale, des scrupules de conscience, de la culpabilité.

---

(167) GW XIII, p. 287; tr. fr. p. 231.
(168) GW XIII, p. 287; tr. frn p. 231.

L'angoisse de mort, particulièrement aiguë dans la mélancolie, devrait, elle aussi, pouvoir être réductible à l'angoisse de castration. Dans ce cas on voit le moi se défaire d'une très grosse part de libido narcissique, se sacrifier lui-même, parce qu'il se sent haï et persécuté, au lieu d'être aimé par le surmoi. Il faut en effet garder à l'esprit que le surmoi hérite non seulement des fonctions interdictrices et légiférantes du père, mais également de sa fonction de protecteur, de providence, de salut. Un danger réel particulièrement grave, auquel le moi ne trouve aucune riposte, produit un effet analogue à cette angoisse de mort du mélancolique : le moi capitule, se laisse mourir, abandonné par toutes les puissances protectrices (parents, providence ou Destin). Il est possible que la première angoisse soit celle qu'éprouve l'enfant, lors de la *naissance :* de ce « *traumatisme de la naissance* », Otto Rank fera le prototype de toutes les angoisses possibles (169). Freud pense, pour sa part, que l'angoisse de la naissance est le fondement de l'angoisse (de) nostalgie *(Sehnsucht-Angst)* de la mère, propre à la période infantile.

Ainsi, angoisse de mort, angoisse de culpabilité, angoisse névrotique devant la libido, auraient toutes leur lieu commun dans cet écart tendu entre le moi et le surmoi.

Cet aperçu sur l'angoisse achève *Le moi et le ça.* Il ouvre une problématique que Freud poursuivra à travers des méandres, des hésitations, des incertitudes qui se répéteront jusqu'à la fin de son œuvre. Mettre sur pied une théorie métapsychologique de l'angoisse semble une tâche quasi insurmontable.

Mais c'est le terme d'*angoisse de castration* qui retient ici notre attention. L'angoisse de castration, c'est l'angoisse du fils devant le père, c'est l'angoisse devant une menace narcissique effrayante; *elle met en branle ce fameux « travail d'identification et de sublimation » qui transforme les multiples investissements d'objets œdipiens en ce précipité qui fonctionne comme une puissante formation réactionnelle : le surmoi.* Cette dynamique qui met fin au complexe d'Œdipe nécessite de plus amples explica-

(169) Otto RANK, *Der Trauma der Geburt und seine Bedeutung für die Psychoanalyse.* Vienna, Intern. Psychoanal. Verlag, 1924. Tr. fr. S. Jankélévitch : *Le traumatisme de la naissance*, Paris, Payot, 1968. Cf. M. DE WOLF, *Le traumatisme de la naissance d'Otto Rank : premières réactions de Freud à une dissidence. Symptôme* — in Rev. de Psychol. et des Sc. de l'éducation, 1974, vol. 9, n° 2, p. 2, p. 131-162.

tions. Freud s'attelle à ce travail dès 1923, peu après la publication de l'essai que nous venons de lire, dans un article qui accorde au *phallus* et, par conséquent, à la castration, sa place organisatrice de l'Œdipe : « *L'organisation génitale infantile* » (170); puis, en 1924, il revient sur les conditions de *La disparition du complexe d'Œdipe (Der Untergang der Œdipuskomplexes)* où il pose la question de la différence du déroulement de ce complexe chez le garçon et chez la fille (171).

2) Castration et identité (différence) sexuelle

Limitons-nous à relever quelques passages de ces deux articles qui engagent la psychanalyse sur le tronçon le plus sévère et le plus difficultueux — le plus délicat aussi — de son cheminement : la mise en place d'une théorisation de la *différenciation sexuelle.*

Le premier, qui s'intitule : « *L'organisation génitale infantile* » doit s'intercaler dans la théorie de la sexualité. Il apporte, un élément décisif à la théorie de l'identification. Depuis les discussions amenées dans *Le moi et le ça,* il nous faut entendre le terme d'identification en son acception la plus forte, la plus étymologique en quelque sorte. L'identification, processus d'élaboration pulsionnelle de première importance, est le nom psychanalytique de ce qu'on appelle, dans le langage anthropologique et « philosophique » actuels le problème de *la constitution du sujet.* C'est en effet une identification « primaire » qui préside à la formation et à la conformation du moi; c'est un complexe d'identifications « secondaires » qui constituent dans la trame du moi ce pli — sinon cette déchirure — qu'est l'idéal du moi ou surmoi. La formation d'une « identité », nous le pressentons depuis longtemps, consiste pour Freud de façon quasi exclusive dans la formation d'une identité sexuelle, d'un « caractère » *sexuel;* le complexe d'Œdipe — ou mieux : son refoulement — renforce la position sexuelle de l'enfant. Le problème qui nous poursuit depuis le début est de préciser *à quoi, à qui,* l'enfant s'identifie pour devenir

(170) *Die infantile Genitalorganisation.* GW XIII, pp. 293-8; tr. fr. in *La vie sexuelle*, p. 113-116. E. Jones, après Freud s'est spécialement attaché à la caractérisation de cette phase phallique. Voir : *La phase phallique,* tr. M. et V. Smirnoff dans *La Psychanalyse*, n° 7, 1964, p. 271-312.

(171) GW XIII, p. 395-402; tr. fr. dans *La vie sexuelle*, p. 117-122.

« identifiable », pour devenir « lui-même »; est-ce au père, à la mère, à leur rapport, à un « trait »...?

Le texte qui introduit le concept d'un *stade phallique* dans la théorie générale de la sexualité fournit une pièce importante dans l'élaboration de ce problème. C'est le savoir de son « identité » que l'enfant, mû par son extraordinaire pulsion d'investigation, cherche dans ses questions insatiables sur son corps, son origine, son devenir, son désir.

« Le caractère principal de cette '*organisation génitale infantile*' est *ce qui* la *différencie* de l'organisation génitale définitive de l'adulte. Il réside en ceci que, pour les deux sexes un seul organe génital, l'organe mâle, joue un rôle. Il n'existe donc pas un primat génital, mais un primat du *phallus* » (172).

Le petit garçon *perçoit* certes la différence entre les hommes et les femmes, mais il ne le met pas aussitôt en relation avec une différence de leurs organes génitaux. Il suppose naturellement l'existence de cet organe chez tous les êtres vivants et cherche même dans les choses inanimées quelque chose d'analogue à son membre. Cette partie du corps si excitable, si modifiable et si riche en sensations occupe son intérêt au plus haut point et assigne constamment de nouvelles tâches à sa *pulsion d'investigation.* Freud va jusqu'à affirmer que c'est sous la forme de ce pressant besoin d'investigation, de cette curiosité sexuelle envahissante, que se manifeste la puissance de cette partie virile à cette époque. Sa réaction à la perception du manque de pénis chez les filles est d'abord de le *nier (verleugnen)* et de *croire* malgré tout à l'existence de ce membre chez elles; il jette un voile sur cette contradiction entre sa perception et son « préjugé » *(Vorurteil)* et en arrive à cette conclusion dont la valeur affective est énorme : il y en avait un auparavant, s'il n'y en a pas, c'est qu'on l'a enlevé. Le manque de pénis est donc pour lui l'effet d'une *castration* et l'enfant se trouve dès lors obligé de *s'affronter à la relation de la castration avec sa propre personne.* Et Freud de conclure :

« L'on ne peut apprécier à sa juste valeur la signification du complexe de castration qu'à la condition de faire entrer en ligne de compte sa survenue à la place du *primat du phallus* » (173).

---

(172) GW XIII, pp. 294-5; tr. fr. p. 114.

(173) GW XIII, p. 296; tr. fr. p. 115. Dans la note (1) de cette même page, Freud ajoute une remarque qui n'est pas dénuée d'intérêt; elle rappelle en effet des points que nous avons fréquemment soulignés dans notre interprétation du statut « intermédiaire » des « objets » du moi (qui sont à la fois le moi et ce qui dans l'autre est une partie de ce moi narcissique). Nous lisons :

La castration est alors pensée comme le résultat d'une *punition* pour des désirs ou des pratiques indignes. Mais, note Freud : « des femmes respectées, comme sa mère, gardent encore longtemps le pénis ». Nous croyons reconnaître dans la note ajoutée ici par Freud le cas auquel il fait lui-même allusion dans une note de *Le moi et le ça*, cette fameuse note où il est question de l'identification « aux parents » plutôt qu'« au père de la préhistoire personnelle ». Nous reproduisons ici ces deux notes :

« L'analyse d'une jeune femme qui n'avait pas de père mais plusieurs tantes me montra qu'elle avait continué tard dans la période de latence à tenir au pénis de sa mère et de certaines de ses tantes. Mais elle considérait une tante faible d'esprit comme châtrée, tout comme elle l'éprouvait pour elle-même » (174).

La note à laquelle cette dernière nous fait penser est celle-ci :

« Ayant eu récemment l'occasion d'observer une jeune femme, j'ai appris que, depuis qu'elle s'est aperçue qu'elle manquait de pénis, elle était persuadée que cet organe faisait défaut non à toutes les femmes mais seulement à celles qui étaient en état d'infériorité. Tel n'était pas, d'après elle, le cas de sa mère » (175).

Ce n'est qu'à la puberté, lors de l'achèvement du développement sexuel qu'à cette première opposition « phallique ou châtré » se substituera celle où la polarité sexuelle coïncidera avec masculin ou féminin. Mais, là encore, survit la primauté du phallus :

« Le masculin englobe le sujet, l'activité et la possession du pénis; le féminin perpétue l'objet et la passivité. Le vagin prend à présent valeur comme logis du pénis, il devient l'héritier du corps maternel » (176).

Le second article lie cette découverte du primat du phallus à la castration comme fondement de l'identité sexuelle, et au refoulement, à *la*

« On a noté avec raison que l'enfant acquiert la représentation d'un dommage narcissique par perte corporelle à partir de la perte du sein maternel après la tétée, à partir de la remise quotidienne des fèces et même à partir de la séparation d'avec le corps maternel à la naissance. Cependant on ne devrait parler de complexe de castration qu'à partir du moment où cette représentation d'une perte s'est reliée à l'organe génital masculin ».
L'on constate, malgré cette affirmation de Freud, qu'une analyste comme Françoise Dolto n'hésite pas à appeller « castration » de telles expériences précoces de séparation; cela tient vraisemblablement à la fonction de la notion du symbolique qu'elle reprend à Lacan et qui permet de soutenir une conception *structurale* et pas seulement génétique de la castration. Voir F. DOLTO, *Psychanalyse et pédiatrie*. Paris, Le Seuil, (Le champ freudien), 1973; *Le cas Dominique*. Paris, Le Seuil, (Le champ freudien), 1973.

(174) GW XIII, p. 297; tr. fr. p. 116, note 2.

(175) GW XIII, p. 259; voir notre commentaire plus haut.

(176) GW XIII, p. 397-8; tr. fr. p. 116 dans *La vie sexuelle*.

disparition du complexe d'Œdipe. Freud commence par rappeler que cette organisation génitale *infantile* ne continue pas de se développer telle quelle jusqu'à l'organisation génitale définitive à la puberté, mais qu'elle est engloutie et abandonnée au cours d'une phase de latence. Sur quoi s'étaye ce départ *(Ausgang)* de la phase phallique contemporaine du complexe d'Œdipe? Qu'est-ce qui provoque cet engloutissement?

« Nous affirmons, dit Freud, que l'organisation génitale phallique de l'enfant sombre *(zugrunde geht)* lors de la menace de castration » (177).

Menace qui ne prend toute sa force qu'après une série d'expériences, d'observations et de raisonnements très éprouvants. Car si l'enfant a perçu l'absence de pénis, il n'y a pas cru d'emblée. La découverte de l'organe sexuel féminin a donné forme et représentation aux menaces qu'on pouvait proférer auparavant en raison de ses pratiques masturbatoires. C'est donc *après-coup* que s'avère l'efficace de ces menaces. Mais la menace de castration n'a pas seulement pour effet de mettre fin à de telles pratiques, car la vie sexuelle de l'enfant à ce moment consiste dans l'*attitude œdipienne* envers les parents. C'est à l'excitation sexuelle suscitée par ces rapports œdipiens que la masturbation offre une voie de décharge. Le complexe d'Œdipe « complet » offre à l'enfant deux possibilités de satisfaction : l'une active, l'autre passive. Il peut, sur le mode masculin, *se mettre à la place du père* et, comme lui, avoir commerce avec la mère; le père devient alors l'obstacle à ce vœu. Il peut, inversément, *remplacer la mère* pour se faire aimer comme elle par le père; la mère, dans ce cas, devient superflue. Mais le garçon n'a qu'une représentation très vague de ce que peuvent être de tels rapports amoureux, même s'il se doute que le pénis doit bien y jouer quelque rôle.

C'est lors de la reconnaissance, de l'acceptation de la possibilité de la castration qui met fin à la croyance phallique, que cette double possibilité de satisfaction œdipienne s'avère impossible.

« Si la satisfaction amoureuse, sur le terrain du complexe d'Œdipe, doit coûter le pénis, alors on en vient nécessairement *au conflit entre l'intérêt narcissique pour cette partie du corps et l'investissement libidinal des objets parentaux* » (178).

Si, c'est la force du narcissisme qui l'emporte, l'enfant se détourne du complexe d'Œdipe. C'est ce qui arrive « normalement ». Toute la ques-

(177) GW XIII, p. 397; tr. fr. p. 119 dans *La vie sexuelle.*
(178) GW XIII, p. 398; tr. fr. p. 119, ibidem.

tion est de savoir dans quelle mesure l'enfant « s'en détourne » vraiment. Si l'on s'en tient rigoureusement à la théorie développée dans *Le moi et le ça, l'identification croisée* aux parents permet d'abandonner les investissements en renforçant le caractère sexuel. Freud écrit :

« L'autorité du père ou des parents, introjectée dans le moi, y forme le *noyau du surmoi (Kern des Über-Ichs),* lequel emprunte au père la rigueur, perpétue son interdit de l'inceste et ainsi, *assure le moi contre le retour de l'investissement libidinal d'objet.* Les tendances libidinales appartenant au complexe d'Œdipe sont en partie désexualisées et sublimées, ce qui vraisemblablement arrive lors de toute transformation en identification, et en partie inhibées quant au but et changées en motions de tendresse. Le procès dans son ensemble a, d'un côté, sauvé l'organe génital, il a *détourné* de lui le danger de sa perte et, d'un autre côté, il l'a *paralysé (lahmgelegt),* il a *supprimé* sa fonction *(seine Funktion aufgehoben)* » (179).

Paralysie et suppression : le phallus est « relevé » de sa fonction organisatrice dans le jeu pulsionnel œdipien. Un système d'identifications vient s'y substituer, sauvegardant le narcissisme attaché à cet organe et augmentant en outre le capital narcissique du moi qui hérite d'un organe supplémentaire, idéal, d'*un « phallus » symbolique* intérieur : le noyau du surmoi. Surmoi dont il ne pourra pas plus se débarrasser qu'il ne voulait se débarrasser de son pénis, pour la même motivation narcissique. Le membre phallique, lieu de la masturbation et organisateur des fantasmes de séduction œdipiens, devient l'objet d'une identification, soutien du narcissisme, *phallus psychique.*

La question qui surgit ici, à laquelle nous avons déjà pensé, est la suivante : S'agit-il, dans ce procès, d'un refoulement — il se fait, ici, sans le secours du surmoi puisqu'il en est le point de formation, alors que tous les refoulements ultérieurs se feront avec son concours? Ou bien s'agit-il d'autre chose? Freud répond :

« ... le procès que nous avons décrit est *plus qu'un refoulement,* il équivaut, si les choses s'accomplissent de façon idéale, à une *destruction (Zerstörung)* et à une *suppression (Aufhebung)* du complexe. Nous sommes portés à admettre que nous tombons, ici, sur la ligne frontière, jamais tout à fait tranchée, entre le normal et le pathologique. Si vraiment le moi n'est pas parvenu à beaucoup plus qu'à un refoulement du complexe, alors, ce dernier subsiste, inconscient, dans le ça et il manifestera plus tard son effet pathogène » (180).

Ces considérations laissent béante toute une interrogation spéculative sur cette idée d'un processus psychique qui puisse réellement « détruire » des revendications pulsionnelles. Idée étonnante et qui heurte de front

---

(179) Ibidem.

cette autre, aussi ancienne que la psychanalyse et selon laquelle les désirs infantiles sont indestructibles...

Quoi qu'il en soit de cette idée inouïe de Freud, force lui est de retourner à la motivation de ce qui amène le refoulement de l'Œdipe, dont il n'a jusqu'ici pensé que la version masculine. *Comment s'accomplit un tel procès chez la fille?*

Car le sexe féminin lui aussi connaît un complexe d'Œdipe, un surmoi et un temps de latence... et même, soutient Freud contre les objections de la gent féminine et féministe, une organisation phallique et un complexe de castration. Or, c'est l'angoisse de castration qui précipite la formation du surmoi et la démolition de l'organisation génitale infantile; si on met en question l'existence d'une telle angoisse de castration chez la fille — et à bon droit, puisqu'elle n'a plus à être châtrée — comment penser la formation de son surmoi? Ces questions n'entraînent pas la révision de la conception de l'identification, qui est le processus transformateur des investissements œdipiens observables chez la petite fille comme chez le petit garçon; mais elles appellent la mise en place d'une motivation spéciale, différente du garçon, à refouler l'Œdipe.

La solution trouvée dans cet article-ci n'est pas vraiment satisfaisante :

« Le complexe d'Œdipe est lentement abandonné parce que ce désir (de donner un enfant en cadeau au père en lieu et place du pénis) n'est jamais accompli ».

L'important essai de 1925, *Quelques conséquences psychiques de la différence anatomique entre les sexes*, s'attache expressément à cette question mais en la situant dans le système complet des différences de développement entre le garçon et la fille. L'idée organisatrice des réflexions freudiennes se lit en cette formule empruntée à Napoléon : « L'anatomie, c'est le destin » (181). Ce qui se dessine là, et qui prendra de plus en plus de relief ultérieurement, notamment dans l'article sur « *La sexualité féminine* » (1931) et dans la XXXIIIè conférence d'introduction à la psychanalyse sur « *La féminité* » (1932), c'est une réflexion sur la relation primordiale de la fille avec sa mère et sur les conditions du renoncement à cet investissement. La place de la castration, dans cette économie, est *avant l'Œdipe* : la reconnaissance de la castration de la

---

(180) Ibidem.

(181) GW XIII, p. 401; tr. fr. p. 122 dans *La vie sexuelle*. On retrouve cet aphorisme napoléonien dans l'article de 1912 sur la Psychologie de la vie amoureuse, cf. *La vie sexuelle*, p. 65.

mère, et la sienne propre, engage la fille dans le complexe d'Œdipe. Son père devient l'objet sexuel, elle se met à développer une attitude féminine envers lui, à désirer de lui un enfant. Lors de l'abandon de cette position à l'égard du père, suite à la nécessité de se détourner de l'Œdipe, il arrive que l'identification au père réveille l'ancienne revendication phallique et produise un *« complexe de masculinité »* (182) ou l'essor de l'*homosexualité* (183).

Ce qui reste très mystérieux, c'est la raison de cette affirmation de Freud :

« On hésite à le dire, écrit-il dans les « Conséquences psychologiques de la différence anatomique entre les sexes », mais on ne peut se défendre de l'idée que le niveau de ce qui est moralement normal chez la femme est autre (que chez le garçon). *Son surmoi ne sera jamais si inexorable, si impersonnel, si indépendant de ses origines affectives que ce que nous exigeons de l'homme* » (184).

On pourrait penser que, dans la logique de la pensée de Freud telle que nous l'avons vue œuvrer jusqu'ici, le peu de sévérité du surmoi de la femme, serait à mettre au compte du fait que la fille n'a pas à subir la menace terrifiante que représente pour le fils le père castrateur. Certes la mère est « castratrice » mais ce qu'elle « châtre » en sa fille, c'est la toute-puissance phallique imaginaire et non un organe réel, spécialement investi par le garçon. Cette différence de registre de la menace doit engendrer un autre rapport au réel, au corps, une autre économie narcissique également, chez le garçon et chez la fille. Car, si l'on tient compte des différents articles auxquels nous venons de faire allusion, il semble bien que ce soit au *phallus imaginaire* que l'enfant s'identifie et que ce que le complexe de castration vient rompre, avant l'Œdipe pour l'une, après l'Œdipe pour l'autre, c'est cette identification-là...

Mais de telles réflexions nous entraînent au-delà des formulations de Freud, nécessitant des catégories de pensée mieux appropriées.

Nous croyons en effet, avec nombre de psychanalystes hommes et femmes qui ont cherché à mieux ressaisir ce problème fondamental de la

(182) S. FREUD, *Einige psychischen Folgen des anatomischen Geschlechtsunterschieds.* GW XIV; tr. fr. dans *La vie sexuelle*, p. 127 et suiv. Freud cherchait déjà à montrer l'origine du « complexe de masculinité » dans *Der Untergang des Œedipuskomplexes*, GW XIII, p. 131.

(183) Voir *Über die Psychogenese eines Falles von weiblicher Homosexualität.* GW XII, tr. fr. par Guérineau in *Névrose, psychose et perversion*, Paris, P.U.F., 1973.

(184) GW XIV, p. 29-30; tr. fr. dans *La vie sexuelle*, p. 131.

différence sexuelle, que les affirmations et présupposés de Freud sont partiellement à revoir et, sans aucun doute, à approfondir. Mélanie Klein nous paraît avoir montré de la façon la plus saisissante une première piste de recherche : le garçon comme la fille ont à élaborer dès l'origine leurs pulsions destructrices; ils forgent très précocement une armature intérieure — le « surmoi pré-œdipien » — pour parer aux dangers de ces pulsions.

Mais c'est davantage dans la perspective ouverte par Lacan que nous semble possible une meilleure approximation de cette question de la différence des sexes. L'essentiel, à notre sens, étant une position juste de la signification proprement analytique de la notion de *« phallus »*.

L'apophtegme célèbre : *« l'anatomie, c'est le destin »* mérite également d'être sérieusement examiné. Il oblige à étudier le *corps* et toute la thématique des *zones érogènes*, différentes chez l'homme et la femme; il invite à se demander ce qui décide de l'identification sexuelle d'un individu au sein d'un *groupe culturel* donné, ce qui porte l'analyste sur un terrain qu'il partage avec les sociologues et les ethnologues; il réclame enfin, pour que sa portée puisse être épuisée, et marquée sa limite, que l'on revienne sur l'idée freudienne de la *bisexualité* (185).

---

(185) Voir le numéro spécial de *La nouvelle revue de psychanalyse : Bisexualité et différence des sexes*; n° 7, Printemps 1973.
On peut avoir une idée du débat sur la sexualité féminine tel qu'il fut vécu par Freud à travers ses curieuses réflexions sur *La féminité (Die Weiblichkeit),* dans la XXIIIe leçon d'introduction à la psychanalyse, conférence fictive écrite en 1932. Le débat de Freud avec la femme trouve aujourd'hui un étonnant regain de vigueur : le mouvement féministe a maintenant des psychanalystes femmes qui cherchent, en accord ou en désaccord avec les psychanalystes hommes qui ont toujours parlé de la sexualité, à interroger les présupposés de la théorie freudienne de la différenciation sexuelle, de la bisexualité, de la masculinité et de la féminité. Voir : Christopher LASCH, *Freud and women. The New York Review of Books*, October 3, 1974, vol. XXI, n° 15, pp. 12-17. On y lit un intéressant compte-rendu des travaux de Juliet MITCHELL, *Psychoanalysis and Feminism : Freud, Reich Laing and Women*, New York, Panthon, 1974; de Jean BAKER-MILLER, *Psychoanalysis and Women*, New York, Brunner/Mazel, 1974 (Penguin, abridged edit., 1974); de Jean STROUSE, *Women and analysis*, New York, Grossman, 1974.
Pour l'exposé des péripéties historiques de la question de la sexualité féminine et des diverses positions théoriques des analystes depuis Freud, voir Michel DE WOLF, *La castration dans l'œuvre et l'expérience freudienne*, op. cit. Également le numéro spécial de la revue *La psychanalyse*, n° 7 consacré à *La sexualité féminine* (1964); Michèle MONTRELAY, *Recherches sur la féminité* in *Critique*, n° 278, juillet 1970, p. 654-674; enfin, le récent ouvrage de Luce IRIGARAY, *Speculum. De l'autre Femme*, Paris, Éd. de Minuit, 1974 et *Ce sexe qui n'en est pas un*, Paris, Éd. de Minuit, 1976. J. LACAN, *Encore*, Le Séminaire, Paris, Le Seuil, 1975.

C'est donc sur l'énigme de l'identité sexuelle — c'est-à-dire l'énigme du désir du sujet dans sa singularité — que s'ouvrent les derniers développements, chez Freud, de sa théorie de l'identification. Théorie, on s'en aperçoit, inachevée mais sans doute inachevable — qu'il a toujours fermement voulu fonder, et c'est là la productivité du penseur et de son inconscient — sur ce pilier de sa découverte : le complexe d'Œdipe qui a toujours été, pour lui, le complexe « paternel ».

Suites...

> *« Haben und Sein beim Kind. Das Kind drückt die Objektbeziehung gern durch die Identifizierung aus : ich bin das Objekt. Das Haben ist die spätere, fällt nach Objektverlust ins Sein zurück. Muster : Brust. Die Brust ist ein Stück von mir, ich bin die Brust. Spâter nur :ich habe sie, d. h. ich bin sie nicht »... (1)*

Rompant le lent glissement du *« temps pour comprendre »*, il est de la logique de l'assertion subjective que se précipite, par-delà le doute qui, l'instant d'un regard, suspend la certitude, le *« moment de conclure »* (2).

Cette présomption de conclure, pressante et fatale, dans la rupture même qu'elle produit, n'enclôt rien pourtant de la vérité qui la requiert. Elle l'anticipe.

Qu'on veuille donc lire en notre hâte de conclure l'anticipation indéfinie d'une vérité que nous n'avons pas fini de comprendre.

Nous avons cherché à suivre *au plus près des textes de Freud* la construction d'un concept psychanalytique : le concept d'*identification.*

Freud n'a pas d'emblée thématisé ce concept. L'usage qu'il en fait au cours de ses premières analyses est simplement descriptif — non théori-

---

(1) « Être et avoir chez l'enfant. L'enfant exprime volontiers la relation d'objet par l'identification : je suis l'objet. L'avoir est le plus tardif, après une perte d'objet il revient à l'être. Paradigme : le sein. Le sein est un morceau de moi, je suis le sein. Plus tard seulement : je l'ai, c'est-à-dire : je ne le suis pas... », dans *Ergebnisse, Ideen, Probleme*, London, juni 1938, GW XVII, p. 151. (Nous traduisons).

(2) Nous risquons cet emprunt fait à un écrit de Jacques LACAN, *Le temps logique et l'assertion de certitude anticipée; un nouveau sophisme. Écrits*, Paris, Le Seuil, 1917, (Le champ freudien), p. 204 et suiv.

que — et très proche de l'usage du langage ordinaire. L'inscription de ce terme au sein du réseau théorique de la psychanalyse s'effectue au fil d'une écriture de plus en plus serrée. Le problème de l'identification, une fois saisi dans ces mailles, va se compliquant et se ramifiant.

Le repérage des moments décisifs de la généalogie de ce concept n'échappe pas à la difficulté, inhérente à la lecture d'une œuvre de cette envergure, de respecter le mouvement de la chronologie sans oblitérer les effets d'anticipation et de rétroaction de la contexture. Toute « thèse » commet, de par l'obsession théorique qui la soutient, un geste de prélèvement arbitraire en fouillant au nom d'une idée, ou pire, d'un « thème », la matière compacte d'un texte inachevé, inachevable. Nous ne prétendons pas avoir évité cet écueil du commentaire ni les violences du découpage et du défouissement.

L'évocation hâtive, sur le mode de l'association libre, des significations que le langage confère au mot d'identification lui-même, appuyée sur la lecture de divers répertoires lexicaux, nous dessaisit dès le seuil de l'entreprise de l'illusion de pouvoir délimiter ce concept d'identification et d'en tracer les contours. Les variations sémantiques, les disséminations étymologiques, les connotations philosophiques de ce terme font éclater au regard l'illimitation et le broussaillement de la problématique qu'il recèle. On se trouve pris, en effet, dans le flux de questions aussi redoutables que celles, psychologiques et métaphysiques, d'une définition du moi, de la subjectivité, d'autrui, de la sympathie, de l'identité et de la différence, de l'être et de l'avoir, de l'individuel et du collectif...

En prenant ce terme à son compte, Freud a certes produit une subversion, encore malaisément pensable, de cette *problématique du même et de l'autre.* Problématique, en vérité, démesurée. Pour trouver, dans cette démesure, la mesure de notre marche, nous nous en sommes tenu à l'itinéraire de Freud.

Comme cela se vérifie pour chaque concept psychanalytique, la poursuite attentive du développement du concept d'identification, dans son exhaustion et son articulation aux autres concepts, fournit un fil conducteur solide pour démêler l'écheveau des questions freudiennes.

Ainsi, du Freud I au Freud III, de 1895 à 1939, se trame, à travers des péripéties d'anticipation, d'oubli, de systématisation, une conceptualisation dont il faut rappeler le décours.

1. Restes d'un parcours...

La cure analytique requiert de la part de l'analysant un travail qui, par les détours imprévisibles de la réminiscence, de la répétition et de la translaboration, recoud, dans le décousu des mots, une histoire morcelée; il en va de même pour le style de notre « conclusion » (3).

On ne raconte pas comment naît et s'organise un concept en psychanalyse; on ne peut, à le vouloir penser, que se livrer soi-même (et le « même » de ce soi-même n'est jamais l'identique) à ce déplacement au sein des différences qui écartent le « sujet » de ce qu'il a énoncé quand il lui faut reproduire, rappeler, réassumer le texte qu'il a ourdi.

Qu'on ne se laisse donc pas abuser par le terme de parcours. Il ne vise à aucune restitution de chronologie exacte ou linéaire. Il court par des voies plurielles, cent fois recroisées, où l'avant et l'après s'exténuent pour n'être que prétextes.

Nouons donc toutes les identifications pointées lors de ce « parcours ». Versions multiples d'une dialectique du même et de l'autre, du moi et de ses objets, comment les identifications, diversément qualifiées au gré des expériences cliniques de Freud, peuvent-elles se conclure? Lesquelles trouvent à s'inclure? Lesquelles à s'exclure?

A. Freud I: Rêve, hystérie et mot d'esprit

Les lettres que nous gardons de la correspondance de Freud avec W. Fliess dans lesquelles on peut, à juste titre, voir la naissance de la psychanalyse — ou mieux: la naissance de ses questions et de son langage — esquissent les premières lignes des grandes découvertes freudiennes, anticipant parfois des réflexions qu'il ne reprendra que bien plus tard. Son souci constant, à travers tous ces manuscrits théoriques mêlés de confidences personnelles, c'est de mettre en évidence les propriétés différentielles des *défenses* (ou tentatives de guérison) de ces troubles psychiques très diversément décrits et classifiés dans les nosographies psychiatriques. Il cherche, sous les apparences fourmillantes des symp-

(3) Nous empruntons ce titre à un petit écrit technique de Freud: « *Erinnern, wiederholen und durcharbeiten* » (Remémorer, répéter, translaborer) *Gesammelte Werke*, S. Fischer Verlag, Frankfurt am Main, vol. X. Trad. fr. dans *La technique psychanalytique*, Paris, P.U.F., 1976.

tômes, un principe d'intelligibilité et d'articulation.

L'*identification* y apparaît très tôt, associée à la description des symptômes hystériques. Elle désigne, dès ce moment, une voie choisie par des motifs inconscients, des désirs intolérables au moi, pour se frayer une issue vers l'expression et la décharge. L'utilisation répétée de ce terme pour désigner le plus fréquent mode de formation du symptôme hystérique le conduit à tirer les conséquences structurales que cela implique : dire qu'une hystérique s'identifie tantôt à telle personne, tantôt à telle autre, ou même à plusieurs personnes à la fois, condensant des séries de figures fascinantes, cela signifie que le « moi », sujet à ces épopées inconscientes, est tout le monde et personne, qu'il est, littéralement, *une pluralité de personnes psychiques.* Mais ces identifications multiples se succèdent, entrent en conflit, sont parfois incompatibles : d'où les déchirements du moi, clown d'une comédie dont il ignore le sens. Les identifications mettent en scène des désirs contradictoires, impossibles : elles témoignent de l'impasse où se fige l'hystérique.

En tant qu'elle sert de voie à la formation du symptôme, l'identification assure un *compromis* : elle fonctionne comme « réalisation de désir » et simultanément comme punition, puisque la mise en scène des vœux inconscients par le truchement de personnages-écrans qu'elle mime, rend le moi aliéné, malade. Processus très proche de celui de la condensation, processus primaire responsable de tous les raccourcis, de toutes les métaphores, de toutes les ellipses qu'opère l'inconscient sur les représentations, l'identification est en quelque sorte *une condensation jouée*, figurée. Un seul symptôme peut en effet signifier le désir inconscient d'être ou d'avoir plusieurs personnes à la fois, en se fondant sur *un trait* qui leur est commun.

Tout le problème sera de cerner ce trait commun qui est inconscient, et qui lie aussi pathétiquement un moi à d'autres moi.

L'identification dont la fonction s'éclaire dès cette correspondance avec Fliess, permet à ce moment déjà la mise en relation et la différenciation de plusieurs formes morbides, interprétées à partir du type de défense ou de refoulement qu'elles mettent en jeu : parenté de l'hystérie et de la névrose obsessionnelle, où les identifications ne suppriment pas l'attachement (réel ou fantasmatique) aux objets; opposition de ces deux névroses à la paranoïa, qui dissout les identifications, rompt l'attachement aux objets et dissocie le moi; liaison de la culpabilité, de la honte et du remords névrotiques avec les faits de dépression, de deuil et de mélancolie. C'est donc tout le projet scientifique de Freud qui trouve ici son ton et son style (4).

L'Interprétation des rêves (1900) reprend et approfondit le rôle de l'identification, comme réalisation de désir dans la distorsion *(Entstellung)*. L'analyse du rêve d'une hystérique — la « belle bouchère » (5) — fait avancer la compréhension : l'identification hystérique exprime une sorte de processus logique inconscient; elle produit des figures oniriques ou, dans le réel, des attitudes symptomatiques qui masquent un désir tout en le représentant. Ce désir, projeté sur d'autres personnes (objet d'amour, rival-e) est d'ordre sexuel : c'est la prétention d'*être-comme* ou d'*être-un*, un désir de comme-union. Il faut préciser que ce désir d'être comme ne se limite pas à un désir d'*imiter*. Car, dans l'inconscient, être comme c'est être un, ce qui veut dire : prendre la place. Comme Freud l'écrira bien plus tard, en 1932 : *Fürs Unbewußte entfällt natürlich dieses : wie* (Pour l'inconscient, ce « comme » est naturellement supprimé) (6).

Le désir de communion (comme-union), qui est un désir d'appropriation *(Aneignung)* — dont Freud n'aperçoit pas encore toute l'ampleur — est le versant inconscient de toute imitation qui généralement se passe au niveau préconscient ou conscient. Cette nécessité de distinguer topiquement identification et imitation est réaffirmée dans les analyses du *Mot d'esprit et ses rapports avec l'inconscient* (1904) où il s'agit de différencier la structure interpsychique du mot d'esprit *(Witz)* et des variétés du comique. L'esprit met en jeu trois positions et le plaisir qu'il suscite provient d'une identification inconsciente du rieur au producteur; le comique, lui, procède d'une comparaison du moi à lui-même ou à autrui (7). L'articulation définitive des deux processus, l'*imitation* — mécanisme essentiel de la psychologie collective — et l'*identification* — processus souterrain à toute forme de sympathie, de pitié, de prétention à l'égalité, cette articulation s'opère dans *Psychologie collective et analyse du moi* (1921) (8).

---

(4) S. FREUD, *La naissance de la psychanalyse*. Tr. fr. Paris, P.U.F., 1956.

(5) Id. *L'Interprétation des rêves*, Paris, P.U.F., 1967. p. 133-147; GW II-III, p. 152.

(6) Id. *Nouvelles conférences sur la psychanalyse*. Paris, Gallimard, 1971, p. 53; GW XV,p. 40.

(7) S FREUD, Paris, Gallimard, 1971; GW VI.

(8) S. FREUD, *Essais de psychanalyse*. Paris, Payot, 1963; WGW XIII.

L'analyse du cas *Dora* (9) permet de saisir plus vivement encore les effets de l'identification dans l'hystérie. La fameuse « toux nerveuse » de la jeune fille condense une multiplicité de rapports ambivalents avec tous les « objets » de son entourage (ses parents et leurs « doubles » que sont Mr. et Mme K.). À tel point que Freud s'y perd et ne parvient que dans l'après-coup de la rédaction du cas, à saisir l'énigme de son désir. C'est bien de la *position sexuelle* qu'il s'agit, en ces identifications entrelacées dans les figures voilées du rêve et le théâtre de la vie : les identifications de l'hystérique présentent plusieurs drames sexuels superposés, incompatibles, dont le ressort secret, méconnu, est la *bisexualité psychique.*

Ainsi le symptôme vient-il à la place d'une prise de position sexuelle, d'une « identification » à un des deux sexes, à quoi l'hystérique — et sans doute tout névrosé — ne peut se résoudre. Être d'un sexe ou d'un autre, c'est accepter, de toute manière, la castration, l'irrémédiable dis-jonction de l'être et de l'avoir. Le cas de l'*Homme aux loups* (10), l'analyse des écrits autobiographiques de *Schreber* (11) confirment l'existence déchirante de ce refus de la castration (de la loi liée à la différence sexuelle) chez les névrosés. Refus qui manifeste l'extraordinaire fixation à des relations primordiales, à d'archaïques « objets », auxquels on ne renonce pas.

Instituant à l'intérieur du moi — dont on commence à ressentir la complexité structurale et dont l'étoffe semble bien tissée d'images — une pluralité de relations dont le caractère contradictoire échappe à la logique du processus secondaire, les identifications se donnent comme la répétition, sur une autre scène, des drames du désir. Si des rapports avec des objets refluent sur la place du fantasme, il faut donc conclure que l'expression : identification à quelqu'un, est un raccourci et que, rigoureusement parlant, *il n'y a identification qu'à des scènes (fantasmes) relations ou liaisons rêvées, convoitées, désirées mais impossibles.* Le processus d'identification qui se dégage de l'analyse des névroses conduit donc jusqu'à ce point, ouvrant une sorte d'appel à une radicalisation théorique.

(9 S. FREUD, *Fragment d'une analyse d'hystérie*, tr. fr. dans *Cinq psychanalyses*, Paris, P.U.F., 1966; GW V.

(10) S. FREUD, *Extrait de l'histoire d'une névrose infantile*, dans *Cinq psychanalyses.* GW XII.

(11) S. FREUD, *Remarques psychanalytiques sur l'autobiographie d'un cas de paranoïa* : Dementia paranoïdes Le Président Schreber); dans *Cinq psychanalyses*; GW VIII.

Apparentées à l'identification hystérique, les identifications qui rendent possible un *plaisir « esthétique »*, où, quel que soit le type de production artistique, le « spectateur » est mis en rapport avec une machination de désir et inconsciemment mobilisé par elle, méritent l'attention. Les identifications « spirituelle », « comique », « tragique », « romanesque » etc. fonctionnent, d'une certaine manière, comme l'identification hystérique : elles assurent la satisfaction déplacée et figurée de désirs soumis au refoulement; mais elles maintiennent le refoulement, au lieu de le fragiliser, comme cela se passe dans l'hystérie qui comporte une souffrance. On peut avancer que la petite différence réside dans le fait que l'identification esthétique produit une sublimation, dans la mesure où le désir trouve à se monnayer en symboles collectivement reconnus et à circuler, par le biais de ce langage commun, régi par les « conventions ». Il n'en reste pas moins qu'elles gardent un caractère défensif, en tant qu'elles pérennisent l'*illusion.* Mais illusion aussitôt niée, contrôlée, située à une place : celle du rêve éveillé, celle de l'imaginaire. Que les choses puissent disposer d'une place psychique distincte, cela tient à la réussite du refoulement.

Ces dernières considérations soulignent les liens de l'identification et du refoulement. Elles invitent également à s'interroger sur la curieuse nature du moi, *instance* du refoulement, *organe* de perception et de motricité, branché sur le dehors, et *scène* à registres et niveaux multiples où circulent des images, des rêves et des symboles.

B. Freud II : Le narcissisme

L'introduction du narcissisme dans la doctrine radicalise la théorie de l'identification (12). Radicalisation, c'est-à-dire, accession aux racines, aux fondements, aux profondeurs du processus.

Telle apparaît bien, dès les *Trois essais sur la théorie de la sexualité,* remaniés bien des fois (13) et, surtout, *Totem et tabou* (14), la nouvelle préoccupation de Freud : produire la genèse des procès et des différencia-

---

(12) S. FREUD, *Pour introduire le narcissisme*, dans *La vie sexuelle*, Paris, P.U.F., 1969. GW X.

(13) Cela se mesure au nombre de rajouts et de notes apportées au fil des rééditions, de 1904 à 1924. Cf. Paris, Gallimard, 1964.

(14) S. FREUD, tr. fr. Paris, Payot, 1965; GW IX.

tions psychiques, remonter aux origines, que ce soient celles du moi et de l'idéal, celles de la conscience, celles du choix sexuel ou celles de mécanismes tels que le refoulement ou les diverses transformations des pulsions.

Sous l'influence patente de certains de ses élèves (Rank, Abraham, Ferenczi, Jung) Freud se livre à l'enquête des origines et s'attache à des problèmes d'ontogenèse et de phylogenèse, d'histoire et de préhistoire. Pour ce qui touche à l'identification, cette nouvelle tournure de sa pensée confère à la *phase orale* du développement libidinal toute son importance. L'étayage du sexuel sur le physiologique, instaure ce redoublement proprement humain de la vie qu'est la réalité psychique, *le désir;* il permet de penser le processus alimentaire de l'incorporation comme la métaphore-clé de tout rapport sexuel avec l'objet. Dès ce moment, le sort du concept d'identification s'associe à celui de *choix d'objet*. Le narcissisme originaire, l'auto-érotisme, le dés-enveloppement du moi, comme champ du dédoublement narcissique, le jeu balancé de l'économie libidinale entre le moi et les objets, tout cela ouvre massivement la problématique de l'identification.

L'analyse d'un *Souvenir d'enfance de Léonard de Vinci* (15) permettait déjà en 1910, de saisir cette transformation radicale due à la découverte du narcissisme comme *rapport* primordial. La genèse de l'homosexualité masculine y apparaît, en effet, comme le produit d'une identification qui a tous les traits d'une *régression narcissique*. L'identification de l'homosexuel est l'incorporation fantasmatique d'une relation immémoriale que l'enfant, au seuil de ce travail de choix qu'impose la puberté, se refuse à délaisser. Elle reproduit, sur la scène du moi, un très ancien rapport avec la mère; elle éternise l'inceste sur le plan du fantasme, en marquant définitivement le caractère et la position sexuelle. En conservant la mère à laquelle il s'identifie, c'est encore son propre moi infantile qu'il sauvegarde dans ses objets d'amour.

La *fonction conservatrice* de ce mécanisme majeur du moi devient ici manifeste : l'identification est l'opération narcissique par excellence.

La construction théorique de la série archaïque enfant-névrosé-psychotique-primitif, élaborée dans *Totem et tabou*, précise cette complicité de l'identification, qui s'avère progressivement être quelque chose de plus

(15) S. FREUD, tr. fr. Paris, Gallimard, 1927; GW VIII.

qu'un simple mécanisme de défense mais le processus même de la *Selbsterhaltung* (auto-conservation, auto-constitution) du moi. Le rapport archaïque au monde est cannibalique, ou, ce qui revient au même, identificatoire. Les procédés magiques, le mode de penser animiste et infantile, les rituels du totémisme attestent cette suprématie d'un modèle oral dans la genèse de l'amour, mais aussi de la pensée. *L'identification totémique* est la manière dont le moi élabore la mort de l'objet : mort réellement perpétrée dans un meurtre primordial (l'ancêtre, le père), mort souhaitée dans la crainte et le tremblement (le père-cheval, objet de la phobie du petit *Hans* (16), le père-mort, objet de l'obsession de l'*Homme aux rats* (17), le père-(mère?)-loup, de l'*Homme aux loups* (18)). L'identification, à travers ces péripéties mythiques et cliniques, trahit la structure complexe de toute relation d'amour; elle est la tentative d'élaborer une insupportable *ambivalence. L'idéal,* dont on assiste, par le biais d'un jeu, à la naissance chez Hans ou que l'on devine agissant dans les paroles d'Arpad, se forme de la même manière que les *institutions* du premier groupe humain : par l'incorporation psychique — ou rituelle — de l'objet de l'amour et de la haine. Mais cette identification, transformatrice et formatrice, a pour envers une pénible scission du moi. C'est au sein du moi que se réinstallent l'amour (régression de la libido au narcissisme) et la haine (sentiment de culpabilité, remords, conscience morale).

Il faut souligner fortement l'enjeu de *Totem et tabou :* ce texte est un moment charnière de la pensée de Freud. Il puise sa puissance analytique du matériel clinique, bien plus que des emprunts ethnologiques. L'identification y reçoit un statut théorique dont la portée est décisive : opération productrice d'un moi originellement divisé dans son écart d'avec l'idéal, elle rend compte de la structuration « feuilletée », stratifiée, plurielle du moi.

La promotion d'un « totémisme » infantile, névrotique et primitif saisit le concept d'identification dans la problématique de la culpabilité, du deuil, de *la mort.* L'identification dite totémique constitue le détour, nous dirions même le tour narcissique, qui préserve le moi de l'angoisse

---

(16) S. FREUD, *Analyse d'une phobie chez un petit garçon de 5 ans*, dans *Cinq psychanalyses*; GW VII.

(17) S. FREUD, *Remarques sur un cas de névrose obsessionnelle*; ibidem.

(18) Ibid. *op. cit.*

provoquée par le manque de l'objet et par la terrifiante proximité que lui confère sa mort.

Avec *Deuil et mélancolie* (1916) (19), où Freud réunit dans une écriture extrêmement dense les interrogations les plus abyssales sur les fonctions de l'identification, s'ébauche un commencement d'*analyse du moi*. Analyse, au sens le plus chimique de ce terme : parce que le processus d'incorporation de l'objet de l'ambivalence inconsciente produit, selon la gravité et la puissance des sentiments hostiles, le malheur, la dissociation sinon la mort du moi. La clé de la compréhension de l'énigme de la mélancolie, dominée par l'auto-dénigrement catastrophique du moi, réside dans la mise au jour d'une identification mortifère. Identification régressive, par quoi le moi installe en lui un rapport d'une formidable ambivalence. Les acquisitions de *Totem et tabou* et de l'essai sur *Léonard* ont fait leur chemin : Freud peut désormais construire un modèle d'identification, distinct du modèle hystérique, et sans aucun doute, plus important que ce dernier. *L'identification mélancolique,* narcissique par essence, transforme un attachement libidinal à un objet que la réalité contraint de perdre en une modification du moi. Cette régression d'un choix d'objet à une identification présuppose un type narcissique de choix de l'objet; le caractère tragique de l'identification mélancolique procède de la force insoupçonnable de l'ambivalence constitutionnelle du candidat à la mélancolie. Mais le processus mélancolique ressemble à ce qui se passe dans le phénomène normal du *deuil* où l'on observe également une identification partielle à l'objet perdu. Toutefois, dans ce cas-ci, cette identification est limitée à certains *traits* de l'objet, traits qui deviennent le bagage du moi et, de plus, le moi, une fois accompli ce travail de « détail » que représente le désinvestissement de tout ce qui rappelle l'objet disparu, peut retrouver amour et intérêt dans la réalité. C'est gros des propriétés positives du mort, que le sujet revient à un monde d'où le deuil l'avait exilé.

La dimension suicidaire de la mélancolie laisse béant un gouffre angoissant : d'où le mélancolique tire-t-il ce pouvoir atterrant d'auto-destruction? On ne peut s'empêcher de penser que le moi mélancolique soit le jouet d'un drame *sado-masochiste* qui l'anéantit, drame où se répète le traumatisme d'un dommage, d'une perte cataclysmiques...

---

(19) S. FREUD dans *Métapsychologie*, Paris, Gallimard, 1968; GW X.

L'énigme du suicide, la possibilité d'un insondable masochisme primaire, d'une auto-affection originaire du moi, ne cessera, dès ce moment, de requérir l'attention de Freud.

C. Freud III : Pulsion de mort et deuxième topique

La mise au jour d'une *compulsion de répétition* (20) prend le relais de cette investigation sur le sadisme et le masochisme, affleurant dans la mélancolie. La névrose traumatique et, singulièrement, la fantastique trouvaille ludique d'un enfant de 18 mois, confronté à sa façon au trauma de l'alternance de la proximité et du *manque de l'objet,* amènent Freud à postuler l'existence d'une *pulsion de mort,* qui travaillerait en silence, indépendamment du principe de plaisir.

L'identification, productrice de ce *jeu du Fortsein* (21) — autre version du très présent « *Dasein* » — se fait la complice de cette pulsion de mort. Elle met en scène la réminiscence d'une perte, répétant une angoisse de mort et, simultanément, elle en produit la reprise compulsive, symbolique.

Notons, avec insistance, la fondamentale évanescence de *l'objet* présent/absent, son indécidabilité : c'est « quelque chose » qui manque, qui revient, dans le battement d'une présence intermittente; ce n'est pas la mère, simplement; c'est ce qui du moi s'absente avec elle. Nous avons souligné combien la dernière péripétie de ce jeu communément appelé jeu du « *Fort-Da* » est riche d'enseignements. C'est l'image dans le miroir qui est l'objet du jeu de la disparition, et qui sert de support, tout imaginaire, à l'énoncé où c'est comme absent, que le « sujet » se désigne dans cette adresse à la mère : « Bébé, o-o-o-o ». L'objet de la symbolisation, ludique et linguistique (où l'opposition phonétique signe l'avènement du langage) n'est pas un individu, ni non plus le sujet. L'identification produit un jeu où s'accomplit un « il y avait » qu'il n'y aura « jamais plus », c'est-à-dire un rapport originaire, narcissique, perdu. Cette inconnue des commencements, que vient à la fois rompre et (re)produire le jeu, Freud ne la

(20) S. FREUD, *Au-delà du principe de plaisir*, tr. fr. dans *Essais de psychanalyse*, Paris, Payot, 1963; GW XIII, chapitre deuxième).

(21) Nous ne pouvons que suggérer ici le contraste de ce « fort-sein » avec la thématique heideggerienne du Dasein dont l'*être-là* a inspiré maints développements phénoménologiques sur la « présence ».

réfère pas à la problématique de l'identification ni du refoulement, du moins explicitement. Il y va, pourtant, dans ce jeu remarquable, du problème de l'identification et/ou du refoulement primaires. On doit l'élucidation de cette fondation subjective originelle aux travaux de Lacan.

En retrait, et très curieusement, par rapport à l'étonnante percée d'*Au-delà du principe de plaisir*, Freud écrit, l'année suivante, en 1921, un essai qui continue immédiatement la ligne commencée dans *Pour introduire le narcissisme.* Ainsi, *Psychologie collective et analyse du moi* s'offre comme une sorte d'accomplissement du Freud II. L'intérêt essentiel de ce texte réside dans l'essai de mise en ordre de diverses formes d'identifications rencontrées dans l'expérience clinique. Il est conduit à cette tentative de synthèse par la nécessité de spécifier les types de liens qui permettent la formation de masses humaines, quelle que soit leur échelle. Le fait majeur est l'affirmation d'une impossibilité théorique de séparer l'analyse des processus affectifs en jeu dans les foules de l'analyse de la structure et de la genèse du moi. Il s'agit, aussi bien dans la psychologie collective que dans la psychologie individuelle, de mettre en évidence les transformations et destins des liens libidinaux. Les avatars de la vie amoureuse, les faits alarmants des métamorphoses de l'individu lorsqu'il est pris dans une masse, l'hypnose, peuvent être analysés, dans le registre qui est le leur, comme des transformations structurelles du moi, susceptibles de substituer l'être aimé, le chef ou l'hypnotiseur à son propre idéal. Mais c'est à la mise en ordre que nous avons mentionnée plus haut, que ces rapprochements doivent nous mener : la fonction de l'idéal permet l'explicitation de divers types de rapports humains; à côté d'attachements érotiques, les hommes peuvent être unis par des identifications. *Pour Freud, ces identifications sont les suivantes : identification primaire au père,* instauratrice de l'idéal; *identification hystérique,* fondée sur l'appropriation inconsciente d'un trait de l'autre, aimé ou jalousé; *identification par sympathie,* base des liens collectifs (à côté de l'identification de chacun à l'idéal); *identification narcissique de l'homosexuel* et, enfin, *identification narcissique du mélancolique.*

Il manque à cette classification que Freud propose, deux pièces importantes au dossier de l'identification : d'une part, l'explication du *fondement économique,* pulsionnel, de ces différents registres d'identification et, d'autre part, la mise en évidence des *effets structuraux* que cette pluralité de niveaux (topiques) et de régimes (primaire et secondaire) produisent dans le moi. A cela devrait s'ajouter une prise en considération du problème de l'angoisse et de la régression.

Cette articulation complexe qui établirait les fondements d'une analyse de la genèse du moi et de ses institutions internes, on en appréhende l'esquisse dans *Le moi et le ça* (1923).

Freud fait converger tous les fils de la problématique vers un foyer : la constellation œdipienne. Toutes les identifications décrites peuvent se comprendre à partir du moment où on les situe dans le contexte général de *la préhistoire et de l'histoire du complexe d'Œdipe.* Les institutions du moi, à savoir : la censure, le refoulement, l'épreuve de réalité, l'idéal, la conscience morale, doivent être resituées dans cette texture du complexe d'Œdipe. La combinatoire des liens œdipiens, compliquée du fait de l'ambivalence pulsionnelle et de la bisexualité, permet à Freud de penser de façon cohérente le jeu des identifications.

C'est par des identifications que l'enfant peut trouver à sortir du conflit Œdipien : il y est contraint par l'imminence d'une angoisse inéluctable, l'angoisse de castration. Le double rapport à la mère (actif et passif), le double rapport au père (objet d'admiration et d'investissement érotique passif) s'entrecroisent en investissements sexuels concurrents et en courants hostiles bilatéraux. C'est *un sursaut narcissique* devant ces flux contradictoires de pulsions, sursaut précipité par la menace de castration, pour le garçon, la déception, pour la fille, qui métamorphose ces flux pulsionnels en identifications. Le moi s'identifie aux partenaires œdipiens, selon une économie singulière où la prévalence d'une position sexuelle tient non seulement à la force des investissements portés à l'un ou l'autre des parents mais aussi à tout ce qui s'est tramé au cours de la préhistoire personnelle, avant l'Œdipe. Ainsi se forge le *surmoi.*

Freud dira, en 1932 :

> « Je ne suis pas satisfait moi-même de ces propos sur l'identification, mais il faut concéder que *l'établissement du surmoi* peut être considéré comme un cas *d'identification réussie* avec l'instance parentale » (22).

Le surmoi est donc bien *l'héritier du complexe d'Œdipe :* ce qui signifie, littéralement, qu'il vient à la place des parents, « disparus »,

---

(22) S. FREUD, *Le démontage de la personnalité psychique*, dans *Nouvelles conférences d'introduction à la psychanalyse*, tr. fr. Paris, Gallimard, 1971; GW XV, p. 69.

« morts ». Idéalement, l'identification est l'intériorisation sublimée, désexualisée, du grand drame d'ambivalence qu'est l'Œdipe. Les identifications constitutives du surmoi « liquident » une situation intenable, du fait de l'interdit de l'inceste et de la castration. Dès lors, le surmoi re-produit sur la scène du moi, dans l'espace narcissique, un nœud relationnel fatidique.

Les diverses résurgences de *la culpabilité* sont toutes des manières de répétition des angoisses œdipiennes : angoisse de perdre l'amour, angoisse narcissique de castration. La nature striée, stratifiée, du moi, que souligne encore cette dernière mouture de la théorie de l'identification, n'est donc pas tant à penser, assez platement, comme une superposition de personnages, mais comme un lieu multipolaire, à plusieurs « sujets » dont les voix peuvent, selon les circonstances, tonitruer davantage. La *sévérité du surmoi* pose un problème très délicat d'origine : reflète-t-elle simplement la sévérité de l'instance extérieure « castratrice », du « père » — ou, plus profondément, ne puise-t-elle pas sa rigueur de la vigueur des pulsions, érotiques et destructrices, que l'édification du surmoi a « converties » ?

La culpabilité révèle, depuis ses formes légères, dans le remords et l'auto-critique, jusque dans ses formes obsessionnelles et mélancoliques, plus délétères, la nature fissurable du moi. On comprend la phrase des *Lettres à Fliess :* le terme d'identification signifie, littéralement, une pluralité de personnes psychiques. Les états de déstructuration grave du moi correspondent à un conflit aigu d'identifications.

Or, il faut encore aller plus loin : l'identification, qui modifie le moi par transformation des investissements du ça, entraîne une dissociation du mélange pulsionnel *(Triebentmischung);* en tant qu'elle désexualise l'énergie pulsionnelle, elle désunit les pulsions de vie et les pulsions de mort, libérant ces dernières qui, jusqu'alors, se trouvaient neutralisées par leur mélange avec Eros. La libération de la pulsion de mort s'opère ainsi, dans la mélancolie, où l'idéal du moi exerce un sadisme impitoyable contre le moi, masochiste, transformé selon l'objet.

Ces remarques mettent en évidence le double caractère de l'identification : positivement, elle se met au service du narcissisme, elle maintient le moi en l'enrichissant des traits repris à l'objet, elle « conserve » le moi en conservant ses objets; mais, en revanche et négativement, elle dissocie les pulsions de vie et de mort et menace de mort le moi.

Telles sont les acquisitions décisives fournies par *Le moi et le ça.* Les questions laissées en suspens sont de deux ordres : il reste à éclaircir le statut de l'identification primaire (au père, aux parents associés, à la mère?) et les particularités de la préhistoire de l'Œdipe chez le garçon et surtout chez la fille. Cette double interrogation se résout, peut-être, en une seule, qui consisterait à déterminer l'origine (les origines?) du surmoi et son statut d'instaurateur d'une *loi,* loi de la différence des sexes, c'est-à-dire de la castration. Si, comme le dit Freud, le surmoi vient *renforcer* le caractère sexuel de l'enfant et lui assigne sa position sexuelle — jusqu'à la puberté qui répète l'Œdipe et noue son héritage psychique aux transformations du corps, pour rendre possible le choix d'objet génital, — il faut sans doute émettre l'idée que, avant l'Œdipe lui-même, existe un idéal sexuel, une identification sexuelle et, par conséquent une sorte de « surmoi pré-œdipien ». C'est l'hypothèse avancée par Mélanie Klein (23).

Le problème de l'identification est double : il appelle un discours sur les origines, la genèse; il appelle, encore, un discours sur la structure, la différenciation du moi. Du moi, qui n'a plus grand'chose à voir avec le moi de la psychologie. Car la théorie de l'identification telle qu'elle s'élabore en psychanalyse rompt la représentation que toute une tradition métaphysique marquée par l'idéalisme transcendantal a fomentée du moi. Freud, pour sa part, s'est tenu à l'écart d'une telle tradition — certains lui reprochent un matérialisme positiviste réducteur et déshumanisant. Il y a là un très intéressant malentendu, sournoisement entretenu par des philosophes « ouverts » à la psychanalyse (24). Ce malentendu consiste à dire : oui, la découverte de Freud met en cause le cogito, le moi idéaliste, centre de pensée et de volonté, il a même très bien fait de dissoudre les illusions subjectives associées à cette représentation d'un

(23) Le débat de Freud avec Mélanie Klein trouve un écho dans le chapitre VII de *Malaise dans la civilisation.* Tr. fr. Paris, P.U.F., 1973; GW XIV.

(24z Nous pensons à P. Ricœur et à ses essais herméneutiques : *De l'interprétation, essai sur Freud.* Paris, Seuil, 1965; *Le conflit des interprétations*, Paris Seuil, 1969.
Également chez A. VERGOTE, *Le sujet en psychanalyse,* dans *problèmes de psychanalyse*, Recherches et débats, Paris, Desclée de Brouwer, 1973.
L»'opposition du « moi (impur) et du « je » (pur) correspond pour d'autres analystes à celle de l'inconscient et du conscient. Ainsi pour P. LUQUET, *Les idéaux du moi et les idéaux du je.* dans *Rev. fr. de Psychan.*, n° 5-6, tome XXXVII, sept-déc. 1973; p. 1007-1013.
On n'est pas encore sorti d'une vieille antinomie platonicienne. Il nous semble que ce n'est qu'en prenant au sérieux le statut linguistique de ce « Je » qu'il est seulement possible de sortir du malentendu philosophique. C'est ce que fait, à notre sens, J. Lacan.

moi, lieu de liberté, en en dénonçant les déterminations archéologiques; *mais,* ce faisant, il a épuré, purifié, le moi de ses mensonges et de ses leurres, pour laisser le champ libre à un authentique sujet, à un « je ».

Or, l'originalité de Freud, c'est de s'attacher résolument à la mise en relation rigoureuse des formations psychiques humaines les plus éloignées, apparemment, les unes des autres. Cette attitude qui délibérément met de côté la différence sinon la cassure entre normalité et pathologie, exclut toute possibilité de déterminer une fois pour toutes le statut et l'économie d'un moi « normal » ou de construire un modèle de personnalité psychique qui ait valeur normative. Tel est sans doute l'enjeu de la très actuelle dispute sur le « sujet ». Il faut remarquer que jamais Freud n'utilise ce terme de sujet pour désigner le moi, l'individu, la personne. En outre, le fait même d'avoir mis en exergue les concepts de choix d'*objet,* d'*objet* d'investissement, de libido d'*objet,* produit une inflexion notoire dans la signification que l'on attribue généralement à ce terme, corrélatif de celui de sujet. On sait les discours proférant que le « sujet » ne peut pas être traité comme un « objet »; on comprend qu'avec la psychanalyse, on se trouve *ailleurs.* Pour l'appareil psychique, qui est un appareil interpsychique, le sujet n'est pas un centre; il est disséminé, plusieurs. « Je », c'est ce qui désigne le sujet d'un énoncé. Il ne faut pas confondre ce « je » avec une idéologie du moi, étrangère elle-même à la théorisation psychanalytique du « moi ».

2. Éléments d'une métapsychologie de l'identification

En psychologie, le terme d'identification vise essentiellement la modification du comportement d'un individu lorsqu'il se laisse influencer par un modèle; il appartient à une série de termes plus ou moins interchangeables comme empathie, imitation, sympathie, compassion, émulation, etc.

Après notre parcours dans la textualité freudienne, nous revenons à ces usages courants du terme, pour mesurer la disruption accomplie par le questionnement psychanalytique. Cette disruption procède de la découverte d'un champ, à la fois étranger à la « psychologie » et intérieur à elle, mais d'une intériorité qu'elle exclut. *L'analyse du moi* n'est pas la *psychologie du moi.* Elle parle d'un autre lieu (ce lieu qui est celui de l'expérience analytique, c'est-à-dire *le transfert*) que cette psychologie qui aujourd'hui, pourtant, se targue de freudisme (25).

Une investigation « métapsychologique » du processus d'identification donne la mesure de cette *différence.*

Il est frappant, à la lecture des dictionnaires, de voir les auteurs s'efforcer de répertorier, de classer les usages du terme d'identification pour y instituer de l'ordre et des distinctions. Or, durant tout notre parcours, nous n'avons aperçu aucune trace d'un tel souci chez Freud. Il ne s'arrête pas à appuyer la différence entre le sens transitif et le sens réfléchi, sens qui renvoient, respectivement, à la forme transitive du verbe *identifier* (où courent les résonances du langage de la logique, de l'administration, de la loi, de l'entomologie, etc.) et à la forme réfléchie du verbe *s'identifier* (qui évoque, dans la langue commune, l'amour, l'imitation, le mime, le théâtre).

Pour prendre appui sur la seule matérialité des mots, nous pourrions dire que tout le problème qui sera celui de la psychanalyse, réside dans ce *supplément d'apostrophe:* dans ce *s'*. La logique classificatrice, logique du tiers exclu et de la non-contradiction, distingue ce que le psychanalyste, à l'écoute de l'« illogique » du processus primaire, n'a ni le souci ni le besoin de distinguer. Prenant à la lettre l'expression « tout comme si » *(gleichwie),* il en laisse surgir les déterminations inconscientes. La « logique » aberrante de l'identification ou plutôt des identifications (dont on a relevé la très fréquente multiplicité, la contradiction), c'est la *logique du comme* ou, si l'on préfère, la grammaire inconsciente qui commande le jeu de la présence ou de l'absence de ce petit *s'*(identifier). Le clivage de l'actif — où un « sujet » fait transiter son action dans un « objet » — et du réfléchi — où le dit « sujet » subit l'action dont il est lui-même l'agent —, ce clivage, quand il *s'agit* d'identification inconsciente, ce qui est l'affaire de la psychanalyse, ne vaut plus, parce qu'il y va du *narcissisme* comme rapport fondamental, où jouent pulsions de vie et pulsions de mort, espace primordial du masochisme primaire et où il n'est de *voix,* pourrait-on dire, que *« moyenne »* (en-deçà de l'opposition simple de l'actif et du passif).

Le désir qui motive les identifications et emprunte leurs *voies* com-

(25) Voir le chapitre intitulé : « *Die Zerlegung der psychischen Persönlichkeit* », littéralement : le démontage, la décomposition de la personnalité psychique. Mal traduit en français in *Nouvelles conférences sur la psychanalyse*, par « Les diverses instances de la personnalité psychique ». Paris, Gallimard.

mande cette logique de l'intermédiaire de l'*être-comme*, où le même est l'autre, où, scandale insurmontable, un égale deux.

Revenons à ce partage entre la psychologie et l'analyse *(Zerlegung)* du moi. Pour en tracer la limite, plaçons-nous au *point de vue* qui fut celui conquis par Freud : *le point de vue métapsychologique.*

A. Topique de l'identification

Deux modèles dominent la multiplicité des identifications : le modèle *hystérique* et le modèle *mélancolique.* C'est-à-dire, un procès névrotique et un procès « quasi »-psychotique. Le premier s'est construit dans le contexte de l'élaboration de la « première topique » (CS/PCS-ICS) commandée par l'interprétation du rêve, activité nocturne pathologique-psychotique de tout homme « normal ». Le second ressortit à l'analyse des troubles du moi, à l'élaboration de la « seconde topique » (ça, moi, surmoi), à partir de l'énigme de la mélancolie, de la culpabilité et du masochisme.

Le problème que soulève le modèle *d'identification hystérique,* c'est sa double version : onirique et symptomatique. Dans le rêve, la régression au processus primaire est massive, et les vœux inconscients ourdissent des identifications toute-puissantes, envahissantes. Dans le réel, où l'hystérique *s'*adresse à l'*autre* dans le mime, partiel, de ce qu'il représente de son désir, cette régression est moindre, limitée et retenue dans les mailles des processus secondaires qui intensifient le travail de distorsion; là, le désir ne se déclare que par lapsus, caprices incomblables, refus, qui captent l'autre dans ses filets (voir la « belle bouchère », voir « Dora »). Comme les hystériques ne manquent pas d'esprit, Freud tire profit de l'analyse de ces malades pour interpréter les ressorts du mot d'esprit et de tous ces actes manqués, plus ou moins drôles ou gênants, de la comédie quotidienne.

Freud affirme que *l'identification mélancolique* est pourtant « mieux connue et plus importante » que l'identification hystérique.

L'identification mélancolique — ou narcissique — n'est pas un avatar de la rivalité ou de l'envie, comme l'autre qui se fonde sur la prétention inconsciente à être-comme, et qui ne se trahit au niveau préconscient que sous la forme « étrange » d'un symptôme, partiel, localisé, mais incompréhensible. Il y a, dans le processus mélancolique, une angoissante profondeur, une saveur mortelle. L'analyse de la mélancolie conduit aux origines de l'amour, à son caractère narcissique, à l'ambivalence de toute liaison avec un objet, aux origines du moi et à son essentielle fission, à son clivage. La mélancolie donne l'accès à l'intelligence de la genèse de la culpabilité inconsciente liée à la fonction d'une instance psychique dont la découverte est d'une portée décisive : *l'instance de l'idéal.* L'identification mélancolique, incorporation de l'objet perdu et, avec lui, répétition de la gigantomachie de l'amour et de la haine, donne aussi la clé et la condition de possibilité de l'hystérie. Si la prétention inconsciente de l'hystérique est d'être comme, de prendre la place, cette prétention « unitive » a une histoire et même, une préhistoire : le cannibalisme de la phase orale, où aimer, c'est dévorer. La perte du moi, dans la mélancolie, fait rebrousser aux origines du moi, à ce narcissisme originaire où il n'y a ni dedans ni dehors, ni sujet ni objet, mais auto-affection, auto-érotisme, toute-puissance... en même temps que toute-déréliction.

L'identification mélancolique, en tant que régression narcissique destructrice, oblige à penser le *versant pulsionnel* de la symptomatologie, et pas seulement la « qualité » psychique, consciente ou inconsciente des représentations et des sentiments refoulés. On comprend que cet aspect généalogique dévoilé par la *régression,* ait conduit Freud à postuler l'existence d'un « ça » et à reconstruire le « membrement » du moi, selon le cours et les accidents de sa formation. L'espace de l'identification, c'est, certes, l'inconscient; mais c'est un espace où il y a du moi, de l'idéal et de la pulsion. Les divers tableaux de la pathologie mettent en évidence les *« servitudes »* du « moi », à l'égard de la réalité, du ça (Eros et mort), et de l'idéal (surmoi). La deuxième topique recoupe la première; cet entrelacs, une théorie de l'identification permet d'en démonter le tressage. Théorie qui est celle-là même du *complexe d'Œdipe.* Les courants pulsionnels contradictoires de l'Œdipe se résolvent (ou le devraient, théoriquement, lors de sa destruction) par un jeu compliqué d'identifications de deux types : précisément, hystériques (au rival, à l'idéal) et « mélancoliques » (remplacement d'une différenciation du moi par une incorporation des objets d'amour abandonnés).

La destruction de ce complexe s'effectue donc par le truchement d'un travail narcissique d'identification. L'idéal du moi ou surmoi hérite ainsi des investissements ambivalents, érotiques, et des liens d'admiration qui attachaient l'enfant à ses parents. L'identification fait mieux que refouler l'Œdipe, puisque, en théorie, elle effectue son remplacement par la mise en place d'*institutions* internes, plus ou moins conflictuelles, dans le moi.

Mais on sait que c'est ce complexe, insuffisamment refoulé, qui produit ces répétitions que sont les névroses.

La construction d'un double modèle d'identification *(identification à un trait idéal,* narcissiquement investi, de l'autre, pris comme double et en même temps investi réellement et *identification régressive,* globale, du moi à l'objet perdu) soulève un problème pour certains commentateurs : tout cela n'est-il pas de la pathologie? N'y aurait-il pas un type d'identification qui soit *constructif,* progressif plutôt que régressif?

Certains proposent un troisième modèle : une identification « maturante », « progressive », dont l'exemple serait la transformation du moi par introjection de traits de l'autre, qui installerait le « sujet » dans un mouvement libérateur. Une sorte d'*identification « au projet »*, comme le dit P. Aulagnier. Ce projet serait, sur la scène du *conscient*, l'effet de mécanismes inconscients d'identifications; il en représenterait le compromis en acte, mais sans l'hypothèque de la méconnaissance et du refoulement. L'écart entre un tel projet identificatoire (l'idéal) et le moi devrait bien sûr être préservé : la psychose correspond à l'annulation d'un tel écart qui est la condition de possibilité d'une temporalisation, d'une historisation (26).

De telles propositions répondent à la difficulté réelle de la pratique analytique, de ses visées thérapeutiques et, nécessairement, éthiques. Mais cette « troisième voie » normativante semble quitter la structure de la théorie freudienne.

Est-il possible de se dédouaner des modes inconscients régressifs de fonctionner, d'aimer, de désirer? Ces remarques, très allusives, suffisent à montrer qu'on ne peut régler hâtivement le problème du statut, de l'origine et des fonctions de *l'idéal* (27) sans risquer de se déporter vers l'idéalisation et la normalisation.

---

(26) Cf. DONNET et PINEL : *Le problème de l'identification chez Freud*, dans *L'Inconscient*, n° 7, 1968, p. 5-22 et Piera AULAGNIER, *Demande et identification* dans *L'Inconscient*, n° 7, 1968, p. 23-65.

(27) Ce problème représente un point stratégique dans la dispute des héritiers de Freud, partagés en plusieurs « styles » : kleinien, lacanien, américain, « orthodoxe », etc... Un aperçu de l'état de la question, chez des non-lacaniens, dans *L'idéal du moi*, numéro spécial de la *Rev. franç. de Psychanal.* 3e Congrès des psychan. de langue française, tome XXXVII sept.-déc. 1973. Rapport de Jeanine Chasseguet-Smirgel.

B. Économie de l'identification

Le processus d'identification règle son économie selon le double impératif du principe de plaisir-déplaisir et de son « au-delà », la contrainte muette de la pulsion de mort (retour du vivant à un état dissocié, inorganique).

La fonction économique de l'identification consiste à permettre la transformation de l'énergie pulsionnelle, nécessitée par le refoulement. Elle est la voie « royale » du détachement de la libido des objets...

Ainsi conçue, l'identification doit être une des formes les plus primitives de destin pulsionnel, antérieur au refoulement que l'on observe dans les névroses et, sans doute, rendant ce refoulement possible, car refouler, c'est retirer des investissements de l'objet refusé ou interdit. L'identification est l'alternative à une autre voie possible, qui serait l'investissement d'un nouvel objet; elle propose un morceau du *moi* comme objet à l'investissement libidinal à refouler. Il nous semble que l'identification conjoint ces deux destins de pulsions que sont le « retournement sur la personne propre » et le « renversement dans le contraire » (28) : redoublement du rapport à l'objet sur la scène originellement auto-érotique, sado-masochiste, du moi naissant. En tant qu'espace d'un tel destin, le moi s'offre comme le lieu privilégié de l'*angoisse. L'angoisse de castration, prototype de toutes les formes d'angoisse, trouve dans toutes les tensions existantes entre le moi et le surmoi, héritier des objets fantastiques du ça, ses obsédantes reproductions.*

En transformant de l'énergie sexuelle en libido du moi, l'identification produit une *désexualisation* et une *sublimation* de cette énergie. Comme il n'est pas d'investissement sexuel qui ne soit mêlé de pulsion de mort, l'effet de la désexualisation est de dissocier le mélange pulsionnel. Ainsi l'identification précipite-t-elle une désintrication *(Entmischung)* lourde de conséquences pour le moi, apparemment bénéficiaire des identifications. La libération de la pulsion de mort provoque une retombée du sadisme sur le moi, sadisme qu'assume le surmoi contre le moi, lieu du masochisme.

La *sublimation*, quand réussit l'élaboration de l'ambivalence, passe par les processus et les intérêts du moi, spécialement par son intellect, chargé,

(28) Voir S. FREUD, *Pulsions et destins de pulsions,* dans *Métapsychologie,* Paris, Gallimard, 1968.

de par la régression de la libido au narcissisme, des énergies retirées aux objets.

Le plus obscur, dans ce jeu des métamorphoses, c'est la dimension « orale », cannibalique, du processus d'identification, forme originaire d'attachement à un objet. Tel est le problème de l'*identification primaire*, dont Freud dit qu'elle serait antérieure à tout choix d'objet, et le lieu d'un moment premier où identification et choix d'objet ne peuvent être séparés ni distingués l'un de l'autre. Le double lien de l'enfant à ses parents, narcissique (il est l'héritier de leur narcissisme « perdu ») et « anaclitique » (ils sont les objets indispensables de sa survie, de sa conservation), est une identification « orale ». Le père, la mère, « les parents » — comment parler de ces « objets » archaïques où le narcissisme originaire abolit tout contour? — sont ces objets ou ces précurseurs de ce que seront les objets, quand il y aura un *« moi »*, « un ». Cette double fixation, lieu d'inscription de l'*idéal*, point d'origine du désir toujours-déjà fantasmé, nécessite une investigation analytique semée d'embûches. Embûches que sont les *fantasmes d'origine* (29) qui hantent dans l'inconscient le désir de savoir les commencements. C'est bien des commencements de l'appareil psychique qu'il est question dans cette énigmatique identification primaire, *scène primitive* de l'éclosion du désir.

Cette étoffe fantasmatique du désir né d'une identification immémoriale à un objet indéterminable mais nécessaire, met en évidence le rapport de l'identification à l'*imago* et au langage. On sait que l'œuvre de Lacan a pris son ancrage dans une enquête qui s'est avérée, d'emblée, originale, sur les images et leur « réalité psychique », sur ce registre de l'imaginaire, du leurre et de l'hallucination.

Mélanie Klein, selon une « manière » toute différente, a fondé sa théorie sur les phantasmes archaïques des origines.

Notons, en passant, que ces deux auteurs ont pris leur départ dans le champ de la psychose. Chacun selon son génie propre a articulé d'emblée, dans un même mouvement, les deux processus d'élaboration pulsionnelle et de défense contre l'angoisse de mort que sont la projection et l'introjection qui sont en jeu dans l'identification. Processus que Freud a rencontrés séparément, sauf peut-être dans *Totem et tabou* et l'analyse de

---

(29) Voir le remarquable essai de J. LAPLANCHE et J.-B. PONTALIS, *Fantasme originaire, fantasmes des origines, origine du fantasme*, dans *Temps modernes*, 1964, n° 215, p. 1833-68.

Schreber. La distinction kleinienne des positions schizoïde-paranoïde, d'un côté, et « dépressive », de l'autre, nous semble un reflet possible de cette problématique; de même, la distinction lacanienne d'une identification spéculaire et d'une identification symbolique (on projette de l'imaginaire; on introjette du signifiant), pourrait se lire comme la tentative de prendre à bras le corps cette même problématique.

C. *Dynamique de l'identification*

L'identification a, dès le départ, été repérée comme un processus formateur de symptôme, donc de *compromis* psychique entre des forces antagonistes. Plus tard, elle s'est avérée comme le processus fondamental de la formation des *instances du moi* (moi, idéal du moi, surmoi - moi idéal).

Elle répond, dans tous les cas, à l'impérieuse urgence d'éviter l'angoisse née d'un conflit, angoisse qui met en péril le moi.

L'identification de l'homosexuel, par exemple, apparentée à ce qui se passe dans la mélancolie, mais sans en avoir l'aspect destructeur consécutif à l'intensité de l'ambivalence, consiste en une introjection d'une scène incestueuse : la relation à la mère, qu'il faut refouler, n'est pas abandonnée, ni sublimée, elle est déplacée sur la scène psychique en tant que relation sexuelle; le moi, devenu « la mère » se met à rechercher des objets d'amour sur le modèle de ce qui, jadis, fut l'objet de la mère : le moi lui-même. On saisit là la fonction refoulante de l'identification; refoulement qui, on le voit, n'est pas une « liquidation ».

Si refouler, c'est retirer l'investissement d'un objet, l'identification s'offre comme une opération narcissique toute bénéfique : elle sauve quelque chose de l'investissement, installe l'objet dans le moi qui se modèle selon son image, partiellement, ou globalement. Dans toutes les névroses une part de libido d'objet résiste à cette conversion en narcissisme, à la régression massive d'un choix d'objet à l'identification qui rendrait « inutile » le maintien d'un lien à l'objet, dans le réel ou au plan du fantasme. Le maintien de l'investissement de l'objet à côté d'une identification peut exister en proportion variable. Freud note, sans pousser plus loin l'idée, que la coexistence de ces deux types de lien à l'objet est fréquente chez *la femme*; il écrit :

« L'identification est une forme très importante, peut-être la plus ancienne, de l'attachement à une autre personne. Il ne faut pas la confondre avec le choix d'objet. On peut les distinguer de cette manière : quand le petit garçon s'identifie à son père, c'est qu'il veut *être* comme lui, lorsqu'il le prend pour objet de son choix (sexuel) il veut l'*avoir*, le posséder. Dans le premier cas, il modifie son moi d'après le modèle du père, dans le second cas, ce n'est pas nécessaire. L'identification et le choix d'objet sont dans une grande mesure indépendants l'un de l'autre. Mais l'on peut aussi s'identifier à la personne même que l'on a prise pour objet sexuel, et se transformer selon celle-ci. On dit que l'influence sur le moi de l'objet sexuel est particulièrement fréquente chez les femmes et qu'elle caractérise la féminité. » (30)

Ce texte constitue une pièce de plus à verser au dossier compliqué de la psychanalyse de *la féminité.* L'identification pourrait apparaître comme une sorte de mesure de précaution contre la disparition de l'objet, contre la menace de sa perte. L'angoisse de perdre l'amour serait le pendant, chez la femme, de l'angoisse de castration, chez l'homme.

Cette relation entre identification et choix d'objet est du plus haut intérêt : on l'observe aussi bien chez les enfants que chez les adultes, chez les gens normaux et chez les « malades ».

Il nous semble que le phénomène du *deuil* mérite une attention particulière.

Le deuil se présente, en effet, comme une tâche et une épreuve inéluctables, à quoi tout homme, un jour ou l'autre, doit se mesurer. On sait, depuis *Deuil et mélancolie*, que la gravité d'un deuil, et sa durée, témoignent de l'intensité de l'ambivalence affective que le « survivant » nourrissait envers l'objet perdu. Le travail du deuil n'est pas un processus pathologique. Il n'est cependant pas étranger à ce qui se passe dans la mélancolie, comme le soulignent Freud et, après lui, Abraham et M. Klein. Il donne un modèle intéressant du *renoncement à un objet* : le moi, révolté contre l'objet, ou, médiatement, contre le Destin responsable de sa déception, se dédommage de cette perte en érigeant l'objet en son sein. On peut parler d'une « régression » du choix d'objet à l'identification, d'un passage d'un régime sexuel à un régime narcissique. Et pourtant, le travail du deuil, avec ce caractère structurellement régressif (Freud n'a jamais pris ce mot dans un sens péjoratif), est la seule manière pour le moi de survivre, c'est-à-dire, simplement, de vivre, de s'assumer comme survivant.

Une identification partielle au mort achève le travail de deuil; le moi en

(30) *Nouvelles conférences*, p. 86; GW XV, p. 69. Il faut noter le curieux « on dit que » qui introduit cette remarque de Freud.

sort enrichi et l'objet, en quelque sorte, sauvé. Ne pourrait-on considérer ce travail du deuil comme le type le plus général d'élaboration psychique d'un conflit?

Le conflit du deuil réside dans l'antagonisme de l'amour, brusquement « sans objet » réel et fixé douloureusement aux souvenirs, aux traces du disparu, et de la haine, inconsciente dans les cas graves, suscitée ou ravivée par le manque, le manquement, la défaillance de l'objet qui brutalement fait défaut.

Le *surmoi* n'est-il pas le résultat d'un tel travail de deuil?

La réussite, toujours aléatoire, de ce gigantesque travail de deuil qu'est l'abandon des positions libidinales œdipiennes trouve son attestation dans le degré de « santé » du moi. Se réapproprier ce qu'il a fallu perdre, telle serait la formule de toute identification de deuil. Le moi est formé des objets perdus. L'échec de ce travail de transformation, lié aux puissances des fixations archaïques aux objets, engendre les névroses et les psychoses.

Tournons-nous, pour finir, vers ce qui se passe dans *la cure analytique*.

Freud, qui en a créé les conditions de fonctionnement, dit à propos du travail analytique:

> « *La visée (des efforts thérapeutiques de la psychanalyse) consiste précisément à fortifier (stärken)* le moi, à le rendre plus indépendant du surmoi, à élargir son champ de perception et à aménager son organisation de telle sorte qu'il puisse s'approprier de nouveaux morceaux du ça. Là où ça était, je (*Ich* : moi/je) dois advenir *(Wo Es war, soll Ich werden)*. C'est là un travail de civilisation *(Kulturarbeit)* comparable à l'assèchement du Zuyderzee » (31).

Ces mots sont trop connus. Mais ils sont lourds de ce que nous enseigne la théorie de l'identification. Le surmoi, dont il s'agit de se rendre plus indépendant *(unabhängiger)* n'est-il pas, de par sa genèse même, le reste transformé de morceaux du ça, que le moi s'est appropriés pour se défaire de l'angoisse narcissique de la castration? Issu d'objets du ça incomparables, dont il a fallu « faire son deuil », le surmoi dans sa plus ou moins grande sévérité, parle encore au nom de ces « morts ».

L'angoisse devant le surmoi, forme par excellence de l'angoisse humaine, répète les vicissitudes de cette aventure d'où est surgi un « je ».

---

(31) S. FREUD, *Nouvelles conférences*, p. 107 (nous retraduisons); GW XV, p. 86.

On peut se demander si cet « idéal » qui tire le moi au devant de lui-même n'est pas aussi ce qui le tire en arrière. Ce qui revient à se demander si le complexe d'Œdipe, lourd d'une insondable préhistoire, peut vraiment, un jour, disparaître.

Il se peut, et cela, le travail analytique l'atteste parfois cruellement, qu'assumer *l'héritage de l'Œdipe*, que faire le deuil des objets œdipiens — objets démesurés, fantastiques, envahissants comme était envahissante la puissance pulsionnelle qui déferlait sur eux —, soit une tâche infinie. Comme est infinie, interminable, une analyse.

Que l'analyse vise à mettre le sujet *(Ich)* en position de s'approprier des morceaux du ça, elle ne le fait pas en facilitant de quelconques décharges ou défoulements; s'approprier le ça est œuvre *de culture*, œuvre *de parole*, œuvre *d'identification symbolique.* Non pas d'identification « à l'analyste », mais à ces traits que portent les paroles qui ouvrent le ça, atemporel, au temps, à la différence.

BIBLIOGRAPHIE

1. Références des ouvrages et articles de Freud utilisés.

a) En langue originale *allemande* :

Gesammelte Werke (chronologisch Geordnet) en 17 tomes édités par « Imago Publishing Co. Ltd. », London (Unter Mitwirkung von Marie Bonaparte, herausgegeben von Anna Freud, E. Bibring, W. Hoffer, E. Kris und O. Isakower.)

b) En tradution *anglaise* :

The Standard Edition of the Complete Psychological Works of Sigmund Freud, en 23 tomes, traduits de l'allemand sous la direction de l'éditeur James Strachey, avec la collaboration d'Anna Freud, assisté par Alix Strachey et Alan Tyson. London, The Hogarth Press and the Institute of Psycho-Analysis.

c) En traduction *française* :

1895 — *Etudes sur l'hystérie* (en coll. avec J. BREUER), Paris, P.U.F., 1965 (trad. A. Berman).

1899 — « Les souvenirs-écrans », extrait traduit dans ANZIEU, D., *L'auto-analyse,* Paris, P.U.F., 1959, p. 277-286. (trad. D. Anzieu et A. Berman).

1900 — *L'interprétation des rêves.* Paris, P.U.F., 1967 (trad. I. Meyerson (1926), revisée par D. Berger).

1901 — *Psychopathologie de la vie quotidienne.* Paris, Payot, 1967 (Petite bibliothèque Payot) (trad. S. Jankélévitch (1922)).

1901 — *Le rêve et son interprétation.* Paris, Gallimard, 1969 (Idées) (trad. H. Legros (1925)).

1905 — *Trois essais sur la théorie de la sexualité.* Paris, Gallimard, 1962 (Idées) (trad. B. Reverchon-Jouve (1923)).

1905 — (1902) *Fragments d'une analyse d'hystérie (Dora)* dans *Cinq psychanalyses,* Paris, P.U.F., 1967 (3e édit.), p. 1-91 (trad. M. Bonaparte et R. Lœwenstein).

1907 — *Délires et rêves dans le « Gradiva » de Jensen.* Paris, Gallimard1971 (Idées) (trad. M. Bonaparte (1931)).

1907 — *Actes obsédants et exercices religieux* dans *L'avenir d'une illusion,* Paris, Denoël et Steele, 1932, p 157-183 (trad. M. Bonaparte).

1907 — *Les explications sexuelles données aux enfants.* dans *La vie sexuelle,* Paris, P.U.F., 1969, p. 7-13 (trad. D. Berger).

1908 — *Caractère et érotisme anal.* dans *Névrose, psychose et perversion.* Paris, P.U.F., 1973. (trad. D. Berger et a.) p. 143-8.

1908 — *Les théories sexuelles infantiles.* dans *La vie sexuelle,* Paris, P.U.F., 1969, p. 14-27 (trad. J.B. Pontalis).

1908 — *La morale sexuelle civilisée et la maladie nerveuse des temps modernes* dans *La vie sexuelle,* Paris, P.U.F., 1969, p. 28-46 (trad. D. Berger).

1909 — *Analyse d'une phobie chez un petit garçon de 5 ans (Le petit Hans)* dans *Cinq psychanalyses,* Paris, P.U.F., 1967 (3e édit.), p. 93-198. (trad. M. Bonaparte et R. Lœwenstein).

1909 — *Considérations générales sur l'attaque hystérique,* dans *Névrose, psychose et perversion* Paris, P.U.F., 1973 (trad. J. Laplanche et J.B. Pontalis (p. 161-6).

1909 — *Remarques sur un cas de névrose obsessionnelle* (L'homme aux rats), dans *Cinq psychanalyses,* Paris P.U.F., 1967 (3e éd.), p. 199-261. (trad. M. Bonaparte et R. Lœwenstein).

1909 — *Le roman familial des névrosés,* dans *Névrose, psychose et perversion.* Paris, P.U.F., 1973, (trad. J. Laplanche) p. 157-160.

1910 — *Cinq leçons sur la psychanalyse.* Paris, Payot, 1966 (Petite bibliothèque Payot) (trad. Y. Le Lay (revue)).

1910 — *Un souvenir d'enfance de Léonard de Vinci.* Paris, Gallimard, 1927. (trad. M. Bonaparte).

1910 — *Contributions à la psychologie de la vie amoureuse* : I. *Un type particulier de choix d'objet chez l'homme,* dans *La vie sexuelle,* Paris, P.U.F., 1969, p 46-55. (trad. J. Laplanche).

1911 — *Remarques psychanalytiques sur l'autobiographie d'un cas de paranoïa (Dementia paranoïdes) (Le Président Schreber),* dans *Cinq psychanalyses,* Paris, P.U.F., 1967 (3e édit.), p. 263-324. (trad. M. Bonaparte et R. Lœwenstein (1932)).

1912 — *Contributions à la psychologie de la vie amoureuse :* II. *Sur le plus général des rabaissements de la vie amoureuse* » dans *La vie sexuelle,* Paris, P.U.F., 1969, p. 55-65. (trad. J. Laplanche).

1912-1913 — *Totem et Tabou.* Paris, P.B. Payot, 1965. (trad. S. Jankélévitch (1923)).

1913 — *La disposition à la névrose obsessionnelle.* dans *Névrose psychose et perversion,* Paris, P.U.F., 1973 (trad. D. Berger et a.) p 189-197.

1914 — *De la fausse reconnaissance (déjà raconté) au cours du traitement psychanalytique* dans *La technique psychanalytique,* Paris, P.U.F., 1970 (3e édit.), p. 72-79. (trad. A. Berman (1953)).

1914 — *Pour introduire le narcissisme.* dans *La vie sexuelle,* Paris, P.U.F., 1969, p. 81-105. (trad. J. Laplanche).

1914 — *Contribution à l'histoire du mouvement psychanalytique* dans *Cinq leçons de psychanalyse,* Paris, Payot, 1966, (Petite bibliothèque Payot) p. 69-155. (trad. S. Jankélévitch).

1915 — *Pulsions et destins des pulsions.* dans *Métapsychologie,* Paris, Gallimard-Idées, 1968, p. 11-44. (trad. J. Laplanche, J.-B. Pontalis,...).

1915 — *Le refoulement.* dans *Métapsychologie,* Paris, Gallimard, 1968, (Idées) p. 45-63 (trad. J. Laplanche et J.-B. Pontalis,...).

1915 — *L'inconscient.* dans *Métapsychologie,* Paris, Gallimard, 1968, (Idées) p. 65-123. (trad. J. Laplanche et J.-B. Pontalis,...).

1915 — *Communication d'un cas de paranoïa en contradiction avec la théorie psychanalytique* dans *Névrose, psychose et perversion,* Paris, P.U.F., 1973. (trad. Guérineau) p. 209-218).

1916 — *Parallèles mythologiques à une représentation obsessionnelle plastique* dans *Essais de psychanalyse appliquée,* Paris, Gallimard, 1933, p. 83-85. (trad. M.

Bonaparte et D. Marty.).
1916 — *Rapport entre un symbole et un symptôme.* dans *Revue française de psychanalyse,* 1935, VIII (3), p. 447-448. (trad. P. Jury).
1916 — *Quelques types de caractère dégagés par la psychanalyse.* dans *Essais de psychanalyse appliquée,* Paris, Gallimard, 1933, p. 105-136. (trad. M. Bonaparte et D. Marty).
1916-1917 — *Introduction à la psychanalyse,* Paris, Payot, 1962 (Petite bibliothèque Payot) (trad. S. Jankélévitch (1921)).
1917 — *Un souvenir d'enfance dans Fiction et Vérité de Goethe.* dans *Essais de psychanalyse appliquée,* Paris, Gallimard, 1933, p. 149-162. (trad. M. Bonaparte et D. Marty).
1917 — *Sur les transpositions de pulsions plus particulièrement dans l'érotisme anal.* dans *La vie Sexuelle,* Paris, P.U.F., 1969, p. 106-112. (trad. D. Berger).
1917 — *Deuil et mélancolie, dans Métapsychologie,* Paris, Gallimard, 1968, (Idées) p. 147-174. (trad. J. Laplanche, J. B. Pontalis, e.a.).
1918 — *Contributions à la psychologie de la vie amoureuse* : III. *Le tabou de la virginité.* dans *La vie sexuelle,* Paris, P.U.F., 1969, p. 66-80. (trad. D. Berger).
1918 (1914) — *Extrait de l'histoire d'une névrose infantile* (L'homme aux loups). dans *Cinq psychanalyses,* Paris, P.U.F., 1967 (3e édit.), p. 325-420. (trad. M. Bonaparte et R. Lœwenstein).
1919 — *On bat un enfant* (Contribution à l'étude de la genèse des perversions sexuelles). dans *Revue française de psychanalyse,* 1933, VI (3-4), p. 274-297. (trad. H. Hoesli).
1919 — *L'inquiétante étrangeté.* dans *Essais de psychanalyse appliquée,* Paris, Gallimard, 1933, p. 163-211. (trad. M. Bonaparte et D. Marty).
1920 — *Sur la psychogenèse d'un cas d'homosexualité féminine.* dans *Névrose, psychose et perversion,* Paris, P.U.F., 1973, p. 245-270. (trad. D. Guérineau).
1920 — *Au delà du principe de plaisir.* dans *Essais de psychanalyse,* Paris, Payot, 1967, (Petite bibliothèque Payot) p. 7-81 (trad. S. Jankélévitch, revue par A. Hesnard).
1921 — *Psychologie collective et analyse du moi.* dans *Essais de psychanalyse,* Paris, Payot, 1967, (Petite bibliothèque Payot) p. 83-175. (trad. S. Jankélévitch, revue par A. Hesnard).
1922 — *De quelques mécanismes névrotiques dans la jalousie, la paranoïa et l'homosexualité.* dans *Revue française de psychanalyse,* 1932, V (3), p. 391-401 (trad. J. Lacan).
1923 — *Le Moi et le ça.* dans *Essais de psychanalyse,* Paris, Payot, 1967, (Petite bibliothèque Payot) p. 177-234. (trad. S. Jankélévitch, revue par A. Hesnard).
1923 — *Une névrose démoniaque au XVIIe siècle.* dans *Essais de psychanalyse appliquée,* Paris, Gallimard, 1933, p. 213-254. (trad. E. Marty et M. Bonaparte).
1923 — *L'organisation génitale infantile.* dans *La vie sexuelle,* Paris, P.U.F., 1969, p. 113-116. (trad. J. Laplanche).
1914 — *Le problème économique du masochisme.* dans *Névrose, psychose et perversion,* Paris, P.U.F., 1973, p. 287-298. (trad. J. Laplanche).
1924 — *La disparition du complexe d'Oedipe.* dans *La vie sexuelle,* Paris, P.U.F., 1969, p. 117-122. (trad. D. Berger).
1925 — *Ma vie et la psychanalyse.* Paris, Gallimard, 1950 (Idées) (trad. M. Bonaparte).
1925 — *Quelques conséquences psychologiques de la différence anatomique entre les sexes.* dans *La vie sexuelle,* Paris, P.U.F., 1969, p. 123-132. (trad. D. Berger).
1926 — *Inhibition, symptôme et angoisse.* Paris, P.U.F., 1968 (2e édition revue). (trad. M. Tort, J. Laplanche...).
1926 — *Psychanalyse et médecine (Die Frage der Laienanalyse)* dans *Ma vie et la psycha-*

nalyse, Paris, Gallimard-Idées, 1950, p. 95-184. (trad. M. Bonaparte).
1927 — *L'avenir d'une illusion,* Paris, Denoël et Steele, 1932. (trad. M. Bonaparte).
1927 — *Le fétichisme.* dans *La vie sexuelle,* Paris, P.U.F., 1969, p. 132-138. (trad. D. Berger).
1928 — *Dostoïevski et le parricide.* dans *Les Frères Karamazov,* Paris, Gallimard, 1973, (Folio), p. 7-27. (trad. J.-B. Pontalis).
1930 — *Malaise dans la civilisation,* Paris, P.U.F., 1971. (trad. Ch. et I. Odier (1934)).
1931 — *Sur la sexualité féminine.* dans *La vie sexuelle,* Paris, P.U.F., 1969, p. 139-155. (trad. D. Berger).
1933 — *Nouvelles conférences sur la psychanalyse.* Paris, Gallimard, 1936. (trad. A. Berman).
1937 — *Analyse terminée et analyse interminable.* dans *Revue française de psychanalyse,* 1939, XI (1), p. 3-38. (trad. A. Berman).
1939 (1937-1939) — *Moïse et le monothéisme.* Paris, Gallimard, 1967 (Idées) (trad. A. Berman (1948)).
1940 (1938) — *Abrégé de psychanalyse.* Paris, P.U.F., 1967, (5e édit.) (trad. A. Berman (1949)).
1940 (1938) — *Le clivage du moi dans le processus de défense.* dans *Nouvelle revue de psychanalyse,* 1970, 2, p. 25-28. (trad. R. Lewinter et J.-B. Pontalis).
1941 (1938) — *Résultats, idées, problèmes.* dans *L'Arc,* 1968, n° 24, p. 69-70. (trad. J. P. Briand et A. Green).

d) *Correspondance de Freud*

– *Aus den Anfängen der Psychoanalyse* (1950), London, Imago, 1950. Trad. franç. (A. Berman) : *La naissance de la psychanalyse* (Lettres à W. Fliess, Notes et Plans : 1887-1902), Paris, P.U.F., 1969 (2e édit.).
– *Briefe* 1873-1939, London, 1960. Trad. franç. (A. Berman et J.P. Grossein) : *Correspondance*, Paris, Gallimard, 1966.
– *Briefwechsel Sigmund Freud — Lou Andreas-Salomé*, Frankfurt am Main, S. Fischer, 1966. Trad. franc. (L. Jumel) dans ANDREAS-SALOMÉ, L., *Correspondance avec Sigmund Freud* (1912-1936), suivie du *Journal d'une année* (1912-1913), Paris, Gallimard, 1970.
– S. FREUD - K. ABRAHAM : *Briefe 1907-1926*, Frankfurt am Main, S. Fischer, 1965. Trad. franç. (F. Cambon et J.P. Grossein) : S. FREUD et K. ABRAHAM, *Correspondance 1907-1926*, Paris, Gallimard, 1969.
– Sigmund FREUD - Oskar PFISTER, *Briefe 1909-1939*, Frankfurt am Main, S. Fischer, 1963. Trad. franç. (L. Jumel), *Correspondance de Sigmund Freud avec le pasteur Pfister*, Paris, Gallimard, 1966.
– Sigmund FREUD - C. G. JUNG, Correspondance (1906-1914) 2 tomes. Trad. franç. Ruth Finz - Silbermann, Paris, Gallimard, 1975 (Connaissance de l'inconscient).

2. *Bibliographie générale des ouvrages et articles cités*

A propos de l'Homme aux loups, *Revue française de psychanalyse*, Numéro spécial, t. XXXV, janvier 1971.
ABRAHAM Karl, *Œuvres complètes.* Trad. fr. par Ilse Barande et Élisabeth Grim. Tome I (1907-1914), *Rêve et mythe, G. Segantini, Aménotep IV et Études cliniques*, Paris, Payot, 1965.

Tome II (1913-1925), *Développement de la libido, formation du caractère et études cliniques*, Paris, Payot, 1966.
ABRAHAM Nicolas et TOROK Maria, *Introjecter-incorporer* dans *Nouvelle revue de psychanalyse.* Automne 1972, p. 111-122.
ADLER Alfred, *Theory and Practice of Individual Psychology*, New York, Humanities Press, 1951.
ALI Sami, *De la projection*, Paris, Payot, 1970.
ANZIEU Didier, *L'auto-analyse de Freud*, Paris, P.U.F., 1959; réédition en 2 volumes, 1975.
ARBAN Dominique, *Dostoïevski par lui-même.* Paris, Le Seuil, 1962, (Écrivains de toujours).
ARBAN Dominique, *Dostoïevski le coupable*, Paris, Julliard, 1968.
ARISTOTE, *Poétique*, Texte établi et traduit par J. Hardy, Paris, Les Belles Lettres, 1965.
ARTAUD Antonin, *Le théâtre et son double*, Paris, Gallimard, 1964, (Idées).
AULAGNIER-SPAIRANI Piera, *Remarques sur le masochisme primaire* dans *L'Arc*, numéro spécial, *Freud*, n° 34, p. 47-54.
AULAGNIER-SPAIRANI Piera, *Le concept d'identification*, Séminaire à Sainte Anne, Hiver 1967, (Inédit).
AULAGNIER-SPAIRANI Piera, *Le Désir et la perversion*, Paris, Le Seuil, 1967, (Le champ freudien), p. 55-79.
AUSTIN, *Quand dire, c'est faire.* Paris, Le Seuil, 1970, (L'ordre philosophique).
BARRUCAND D., *La catharsis dans le théâtre, la psychanalyse et la psychothérapie de groupe.* Paris, Éd. de l'Épi, 1970, (Homme et groupe).
BASTIDE Roger, *Sociologie et psychanalyse*, Paris, P.U.F., 1950.
BASTIDE Roger, *Le rêve, la transe et la folie*, Paris, Flammarion, 1972.
BATAILLE Georges, *L'érotisme*, Paris, Éd. de Minuit, 1957.
BAUDRY Jean-Louis, *Freud et la création littéraire* dans *Théorie d'ensemble*, Paris, Le Seuil, 1968, p. 148-174.
BENVENISTE Émile, *Actif et moyen dans le verbe* dans *Journal de psychologie normale et pathologique*, n° 43, 1950, p. 121 et suiv.
BENVENISTE Émile, *Problèmes de linguistique générale*, Paris, Gallimard, 1966.
BINSWANGER Ludwig, *Manie und Melancholie*, Pfüllingen-Stuttgart, Günther Neske, 1960.
Bisexualité et différence des sexes dans *Scilicet*, n° 1, 1968, p. 85-96.
BLOCH O. et von WARTBURG W., *Dictionnaire étymologique de la langue française.* Paris, P.U.F., (5e éd.), 1975.
BOISACQ E., *Dictionnaire étymologique de la langue grecque étudiée dans ses rapports avec les autres langues indo-européennes.* Heidelberg-Paris, Klincksieck, 1938, (3e éd.)
BOONS Marie-Claire, *Le meurtre du père chez Freud*, dans *L'Inconscient*, n° 5, janvier-mars 1968, p. 101-129. (numéro spécial sur la Paternité).
BOUVET Maurice, *Le moi dans la névrose obsessionnelle, relations d'objet et mécanismes de défense* dans *Revue française de psychanalyse*, 1953, XVIII, n° 1-2, p. 111-196.
BOUVET Maurice, *Dépersonnalisation et relation d'objet* dans *Revue française de psychanalyse*, 1960, XXIV, n° 4-6, p. 451-611.
BROWN Norman, *Eros et Thanatos. La psychanalyse appliquée à l'histoire*, Paris, Denoël, 1971.
CASTEL Robert, *Le psychanalysme*, Paris, Maspero, 1973.
CASTORIADIS-AULAGNIER Piera, *Demande et identification* dans *L'Inconscient*, n° 7, p. 23-66.
CASTORIADIS-AULAGNIER Piera, *La violence de l'interprétation. Du pictogramme à l'énoncé* Paris, P.U.F., 1975, (Le fil rouge).

CHANTRAINE P., *Dictionnaire étymologique de la langue grecque. Histoire des mots.* Heidelberg-Paris, Klincksieck, 1968.

CHASSEGUET-SMIRGEL Janine, *Essai sur l'idéal du moi. Contribution à l'étude psychanalytique de la 'maladie d'idéalité'* dans *Revue française de psychanalyse* XXXVII, 1973, p. 709-929. (Rapport au XXXIIIe Congrès des psychanalystes de langues romanes).

CHASTAING Maxime, *L'existence d'autrui.* Paris, P.U.F., 1951.

CLAVREUL Jean, *Identification et complexe de castration* dans *L'Inconscient*, n° 7, numéro spécial sur « l'identification ». p. 6798.

Le clivage du sujet et son identification, dans *Scilicet*, n° 2/3, 1970, p. 103-136.

DELEUZE Gilles, *Différence et répétition*, Paris, P.U.F., 1968.

DELEUZE Gilles, *La logique du sens*, Paris, Éd. de Minuit, 1969.

DELEUZE Gilles et GUATTARI Félix, *L'Anti-Œdipe. Introduction à la schizoanalyse, Capitalisme et schizophrénie*, Paris, Ed. de Minuit, 1973.

DERRIDA Jacques, *La voix et le phénomène. Introduction au problème du signe dans la phénoménologie de Husserl.* Paris, P.U.F., 1967.

DERRIDA Jacques, *L'écriture et la différence*, Paris, Le Seuil, 1967, (Tel Quel).

DERRIDA Jacques, *De la grammatologie*, Paris, Ed. de Minuit, 1967, (Critique).

DERRIDA Jacques, *La dissémination.* Paris, Le Seuil, 1972, (Tel Quel).

DERRIDA Jacques, *Marges de la philosophie.* Paris, Ed. de Minuit, 1972, (Critique).

DERRIDA Jacques, *Positions.* Paris, Éd. de Minuit, 1972, (Critique).

DE WAELHENS Alphonse, *La philosophie de Martin Heidegger.* Louvain, Publications universitaires 1969, (6e édit.) (Bibli. philos. de Louvain).

DE WAELHENS Alphonse, *La philosophie et les expériences naturelles.* La Haye, Martinus Nijhoff, 1961, (Phaenomenologica).

DE WAELHENS Alphonse, *La psychose. Essai d'interprétation analytique et existentiale.* Louvain, Nauwelaerts, 1973, (Pathei Mathos).

DE WAELHENS Alphonse, *Sur l'inconscient et la pensée philosophique* dans *L'Inconscient*, Paris, Desclée de Brouwer, 1966. (Bibl. neuro-psychiatr. de lang. franç.). (VIe Colloque de Bonneval du 1960).

DE WOLF Michel, *La castration dans l'œuvre et l'expérience freudiennes.* Dissertation doctorale, Faculté de psychologie et des Sc. de l'éducation, Centre de psychol. différentielle et clinique. (Sous la direction de J. Schotte). Louvain, 1972.

DE WOLF Michel, *Le « traumatisme de la naissance » d'Otto Rank; premières réactions de Freud à une dissidence-symptôme*, dans *Revue de psychologie et des sciences de l'éducation*, 1974, vol. 9, n° 2, p. 131-162.

DOLTO Françoise, *La libido génitale et son destin féminin dans La psychanalyse*, n° 7, 1964, p. 55-140.

DOLTO Françoise, *Psychanalyse et pédiatrie*, Paris, Le Seuil, 1973, (Le champ freudien).

DOLTO Françoise, *Le cas Dominique*, Paris, Le Seuil, 1973, (Le champ freudien).

DONNET J.-L. et PINEL J.-P., *Le problème de l'identification chez Freud* dans *L'Inconscient*, n° 7, juillet-sept. 1968, p. 5-22.

DUYCKAERTS François, *Conscience et prise de conscience*, Bruxelles, Dessart, 1974 (Psychologie et sciences humaines).

ERNOUT A. et MEILLET A., *Dictionnaire étymologique de la langue latine. Histoire des mots*, Paris, Klincksieck, 1959, (4e éd.).

Une étude: la remarquable famille Schreber dans *Scilicet,* n° 4, 1973, p. 287-322.

FEDIDA Pierre, *L'anatomie dans la psychanalyse* dans *Nouvelle revue de psychanalyse*, n° 3, printemps 1971, p. 109-126.

FEDIDA Pierre, *Le cannibale mélancolique* dans *Nouvelle revue de psychanalyse,* Automne 1972, p. 123-128.

FEDIDA Pierre, *L'inceste et le meurtre dans la généalogie* dans *Szondiana* VIII, *Contribution à l'analyse du Destin*, Louvain-Paris, Nauwelaerts, 1971.

FENICHEL Otto, *The psychoanalytical theory of Nevrosis*, New York, Norton, 1945. Trad. franç. *La théorie psychanalytique des névroses*, Paris, P.U.F., 1953 (2 tomes).

FENICHEL Otto, *Identifizierung*, dans *Internationale Zeitschrift für Psychoanalyse* XII, 1926.

FERNANDEZ Dominique, *L'arbre jusqu'aux racines. psychanalyse et création*, Paris, Grasset, 1972.

FLORENCE Jean, *Le problème de l'existence d'autrui selon Maxime Chastaing*. Mémoire de Licence en philosophie, Louvain, Institut Supérieur de philosophie, 1963 (sous la direction de J. Taminiaux).

FLORENCE Jean, *De l'identification: Délimitation du concept dans les premiers écrits freudiens*. Mémoire de Licence en psychologie. Louvain, Faculté de psychol. et de sciences de l'éducation. 1967. (sous la direction de J. Schotte).

FLORENCE Jean, *Théâtre et psychologie. Le spéculatif, le spéculaire et le spectaculaire*, dans *Cahiers Théâtre Louvain*, n° 6, 1968-1969.

FLORENCE Jean, *Misère de la psychologie*, dans *Revue de psychologie et des sciences de l'éducation*, vol.4, 1969, n° 2, p. 200-211.

FLORENCE Jean, *Propos sur les fondements de la psychologie* dans *Revue philosophique de Louvain*, tome 68, novembre 1970, p. 483-506.

FLORENCE Jean, *Problématique, la psychologie*, dans *Revue de psychologie et des sciences de l'éducation*, vol. 6, 1971, n° 3, p. 369-387.

FLORENCE Jean, *Le fantasme et la lettre*, dans *Dialogues en sciences humaines*, Bruxelles, Publ. des Fac. univ. St-Louis, 1975, p. 16-27.

FLORENCE Jean, *Théâtre et psychanalyse ou la psychologie 'jouée'*, dans *Marche Romane*, XX, 3, p. 1-6.

FLORENCE Jean, *Entre désir et réalité. Les identifications théatrales*, dans *Cahiers Théâtre Louvain*, (à paraître).

FLORENCE Jean, *Psychanalyse — littérature*, dans *Revue de psychologie et des sciences de l'éducation*, vol. 9, 1974, n° 2, p. 209-229.

FLORENCE Jean, *Identification et hystérie dans le psychodrame*, Publication du Centre de recherches en psychothérapie, Woluwé-Bruxelles, novembre 1977.

FOUCAULT Michel, *Folie et Déraison. Histoire de la folie à l'âge classique*. Paris, Plon, 1961.

FOUCAULT Michel, *Les mots et les choses. Une archéologie des sciences humaines*, Paris, Gallimard, 1966. (Bibliothèque des sciences humaines).

FOULQUIE P. et SAINT-JEAN R., *Dictionnaire de la langue philosophique*, Paris, P.U.F., (2e éd.), 1969.

FREUD Anna, *Das Ich und die Abwehr Mechanismen*. London, Imago, 1946. Tr. fr. de A. Berman: *Le moi et les mécanismes de défense*. Paris, P.U.F., 1949.

GANTHERET François, *Remarques sur la place et le statut du corps en psychanalyse*, dans *Nouvelle revue de psychanalyse*, n° 3, printemps 71, p. 137-146.

GIRARD René, *La violence et le sacré*, Paris, Grasset, 1973.

GRASSET A., *L'enfant épileptique*, Paris, P.U.F., 1968.

GREEN André, *L'objet (a) de J. Lacan, sa logique et la théorie freudienne*, dans *Cahiers pour l'analyse*, mai 1966, n° 3.

GREEN André, *Le narcissisme primaire, structure ou état*, dans *L'Inconscient*, 1967, n° 1, p. 127-156, et n° 2, p. 89-116.

GREEN André, *Un œil en trop. Le complexe d'Œdipe dans la tragédie*. Paris, Éd. de Minuit, 1969, (Critique).

GREEN André, *Le discours vivant. La conception psychanalytique de l'affect*, Paris, P.U.F.,

1973. (Le fil rouge).
GREEN André, *Le cannibalisme : réalité ou fantasme agi*, dans *Nouvelle revue de psychanalyse.* Automne 1972. p. 27-54.
GUATTARI Félix, *Psychanalyse et transversalité*, Paris, Maspero, 1972.
HEIMANN Paula, *Certaines fonctions de l'introjection et de la projection dans la première enfance*, dans *Développements de la psychanalyse*, tr. W. Baranger, Paris, P.U.F., 1966.
HEGEL G.W.F.,, *La Phénoménologie de l'esprit*, 2 tomes, trad. J. Hyppolite, Aubier, Éd. Montaigne, Paris.
HESNARD Angelo, *Psychanalyse du lien interhumain*, Paris, P.U.F., 1957.
L'infini et la castration dans *Scilicet*, n° 4, 1973, p. 75-136.
IRIGARAY Luce, *Communication linguistique et communication spéculaire*, dans *Cahiers pour l'analyse*, mai 1966, n° 3, p. 39-56.
IRIGARAY Luce, *Speculum. De l'autre femme.* Paris, Ed. de Minuit, 1974. (Critique).
IRIGARAY Luce, *Ce sexe qui n'en est pas un*, Paris, Ed. Minuit, 1977 (Critique).
IRIGARAY Luce, *Misère de la psychanalyse*, dans *Critique*, novembre 1977, p. 879-903.
JEKELS Ludwig, *Psychologie des Mitleids*, Wien, Tome I, Imago, 1930.
JONES Ernest, *La vie et l'œuvre de Sigmund Freud.* Paris, P.U.F., 1958, 1961, 1969 (3 volumes). Trad. A. Berman.
JONES Ernest, *Hamlet et Œdipe.* Trad. A.-M. LeGall. Paris, Gallimard, 1967. (Connaissance de l'inconscient).
JONES Ernest, *The origin and structure of the Superego*, dans *The International Journal of Psychoanalysis*, 7, p. 303-311.
KAUFMANN Pierre, *L'expérience émotionnelle de l'espace.* Paris, Vrin, 1967.
KAUFMANN Pierre, *Psychanalyse et théorie de la culture*, Paris, Denoël-Gonthier, 1974, (Médiations).
KESTEMBERG Evelyne, *L'identité et l'identification chez les adolescents; problèmes théoriques et techniques,* dans *Psychiatrie de l'enfant,* vol. 5, 1963, fasc. 2, p. 441-522.
KLEIN Mélanie, *Essais de psychanalyse.* Trad. Marguerite Derrida, Paris, Payot, 1967.
KLEIN Mélanie, *Die Psychoanalyse des Kindes.* Wem, Intern. Psychoan. Verlag, 1932. Trad. fr. par J.-B. Boulanger.
KLEIN Mélanie, *La psychanalyse des enfants,* Paris, P.U.F., 1959.
KLUGE Fr., *Etymologisches Wörterbuch der Deutschen Sprache,* Berlin, Walter de Gruyter, 1963, (19e éd.).
KOFMAN Sarah, *L'enfance de l'art. Essai sur l'esthétique freudienne*, Paris, Payot, 1971.
KUHN Roland, *De la dépression nerveuse*, Trad. et notes de J. Schotte et M. Legrand dans *Revue de psychologie et des sciences de l'éducation*, 1969, vol. 4, n° 2, p. 129-154.
LACAN Jacques, *Le complexe, facteur concret de la psychologie familiale. La Famille* dans *Encyclopédie française*, tome VIII, 8.40.3-8.42.8.
LACAN Jacques, *Le mythe individuel du névrosé*, (1953) (inédit).
LACAN Jacques, *Le stade du miroir comme formateur de la fonction du Je*, (1939) (1936) dans *Écrits*, Paris, Le Seuil, 1966, (Le champ freudien).
LACAN Jacques, *Au-delà du principe de réalité* (1936). Idem.
LACAN Jacques, *Le temps logique et l'assertion de certitude anticipée*, (1945) Idem.
LACAN Jacques, *Introduction théorique aux fonctions de la psychanalyse en criminologie.* (1950) Idem.
LACAN Jacques, *Propos sur la causalité psychique* (1946). Idem.
LACAN Jacques, *Intervention sur le transfert* (1951). Idem.
LACAN Jacques, *Fonction et champ de la parole et du langage en psychanalyse* (1953). Idem.
LACAN Jacques, *La signification du phallus* (1958). Idem.

LACAN Jacques, *La direction de la cure et les principes de son pouvoir* (1958). Idem.
LACAN Jacques, *Remarque sur le rapport de Daniel Lagache* (1958). Idem.
LACAN Jacques, *Subversion du sujet et dialectique du désir* (1960).
LACAN Jacques, *Le Séminaire,* Livre I, *Les écrits techniques de Freud,* Paris, Le Seuil, 1975.
LACAN Jacques, *Le Séminaire,* Livre XX, *Encore*, Paris, Le Seuil, 1975.
LACAN Jacques, *L'Identification* (1961) (inédit).
LACAN Jacques, *Le Séminaire,* Livre XI, *Les quatre concepts fondamentaux de la psychanalyse.* Paris, Le Seuil, 1973..
LAGACHE Daniel, *Deuil pathologique*, dans *La Psychanalyse*, n° 2, 1956, p. 45-74
LAGACHE Daniel, *La sexualité*, dans *Encycl. française*, tome VIII, 36.7.b - 38.10.
LAGACHE Daniel, *La psychanalyse et la structure de la personnalité*, dans *La Psychanalyse*, n° 6, p. 5-54. Numéro spécial, Perspectives structurales (Colloque de Royaumont), 1958.
LALANDE André, *Vocabulaire technique et critique de la philosophie*, Paris, P.U.F., 1976, (12e éd.).
LAPLANCHE Jean, *Vie et mort en psychanalyse*, Paris, Flammarion, 1970.
LAPLANCHE Jean, *La castration. Ses précurseurs et son destin*, dans *Bull. de psych.*, XXVII, 311, 1973-4, 10-12, p. 632-646; et 312, 1973-4, 13-14, p. 685-709.
LAPLANCHE Jean, *Les normes morales et sociales, leur impact dans leur topique subjective*, dans *Bulletin de psychologie*, Paris, 1973, p. 705-708.
LAPLANCHE Jean et PONTALIS Jean-B., *Fantasme originaire, fantasmes des origines, origine du fantasme*, dans *Les temps modernes*, avril 1964, n° 215, p. 1833-68.
LAPLANCHE Jean et PONTALIS Jean-B., *Vocabulaire de la psychanalyse*, Paris, P.U.F., (4e éd.), 1973.
LECLAIRE Serge, *A propos de l'épisode psychotique que présenta l'Homme aux loups*, dans *La Psychanalyse*, n° 4, 1958, p. 83-110.
LECLAIRE Serge, *Psychanalyser. Essai sur l'ordre inconscient et la pratique de la lettre*, Paris, Le Seuil, 1968. (Le champ freudien).
LECLAIRE Serge, *Démasquer le réel. Un essai sur l'objet de la psychanalyse.* Paris, Le Seuil, 1971. (Le champ freudien).
LECLAIRE Serge, *On tue un enfant*, Paris, Le Seuil, 1975. (Le champ freudien).
LEMOINE-LUCCIONI Gennie, *L'imaginaire, le symbolique et le réel confrontés à l'expérience psychanalytique*, dans *Bull. de psych.* Numéro spécial: *le psychodrame*, 285, XXIII, 13-16, 1969-70, p. 895-903.
LEMOINE-LUCCIONI Gennie, *Partage des femmes*, Paris, Seuil, 1976. (Le champ freudien).
LEMOINE Paul et Gennie, *Le psychodrame*, Paris, Robert Laffont, 1972. (Réponses).
LEVINAS Emmanuel, *Totalité et infini.* La Haye, Martinus Nijhoff, 1961. (Phaenomenologica).
LÉVI-STRAUSS Claude, *Les structures élémentaires de la parenté,* Paris, P.U.F., 1949.
LÉVI-STRAUSS Claude, *Le totémisme aujourd'hui*, Paris, P.U.F., 1962.
LÉVI-STRAUSS Claude, *La pensée sauvage*, Paris, Plon, 1962.
LÉVI-STRAUSS Claude, *Anthropologie structurale*, Paris, Plon, 1967.
LITTRE Emile, *Dictionnaire de la langue française*, Paris, Gallimard — Hachette, 1968.
LUQUET Pierre, *Les identifications précoces dans la structuration et la restructuration du Moi*, dans *Revue française de psychanalyse* XXVI, 1962, numéro spécial, p. 117-303. (Rapport au XXVIe Congrès des psychanalystes de langues romanes).
LUQUET Pierre, *Les idéaux du moi et les idéaux du Je*, dans *Revue française de psychanalyse* XXXVII, 1973, n° 5-6, p. 1007-1013.
LYOTARD Jean-François, *Discours, figure*, Paris, Klincksieck, 1971.

MALDINEY Henri, *Comprendre*, dans Revue de métaphysique et de morale, janvier-juin 1961, p. 35-89.
MANNONI Maud, *Éducation impossible*, Paris, Le Seuil, 1973. (Le champ freudien).
MANNONI Octave, *Clés pour l'imaginaire*, Paris, Le Seuil, 1969. (Le champ freudien).
MANNONI Octave, *Freud*. Paris, Le Seuil, 1968, (Écrivains de toujours).
MANNONI Octave, *Conditions psychologiques d'action sur les foules*, Nancy, *Publications du Centre Européen universitaire*, 1952, fasc. 1, pp. 31-77.
MARCUSE Herbert, *Eros et civilisation. Contribution à Freud*. Tr. fr. de Nény et Fraenkel, Paris, Éd. de Minuit, 1968. (Arguments).
MEILLET A., *Introduction à l'étude comparative des langues indo-européennes*. Paris, Hachette, 1953.
MELESE Louis, *Discours de l'épilepsie. Structure psychanalytique*, dans *Lettres de l'École freudienne*, janvier 1971, n° 8, p 228-234.
MELESE Louis, *La sécularisation du symptôme épileptique*, dans *Lettres de l'École freudienne*, décembre 1972, n° 9, p. 112-127.
MERLEAU-PONTY Maurice, *Phénoménologie de la perception*, Paris, Gallimard, 1945. (Bibl. des Idées).
MERLEAU-PONTY Maurice, *Maurice Merleau-Ponty à la Sorbonne*, dans *Bulletin de psychologie*, numéro spécial. 236, XVIII, 3-6, nov. 1964 (Résumé de ses cours établi par des étudiants et approuvé par lui-même).
MERLEAU-PONTY Maurice, *Le visible et l'invisible*, Paris, Gallimard, 1964.
MONTRELAY Michèle, *L'ombre et le nom. Sur la féminité*, Paris, Éd. de Minuit, 1977, (Critique).
Note sur la menace de castration ou du cheminement de la vérité dans l'inconscient dans *Scilicet*, n° 1, 1968, p. 97-103.
NUNBERG H., *Allgemeine Neurosenlehre auf Psychoanalytischer Grundlage*. Wien, 1932. Tr. fr. par A.-M. Rocheblave, Paris, P.U.F., 1957.
L'objet perdu. Topique, Numéro spécial, n° 7-8.
ORTIGUES Edmond, *Les quiproquos du désir*, dans *Problèmes de psychanalyse, Recherches et débats*, Paris, Desclée de Brouwer, 1973, p. 41-59.
ORTIGUES Marie-Cécile et Edmond, *Œdipe Africain*. Paris, Plon, 1966. (Recherches en Sciences humaines). Édition revue et corrigée, Paris, Union générale d'Édition, 1973, (Collection 10-18).
PACHET Pierre, *Violence dans la bibliothèque*, dans *Critique*, n° 303-4, août-sept. 1972, p. 716-728.
PAPANOUSTOS A., *La catharsis des passions d'après Aristote*. Athènes, 1953, (Coll. de l'Institut français d'Athènes).
La phase phallique et la portée subjective du complexe de castration dans *Scilicet*, n° 1, 1968, p. 61-85.
POKORNY J., *Indogermanisches etymologisches Wörterbuch*. Bern und München, Francke, 1959.
POLITZER Georges, *Critique des fondements de la psychologie*, Paris, P.U.F., 1968.
PONTALIS Jean-B., *Entre le rêve et la douleur*, Paris, Gallimard, 1977 (Connaissance de l'inconscient).
PONTALIS Jean-Bertrand, *Après Freud*, Paris, Julliard, 1965, (Les Temps modernes).
RANK Otto, *Der Mythus von der Geburt des Helden*. Wien und Leipzig, 1909.
RANK Otto, *Der Doppelgänger*, Wien, Imago III, 1914. Trad. fr. dans *Don Juan et le Double*, Paris, Payot, 1973.
RANK Otto, *Der Trauma der Geburt und seine seine Bedeutung für die Psychoanalyse*. Vienna, Intern. Psychoan. Verlag, 1924. Tr. fr. S. Jankélévitch, *Le traumatisme de la naissance*. Paris, Payot, 1968.

RICŒUR Paul, *De l'interprétation. Essai sur Freud.* Paris, Le Seuil, 1965, (L'ordre philosophique).
RICŒUR Paul, *Le conflit des interprétations*, Paris, Le Seuil, 1969, (L'ordre philosophique).
RIFFLET-LEMAIRE Anika, *Jacques Lacan.* Bruxelles, Dessart, 1970. (Psychologie et sciences humaines).
ROGERS Robert, *A psychoanalytical study of the Double*, in *Literature*, Detroit, Wayne State Univ. Press, 1970.
ROHEIM Geza, *Psychanalyse et anthropologie.* Tr. fr., Paris, Gallimard, 1967, (Connaissance de l'inconscient).
SACHS-VILLATTE, *Langenscheidts Grosswörterbuch Französich.* Berlin, München, Zurich, Langenscheidt, 1968.
SAFOUAN Mustafa, *La structure en psychanalyse*, dans *Qu'est-ce que le structuralisme?* Paris, Le Seuil, 1968, p. 239-298.
SAFOUAN Mustafa, *Études sur l'Œdipe*, Paris, Le Seuil, 1974.
SAFOUAN Mustafa, *La sexualité féminine dans la doctrine freudienne*, Le Seuil, Paris, 1976, (Le Champ freudien).
SCHELER Max, *Nature et formes de la sympathie.* Tr. fr. par M. Lefebvre, Paris, Payot, 1971.
SCHOTTE Jacques, *Introduction à la lecture de Freud écrivain*, dans *La Psychanalyse*, n° 5, 1959, p. 51-68.
SCHOTTE Jacques, *Psychologie phénoménologique des modes d'existence sensoriels*, dans *Revue de psychologie et des sciences de l'éducation,* 1969, vol. 4, n° 2, p. 212-219. Compte-rendu de cours rédigé par J. Van Rillaer.
SCHOTTE Jacques, *Proeve van een dialoog met Freud over het probleem psychanalyse en psychologie, speciaal onderzoekt op het stuk van Freud's overdrachtsleer.* Thèse doctorale, Institut de Psychologie, Louvain, 1956 (inédit).
SCHOTTE Jacques, *Le transfert, essai d'un dialogue avec Freud sur la question fondamentale de la psychanalyse,* dans *Revue de psychologie et des sciences de l'éducation,* 1965-1966, vol. 1, n° 4, p. 186-207.
SCHNEIDER Kurt, *Pathopsychologische Beiträge zur psychologischen Phänomenologie von Liebe und Mitleid.* Köln, 1921.
SCHWYZER Ed., *Grieschische Grammatik*, München, C.H. Beck, 1950.
SIMONIS Yvan, *Lévi-Strauss ou la « passion de l'inceste ». Introduction au structuralisme*, Paris, Aubier-Montaigne, 1968.
Socio-psychanalyse, Paris, Payot, 1972-1974, (Petite bibliothèque Payot) (4 vol.).
STAIGER E., *Grundbegriffe der Poetik*, Zurich, 1946.
STARCKE J., *Der Kastrationkomplex*, dans *Intern. Zeitschr. Psychoanalyse.* 1921, VII, p. 9-32.
STARCKE J., *Het probleem der alimentaire castratie*, dans *Psych. en Neur. Bl.* 1929, 33, (4) p. 225-228.
STEIN Conrad, *L'identification primaire*, dans *Revue franç. de psychan.*, tome XXVI, 1962, p. 257-265.
STEIN Conrad, *Langage et inconscient*, dans *L'inconscient*, VIe Colloque de Bonneval, Paris, Desclée de Brouwer, 1966, pp. 131-142.
TODOROV Tzvetan, *Introduction à la littérature fantastique.* Paris, Le Seuil, 1970, (Poétique).
TODOROV Tzvetan, *Théories du symbole*, Paris, Le Seuil, 1977, (Poétique).
TORT Michel, *Le concept freudien de 'Représentant'*, dans *Cahiers pour l'analyse*, n° 5, novembre-décembre 1966, p. 37-63.
VENDRYES J., *Le langage. Introduction linguistique à l'histoire*, Paris, Albin Michel,

1968.
VERGOTE Antoine, *Psychanalyse et anthropologie philosophique*, dans *La Psychanalyse, science de l'homme.* Bruxelles, Dessart, 1964.
VERGOTE Antoine, *Le sujet en psychanalyse*, dans *Problèmes de psychanalyse. Recherches et Débats*, Paris, Desclée de Brouwer, 1973, p. 11-40.
VOLKMANN-SCHLUCK Karl-Heinz, *La doctrine de la catharsis dans la poétique d'Aristote.* Trad. de Stéphane de Lannoy. dans *Cahiers Théâtre Louvain*, 1968-69, n° 9, p. 24-37.
WEIL Pierre-G., *Psychodrame et psychanalyse*, dans *Bulletin de psychologie*, Paris, n° 285, XXIII, 1969-70, 13-16, p. 726-735.
WELLEK René et WARREN Austin, *La théorie littéraire*, Paris, Le Seuil, 1971, (Poétique).
WIDLOCHER Daniel, *Les processus d'identification*, dans *Bulletin de psychologie*, 286, XXIII, 1969-70, n° 17-19, p. 1099-1114.
WINNICOTT D.W., *Jeu et réalité*, tr. fr. Cl. Monod et J.B. Pontalis, Paris, Gallimard, 1975, (Connaissance de l'inconscient).
WINNICOTT D.W., *Objets transitionnels. Étude de la première 'not-me possession '*. Tr. fr. par R. Lefort et V.N. Smirnoff dans *La Psychanalyse*, n° 5, p. 21-41.
WINNICOTT D.W., *De la pédiatrie à la psychanalyse*, Paris, Payot, 1972.
ZENONI Alfredo, *Analyse du moi et langage. Essai d'articulation des théories analytiques du moi.* Dissertation doctorale, Faculté de Psychologie et des Sciences de l'Education, Louvain, 1973 (sous la direction de J. Schotte).
ZENONI Alfredo, *Métaphore et métonymie dans la théorie de Lacan*, dans *Cahiers internationaux du symbolisme*, n° 31-32, 1976, p. 187-198.

Table des matières

Après coup VII

Symptômes, transferts, identifications IX

Exergue 1

I. L'identification et la formation de symptômes 3

1. Premières allusions 4
2. L'identification hystérique 12
   A. *Le rêve de la « spirituelle bouchère »* 12
   B. *Rêve et hystérie : le cas « Dora »* 23
3. L'identification dans le travail du rêve 32
4. L'identification comique 36
   A. *Du rêve au mot d'esprit* 37
   B. *Les variétés du comique ou le jeu des comparaisons* 43
   C. *L'illusion comique* 50

II. Identification et narcissisme 59

1. L'identification, pulsion orale et choix de l'objet 60
   A. *Une généalogie de l'identification* 61
   B. *Le travail de la puberté* 64
   C. *Les deux voies du choix sexuel* 65
2. L'identification « totémique » 72
   A. *Identification et projection. Le modèle de la magie* 73
   B. *Totémisme et complexe paternel* 89
   C. *Clinique et théorie de l'identification* 106
3. L'identification narcissique 136
   A. *Le sort de l'objet perdu : deuil ou mélancolie* 137
   B. *Note additive à « Deuil et mélancolie » : à propos de K. Abraham* 150
   C. *L'identification et la métapsychologie* 153

III. **Le complexe d'Œdipe et les institutions du moi** 161

1. L'identification et la compulsion de répétition 162
   A. *Réminiscence et maîtrise : le double jeu du « Fort-Da »* 163
   B. *L'identification espace du masochisme* 171
2. L'amour et l'identification : la fonction et l'idéal 176
   A. *Le singulier et le pluriel* 177
   B. *Les identifications* 183
   C. *Le moi et l'idéal du moi* 197
3. Genèse et structure des formations du moi : le moi, l'idéal du moi et le surmoi 201
   A. *Les identifications œdipiennes* 202
   B. *Remarques sur l'instance idéale* 218
   C. *Le travail du moi, entre pulsions de vie et pulsion de mort* 232

Suites 265

1. Restes d'un parcours 267
   A. *Freud I : rêve, hystérie et productions de l'esprit* ... 267
   B. *Freud II : le narcissisme* 271
   C. *Freud III : pulsion de mort et deuxième topique* ... 275
2. Eléments d'une métapsychologie de l'identification 280
   A. *Topique de l'identification* 282
   B. *Économie de l'identification* 285
   C. *Dynamique de l'identification* 287

Bibliographie 291

PUBLICATIONS DES FACULTES UNIVERSITAIRES SAINT-LOUIS

I. Collection générale

1. FONTAINE-DE VISSCHER (Luce), *Phénomène ou structure ? Essai sur le langage chez Merleau-Ponty,* 1974.
2. *Dialogues en sciences humaines.* Actes du colloque en l'honneur de Mgr Van Camp, organisé aux Facultés universitaires Saint-Louis les 3-4 mai 1974, 1975.
3. *L'Eglise et l'Etat à l'époque contemporaine.* Mélanges dédiés à la mémoire de Mgr Aloïs Simon. Publié sous la direction de Gaston Braive et Jacques Lory, 1975. (épuisé)
4. *Mort pour nos péchés. Recherche pluridisciplinaire sur la signification rédemptrice de la mort du Christ,* par Xavier Léon-Dufour, Antoine Vergote, René Bureau et Joseph Moingt, 1976 ; 2e éd., 1979 ; 3e éd., 1984.
5. *Savoir, faire, espérer : les limites de la raison.* Volume publié à l'occasion du cinquantenaire de l'Ecole des sciences philosophiques et religieuses et en hommage à Mgr Van Camp, 1976, 2 vol. (épuisé).
6. HART (H. L. A.), *Le concept de droit.* Traduit de l'anglais par Michel van de Kerchove, avec la collaboration de Joëlle van Drooghenbroeck et Raphaël Célis, 1976 ; 2e éd., 1980.
7. *La Révélation,* par Paul Ricœur, Emmanuel Levinas, Edgar Haulotte, Etienne Cornélis et Claude Geffré, 1977.
8. LENOBLE-PINSON (Michèle), *Le langage de la chasse, Gibiers et prédateurs. Etude du vocabulaire français de la chasse au XXe siècle,* 1977.
9. CELIS (Raphaël), *L'œuvre et l'imaginaire. Les origines du pouvoir-être créateur,* 1977.
10. *L'Esprit Saint,* par René Laurentin, Paul Beauchamp, Jean Greisch, Roland Sublon et Jean Wolinski, 1978 ; 2e éd., 1984.
11. FLORENCE (Jean), *L'identification dans la théorie freudienne,* 1978 ; 2e éd. augm., 1984.
12. *Entreprises en difficulté et initiative publique.* Actes du colloque organisé aux Facultés universitaires Saint-Louis les 28-29 avril 1977. Publié sous la direction de Anne-Marie Kumps, Paul Grand-Jean et Robert Wtterwulghe, 1978.
13. *L'interprétation en droit. Approche pluridisciplinaire.* Publié sous la direction de Michel van de Kerchove, 1978 (épuisé).

14. *L'Eglise : institution et foi,* par Jean-Louis Monneron, Michel Saudreau, Gérard Defois, Albert-Louis Descamps, Hervé-Marie Legrand et Pierre-André Liégé, 1979.
15. *La métaphore. Approche pluridisciplinaire.* Publié sous la direction de René Jongen, 1980.
16. LENOBLE (Jacques) et OST (François), *Droit, mythe et raison. Essai sur la dérive mytho-logique de la rationalité juridique,* 1980.
17. *L'avenir de Bruxelles. Aspects économiques et institutionnels.* Publiés sous la direction de Anne-Marie Kumps, Francis Delpérée et Robert Wtterwulghe, 1980.
18. *Jésus Christ, Fils de Dieu,* par Albert Dondeyne, Jean Mouson, Antoine Vergote, Michel Renaud et Adolphe Gesché, 1981.
19. *La loi dans l'éthique chrétienne,* par Morand Kleiber, Michel van de Kerchove, Jean Remy, Pierre-Maurice Bogaert, Jean Giblet, Jean Florence et Philippe Weber, 1981.
20. DE WAELHENS (Alphonse), *Le duc de Saint-Simon, Immuable comme Dieu et d'une suite enragée,* 1981.
21. OST (François) et van de KERCHOVE (Michel), *Bonnes mœurs, discours pénal et rationalité juridique. Essai d'analyse critique,* 1981.
22. *La prière du chrétien,* par Robert Guelluy, Guy Lafon, Pierre-Jean Labarrière, Antoine Vergote, Jean-Pierre Jossua, 1981.
23. GERARD (Philippe), *Droit, égalité et idéologie. Contribution à l'étude critique des principes généraux du droit,* 1981.
24. CAUCHIES (Jean-Marie), *La législation princière pour le comté de Hainaut. Ducs de Bourgogne et premiers Habsbourg (1427-1506). Contribution à l'étude des rapports entre gouvernants et gouvernés dans les Pays-Bas à l'aube des temps modernes,* 1982.
25. GERARD (Gilbert), *Critique et dialectique. L'itinéraire de Hegel à Iéna (1801-1805),* 1982.
26. *Droit des consommateurs.* Publié sous la direction de Thierry Bourgoignie et Jean Gillardin, 1982.
27. *Qu'est-ce que l'homme ? Philosophie/psychanalyse. Hommage à Alphonse De Waelhens (1911-1981),* 1982.
28. *Littérature et musique.* Publié sous la direction de Raphaël Célis, 1982.
29. *Le baptême, entrée dans l'existence chrétienne,* par Albert Houssiau, Julien Ries, Jean Giblet et Paul De Clerck, 1983.
30. *Fonction de juger et pouvoir judiciaire. Transformations et déplacements.* Publié sous la direction de Philippe Gérard, François Ost et Michel van de Kerchove, 1983.
31. *Le retour du Christ,* par Charles Perrot, Armand Abécassis, Jean Séguy, Pierre-Jean Labarrière et Bernard Sesboüé, 1983.

II. Collection « Travaux et recherches »

1. *Alternative Approaches to Time Series Analysis.* Proceedings of the Third Franco-Belgian Meeting of Statisticians held in Rouen (France), november 1982, 1984.

Dépôt légal : D/1984/0843/3

Presses de Gedit, s.a. — Tournai
Maquette de la couverture par Weissenbruch